군산의 역사와 인물

군산의 역사와 인물

김종수 지음

국학자료원

책을 내면서

이 책은 군산의 역사와 인물에 대하여 필자가 군산대학교 재임기간 동안 연구·발표한 논문을 엮은 것이다. 필자는 1996년 9월 군산대학교 인문대학 사학과에 부임하였다. 박사학위를 받은 후 신문에서 군산대학교 교수 초빙 공고를 보고 지원서를 내러 군산에 내려온 것이 엊그제 같은 데 벌써 26년이 흘러갔다. 군산에서 30대 후반과 40대, 50대를 보내고 이제는 60대 초반에 들어섰다. 내 인생 최고의 황금기, 절정기를 군산에서 보낸 셈이다. 내 인생에서 군산을 만난 것은 행운이었다. 군산대 교수가 된 이후 비로소 생활이 안정되었고, 군산 곳곳을 돌아다니며 행복해하였다. 봄이면 벚꽃에 파묻힌 군산 여기저기를 다니며 즐거워하였고, 여름이면 은파 호수에서 아름다운 연꽃을 감상하였다. 가을이면 오성산 꼭대기에 올라가 서쪽 하늘을 벌겋게 물들인 저녁노을을 구경하고, 겨울이면 호젓하게 눈 덮인 월명공원을 산책하였다.

이렇게 군산에서 지내다보니 자연히 군산 역사에 대해서도 관심을 가지게 되었고, 군산에 관한 자료를 찾아보았다. 그런데 필자의 주 전공이 한국군제사인지라, 그동안 주로 한국군제사에 관한 논문을 쓰고, 『조선후기 중앙군제연구』, 『숙종시대의 군사체제와 훈련도감』, 『한국고대·중세 군사제도사』 등의 저서도 출간하였다. 그러는 동안에도 틈틈이 군산의 역사에 관한 논문을 써서 학회지에 발표하였다. 이 책은 그 논문들을 묶은 것이다. 한국군제사에 관한 논문들이 주로 사료를 가지고 논리적으로 연구한 것이라면, 이 책에 실린 논문들은 직접 현장을 밟고 다니며 사람들의 숨결을 느끼고, 이 땅과 사람들에게 말할 수 없는 애정을 가지고 연구한 것들이다. 물론 이 논문들은 모두 학문적 엄정성을 견지하며 집필되었고, 역사 전문 학술지에 수록된 것들이다. 각 논문의 끝에 수록된 학술지를 명기하였다.

군산 곳곳에서 구석기, 신석기 시대의 유물이 발견되는 것으로 보아 이곳은 선사시대부터 사람들이 살고 있었음을 알 수 있다. 이후 군산 지역은 삼한 시기에는 마한의 영역에 속하였고, 삼국 시기에는 백제의 영역이 되었다. 그러다가 군산이 역사에서 주목받게 되는 것은 660년 백제 멸망 무렵이다. 이때 금강 하구인 백강에서는 당나라 침략군과 백제군 사이에서 치열한 전투가 전개되었는데, 당나라 군대의 상륙지가 바로 군산 지역이었다. 그래서 군산에서는 지금까지 당나라 침략과 관련된 오성산 전설과 천방사 전설이 전해 내려오고 있다. 이에 대해서 쓴 논문이 「1장. 660년 백강 전투와 오성산 전설」이다. 비록 정사에는 기록되지 않고 전설로만 전해 내려오지만 오성산 전설과 천방사 전설이 오늘날 우리에게 시사하는 바는 적지 않다. 침략자에게 저항한 오성인은 군산의 정신적 지주로 추앙받아 오늘날에도 군산 시민들은 매년 추모제를 지내고 이들을 기리고 있지만, 침략자에 협조한 천방사 승려들은 천여 년에 걸쳐 군산 사람들의 미움을 받았다.

660년 백강 전투에 이어 군산 지역에서 또 한번의 큰 전투가 있었으니 그것이 바로 1380년(고려 우왕 6년) 진포대첩이다. 이에 관해서 쓴 논문이 「2장. 진포대첩의 재조명」이다. 여기에서는 먼저 '진포(鎭浦)'라는 지명의 위치를 고증하고, 진포대첩의 역사적 의의를 살펴보았다. 종래 군산과 충남 서천 사이에서 '진포'를 두고 갈등이 있어왔다. 군산은 진포가 군산 지역이라고 주장하고, 서천은 자기 지역이라고 주장하며 갈등을 빚었던 것이다. 이 논문에서는 역사적으로 진포는 금강 하구 전체나 군산을 가리키는 용어라고 정의를 내리고, 진포대첩의 역사적 의의에 대하여 다음 네 가지를 거론하였다. 첫째, 진포대첩은 세계 해전사 상 최초로 화포를 사용한 전투였다. 둘째, 진포대첩은 왜구를 막는데 결정적 역할을 하였다. 셋째, 진포대첩은 조선 왕조 개창에 일조하였다. 넷째, 진포대첩의 고려 수군 전술은 이후 조선 수군 전술의 모델이 되어, 200년 이후 임진왜란 때에도 그대로 사용되었다.

군산은 선유도, 무녀도, 장자도 등 많은 섬을 거느리고 있는데, 오늘날 이 섬들을 '고군산군도'라고 통칭한다. 그런데 옛날에는 그냥 '군산도'라고 불렀다. '고군산'이라는 명칭은 조선후기에 '고군산진'이 설립된 이후 사용된 말이다. 군산도에 있던 군산진이 고려말 폐쇄되고 조선초기에 육지로 군산진이 이설(移設)된 이후, 1627년(인조 5)에 다시 오늘날 선유도 지역에 진(鎭)을 설치하고는 고군산진이라고 명명하였다. 이에 육지에는 군산진이 있고, 섬에는 고군산진이 있게 된 것이다. 오늘날 옥구와 임피를 통합한 군산이라는 명칭은 바로 이 군산진에서 유래된 것이다. 「3장. 군산도와 고군산진의 역사」에서는 고려·조선초기 군산도의 성쇠(盛衰), 조선후기 고군산진의 설립과 운영에 대하여 살펴보았다. 고군산진은 한때 서해를 방어하는 조선 최대의 수군 진으로 기능하였으나, 1909년 이완용이 민간인에게 팔아버리고 난 이후 화재가 일어나 오늘날 흔적도 없이 사라져버렸다.

「4장. 조선시대 옥구읍성의 연혁과 관아 시설」은 지금은 없어져버린 옥구읍성의 복원을 염원하며 작성한 논문이다. 옥구읍성은 전라도 지역에서 최초로 해안 방어를 위해 1422년(세종 4) 축조된 읍성이다. 이후 여기에 객사와 동헌, 향교, 작청, 향청 등의 관청을 설치하여 옥구읍의 행정 사무를 맡아 보게 하였다. 해안 방어와 행정을 일치시킨 읍성의 운영은 관원들이 가장 위험한 곳에서 근무하며 백성을 보호하여야 한다는 애민(愛民) 정신의 발로라고 생각한다. 읍성 안에 있는 관청에서도 애민 정신을 엿볼 수 있는 부분이 많다. 수령은 늘 문루에 올라가 시장 상황을 살펴보고, 여단(厲壇)에서 명절마다 제사 지내줄 후손이 없는 망자에게 제례를 올렸다. 조선시대 수령은 산 사람은 물론이고, 죽은 사람에까지도 신경을 써야 했던 것이다. 조선왕조가 500년이나 지속된 것은 결코 우연이 아니다. 옥구읍성은 전라도에서 최초로 건립된 읍성으로서 하루빨리 복원이 이루어져야 한다고 생각한다.

「5장. 임진왜란 초기 방어실태와 웅치·이치 전투」는 군산과 직접적인 관련은 없지만 이 전투가 임진왜란 중 군산이 있는 전라북도의 방어에 결정적인 역할을 한 전투였기 때문에 이 책에 수록하였다. 또 이 전투는 다음 장에서 살펴볼 두정란 장군이 참여한 전투이기 때문에 관심을 끌었다. 웅치전투는 유성룡이 『징비록』에서 "전라도 한 도가 이 전투로 말미암아 보존되었다."라고 기록할 정도로 전라도의 운명을 가른 전투였다. 이 웅치·이치 전투로 말미암아 임진왜란 당시 군산 사람들은 비교적 평온하게 전란을 넘길 수 있었다.

「6장. 임진왜란 초기 웅치전투와 두정란 장군, 그리고 후대의 기억」은 군산시 옥구읍 오곡리 신장마을에 묘소가 있는 두정란 장군과 관련하여 쓴 논문이다. 두정란 묘소 앞에 있는 묘비에는 "임진왜란이 일어나자 의병을 일으켜 군인을 모아 곧바로 웅치로 달려가 왜적을 방어하였다. 화살을 뽑아 활시위를 당김에 한발도 빗나가지 않으니 적의 시체가 산을 이루었다. 백마 탄 적의 괴수를 화살로 쏘아 명중시켰고, 화살이 다하고 손가락이 짓물러 마침내 전장에서 죽으니 초혼하여 합장하였다."라고 쓰여 있어서 두정란 장군이 웅치전투에서 격렬한 전투 중 전사하였다는 것을 곧바로 알 수 있다. 그런데 오늘날 일반인들이 쉽게 접할 수 있는 『군산시사』나 『한국향토문화전자대전』 등에 수록된 두정란 장군과 관련된 내용은 이 묘비명과는 전혀 다르게 쓰여 있다. 즉 "두정란 장군이 조헌 의병대장과 합류하여 금산에서 왜적과 싸우다가 전사하였다."라고 기록하고 있다. 이와 같이 두정란 장군의 묘비 비문과 오늘날 알려진 사실이 전혀 다르게 된 원인으로 첫째, 장군의 후손이나 지역민들이 임진왜란 초기 전라도를 방어하기 위해 전개된 전투에 대한 이해가 부정확하였고, 둘째, 후손이나 지역민들이 두정란 장군의 행적을 과장하고 변조하였기 때문이라고 보았다. 두정란 장군은 웅치전투에 달려가 '사랑도 명예도 이름도 남김없이' 싸우다 무명용사로 전사한 분이다. 그 숭고함을 우리는 기억해야 한다.

「7장. 조선후기 고군산 유배지와 유배인」은 고군산에 유배 온 사람들에 대하여 살펴본 논문이다. 오늘날 선유도에 있는 '망주봉(望主峰: 임금을 바라보는 봉우리라는 뜻)'이라는 산 이름에서 짐작할 수 있듯이 조선후기에 고군산은 유배지였다. 유배 온 사람 중에서 간혹 석방되어 육지로 돌아간 사람도 있었지만 이곳에 뿌리를 내리고 산 사람도 다수 있었다. 즉 고군산 주민 가운데 유배인의 자손이 상당수에 달하였다. "장자도에 가서 인물자랑 하지마라."라는 풍설도 이러한 유배인 자손과 관련되어 나온 말인 듯하다.『조선왕조실록』,『승정원일기』,『일성록』등 각종 사료에서 확인한 결과 고군산 유배인은 100여 명에 달하였다. 이외에 확인되지 않는 사람도 많았을 것으로 생각된다. 이들 유배인들은 주로 왕족이나 양반층, 혹은 양인이었고, 5살 먹은 어린아이부터 85세의 노인에 이르기까지 다양한 연령층으로 구성되었다. 근대 시기에는 당대 최고의 문장가 이건창(李建昌)이 고군산에 유배 와서 주옥같은 문학 작품을 남기기도 하였다. 군산의 유배 문화에도 관심을 기울여야 한다고 생각한다.

「8장. 군산 개항의 역사적 의의」는 1999년, 군산 개항 100주년을 맞이하여 쓴 논문이다. 1899년 5월 1일 군산은 열강에 문호를 개방하였다. 이때 개항은 일제의 강압에 의해 타율적으로 이루어졌다는 것이 오늘날 군산 시민을 비롯하여 일반인들 사이에 널리 퍼진 통설이다. 그러나 군산 개항은 대한제국 정부의 자주적인 결정에 이루어졌다. 군산 개항은 대한제국 정부가 열강간의 세력 균형을 통하여 국가의 독립을 유지하고, 자유 무역을 통하여 국가 경제 발달을 꾀하며, 관세 수입의 증진을 통하여 국가 재정을 충실히 하려고 단행한 것이다. 물론 군산 개항 이후 쌀의 대외 유출이 심화되었고, 조선 상인이 몰락하였으며, 일본인의 토지 침탈이 대대적으로 전개되었지만 개항 자체는 국가의 독립과 경제 발전을 위해 자주적으로 결정한 조치였다. 오늘날은 100년 전보다 더 치열한 무역 전쟁과 국가 간의 대립이 전개되고 있다. 100년 전의 전철을 밟지 않기 위해 우리는 무엇을 해야 하는가? 역사에서 교훈을 찾아야 한다고 생각한다.

「9장. 연재 송병선의 생애와 순국」은 군산시 임피면 술산리에 묘소가 있는 연재 송병선에 관하여 연구한 논문이다. 1905년 을사늑약의 체결에 항거하며 순국한 사람은 여럿 있었지만 유학자로서 순국한 사람은 연재 송병선 한 사람뿐이다. 송병선의 묘소가 군산 술산리에 자리 잡게 된 데에는 그의 부인에 대한 사랑이 담겨있는 것으로 그 의미가 적지 않다. 송병선은 젊은 날 사랑했던 첫째 부인 이씨가 죽자 일단 집 근처에서 장례를 치렀다가, 그 후 29년간 전국을 유람하던 중 자신이 최고의 명당 터라고 생각한 군산 술산리에 부인을 이장하고는, 자기가 죽으면 부인과 합장해달라고 후손과 제자들에게 유언을 남겼다. 그리고 송병선의 순국 이후 15년이 지난 1920년에야 합장이 이루어졌다. 군산 술산리 연재 송병선의 묘소는 송병선의 국가에 대한 사랑과 부인에 대한 사랑이 함께 간직된 곳이다.

「10장. 돈헌 임병찬의 생애와 복벽운동」은 옥구 상평리에서 태어난 의병장 임병찬에 관하여 쓴 논문이다. 돈헌 임병찬은 1906년 면암 최익현과 함께 태인에서 의병을 일으킨 후 체포되어 대마도에 유배되었다가 이듬해 풀려났다. 이후 그는 1914년 독립의군부를 결성하고, 조선 총독과 일본 총리대신에게 국권회복에 관한 글을 보내 보안법 위반으로 거문도에 유배되어 그곳에서 순국하였다. 즉 그는 평생 국권회복을 위해 치열하게 싸운 인물이다. 그러나 오늘날 임병찬 하면 동학농민군 지도자 김개남을 유인·밀고하여 죽게 만든 인물로 기억하고 있다. 그러나 임병찬의 인생 전체로 볼 때 그가 항일독립운동에 쏟은 공(功)은 이러한 오점을 충분히 덮을만하다고 본다. 임병찬은 자신에게 주어진 신분적 한계를 극복하려고 치열하게 산 사람이고, 우리나라 독립운동사와 독립운동사상사 연구에 새로운 지평을 연 사람이다.

「11장. 호남지역의 3·1운동」은 2015년, 광복 70주년을 맞이하여 육군 군사연구소에서 광복과 관련된 글을 써달라는 촉탁을 받고 작성된 논문이다. 한강이남 지역에서 3·1운동이 가장 먼저 일어난 곳은 군산 지역이다. 군산의 3·1운동은 옥구군 개정면 구암리에 위치한 영명학교 교사들에 의해 주도되었다. 이들은 학교 등사판을 이용하여 독립선언서를 찍어 3월 5일 옥구군 개정면 구암리에서 만세시위를 전개하였다. 이 논문에서는 호남지역 3·1운동과 그 배경, 호남지역 3·1운동의 전개 등을 살펴보았다.

「12장. 식민지 미화 투어리즘 – 군산 근대문화도시 사업」은 근래 군산에서 전개된 '근대문화도시 사업'에 대하여 비판한 논문이다. 얼마 전까지 군산시에서는 조선은행, 나가사키 18 은행, 미즈상사 등 일본 건물을 복원하고는 이것을 '군산 근대문화'라고 소개하면서 대대적으로 선전하고 관광객을 유치하는 사업을 벌였다. 그러나 이러한 건물은 당시 한국 사람들에게 많은 해악을 끼친 식민지 수탈 기관으로서, 일제 식민지 잔재이지 결코 우리의 '근대문화'가 될 수 없는 것들이었다. 군산시의 이러한 식민지 미화 투어리즘은 도시 외관을 일본 도시 비슷하게 흉내 내어 조성하면서 국민들에게 왜곡된 역사관과 잘못된 역사의식을 심어주고 있다는 데에 문제의 심각성이 있다. 이글에서는 이러한 '군산 근대문화도시' 사업의 문제점에 대하여 살펴보았다.

지금까지 이 책에 실린 논문 12장을 간략히 살펴보았다. 군산에 관한 고대, 고려, 조선 그리고 근대 시기의 역사와 인물이 망라된 셈이다. 대략적인 군산의 역사와 인물들을 이 책을 통해 살펴볼 수 있을 것이라고 생각한다. 그런데 이 책에서는 군산진에 관한 논문이 누락되었다. 미처 쓰지 못하였다. 그리고 최호 장군과 조용관, 채만식, 이인식 등 군산에서 꼭 기억해야 할 많은 인물들도 거론하지 못하였다. 추후의 연구로 보충하려 한다. 이 책은 많은 분의 도움으로 출간할 수 있었다. 그 모든 분께 감사의 마음을 전한다.

2021년 4월

김종수

차례

1장.

660년 백강 전투와 오성산 전설

1. 머리말

660년 나당연합군의 백제 침공과 이로 인해 백제가 멸망하는 사건과 관련하여 전라북도 군산에는 두 가지 상이한 전설이 전해 내려오고 있다. 소정방이 이끄는 당군이 상륙하는 백강(금강) 어귀에 안개가 잔뜩 끼어 지척을 분간할 수 없게 되었을 때, 사비 도성으로 가는 길을 묻는 소정방에 대하여 다섯 노인이 죽음으로 항거하였다는 오성산(五聖山) 전설과 절 천 채를 지어 부처님을 받들 테니 안개를 걷어달라는 소정방의 기도에 응해 날이 맑게 개자 소정방이 돌멩이 천 개를 늘어놓고 절을 만들었다는 천방사(千房寺) 전설이 그것이다. 한편 금강을 사이에 두고 군산과 마주 보고 있는 서천에서는 일반 백성들이 빈대만 보면 "천방사 홀아비 당병인가?"라는 말을 하며 죽일 정도로 천방사 승려들을 미워했다는 이야기도 함께 전해 내려오고 있다.

이러한 이야기들은 비록 전설에 불과하지만, 『삼국사기』나 『신·구당서(新·舊唐書)』등 정사(正史)에는 없는 백제 멸망기의 한 모습을 전해준다고 생각한다. 정사 류(類)는 편찬자의 정치적·사상적 취향과 의도가 투영되어 사실을 왜곡하거나 은폐하는 점도 없지 않지만, 오랜 기간 민중들의 입에서 입으로 전해 내려온 전설은 역사에 대한 민중들의 소박하고 솔직한 인식을 보여준다. 김부식이 지은『삼국사기』에서는 백제의 패망 원인으로 의자왕과 대신들이 성충(成忠)과 흥수(興首)가 외적이 쳐들어올 때 백강을 지키라고 한 말을 듣지 않았기 때문이라고 지적하고 있다. 그러나 실제 백제는 백강을 사수(死守)하였고, 이 전투에서 수천 명의 백제군이 전사하였다.

김부식은 백제의 패망을 당나라의 침략 탓이 아닌 백제의 어리석고 무능한 탓으로 돌리기 위하여 이와 같이 사실을 왜곡한 것으로 보인다. 그러나 위 전설에서는 비록 안개로 표현되었지만 소정방의 상륙 작전은 상당한 곤란을 겪었다는 사실, 침략자인 소정방에 대해 민중들은 비타협적이고 저항적이지만 불교계는 타협적이었다는 사실, 그리고 침략자에 대해 타협하였던 불교계를 민중들은 극도로 증오하였다는 사실들을 상징적으로 전해주고 있다.

"역사는 현재의 거울이다."라는 말과 같이 위 전설들은 현재 우리 사회를 비추어보는 데도 좋은 재료가 된다고 생각한다. 현재 우리 사회에서는 민족주의에 대한 비판이 유행처럼 번지고 있다. 민족주의를 비판하면 진보적·비판적 지식인이요, 민족주의를 옹호하면 구시대적인 인물인 것처럼 생각하기도 한다.『민족주의는 반역이다』[1]라는 자극적인 제목의 책이 인기를 끌고 있는가 하면, "19세기까지는 민족이라는 감

---

1 임지현,『민족주의는 반역이다』, 소나무, 1999.

정이 없었습니다. 예를 들어 오늘날 한국인들이 알고 있는 백두산 이미지는 조선왕조시대에는 존재하지도 않았고, 민족이라는 말도 없었습니다."2라고 하여 19세기까지는 아예 민족 감정조차 없었다는 주장이 당당히 제기되고, '민족과 민족주의는 근대 시기에 만들어진 구성물'3이라는 서구 이론을 그대로 추종한 주장도 흔히 나온다. 그러나 위에서 소개한 전설들은 백제 멸망 이후 시기에 이미 민중들 사이에서는 민족이라는 감정이 분명히 존재하였고, 또 민중들이 지닌 이러한 민족주의는 전혀 공격적이지 않고, 자신과 자신의 나라를 지키고자 하는 저항적 민족주의였으며, 침략자와 침략자에 타협적인 세력에 대해서는 증오하였다는 것을 잘 보여주고 있다. 또 위 전설들은 민중들의 민족주의와 종교계 일각의 반민족적인 세계주의·사대주의를 소박한 형태로나마 극명하게 대비시키고, 이러한 종교계의 세계주의·사대주의에 대한 민중들의 증오심도 잘 표현하고 있다.

　본 논문은 660년 당의 백제 침공 원인과 백강 전투의 전개 과정, 그리고 이러한 역사적 사실을 기반으로 하여 전해 내려오는 오성산 전설과 천방사 전설의 내용과 의미에 대해 구체적으로 살펴보고자 한다. 비록 군산이라는 한 지방에서 전개된 전투와 이로 인해 전승되는 전설에 불과하지만, 오늘날 우리나라의 국제적·국내적 상황과 관련하여 적지 않은 의미를 가진다고 생각한다.

2　이영훈, 2005년 12월 뉴라이트 대담.
3　윤평중, 「민족주의의 毒」, 조선닷컴, 2006. 8. 25.

그림 1 오성산 정상에 있는
오성인(五聖人)의 묘

2. 당의 백제 침공과 백강 전투

단재 신채호 선생은 신라의 태종 무열왕 김춘추가 당나라 군대를 끌어들여 백제·고구려를 멸망시킨 행위를 두고 '이종(異種)을 초(招)하여 동종(同種)을 멸(滅)함은 구적(寇賊)을 인(引)하여 형제(兄弟)를 살(殺)함과 무이(無異)한 자(者)'라고 하고는, 이어서

> 피(彼)가 동국(東國)뿐 아니라 지나(支那)도 통일(統一)하며, 일본(日本)도 통일(統一)하며, 기타(其他) 동서열국(東西列國)을 무유(無遺)히 통일(統一)하였을지라도 기공(其功)으로 기죄(其罪)를 엄(掩)치 못하려던, 황차(況此) 동국(東國)을 통일(統一)한 공(功)으로 기죄(其罪)를 엄(掩)하리오.[4]

라고 엄중히 규탄하였다. 김춘추가 이종(異種: 당군)을 불러들여 동종(同種: 백제)을 멸한 죄는 그가 중국, 일본, 기타 동서 여러 나라를 모두 남김없이 통일하였다고 하더라도 그 공으로 그 죄를 덮지 못할진대, 하물며 동국만을 통일한 공으로 그 죄를 덮겠느냐는 것이다. 이와 같이 신채호 선생은 신라가 당군을 끌어들여 백제를 멸망시킨 행위를 도저히 용서할 수 없는 반민족적 행위로 규정하였다.

그런데 신채호 선생의 말대로 신라가 당에 원병(援兵)을 요청한 것은 사실이지만, 당의 백제 침공은 신라의 요청을 받아들여 이루어진 것은 아니었다. 당의 백제 침공은 당이 고구려를 침략하는 과정에서 이래도 안 되고 저래도 안 되어서 할 수 없이 취한 방향 전환이었다. 비록 당이

---

4 申采浩,『讀史新論』

표면적으로는 신라의 원병 요청에 응하는 척했지만, 실제로 당의 백제 침략은 계속되는 대고구려 전쟁의 실패 속에서 "고구려를 멸망시키고자 하면 우선 백제를 쳐부수어야 한다.[欲吞滅高麗 先誅百濟][5]"라는 당의 전술 변화에 의해서 나온 조치였다. 당은 신라를 위해서 신라의 원병 요청에 응한 것이 아니라, 자신의 이익을 위해서 백제를 침공했을 뿐이었다. 당시 당나라는 신라의 원병 요청이 없더라도 고구려의 공격을 위해서 백제를 침공해야만 하는 상황이었던 것이다.

고구려를 공격하다가 멸망한 수나라를 대신하여 등장한 당나라의 고구려 공격은 집요하였다. 660년 백제의 침공을 결정하기까지 큰 전투만 헤아려도 무려 6차례나 고구려를 공격하였다. 제1차 고구려 원정은 645년 당 태종에 의해서 시작되었다.[6] 수십만의 병력을 동원한 당 태종의 제1차 고구려 원정은 그 유명한 안시성 전투의 패배로 인해 실패로 끝났다. 당나라의 처절한 패배였으나 당 태종은 결코 고구려 정벌을 포기하지 않았다. 647년에는 제2차 원정 계획이 논의되었다.[7] 이때 당의 조선(朝臣)들은 지구전(持久戰: 혹은 騷擾戰)을 채택하기로 의견을 모았다. 끊임없이 고구려를 침략하여 백성을 피곤하게 만들자는 전법이다. 이 전략에 따라서 이 해 3월 이세적(李世勣)과 우진달(牛進達)이 이끄는 육군과 수군이 고구려를 향해서 쳐들어왔다. 이때 육군은 주력 3천 명 이외에 영주도독부 병사들이 참가하여 요하(遼河)를 건너 5월 고구려의 남소성(南蘇城)과 목저성(木底城)의 외곽을 불태우고 돌아

---

5 『舊唐書』 84, 列傳 34, 劉仁軌.

6 『三國史記』 21, 高句麗本紀 9, 寶藏王 4년.

7 『三國史記』 22, 高句麗本紀 10, 寶藏王 6년.

갔으며, 수군 1만여 명은 해로로 고구려 국경에 침투하여 고전 끝에 7월 석성(石城)을 함락시켰다. 하지만 당나라 군대는 적리성(積利城) 공격에 성공하지 못한 채 철수했다. 이듬해인 648년에는 설만철(薛萬徹)이 수군 3만 명을 이끌고 바다를 건너 압록강 방면으로 쳐들어오는 제3차 고구려 원정이 전개되었다.[8] 당나라 군대는 6월 압록강 하류의 박작성(泊灼城: 安平 河口)을 포위하였으나 천험(天險)을 자랑하는 이 요새는 함락되지 않았다. 이때 고구려 장군 고문(高文)이 오골성(烏骨城), 안지성(安地城) 등지의 군사 3만 명을 이끌고 이 요새를 구원하기 위해 출동하였다. 그리하여 9월에 적군이 철수할 때까지 양군 사이에 격전이 벌어졌고, 전선은 교착상태에 빠지게 되었다. 이에 태종은 30만 대군을 동원하여 고구려를 칠 계획을 세웠다. 이에 따라 강남(江南)에 명령을 내려 대선(大船)을 만들어 군량과 기계를 삼산포(三山浦)와 오호도(烏胡島)에 운반·저장하게 하였으나, 이듬해(649) 4월 태종이 죽고 말아 시행되지 못하였다.

태종에 뒤이어 즉위한 당 고종(高宗) 역시 태종의 "고구려 공격을 중지하라(罷遼東之役)[9]"는 유언에도 불구하고 고구려에 대한 공격을 늦추지 않았다. 고종이 즉위한 지 6년째 되는 해인 655년, 고종은 영주도독(營州都督) 정명진(程名振)과 우위중랑장(右衛中郞將) 소정방(蘇定方)을 시켜 고구려를 공격하는 제4차 고구려 원정을 전개하였다.[10] 이때 정명진과 소정방은 요하를 건너 고구려 성과 백성들이 사는 촌락을

---

8 『三國史記』 22, 高句麗本紀 10, 寶藏王 7년.

9 『通鑑節要』 38, 唐紀, 太宗皇帝 下, 太宗 23년 6월조.

10 『三國史記』 22, 高句麗本紀 10, 寶藏王 14년 2월.

불태우고 돌아갔다. 658년에는 제5차 고구려 원정을 전개하였다.[11] 이때 당 고종은 정명진과 설인귀를 시켜 또다시 요하를 건너 고구려를 공격하게 하였다. 그 이듬해인 659년에는 제6차 고구려 원정을 전개하였다.[12] 이때 우령군중랑장(右領軍中郎將) 설인귀(薛仁貴)는 또 군대를 거느리고 요하를 건넜는데, 고구려 대장 온사문(溫沙門)과 더불어 횡산에서 전투를 벌였다. 이와 같이 당나라는 645년, 647년, 648년, 655년, 658년, 659년 등 6차례에 걸쳐 고구려를 침공하였다. 그러나 연개소문이 이끄는 고구려는 끄떡없었다. 이에 당은 고구려 공격에 대한 방향 전환을 모색하지 않을 수 없었다. "고구려를 멸망시키고자 하면 우선 백제를 쳐부수어야 한다.(欲吞滅高麗 先誅百濟)"는 원리를 깨달은 것이다.

한편 당시 신라는 백제 의자왕에 의해 서쪽 미후성 등 40여 성이 함락되고, 백제 장군 윤충에 의해 전략의 요충지인 대야성이 함락되는 등 절체절명의 위기에 직면하고 있었다. 신라는 당시 군사적으로 열세에 놓여 있었다.[13] 그러므로 이 위기를 벗어나기 위해서는 다른 강국과 군사동맹을 맺어 백제에 대항하는 길을 취할 수밖에 없었다. 그래서 김춘추는 고구려에 가서 원병을 요청했지만 거절당한다. 이에 신라는 당과의 동맹을 추진할 목적으로 648년(진덕여왕 2년) 김춘추가 당으로 가서 외교 교섭을 벌이게 되었다. 이때 당은 공동 출병하여 백제를 치자

---

11 『三國史記』22, 高句麗本紀 10, 寶藏王 17년 6월.

12 『三國史記』22, 高句麗本紀 10, 寶藏王 18년 11월.

13 李基白·李基東 共著, 『韓國史講座 Ⅰ, 古代篇』, 一潮閣, 1982, 290쪽.
이 책에서는 신라가 당시 군사적으로 열세인 증거로서 김유신이 백제를 쳐서 대야성 전투의 보복을 하기를 청하자, 진덕여왕은 "小로써 大를 건드렸다가 그 위태로움을 어찌하려는가?(『三國史記』41, 金庾信傳 上)"라고 말렸다는 일화를 들고 있다. 신라왕 자신이 백제를 대국, 신라를 소국으로 비유하고 있다는 것이다.

는 신라의 제의에 긍정적인 태도를 보였으나, 실제 당의 출병은 이루어지지 않았다. 이에 신라는 당과의 결속을 강화하기 위한 여러 조치들을 취하였다. 649년에는 신라 고유의 의관(衣冠)을 버리고 당의 의관을 채용하고, 650년에는 김법민(金法敏: 金春秋의 맏아들, 뒤의 文武王)을 당에 보내어 진덕여왕이 비단에 짠 '태평송'을 바침과 동시에 백제를 칠 것을 요청하였고, 또 신라의 연호를 버리고 당의 연호를 사용하였다. 651년에는 김인문(金仁問: 김춘추의 둘째아들)을 당에 보내어 숙위하게 하였고, 652년에는 금총포(金總布)를 바쳤다. 그리고 그 후 거의 매년 당에 사신을 파견하여 당군의 출동을 고대하고 있었다. 신라가 얼마나 당군의 출병을 고대했는가는『삼국사기』신라본기, 태종 무열왕 6년(659) 10월 조(條)에 기록된 바와 같이 당에 청병(請兵)한 일에 대해 회보가 없어 근심하는 태종 무열왕 앞에 장춘(長春)과 파랑(罷郞)의 귀신이 나타나 미리 당군의 출병 계획을 알려주었다는 설화를 통해 잘 알 수 있다.[14] 신라의 절박한 원군 요청에도 꿈적 않고 659년까지 고구려 공격에만 열을 올리던 당은 "고구려를 멸망시키고자하면 우선 백제를 쳐부수어야 한다.(欲吞滅高麗 先誅百濟)"라는 전술의 변화에 의해 마침내 백제 공격으로 방향을 바꾸게 된다.

당이 백제를 공격하기로 결정한 것은 659년 10월경으로 보인다. 이것은 앞에서 거론한『삼국사기』신라본기, 태종 무열왕 6년 10월 조의 기록이나,『일본서기(日本書紀)』, 제명천황 5년 7월 조에 실린『이길련

---

14 『三國史記』5, 新羅本紀 5, 太宗武烈王, 6년 10월. "王坐朝 以請兵於唐 不報 憂形於色 忽有人於王前, 若先臣長春罷郞者 言曰 臣雖枯骨 猶有報國之心 昨到大唐 認得皇帝命 大將軍蘇定方等 領兵以來年五月 來伐百濟 以大王勤佇如此 故玆控告 言畢而滅 王大驚 異之 厚賞兩家子孫 仍命所司 創漢山州莊義寺 以資冥福"

박덕서(伊吉連博德書)』를 통해 알 수 있다.[15] 특히 일본서기에 실린 『이길련박덕서』에는 659년 윤10월에 당이 백제 정벌을 앞두고 일본의 견당사들을 감금했다는 내용이 실려 있다. 이것은 당이 백제 정벌 계획이 사전에 누설될 것을 우려해 일본 사신을 억류했음을 보여주고 있다. 이와 같이 은밀하게 추진된 당의 백제 정벌 계획은 660년 3월에 본격화된다. 즉 660년 3월 당 고종은 백제 출병을 명하고, 6월에는 출병하기에 이르렀다. 당은 좌무위대장군(左武衛大將軍) 소정방(蘇定方)을 신구도행군대총관(神丘道行軍大摠管)으로 임명하고, 김인문을 부대총관(副大摠管)으로 삼아 좌효위장군(左驍衛將軍) 유백영(劉佰英), 우무위장군(右武衛將軍) 풍사귀(馮士貴), 좌효위장군(左驍衛將軍) 방효공(龐孝公)을 거느리고 13만 군병을 통솔하여 정벌하러 오고, 아울러 신라왕 김춘추는 우이도행군총관(嵎夷道行軍摠管)이 되어 신라군을 이끌고 합세하였다.[16] 이로써 나당연합군에 의한 백제 침공이 비로소 시작되었다. 백제 공격에 참가한 당군과 신라군의 규모는 소정방이 거느리고 온 당군 13만과 김유신이 거느린 신라군 5만 등 모두 18만의 대군이었다. 백제는 역사상 유례가 없는 대규모 침략군의 기습 공격에 직면하였던 것이다.

　『삼국사기』에 의하면 나당연합군의 침공 소식을 들은 백제조정은

---

15 『日本書紀』 26, 齊明天皇 5년 7월 丙子朔 戊寅. "遣小錦下 坂合部連石布·大仙下 津守連吉祥 使於唐國 仍以道奧蝦夷男女二人 示唐天子 (伊吉連博德書曰 同天皇之世 … (潤十月) 二十九日 馳到東京 天子在東京 … 事了之後 勅旨 國家 來年 必有海東之功 汝等倭客 不得東歸 遂匿西京 幽置別處 閉戸防禁 不許東西 困苦經年"

16 『三國史記』 5, 新羅本紀 5, 太宗武烈王 7년 3월 ; 『三國史記』 28, 百濟本紀 6, 義慈王 20년 6월 ; 『三國史記』 41, 列傳 2, 金庾信 中 및 金仁問 ; 『三國遺事』 1, 紀異 2, 太宗春秋公.

나라의 국운을 놓고 회의를 열었는데, 의견이 양분되었다 한다. 당나라 군이 멀리 바다를 건너오니 이들을 먼저 치는 것이 좋다는 의견과 신라가 백제군에게 여러 차례 패배를 당했으니 신라군을 먼저 치는 것이 좋겠다는 의견으로 나뉘어졌다는 것이다. 고민하던 의자왕은 귀양살이를 하고 있던 좌평 홍수(興首)에게 사람을 보내 "사태가 위급하게 되었으니 어떻게 하면 좋겠는가?"하고 물었다 한다. 홍수의 대답은 5년 전에 옥사한 성충(成忠)이 죽기 전에 의자왕에게 올린 글과 똑같았다. 즉 이때 홍수는

당병(唐兵)은 수가 많고 군율이 엄명하고 더구나 신라와 공모하여 기각(掎角)의 세를 이루고 있으니, 만일 평평한 광야에서 대진하면 승패를 알 수 없습니다. 백강(白江: 혹은 伎伐浦라 함)과 탄현(炭峴: 혹은 沈峴이라 함)은 아국의 요로(要路)입니다. 한 사람의 단창(單槍)을 만인(萬人)도 당할 수 없을 것이니 마땅히 용사(勇士)를 가려서 거기에 가 지키게 하여, 당병으로 하여금 백강에 들어오지 못하게 하고, 신라인으로 하여금 탄현을 넘지 못하게 하며, 그리고 대왕은 중폐(重閉)·고수(固守)하고 있다가 적의 군량이 다하고 사졸이 피로함을 기다려서 이를 분격(奮擊)한다면 반드시 적병을 깨뜨릴 것입니다.[17]

라고 대답하였다 한다. 홍수는 백강(기벌포)과 탄현에서 나당연합군의

---

17 『三國史記』28, 百濟本紀 6, 義慈王 20년 6월. "興首曰 唐兵旣衆 師律嚴明 況與新羅共謀掎角 若對陣於平原廣野 勝敗未可知也 白江[或云伎伐浦]·炭峴[或云沈峴] 我國之要路也 一夫單槍 萬人莫當 宜簡勇士 往守之 使唐兵不得入白江 羅人未得過炭峴 大王重閉固守 待其資粮盡 士卒疲 然後奮擊之 破之必矣"

침입을 저지하자고 말한 것이다. 백강의 위치에 대해서는 종래에 금강설, 안성천 하구설, 동진강설 등 여러 설이 있어왔지만, 근래 남북한 학자들은 대체로 금강설을 따르고 있다.[18] 즉 홍수는 당나라 군사는 금강 입구에서 막고, 신라의 군사는 탄현[19]에서 막자는 것이다. 그런데 『삼국사기』에 의하면 이러한 홍수의 말에 대해 대신들이

   홍수는 오랫동안 유배 중에 있어 임금을 원망하고 나라를 사랑하지 않을 것이니 그 말을 쓸 수가 없습니다. 당병으로 하여금 백강에 들어와서 흐름에 따라 배를 정렬할 수 없게 하고, 신라군은 탄현에 올라서 소로(小路)를 따라 말을 정렬할 수 없게 한 다음, 이때를 당하여 군사를 놓아 치면, 마치 조롱 속에 있는 닭을 죽이고 그물에 걸린 물고기를 잡는 것과 같습니다." 하니 왕이 그럴듯하게 여기었다[20]

라고 반대하였고, 국왕은 대신들의 말에 동조하였다 한다. 즉 대신들은 당나라 군사를 백강으로 들어오게 한 이후 협공하자고 했고, 이에 대해 의자왕은 그럴듯하게 여겨 홍수의 백강 사수설(死守說)은 거부되었다

---

18 심정보, 「백강의 위치에 대하여」, 『한국상고사학보』 2집, 한국상고사학회, 1989.
    서정호, 「백강의 위치에 대하여」, 『력사과학』 1998년 2호, 북한 사회과학원.

19 탄현의 위치에 대해서는 완주군 운주면 삼거리의 탄현으로 보는 견해, 충청남·북도의 경계인 옥천, 증약, 세천, 대전으로 통하는 마도령으로 보는 견해, 석성면 정각리의 숯고개로 비정하는 견해, 대전 동쪽의 식장산으로 보는 견해 등 여러 견해가 있다. 이러한 여러 견해에 대한 정리는 성주탁, 「백제 탄현 소고」, 『백제논총』 2집, 1990 참조.

20 『三國史記』 28, 百濟本紀 6, 義慈王 20년 6월. "於時 大臣等不信曰 興首久在縲絏之中 怨君而不愛國 其言不可用也 莫若使唐兵入白江 沿流而不得方舟 羅軍升炭峴 由徑而不得幷馬 當此之時 縱兵擊之 譬如殺在籠之雞·離網之魚也 王然之"

는 것이다. 그러나 이것은 다음에 살펴보는 바와 같이 사실이 아닌 것으로 보인다.

실제 백제 군사들은 백강을 사수하였고, 오늘날 군산 지역에서 당나라 침략군과 백제 저항군 사이에 치열한 전투가 전개되었다. 위『삼국사기』의 기사는 김부식이 백제가 적을 앞에 두고 내분이 일어나 멸망하였다는 것을 강조하기 위해 과장한 것이거나 사실을 왜곡한 것으로 보인다. 이 기사에 곧이어 다음에 살펴보는 바와 같이 백제가 "군사를 합하여 웅진강 어구를 막고 강가에 군대를 둔쳤다.(合兵禦熊津口 濱江屯兵)"[21]라는 구절이 나온다. 즉 앞에는 홍수의 말을 거부하고 백강 사수를 포기하였다고 하고는, 뒤에는 군사를 합하여 웅진강구를 막았다고 하고 있는 것이다. 여기서 웅진강구는 백강을 지칭한다.[22] 따라서 위 『삼국사기』에는 앞뒤가 모순된 기록을 남기고 있는 것이다. 또『삼국사기』신라본기, 태종 무열왕 7년 7월 9일조에는 소정방등이 '도지벌포 우백제병 역격대패지(到伎伐浦 遇百濟兵 逆擊大敗之)'[23]라 하여 지(기)벌포, 즉 백강에서 백제병을 만나 대패시켰다는 기록이 있다. 백강에서 전투가 있었다는 것을 다시 한번 입증하고 있는 것이다. 따라서 백제 조정이 홍수의 백강 사수설을 거부하였다는 것은 신라와 당의 침략 사실을 은폐하고 백제가 어리석어 스스로 멸망했다는 것을 강조하는 가

---

21 『三國史記』 28, 百濟本紀 6, 義慈王 20년 6월.

22 정확하게 말하면 웅진강구는 오늘날 금강 중류, 백강은 금강 하류에 해당한다.『舊唐書』 劉仁軌 列傳에 의하면 나당연합군이 주류성을 공격할 때 유인궤 등은 '自熊津江往白江'하여 백강에서 육군과 만나 함께 주류성으로 가려고 했다. 이를 통해 웅진강구는 중류, 백강은 하류에 해당함을 알 수 있다. 그러나 웅진강구는 백강으로 통칭하기도 한다. 이에 대해서는 심정보, 앞의 논문, 187쪽 참조.

23 『三國史記』 5, 新羅本紀 5, 太宗武烈王 7년 7월 9일.

운데 나타난 왜곡된 서술인 것으로 판단된다. 그러면 실제 백강 전투는 어떻게 전개되었는지 살펴보자.

660년 6월 18일 당나라 13만 대군은 1,900여 척의 배에 나누어 타고 산동성 내주(萊州; 蓬萊)의 성산(城山)을 출발하여 6월 21일 서해상의 덕물도에 도착하였다.[24] 이때 덕물도에 가서 당군을 맞이하였던 신라 태자 법민은 소정방과 더불어 7월 10일 사비성 남쪽에서 신라군과 당군이 합세하기로 결정하였다.[25] 소정방이 거느린 당군은 덕물도를 출발하여 서해안으로 내려가 기벌포에서 상륙을 시도하였다. 이 과정에서 10여 일이 소요되었는데, 이 기간에 당군은 식량과 물을 구하기 위해 어딘가에 정박하였을 것이고, 그 정박지는 고군산군도일 가능성이 크다.[26] 그리고 당군은 7월 9일에 기벌포 상륙을 시도하였다.[27] 기벌포는 오늘날 충청남도 서천군 장항읍 일대라고 알려져 있으나[28], 당시에

---

24 『三國遺事』1, 紀異 2, 太宗春秋公. "鄕記云 軍十二萬二千七百十一人 船一千九百隻 而唐史不詳言之"

25 『三國史記』, 42, 列傳, 金庾信, "太宗大王 七年 庚申 夏六月 大王與太子法敏 將伐百濟 大發兵 至南川而營 時入唐請師波珍湌金仁問 與唐大將軍蘇定方·劉伯英 領兵十三萬 過海到德物島 先遣從者文泉來告 王命太子與將軍庾信·眞珠·天存等 以大船一百艘 載兵士 會之 太子見將軍蘇定方 定方謂太子曰 吾由海路 太子登陸行 以七月十日 會于百濟王都 泗沘之城 太子來告大王"

26 노중국, 『백제부흥운동사』, 일조각, 2003, 52쪽.

27 『三國史記』5, 新羅本紀 5, 太宗武烈王 7년 9월 9일. "是日 定方與副摠管金仁問等 到伎伐浦 遇百濟兵 逆擊大敗之"
한편 『日本書紀』에서는 7월 10일에 기벌포 대신 尾資津에 상륙·주둔하였다고 쓰여 있다. "『日本書紀』 26, 齊明天皇 6년 9월 己亥朔 癸卯, '或本云 今年 七月十日 大唐蘇定方 率船師 軍于尾資之津"

28 『三國遺事』1, 紀異 2, 太宗春秋公條에서는 伎伐浦 밑에 '卽 長嵓 又 孫梁. 一作 只火浦 又 白江'이라는 주석이 붙어있다. 그런데 『新增東國輿地勝覽』, 권19, 충청도 서천군 관방조에서는 "서천포영, 군의 남쪽 26리에 있다. 수군 만호 1명이 있다. 고려 때 장암

는 금강 하구를 통칭하는 지명이었을 것으로 판단된다. 1,900여 척의 배에 나누어 탄 13만 당나라 대군이 상륙할 때 단지 장항 지역에만 상륙하지는 않았을 것이다. 당군을 실은 배는 '축로천리(舳艫千里)'[29], 즉 배와 배가 연결된 것이 천리에 뻗쳤다고 할 만큼 대규모였다. 따라서 이들이 상륙할 때는 금강 좌우 연안에 모두 상륙하여야 했을 것이다. 오늘날 충남 서천군 장항 일대뿐만 아니라 그 대안(對岸)에 있는 전북 군산시 일대에도 상륙하였을 것이다. 특히 군산으로 상륙하면 사비성 까지 육로로 갈 수 있다는 점에서 군상 상륙이 더 선호되었을 것이다. 『구당서(舊唐書)』, 소정방열전에는 '정방승동안(定方升東岸)'이라 하여 소정방이 동쪽 언덕으로 상륙하였다고 전하고 있다. 웅진강 즉 백강의 동쪽 언덕이라면 군산 방면을 지칭하는 것이다. 실제 오늘날 군산 지역에는 660년 당의 백제 침략과 관련된 전설이 어느 곳보다 많이 남아 있다.

당군이 기벌포로 진격해 오자 백제는 『삼국사기』에 '합병어웅진구빈강둔병(合兵禦熊津口 濱江屯兵)'[30]라고 하듯이 '군대를 합하여(合兵)', '강가에 군대를 둔치고(濱江屯兵)' 대응하였다. 이때 '합병'은 여러 지역에 분산 배치되어 있던 군대를 합하였다는 의미로 판단된다. 사비시대 백제의 군제는 소수의 국왕 친위군과 더불어 중앙군과 지방군으

진이라고 불렀다."라고 하였으며, 『世宗實錄地理志』, 서천군조에는 "서천포. 군의 남쪽 장암포에 있는데 수군 만호가 지킨다."고 하였다. 이를 통해 기벌포는 장암이라고도 불렸으므로 그 위치는 금강 하구에 있는 지금의 충청남도 서천군 장항읍 일대로 비정된다.

29 『三國史記』 5, 新羅本紀 5, 太宗武烈王 7년 5월 26일.

30 『三國史記』 28, 百濟本紀 6, 義慈王 20년 5월. 한편 『新唐書』 권111, 열전, 소정방전에는 '賊瀕江兵屯'으로 나온다.

로 이루어졌다.[31] 중앙군은 수도에 거주하는 전업군인과 각 지방에서 올라와 번상하는 번상병으로 이루어졌을 것으로 추정된다. 수도에 거주하는 전업군인은 각 부(部)에 500인씩, 5부 전체 2,500인에 이르렀는데[32], 이들은 각 지방에서 올라오는 번상병을 지휘·통제하면서 국왕의 호위와 수도의 경비·방어 임무에 종사하였다. 그리고 지방군 역시 각 방(方)—군(郡)—성(城)의 치소(治所)에 번상병이 번상·주둔하면서 지방의 경비·방어 임무에 종사하였을 것으로 판단된다. 각 방에는 방령(方領)의 통솔 하에 700~1200명의 군인들이 주둔하고 있었고, 각 군에도 군장(郡將)이 3인씩 있었다.[33] 이러한 군제는 미리 각 지방의 군인을 징발하여 전시체제를 편성하거나, 국지적인 전쟁에 대처하기에는 적합하였지만, 백강 전투와 같이 13만 명에 달하는 대규모의 침략 군대가 일시에 수도를 기습하는 전쟁에는 속수무책이었다. 백제는 미리 각 지방의 군인을 징발하여 전시체제를 편성하면 3만~4만 명의 군인을 운용할 수 있었지만[34], 나당연합군과 같은 대규모 군대의 기습공격 앞에서 체계적인 징발은 불가능하였다. 이에 백제는 수도 인근 각 지역에 분산 배치되어 있던 군대를 서둘러 '합병(合兵)'시켜 강가에 진을 치고 당군에 대항하였을 것으로 판단된다.[35]

---

31 사비시대 백제의 군제에 대해서는 李文基,「泗沘時代 百濟의 軍事組織과 그 運用」,
    『百濟硏究』28, 1998 ; 朴賢淑,「百濟 軍事組織의 整備와 그 性格 – 泗沘時代를 중심
    으로」,『史叢』47집, 1998 참조.

32 『周書』49, 列傳 41, 異域上 百濟, "都下有萬家 分爲五部 曰上部 前部 中部 下部 後部 統
    兵五百人"

33 위와 같음. "五方各有方領一人 以達率爲之 郡將三人 以德率爲之 方統兵一千二百人以
    下 七百人以上"

34 『三國史記』26, 百濟本紀 4, 聖王 7년 10월. "命佐平燕謨 領步騎三萬"
    『三國史記』27, 百濟本紀 5, 武王 3년 8월. "令佐平解讎 帥步騎四萬"

한편 현재 백제 수군의 존재 유무에 대해서는 명확하게 알 수는 없다. 그러나 수도 사비성과 옛 수도 웅진성이 금강에 연해 있어 강을 따라 바다로 통할 수 있다는 점과 또 백제가 지속적으로 해로를 통해 중국으로 왕래했다는 점을 고려할 때 수군은 당연히 존재하였을 것이다. 또 의자왕 16년에 올린 좌평 성충(成忠)의 상서(上書)에 나오는 "수군으로 하여금 지벌포 언덕으로 오르지 못하도록 하십시오.(水軍不使入伎伐浦之岸)'라는 구절에서의 수군(水軍)을 백제 수군으로 해석할 수도 있다.36 백제 수군이 존재하였다면 위에서 거론한 백제군의 '합병(合兵)'을 각 지역에 분산 배치된 군대를 합친 것뿐만 아니라 육군과 수군의 합병으로도 볼 수 있다. 비록 소수이지만 백제의 수군이 백강 어귀를 진치고 있었기 때문에 소정방이 이끄는 당군의 선두 부대는 배를 탄 채로 사비성으로 진격하지 못하고 기벌포 상륙을 시도하였던 것으로 보인다.

백강 어귀에 이른 소정방은 기벌포 상륙작전을 펼쳤는데 1차 상륙부대는 자신이 거느리고 나머지는 군선을 타고 백강 안으로 들어오도록 하였다. 소정방과 1차 상륙부대가 상륙한 강 하구는 개펄이라 발이 빠져 상륙하기가 어려웠지만, 버들로 엮은 자리를 깔아 무사히 상륙할 수 있었다.37 이때 버들자리를 깔아 상륙한 장소는 현재 군산시 옥산면 금

---

35 이 당시 수도에서 멀리 떨어진 지방에 있었던 대부분의 군대는 징발되지 못하였을 것이다. 이러한 지방군이 후에 백제 부흥군으로 활동한 것으로 보인다.

36 『三國史記』28, 百濟本紀 6, 義慈王 16년 3월. "若異國兵來 陸路不使過沈峴 水軍不使入伎伐浦之岸"
이 구절은 '만약 異國의 군사들이 오면 육로로는 (그들로 하여금) 沈峴을 지나지 못하게 하고, 수군들은 (그들로 하여금) 기벌포의 언덕에 들어오지 못하게 하라'라고 해석할 수 있다. 이렇게 해석하면 여기의 수군은 백제의 수군이 되는 것이다.

성리 일대라는 주장이 제기되기도 하였다.[38] 이곳은 지금은 사라진 금
강 지류가 만경강과 합류되는 여울목에 자리 잡고 있는데, 금성리 주변
에는 버드나무와 관련된 마을 명칭이 확인된다는 것이다. 내류(內柳)
마을, 외류(外柳) 마을, 평류(平柳) 마을, 유풍(柳豊) 마을 등이 그것이
다. 이와 같은 버드나무와 관련된 마을 명칭은 이곳에 버드나무가 풍부
하게 있었다는 증거이고, 이러한 풍부한 버드나무로 소정방은 상륙을
위한 버들자리를 만들 수 있었던 것으로 보인다는 것이다. 한편 일부
백제 연구자들 사이에서는 소정방의 상륙부대를 위해 버들자리를 만
든 것은 신라군이었다는 주장도 제기되고 있다.[39] 아무튼 버들자리로
군산 상륙에 성공한 소정방은 산 위에 진을 치고, 백제군과 전투를 벌
였다. 이를 보여주는 것이 『구당서』에 나오는 다음의 기사이다.

> 소정방이 동쪽 언덕으로 올라가 산에 올라 진을 치고 백제군과
> 크게 싸웠다. (당의 수군은) 돛을 달아 바다를 덮고 서로 이어 이르
> 렀다. 적군이 패배하여 죽은 자가 수천여 명이었고 나머지 군사들
> 은 달아났다. (당의 수군은) 조수를 만나 올라가는데 배가 꼬리를
> 이어 강으로 들어갔다.[40]

---

37 『三國史記』 42, 列傳 2, 金庾信. "將軍蘇定方·金仁問等 沿海入技伐浦(伎伐浦) 海岸
泥潦 陷不可行 乃布柳席 以出師 唐·羅合擊 百濟滅之"

38 김중규, 『잊혀진 百濟 사라진 江 - 기벌포(백강)을 찾아서』, 신아출판사, 1998, 84~
85쪽.

39 버들자리를 까는 지혜를 발휘한 사람은 신라의 지휘관 良圖라는 주장이 제기되었고
(金榮官, 「羅唐聯合軍의 百濟侵攻戰略과 百濟의 防禦戰略」, 『STRATEGY 21』 제2권
2호, 1999, 170쪽), 또 100척의 선박을 이용하여 唐軍과 같이 백강 입구에 상륙한 신라
군이 버들자리를 미리 준비하는 등 당나라 상륙부대의 앞길을 개척해주는 공병 역할
을 하였다는 주장도 제기되었다. (이희진, 「백제의 멸망 과정에 나타난 군사상황의 재
검토」, 『史學硏究』 64, 2001) 그러나 이러한 주장들의 근거가 있는 것은 아니다.

이 기사는 소정방이 먼저 상륙하여 백제군과 대결하는 사이에 나머지 군선들이 뒤이어 금강으로 들어왔음을 보여준다. 때마침 조수가 밀려들어 오는 시각이라 당나라 군선은 밀물을 타고 들어와 형세를 완전히 장악하였다. 이때 전사한 백제군이 수천여 명에 달하였다고 한다. 백제의 육군과 수군은 당군을 맞이하여 일차적으로 '강가에 둔을 치고' 대항하였으나 수적 열세에 밀려 패배하고 수천 명이 전사한 것이다.

백강 전투에서 백제군을 격파한 당군은 사비성으로 진격했다. 당군이 도성에서 20여리 정도 떨어진 곳까지 오자 백제는 동원할 수 있는 군대는 모두 동원하여 당군을 막으려 했지만 1만여 명이 죽거나 사로잡히는 등 크게 패하고 말았다.[41] 이와 같이 당군이 사비도성으로 진격해오자 백제 왕자는 좌평 각가(覺伽)를 시켜 편지를 당나라 장군에게 보내 철병할 것을 간청하였고, 또 상좌평을 시켜 많은 음식을 보내어 달래보기도 하였으며, 왕의 서자(庶子)인 궁(躬)이 백제의 중앙 장관인 6좌평을 모두 데리고 나와 죄를 빌기까지 하는 등 당을 회유하기 위하여 최선을 다했지만, 소정방의 거절로 실패하였다.[42] 이에 7월 13일 의자왕은 '성충의 말을 듣지 않은 것이 후회된다.'고 한탄하고 태자 효와 소수의 측근을 데리고 웅진성으로 피난했다.

의자왕이 태자 효와 더불어 웅진성으로 피난 가버리자 둘째 아들 태가 스스로 왕이 되어 군사를 거느리고 사비성을 굳게 지켰다. 그러나 융의 아들 문사(文思)는 숙부가 멋대로 왕이 되었으므로 당군이 물러나

---

40 『舊唐書』83, 列傳 33, 蘇定方 "定方升東岸 乘山而陣 與之大戰 揚帆蓋海 相續而至 賊師敗績 死者數千人 自餘奔散 遇潮且上 連舳入江"

41 위와 같음, "直趣眞都 去城二十許里 賊傾國來拒 大戰破之 殺虜萬餘人"

42 『三國史記』5, 新羅本紀 5, 太宗武烈王 7년 7월 12일.

면 생명을 보전하기 어렵다며 무리와 함께 줄을 타고 성을 넘어 가버렸다. 이러한 내부이탈로 사비도성을 지키는 군사들의 사기는 크게 저하되었다. 이에 소정방이 군사들을 시켜 성에 올라 당나라 군대의 깃발을 세우게 하자 태는 결국 성문을 열고 항복하였다. 사비성의 항복 소식을 듣자 융은 대좌평 사택천복과 함께 성을 나와 항복하였다. 그리고 의자왕도 7월 18일에 친히 효 및 웅진방령군(熊津方領軍)을 거느리고 웅진성에서 나와 항복하였다. 이로써 백제는 망하고 백제의 영토는 나당점령군의 지배하에 들어가게 되었다.[43]

3. 오성산 전설과 오성인(五聖人)

앞에서 말한 바와 같이 『삼국사기』에는 의자왕과 대신들이 성충과 홍수의 백강 사수(死守) 권고를 듣지 않고 당나라 군사들을 백강에 들어오게 하여 망했다고 서술되어 있으나, 실제는 그렇지 않았다. 660년 백강(기벌포)에서는 당의 침략군과 백제군 사이에 대대적인 전투가 전개되었다. 이때 백제군의 전사자가 수천여 명에 달했다고 한다. 백제군의 전사자가 수천여 명에 달했다면 당군의 전사자는 이보다 훨씬 많았을 것이다. 당시 백제군은 지리적 이점을 이용하여 게릴라 전술을 사용하였을 것이고 당군은 지형도 익숙하지 못하고 또 많은 군사들이 집결하여 있어 공격 목표가 되기 쉬웠을 것이기 때문이다. 그러나 사대주의

---

43 백제의 멸망 과정에 대해서는 김주성·유원재, 「제8장 백제의 멸망」, 『百濟의 歷史와 文化』, 학연문화사, 1997, 참조.

사관으로 『삼국사기』를 편찬한 김부식은 이러한 당군의 피해 상황은 기록하지 않고 오직 백제군의 피해 상황만을 기록하였다. 이에 당군의 피해 상황은 정사에는 기록되지 못하고 야사나 전설의 형태로 전해지게 되었다.

백강 전투에서 당군이 입은 피해 또한 상당했던 것으로 보인다. 당군이 고전하였다는 것을 말해주는 야사가 여러 형태로 전해 내려오고 있기 때문이다. 우선 『삼국유사』에서는 백강 전투의 상황을 다음과 같은 형태로 전하고 있다.

> 당나라 군사와 신라 군사는 합세하여 전진하여 진구(津口)까지 나가서 강가에 군사를 주둔시켰다. 이때 갑자기 새가 소정방의 진영(陣營) 위에서 맴돌므로 사람을 시켜서 점을 치게 했더니 "반드시 원수(元帥)가 상할 것입니다"한다. 정방이 두려워하여 군사를 물리고 싸움을 중지하려 하므로 김유신이 소정방에게 이르기를 "어찌 나는 새의 괴이한 일을 가지고 천시(天時)를 어긴단 말이오. 하늘에 응하고 민심에 순종해서 지극히 어질지 못한 자를 치는데 어찌 상서롭지 못한 일이 있겠소."하고 신검(神劍)을 뽑아 그 새를 겨누니 새는 몸뚱이가 찢어져 그들의 자리 앞에 떨어졌다. 이에 정방은 백강 왼쪽 언덕으로 나와서 산을 등지고 진을 치고 싸우니 백제군이 크게 패하였다. 당나라 군사는 조수(潮水)를 타고 전선(戰船)이 꼬리에 꼬리를 물면서 북을 치면서 전진했다. 정방은 보병과 기병을 이끌고 바로 백제의 도성으로 쳐들어가 30리쯤 되는 곳에 머물렀다. 이때 백제에서는 군사를 다 내어 막았지만 패해서 죽은 자가 1만여 명이나 되었다. 이리하여 당나라 군사는 승세를 타고 성으로 들이닥쳤다.[44]

우선 위『삼국유사』의 전설은 사실과는 다르다. 당나라 군사와 신라 군사가 합세한 것은 당군이 백강 전투를 치르고, 신라는 황산벌 전투를 치른 이후인 7월 11일이었다.[45] 당군이 백강 전투를 치른 것은 7월 9일로 이때 소정방이 김유신을 만났을 리가 없다. 아마 이것은 설화가 구전되어 내려오면서 변이된 것으로 보인다. 백제를 멸망시킨 인물이 김유신과 소정방이라는 민중의 의식이 이와 같이 백강 전투에서도 김유신이 소정방과 함께 있었던 것으로 만든 것으로 보인다. 민중의 소박한 역사의식이 이와 같이 사실을 변화시킨 것이다. 그런데 위『삼국유사』 전설에서 김유신 부분만 제외하면 이 전설은 백강 전투의 상황을 상징적으로 전해준다 하겠다.[46] 즉 백강 전투에서 백제군의 저항이 소정방의 진영 위에 맴도는 새로 상징되었고, 당군은 이때 '원수(元帥)가 상할' 정도로 고전했으며, 소정방은 두려워하여 군사를 물리고 싸움을 중지하려고까지 하였던 것으로 보인다.

백강 전투는『삼국유사』에서 위와 같은 형태로 전해지고 있지만, 군산 지역에서도 이때의 전투 상황을 전하는 전설이 두 가지 전해 내려오

---

44 『三國遺事』 1, 紀異 2, 太宗春秋公

45 『三國史記』 5, 新羅本紀 5, 太宗武烈王 7년 6월, 7월조에 의하면 660년 6월 21일 서해상의 덕물도에서 소정방과 신라 태자 김법민은 7월 10일 사비성 남쪽에서 신라군과 당군이 합세하기로 결정하였다. 그러나 황산벌 전투로 고전을 치른 신라군은 하루 지난 7월 11일에야 사비성 남쪽에 진주한 唐軍 진영에 도착한다. 이에 소정방이 期約日에 뒤진 것을 이유로 新羅督軍 金文穎을 목 베려 하자 김유신이 당군과 일전을 불사하려하였고 이에 소정방이 김문영을 놓아주었다 한다. 따라서 당나라 군사와 신라 군사가 합세한 것은 7월 11일이었다.

46 노중국 교수는 위 삼국유사의 전설이 앞뒤 정황으로 보아 소정방과 김유신이 만나 함께 진을 친 소부리벌에서 일어난 일로 보아야 할 것이라고 주장하였다. (노중국, 앞의 책, 55쪽)

고 있다. '오성산(五聖山) 전설'과 '천방사(千房寺) 전설'이 그것이다. 오
성산 전설은『여지도서(輿地圖書)』와『호남읍지(湖南邑誌)』에 실려 있
는데, 그 내용은 다음과 같다.

> 읍지에 말하기를 당나라 장수 소정방이 백제를 칠 때 이 산 아래
> 주둔하였는데 누런 안개가 해를 가리어 헤매어도 길을 찾을 수가
> 없었다. 그때 홀연 다섯 노인이 와서 진 앞에 이르므로 정방이 길을
> 물었는데 노인들이 말하기를 네가 우리나라를 치고자 하는데 어찌
> 길을 가르쳐줄쏘냐하였다. 정방이 화내어 다섯 노인을 죽이고 갔
> 다. 회군하는 날에 뉘우치고 신령스런 사람으로 생각하여 이 산에
> 장사지내고 이어 오성산이라 불렀다 한다. 산꼭대기에는 지금도 오
> 성(五聖)의 터가 있다.[47]

여기에서는 당군의 고전(苦戰)을 '누런 안개'로 상징하고 있다. 누런
안개가 해를 가리어 길을 찾을 수 없었다는 것이다. 그리고 이와 같이
당군이 고전하는 과정에서 다섯 노인이 등장하고 있다. 위 전설에는 다
섯 노인이 '홀연' 나타났다고 했을 뿐 다섯 노인이 나타난 구체적인 정
황은 전혀 전하고 있지 않다. 그런데 이 다섯 노인에게 소정방이 길을
묻자 다섯 노인은 "네가 우리나라를 치고자 하는데 어찌 길을 가르쳐주
겠느냐?(汝欲伐吾國 何爲指路乎)"라 하면서 길을 가르쳐 주기를 거절하
자 소정방이 이들을 죽였다는 것이다. 이 전설은 천여 년을 걸쳐 내려

---

47 『輿地圖書』, 全羅道, 臨陂縣, 古跡條, 五聖山 ;『湖南邑誌』, 臨陂縣邑誌, 古跡條, 五聖山.
"邑誌有曰 唐將蘇定方 伐百濟時 住兵于此山下 黃霧日塞 迷不知路 忽有五老人 來到陣
前 定方問路 老人曰 汝欲伐吾國 何爲指路乎 定方怒殺五老而去 班師之日 悔以爲神人
葬于此山 仍名五聖山云 山之上峰 今有五聖基"

오면 구체적인 정황은 생략되어 버렸다. 단지 다섯 노인[五聖人]이 죽음을 두려워하지 않고 당나라 침략군에게 저항하였고 그것이 민중들의 의식 속에 깊이 각인되어 이러한 전설 형태로 전해 내려온 것으로 보인다. 여기서 다섯 노인은 '노인'으로 묘사된 것으로 보아 백제군의 장군이라기보다는 군산 지역의 원로로 판단된다.[48]

그리고 오성산은 당시 백제 저항군의 방어 거점이었을 것으로 보인다. 오성산은 해발 227m에 불과하지만, 군산 지역에서는 가장 높은 산으로, 산 정상에 오르면 금강 입구는 물론이요 멀리 고군산 열도까지 관찰할 수 있을 만큼 시야가 탁 트였다. 따라서 오성산은 백제시대에도 금강 입구를 왕래하는 선박들을 감시하는 초소로 활용되었을 것이다. 정식 발굴은 이루어지지 않았지만 오성산 정상 부근에는 아직도 백제 토성의 흔적이 남아있다. 백강 전투 당시에는 이러한 오성산이 저항군의 지휘부 내지 방어 거점으로 활용되었을 것으로 추측된다. 이와 같이 오성인은 외적에 대한 저항 의지의 상징이었고, 오성산은 외적에 대한 저항 거점이어서 이 둘은 자연스럽게 결합하여 오성산 전설로 전승되어 온 것으로 보인다. 이후 군산 주민들은 오성산을 바라보면서 백제 멸망의 뼈아픈 역사적 경험과 오성인의 저항정신, 호국정신을 상기(想起)했던 것이다.

이러한 오성산 전설과는 전혀 다른 유형을 보여주는 것이『신증동국여지승람(新增東國輿地勝覽)』에 나오는 '천방사(千房寺) 전설'이다. 그

---

48 김중규 씨도 '오성산전설'에서 '다섯 노인이 와서 진 앞에 이르므로' 부분을 '당과의 전투에서 패배한 백제의 지도층이 노인으로 표현된 것을 보면 장군이라기보다는 군산 인근지역의 토착 다섯 집단의 최고 연장자인 원로들이 포로로 잡히지 않았는가 생각된다.'라고 주장하고 있다. (김중규,『앞의 책』106쪽)

내용은 다음과 같다.

　　천방사는 천방산에 있다. 이응정의 중수기가 있다. 전해지는 말
에 신라 장군 김유신이 백제를 침공하고자 당나라에 파병을 요청하
자 당나라에서 소정방으로 하여금 배로 12만 군사를 인솔하고 가
게 했다. (그가) 도착하여 산 밑에 정박하려고 하는데, 안개가 짙게
끼어 천지가 뿌옇게 어두웠다. 그래서 산신령께 '만약 안개를 거두
어 주신다면 모름지기 천 채의 절을 지어 부처님을 받들어 모시겠
습니다.'라며 기도를 올렸다. 그러고 나자 그날로 하늘이 맑아졌다.
그런 뒤 산에 올라가 주위를 둘러보니 산세가 아주 좁아 도저히 천
채의 절을 세울 수 없었다. 그래서 돌 천 개를 배열하여 절 모양만
을 갖추고 한 채의 절을 짓고는 이름을 천방사라고 하였다. 그 뒤에
선림사로 이름을 고쳤으며, 고려 숙종 때 근신을 보내 중수하고 불
상을 모셨다. 지금은 다시 천방사라고 부르고 있다.[49]

　　이 전설은 우선 신라 장군 김유신이 당나라에 파병을 요청한 것으로
전하고 있다. 당나라에 파병을 요청한 것은 태종무열왕 김춘추이지만,
김유신이 소정방과 함께 백제를 멸망시킨 인물이라는 인식이 민중의
의식 속에서 각인되어 전승되어 오면서 이러한 전설이 형성된 것으로
보인다. 그런데 위 '천방사 전설'에서는 침략군을 대하는 태도가 오성
산 전설과 전혀 다르다. 오성산 전설에서 다섯 노인[五聖人]은 죽음도

---

49 『新增東國輿地勝覽』34, 全羅道 沃溝縣 佛宇條. "千房寺 在千房山 有李膺挺重修記 諺
　　傳新羅將金庾信 欲攻百濟 請兵于唐 唐使蘇定方 將船卒十二萬 來泊于山下 烟霧蔽暗 天
　　地晦暝 禱于山靈 若使開霽 當建千寺以奉佛 卽日天地淸明 因登山周覽 勢甚窄狹 不可建
　　千寺 只排十(千?)石 以象寺形 建一寺 號千房 後改稱禪林 高麗肅宗時 遣近臣 重修安佛
　　像 今復號千房"

그림 2 은적사

옛날에는 천방사로 불렸다.
뒤에 있는 산의 이름이 점(천)방산이다.

불사하고 외적에게 저항하고 있는 것에 비해 천방사 전설에서 산신령은 절 천 채를 지어 부처님을 받들어주면 외적과도 협력할 수 있음을 보여주고 있다. 이것은 당시 침략군에 대한 군산 주민과 불교계의 태도가 상이하였음을 추측케 한다. 오성산 전설에서의 오성인과는 달리 불교계는 불교를 보호·발전시켜 주면 침략군과도 손을 잡았던 것이다. 이것은 불교계는 불교국가인 당이나 신라가 지배를 해도 잃을 것이 없었지만, 오성인으로 대표되는 군산 주민들로서는 나라를 잃는 것은 자신들의 생명과 재산 등 모든 것을 잃는다고 생각했기 때문인 것으로 보인다.

동서고금을 막론하고 망국의 백성들이 당하는 고통은 이루 말할 수 없었다. 나당연합군이 백제 도성을 점령했을 때에도 백제의 백성들은 나당연합군의 온갖 행패를 감수하여야 했다. 다음 사료들은 이를 짐작하게 한다.

> · 이때 소정방이 의자왕과 태자 융 등을 사로잡고 곧 군대를 풀어 겁략하게 하니 젊고 건장한 자들이 많이 죽임을 당하였다.[50]
> · (계백이) 말하기를 "한 나라의 사람으로서 당나라와 신라의 대군을 대적해야 하니 나라의 존망을 알 수 없다. 내 처자들이 몰수되어 노비가 될지도 모르는데 살아서 욕보는 것은 쾌히 죽는 것만 같지 못하다"고 하면서 드디어 (처자를) 모두 죽였다.[51]

---

50 『舊唐書』 109, 列傳 59, 黑齒常之. "時定方繫左王及太子隆等 仍縱兵劫掠 丁壯者多被戮"
51 『三國史記』 47, 列傳 7, 階伯. "階伯 … 曰以一國之人 當唐·羅之大兵 國之存亡 未可知也 恐吾妻孥 沒爲奴婢 與其生辱 不如死快 遂盡殺之"

앞의 자료는 소정방이 사비성에서 의자왕의 항복을 받은 후 군대를 풀어 성내의 집들을 겁략하게 한 것을 보여준다. 이에 군사들은 재물을 약탈하고 부녀자들을 겁탈하고 젊은이들을 붙잡아 죽이는 등 온갖 행패를 자행하였던 것이다. 뒤의 자료는 계백이 황산으로 출정하기 전에 처자를 죽이면서 한 말인데 나라가 망하게 되면 처자들은 몰수되어 노비가 될 것이 분명하므로 그는 처자식들을 모두 죽이고 전장에 나갔던 것이다. 이와 같이 나라를 잃게 될 경우 그 백성들은 비참하고 고통스럽게 되기 때문에 군산 주민들은 불교계와는 달리 격렬하게 침략군에 저항하였던 것이다.

이에 반해 백제 지역의 불교계는 당군에게 그다지 저항적이지는 않았던 것으로 보인다. 백제를 침공할 당시의 당나라는 중국 불교사상 최대 전성기를 맞이하고 있었다. 국왕 고종과 황후 측천무후는 불교 교단을 후원하고 유명한 승려들과 밀접한 유대를 맺었으며 수많은 사찰을 건립하였다. 그리하여 이때 중국에서는 법상종, 화엄종, 밀교, 선종, 정토교 등 여러 불교 종파가 성립하고 발전하였으며 불경 번역의 방면에도 서유기의 주인공으로 유명한 현장(玄奘)이 활약하여 구마라집의 구역(舊譯)에 대해 신역(新譯)의 시대를 열었다. 특히 측천무후는 불교 발전에 노력을 기울여 직접 화엄경의 서문을 쓰기도 하였다. 오늘날 낙양에 있는 용문석굴에서 최대의 석불인 비로자나불은 이러한 측천무후를 모델로 하여 만들어졌다는 이야기까지 전해진다. 즉 당시 중국 불교는 호불(好佛)의 군주를 만나 흥성하고 있었던 것이다.

이러한 상황은 자연히 백제에도 전해졌을 것이고, 이에 따라 백제 지역의 불교계는 호불(好佛)의 나라인 당나라의 침략에 그다지 저항적이지 않았던 것으로 보인다. 심지어 부안에 있는 내소사는 소정방이 와서

그림 3　내소사(來蘇寺)

소정방이 왔었다고 해서 내소사라 이름 지었다고
고적기(古蹟記)에 적혀있다.

그림 4　내소사의 봉래루

봉래는 소정방 군이 출발한 항구 이름이다.
지금은 봉래공항이 있다.

진을 쳤기 때문에 '내소사(來蘇寺)'라고 이름 지어졌다는 말이 절의 고적기(古蹟記)에 전해질 정도이다.[52] 내소사에는 또 당나라 군대가 백제를 침략하기 위해 출발하였던 장소인 봉래(蓬萊 : 萊州라고도 함)의 이름을 따서 봉래루(蓬萊樓)라는 누각을 만들었는데, 그 누각은 오늘날까지 전해 내려오고 있다. 이와 같이 백제 지역 불교계의 당에 대한 인식은 나쁘지 않았던 것으로 보인다. 앞에서 소개한 천방사 전설도 이러한 불교계의 정황을 배경으로 만들어져 민중 속에서 전해 내려온 것으로 추측된다.

한편 백강 인근 지역의 주민들로서는 이와 같이 침략자인 당군에 협력한 불교계에 대한 감정이 좋을 리 없었다. 당시 불교계에 대한 지역 주민들의 감정을 엿볼 수 있는 것이 서천에서 전해 내려오는 천방사 전설이다. 그 내용은 다음과 같다.

소정방이 백제를 치기 위하여 대군을 이끌고 서해를 건너와 금강을 거슬러 오르고자 했다. 그러자 갑자기 하늘이 어두워지고 바람이 불며 파도가 높아져 계속 진군을 할 수가 없었다. 할 수 없이 천방산 밑에 병선을 정박시키고 묘안을 생각하고 있는데 마침 병영 가까운 곳으로 중이 지나가고 있었다. 중에게 물어보면 묘책이 나올 것 같다는 생각으로 그를 불러오게 하여 방법을 물었다. 그러자 중이 "이곳을 지나가자면 텃세를 내야 한다."면서 그러려면 "이곳에 천 칸의 집을 짓고 천일제를 지내야만 한다."고 했다. 이에 소정방이 부하들을 시켜 그렇게 하도록 했다. 그러고 나서야 그는 무사히 백제도성으로 진군을 할 수 있었다. 이 때문에 이 절은 천방사가

---

52 『旅庵遺稿』 4, 記, 卞山 來蘇寺記. "扶安縣 卞山 有寺名來蘇 寺之古蹟記 唐將蘇定方來鎭于此 因以爲號 一云蘇定方建是寺"

되고 뒷산은 천방산이라 불렀다. 이로부터 이 절에는 많은 중들이 거처하게 되었는데 어쩐 일인지 이 절의 중들은 인근 주민들을 괴롭히고 부녀자를 농락하기도 하는 등 백성들에게 나쁜 짓들을 많이 했고, 그래서 백성들로부터 늘 지탄을 받았다. 그런데다가 이 절에는 빈대가 하도 들끓어 얼마 가지 않아 그만 망하고 말았다. 사람들은 이 빈대를 당나라 군사들이 뿌리고 간 것이라고 여겼다. 그래서 이곳 인근 사람들은 혹 빈대를 보게 되면 "천방사 홀아비 당병(唐病)인가!"라는 푸념과 함께 이를 모질게 잡아 죽이곤 한다.[53]

위 전설에서 천방사 승려들은 나당연합군에 협조하여 교세를 확장하고 이후 군산과 서천 지역의 주민들을 괴롭히고 부녀자를 농락하는 등 나쁜 짓을 많이 했다고 한다. 그런데 천방사는 빈대가 많이 들끓어 망했는데, 사람들은 이 빈대를 당나라 군사들이 뿌린 것으로 여겼다 한다.[54] 이에 천방사 인근 주민들은 빈대만 보면 "천방사 홀아비 당병인가"하면서 이를 모질게 잡아 죽이곤 했다는 것이다. 당나라 침략군들과 이들에 협조한 천방사 승려들에 대한 증오가 빈대로 전이되어 주민들은 빈대를 잡아 죽이면서 그들의 원한을 푼 것으로 보인다. 즉 힘이 없는 민중들은 외적에게 협력한 천방사 승려를 빈대로 치환하여 이를 잡아 죽이면서 천방사 승려를 응징하는 것으로 간주한 것이 아닌가 하는 생각이 든다.

---

53 서천군 문화공보실, 『내고장 서천』, 1981, 188~189쪽 ; 黃仁德, 「천방사(千房寺) 전설과 백제말기 역사상황」, 『百濟研究』 32, 2000, 209~210쪽에서 재인용.

54 실제 백제가 멸망할 때 당군에 의해 많은 전염병이 우리나라에 전해졌다. 이에 대해서는 이현숙, 「7세기 신라 통일전쟁과 전염병」 (『역사와 현실』 47, 2003)에 자세하게 서술되어 있다.

그림 5 군산에서 매년 거행되는
오성인 추모제

이와 같이 백강 전투가 벌어진 군산에는 오성산 전설과 천방사 전설이라는 상이한 전설이 내려오고 있다. 이 전설을 통해 군산 주민들은 외적에 대해 목숨을 걸고 항거한 오성인을 오랫동안 기리고 그들에게 존경의 예를 올린 반면, 침략자에게 협력한 천방사 승려들에게는 빈대를 보면 그들을 생각할 만큼 증오를 드러내었음을 엿볼 수 있다. 한편 오성인들은 군산뿐만 아니라 부여 지역에서도 침략자들에 대한 저항의 상징으로 된 것으로 보인다. 이것은 부여군 임천면에 전하고 있는 '문동교(問童橋) 전설'을 통해 짐작할 수 있다. 그 내용은 다음과 같다.

> 나당연합군이 백제를 치고자 하였을 때 당나라 소정방이 십삼만 대군을 이끌고 군산 어귀인 기벌포를 지나 나포를 거쳐 반조원까지 올라왔다. 소정방이 반조원에서 잠을 자다가 꿈에 오성산신(五聖山神)을 자처하는 노인이 나타나, "돌아가는 것이 살 길이다"라고 말하였다. 다음날 소정방이 각별히 주의하며 진격하여 부여군 임천면 만사리에 이르렀을 때 숲속에서 금송아지가 뛰놀고 있었다. 그래서 배를 강가에 대고 부하 몇 사람과 같이 금송아지를 보고 쫓아갔으나 뒷산으로 달아나버렸다. 다시 임천에 나와 놀고 있는 어린아이에게 송아지 간 곳을 묻고서 가리킨 산에 가서 찾아보았으나 허사였다. 이때 갑자기 어젯밤 꿈을 생각하고 배로 돌아갔다. 그 뒤 어린아이를 만난 곳에 다리를 놓아주고, 아이에게 송아지 간 곳을 물었다 하여 문동교라 하였다.[55]

백강 전투를 치른 이후 소정방은 나포를 거쳐 반조원까지 올라가 거기서 잠을 잤는데, 소정방 꿈에 오성산신(五聖山神)이 나타나 "돌아가

---

55 최상수, 『한국민간전설집』, 통문관, 1959, 113~114쪽.

는 길이 살길이다."라고 말했다는 것이다. 이를 통해 군산의 오성인은 군산 인근뿐만 아니라 부여 지역까지 알려져 외적에 대한 저항의 상징으로 된 것을 알 수 있다.

4. 맺음말

지금까지 660년에 전개된 당의 백제 침공과 백강 전투, 그리고 이를 둘러싸고 군산 지역에 전해오는 오성산 전설과 천방사 전설의 내용과 그 의미 등에 대하여 살펴보았다. 660년 당의 백제 침공은 신라의 원병 요청에 응한 것이라는 것은 상식이다. 그래서 신라를 이민족을 끌어들여 동족을 멸망시킨 반민족인 나라로 매도하기도 하였다. 그러나 당은 신라를 위하여 신라의 원병 요청에 응한 것이 아니라, 자신의 이익을 위하여 백제를 침공하였던 것이다. 645년부터 659년까지 15년 동안 6차례에 걸쳐 고구려를 공격하였으나 실패한 당은 "고구려를 멸망시키고자 하면 우선 백제를 쳐부수어야 한다."라는 전술 변화에 의거하여 백제를 침공하였던 것이다. 당시 당나라는 신라의 원병 요청이 없더라도 고구려 공격을 위해서 백제를 침공해야만 하는 상황이었다.

한편 『삼국사기』에는 백제의 패망 원인으로 의자왕과 대신들이 성충과 흥수가 외적이 쳐들어올 때 백강을 지키라고 한 말을 제대로 듣지 않았기 때문이라고 지적하고 있다. 이후 이것은 역사적 상식이 되어버렸다. 그러나 실제 백제는 당나라 침략군을 백강에서 사수하였다. 이 전투에서 수천여 명의 백제군이 전사하였고, 당군이 입은 피해도 상당하였다. 당군이 입은 피해는 정사(正史)에는 기록되어 있지 않지만

『삼국유사』나 오성산 전설, 천방사 전설로 전해 내려오고 있다. 김부식은 백제의 패망을 나당연합군의 기습적인 침략 탓이 아니라 백제의 어리석고 무능한 탓으로 돌리기 위해 이와 같이 사실을 왜곡한 것으로 보인다.

군산 지역에는 660년 백강 전투와 관련하여 두 가지 다른 유형의 전설이 전해지고 있다. 오성산 전설과 천방사 전설이 그것이다. 그런데 이 두 전설은 침략군에 대해 전혀 다른 태도를 보여주고 있다. 오성산 전설에서 군산 주민인 다섯 명의 노인은 길을 묻는 소정방에 대해 침략자들에게 어찌 길을 가르쳐주겠냐고 저항하였지만, 천방사 전설에서 불교계는 절 천 채만 지어주면 침략자에게도 협력할 수 있었음을 전하고 있다. 이 두 전설에 등장하는 다섯 노인과 천방사 승려들은 이후 군산 주민들에게 전혀 다른 대우를 받게 된다. 다섯 노인은 오성인(五聖人)으로 추앙되어 외적에 대한 저항의 상징으로 추모되는 반면, 외적에게 협조한 천방사는 민중들이 빈대만 보면 이들을 생각할 만큼 증오의 대상이 되었다. 이후 오성인의 외적에 저항 정신은 부여 지역까지 전파되어 문동교 전설에서도 오성인이 등장하고 있다.

이러한 660년 백강 전투와 오성산 전설이 오늘날 우리에게 시사하는 바가 적지 않다. 우선 강대국의 군사적 행동은 자신의 이익을 위한 것일 뿐, 다른 나라를 위한 것이 아니라는 점이다. 신라는 위급할 때마다 수차례 군사 원조를 요청했지만 당은 꿈적도 하지 않다가 내부적으로 전술 변화의 필요성이 제기되자 백제를 침공하였던 것이다. 이것은 오늘날 한미 관계를 비롯한 국제 관계를 이해하는데 참고가 될 것으로 생각한다. 둘째, 반민족적인 세계주의·사대주의는 대다수 민중의 비판과 비난을 초래한다는 점이다. 오늘날 일부 지식인과 종교계는 민족자존

보다는 외세 의존적 경향을 보이면서 사대주의를 주창하고 있다. 660
년 백강전투 당시 천방사 승려들의 행태와 그다지 다르지 않다. 그러나
민중들은 천여 년에 걸쳐 이러한 천방사 승려들의 행태를 비난하고 증
오하였다. 이들은 국가와 민족은 전혀 고려하지 않고 외세의 품에서 안
주하려 했고, 외세로 인해 야기된 수많은 민중의 질곡과 고통을 외면했
기 때문이다.

『전북사학』 제33호, 2008년 10월수록

2장.

진포대첩의
재조명

1. 머리말

오늘날 우리나라 각 지방자치단체 사이에서는 역사나 설화 및 옛 지명이 자신들의 지역과 관련이 있다고 주장하는 역사논쟁이 치열하게 전개되고 있다. 전북 익산시는 1969년부터 실시하고 있는 마한민속예술제 명칭을 작년부터 '서동축제'로 바꿨다. 익산시가 이렇게 수십 년째 이어온 축제 명칭까지 바꾸면서 행사를 대대적으로 벌이는 것은 인근 충남 부여군이 서동왕자(백제 무왕)를 주제로 궁남지 연꽃 축제를 연 것에 대한 맞불 성격이 짙다. 두 지자체는 그동안 서동왕자 설화 진원지를 놓고 치열한 주도권 싸움을 벌였다. 익산시는 서동이 익산 출신 왕족인 점을 내세우는 반면 부여군은 무왕이 사비의 남쪽(궁남지)에서 태어났다는 『삼국유사』의 설화를 근거로 해마다 궁남지 연꽃 축제를 성대하게 개최하고 있다. 한편 전북 장수군과 경남 진주시는 임진왜란 당시 일본군 장수를 껴안고 강물로 투신한 논개의 본고장임을 자처하며 수억 원의 예산을 들여 기념행사를 별도로 열고 있으며, 전남 장성군과 강원도 강릉시도 홍길동 축제를 놓고 경쟁을 벌이고 있다. 장성군은 소설 속의 홍길동은 실존 인물이며 장성 출신이라고 주장하고 있고, 강릉시는 홍길동 고향이 강릉이라며 홍길동 캐릭터를 놓고 소송까지 제기했다. 이처럼 각 지자체가 역사 원조논쟁을 경쟁적으로 벌이고 있는 것은 역사 상품화를 통해 '돈벌이'가 가능하고 중앙정부에서 적지 않은 지원을 받을 수 있기 때문이다.

그런데 이와 같은 역사논쟁을 벌이는 지자체로 군산시와 충남 서천군이 함께 거론되고 있어 군산 시민들을 안타깝게 하고 있다. 금강 하구 전체 혹은 군산을 진포라 했다는 것은 역사적 상식이다. 이것은 『고려사』, 『조선왕조실록』, 『세종실록지리지』, 『동국여지승람』 등 수많은 사서에서 거듭 확인되고 있다. 이 모든 역사서에서는 금강 하구 전체 혹은 군산을 진포라고 했지, 충청도 서천을 진포라고 한 것은 하나도 없다. 이와 같이 금강 하구와 군산이 진포였다는 것은 움직일 수 없는 역사적 사실인데도 불구하고, 서천군은 이를 받아들이려 하지 않고 2004년에 여러 학자들을 불러 모아 서천이 진포라고 주장하는 심포지엄을 일방적으로 개최하였다. 심지어 서천군은 이러한 심포지엄을 근거로 진포대첩과 관련된 예산 100억 원을 책정하여 정부에 신청할 계획이라고 한다.[1]

서천군이 이처럼 자기 지역이 진포라고 주장하다 보니 오늘날 군산시와 서천군이 역사논쟁을 벌이는 지자체로 함께 거론되고 있다. 군산 시민으로서는 참으로 어처구니없는 일은 당한 셈이다. 군산과 서천은

---

1 『내일신문』, 2004년 9월 16일 자.

오랜 이웃으로서 조금 서운한 일이 있어도 참고 사이좋게 지내야 하지만, 역사적 사실은 분명히 밝혀야 한다고 본다. 즉 공(公)과 사(私)는 가려야 하는 것이다. 역사적 사실을 분명히 밝히는 것이 공(公)이라면, 서천군과 사이좋게 지내야 한다는 것은 사(私)이다. 이에 본 발표는 공(公)의 입장에서 군산이 바로 진포이고, 진포대첩의 현장이 바로 군산 앞바다라는 것을 재조명하겠다.

한편 고려말 왜구 토벌에서 가장 커다란 승리를 거둔 전투로 흔히 최영의 홍산대첩과 최무선의 진포대첩, 그리고 이성계의 황산대첩을 거론한다. 이것을 일러 고려말 3대 대첩이라고 한다. 그런데 이성계의 황산대첩은 최무선의 진포대첩으로 인해 배를 잃어버린 왜구들이 남원 운봉으로 쫓겨 간 것을 이성계가 모두 소탕해버린 것이므로 진포대첩의 영향에 기인한 것이다. 즉 고려말 3대 대첩 중 진포대첩이 가장 두드러진 승리인 것이다. 그리고 진포대첩이 이후 우리 역사에 끼친 영향이 매우 컸다. 이에 본고에서는 진포의 위치를 명확히 규명하고, 진포대첩의 전개 과정과 그 역사적 의의에 대하여 살펴보겠다.

2. 진포(鎭浦)의 위치 고증

오늘날 진포의 위치에 관해서는 아직 정설이 없는 형편이다. 사람마다 철저한 고증 없이 진포를 군산 지역이니, 서천 지역이니 하고 주장하고 있는 것이다. 진포의 위치를 밝히기 위해서는 면밀한 사료 고증이 무엇보다 우선하여야 한다. 이에 우리나라 각종 사료 속에서 진포가 어떻게 기술되었는지 살펴보자.

'진포'라는 지명이 우리 역사에서 최초로 나오는 것은 『고려사』, 「식화지(食貨志)」에서이다. 이 책의 조운(漕運) 조에는 성종 11년(992)에 조세 미를 서울로 운반하는 수경가(輸京價)를 정한 기록이 나오는데, 이때

> 9석을 운반하는데 가격은 1석이다. … 조종포(朝宗浦)[전에는 진포(鎭浦)라고 불렀다. 임피군 진성창이 여기에 있다.][2]

라고 하여 조세 미 9석(石)을 운반할 때 1석을 선임(船賃)으로 지불하여야 하는 포구로서 조종포를 들고, 그 세주(細註)에 "전에는 진포라고 불렀다. 임피군 진성창이 있다."라고 적고 있다. 임피군 진성창이 있는 곳을 진포라고 불렀는데 성종 11년(992) 무렵에 조종포라고 칭하였다는 것이다. 당시 조창은 단순한 창고가 아니라 군현(郡縣)과 같은 형태였다. 즉 관할 영역과 주민, 치소(治所)와 지배 기구를 갖춘 일종의 행정구역이었다.[3] 이를 통해 성종 11년(992) 조종포로 개칭되기 전까지 임피군 진성창을 둘러싼 상당히 넓은 지역이 진포라고 불렸던 것을 알 수 있다.[4]

이후 진포라는 지명이 다시 『고려사』에 나오는 것은 우왕 2년(1376) 10월 "왜적들이 진포에서 노략질하였다.(倭寇鎭浦)"[5]라는 기록과 우왕

2 『高麗史』 33, 食貨 2, 漕運, 成宗 11년, 中册, 749쪽. "運九石價一石 … 朝宗浦[前號鎭浦 臨陂郡鎭城倉在焉"

3 崔完基, 「高麗朝의 稅穀 運送」, 『韓國史硏究』 34, 1981, 39쪽.

4 朝宗浦란 명칭이 이후 다시 사료에 등장하지 않는 것으로 보아, 국가에서 정한 祖宗浦란 명칭은 별로 사용되지 않고, 이 지역은 이후에도 여전히 鎭浦로 불린 것으로 보인다.

5 『高麗史』 133, 列傳 46, 辛禑 2년 10월, 下册, 873쪽.

6년(1380)의 진포대첩과 관련된 여러 기록인데, 이 시기 기록만으로는 명확하게 진포의 위치를 알 수는 없다. 단지 진포대첩 당시 왜구들이 배가 격침당한 후 옥주(沃州: 오늘날의 옥천), 이산(利山: 오늘날 옥천군 이원면), 영동(永同) 등지로 달아난 것을 볼 때6, 진포는 군산 방면을 가리키는 것으로 추측할 수는 있다. 배를 잃어버린 왜구들이 옥주, 이산, 영동, 상주 그리고 운봉 등지로 가려면 육로를 통해서만 가능한데, 이 지역과 육로로 연결된 곳은 군산 방면인 것이다. 서천에서 옥주, 이산, 영동, 상주, 운봉 등의 지역으로 가려면 금강을 건너야 하는데 진포대첩으로 배를 모두 잃어버린 왜구들이 다시 금강을 건넌다는 것은 불가능하다.

다음으로 진포의 지명이 나오는 것은 고려말 공양왕 2년(1390) 9월에 쓴 권근(權近)의 「용안성조전기(龍安城漕轉記)」에서이다. 여기에서 권근은 "조전(漕轉)은 국가의 큰 임무로서 국가의 경비와 공사(公私)의 풍흉이 관계되는 것이다."라고 조운의 중요성을 설명하고는 전라도도관찰사(全羅道都觀察使) 노숭(盧嵩)이 부임한 이래

> 지리(地利)를 살펴 전주의 경계(즉 지금의 전라북도)에는 용안(龍安)에 있는 진포(鎭浦)에, 나주의 경계(즉 지금의 전라남도)에는 영산(榮山)에 있는 목포(木浦)에 조창을 세웠다. 모두 해변 언덕이다.7

---

6 『高麗史』 126, 列傳 39, 邊安烈, 下册, 748쪽. "倭賊五百艘 入鎭浦口 以巨絙相維 分兵守之 逐登岸 散入州郡焚掠 羅世·沈德符等 至鎭浦 用火炮 焚其船 賊守船者 燒溺殆盡 賊窮怒盒盛 盡殺所俘子女山積 所過波血 唯三百三十餘人自拔而來 守船賊脫死者 趣沃州與登岸 賊合焚利山永同縣"

7 權近, 『陽村集』 11, 記類, 龍安城漕轉記 (한국문집총간 7책, 128쪽) "相其地利 於全之界 則得鎭浦之龍安 於羅之界則得木浦之榮山 皆有濱水之丘"

라고 서술하고 있다. 그런데 여기에서도 진포가 어느 곳을 지칭하는지 구체적으로 알 수는 없다. 영산(오늘날 전남 나주시 영산동 지역)과 목포가 상당히 떨어져 있는 것으로 보아 용안과 진포도 동일한 지역에 있었던 것으로 볼 수만은 없다. 다만 위 기록에서 분명하게 알 수 있는 것은 진포는 전라북도 영역 안에 있었다는 것이다.

조선시대에 들어와서는 『태조실록』, 태조 6년 5월 기사(己巳) 조에 진포의 지명이 보이고 있다.

> 순군천호(巡軍千戶) 한을기(韓乙氣)를 보내어 박자안(朴子安)을
> 군중(軍中)에서 참수하도록 하였는데, 당시 박자안이 왜적을 추격
> 하여 전라도 진포에 있었으므로 이 일을 숨기고 알리지 않았다.[8]

이 기록은 당시 박자안(朴子安)이 태조에게 미움을 받아 군중(軍中)에서 참수될 상황에서 그 아들 박실(朴實)과 정안군 이방원의 노력으로 죽음에서 벗어나는 일을 기록한 실록 기사인데, 당시 박자안은 왜적을 추격하여 전라도 진포에 있었다고 한다. 여기에서도 보듯이 태조 6년(1397) 당시에도 진포는 전라도 영역이었다.

또 태종 6년(1406) 9월 조와국(爪哇國: 자바) 사신 진언상(陳彦祥)이 의정부에 올린 글에 의하면

> 영락 4년(1406) 5월 18일 조와(爪哇) 국왕의 명에 의하여 그해 5
> 월 22일 토산물을 싣고 조선으로 오다가 윤7월 초1일 미시(未時: 오

---

8 『太祖實錄』11, 太祖 6년 5월 己巳, 1책, 106쪽. "遣巡軍千戶韓乙氣 斬朴子安于軍中 時
子安追倭賊 方至全羅道鎭浦 以事干彼賊 秘而不宣'"

후 1시~3시 사이)에 전라도 진포 바깥에 있는 군산도 밖에 다다랐을 때 왜선 15척을 만났다.[9]

고 한다. 이때 조와국 사신들은 번인(番人) 21명이 죽음을 당하고, 60명이 잡혀갔으며 진헌하려던 토산물 모두를 약탈당하였다고 말하고 있다. 위 글을 통해서도 진포는 전라도 영역으로 그 근처에 군산도(群山島)가 있었음을 알 수 있다. 이후 태종 14년(1414)에는 조운 문제와 관련하여 진포가 자주 거론되고 있는데, 태종 14년 6월에 전라도 수군도절제사 정간(鄭幹)은 다음과 같이 보고하고 있다.

이 도(道)의 선군(船軍)은 해마다 조전(漕轉)이 거의 4차례에 이르므로, 그 노고가 심하며, 또 실농(失農)하기도 합니다. 금후로는 매번 조운(漕運)할 때마다 진포(鎭浦)에 이르면 곧 충청도 선군이 전수(傳受)하여 경강(京江)에 수송하고, 그 배는 진포로 돌아가서 전라도 사람에게 주도록 하소서[10]

위 글의 말미에 있는 "그 배는 진포로 돌아가서 전라도 사람들에게 주도록 하소서."라는 글을 통해서도 진포가 전라도 영역이고, 전라도와 충청도의 접점 지역에 있음을 확인할 수 있다.

이후 『세종실록지리지』에서는 보다 구체적으로 진포의 위치가 기록되어 있다. 이 책은 문종 2년(1452)에 편찬에 착수하여 단종 2년(1454)

---

9 『太宗實錄』12, 太宗 6년 9월 壬申, 1책, 376쪽. "永樂四年五月十八日 蒙國王差遣 齎擎方物 特爲朝鮮國進賀事 於當年五月二十二日起程 駕坐海船一隻 至閏七月初一日未時 到朝鮮全羅道鎭浦外羣山島外 忽逢倭船一十五隻"
10 『太宗實錄』27, 太宗 14년 6월 癸未, 2책 19쪽.

에 완성된 것인데, 세종 당시의 상황을 전하고 있다. 여기에서 진포는 모두 네 군데에서 나온다. 우선 이 책의 충청도 조에서는 충청도 전체를 개관하는 가운데, 대천(大川: 큰 강)을 소개하면서 "공주에서는 금강이 되고, 부여에서는 고성진이 되며, 임천에서는 고다진이 되고 진포에 이르러 바다로 들어간다."[11]라고 서술하고 있다. 여기에서 진포는 지금의 금강 하구를 가리키는 것으로 보인다.

다음으로 『세종실록지리지』 권149, 충청도 한산군 조에서는 "한산군은 남쪽으로 전라도 경계의 진포와 9리 떨어져 있다."[12]라고 하였으며, 서천군 조에서는 "서천군은 남쪽으로 옥구의 진포와 14리 떨어져 있다."[13]라고 기록되어 있다. 이러한 기록들을 통해서 진포는 금강 하구나, 금강에 인접한 전라도 옥구, 임피 영역을 지칭하고 있음을 알 수 있다. 특히 진포가 전라도 옥구 영역을 가리키는 것은 『세종실록지리지』 권151, 전라도 조에서 재확인할 수 있다.

군산은 옥구현 북쪽 진포에 있다.[14]

위 기록으로써 전라도 옥구현 북쪽에 진포가 있으며 바로 여기에 군

---

11 『世宗實錄地理志』 권149, 忠清道, 5冊, 624쪽. "公州爲錦江 扶餘爲古省津 林川爲古多津 至鎭浦 入于海"
12 앞의 책, 권149, 忠清道 韓山郡, 5冊, 631쪽. "韓山郡 … 南距全羅道境鎭浦九里"
13 앞의 책, 권149, 忠清道 舒川郡, 5冊, 631쪽. "舒川郡 … 南距沃溝鎭浦十四里"
14 앞의 책, 권151, 全羅道, 5冊, 655쪽. "群山在沃溝縣北鎭浦"
　　이때의 군산은 群山鎭으로서 고군산열도 즉 선유도에 있기도 하였고, 이와 같이 육지로 올라와 옥구현 북쪽 진포에 있기도 하였던 것으로 보인다. 즉 군산진은 선유도와 옥구 사이에서 移置를 거듭하였다.

산이 있음을 알 수 있다. 이와 같이 『세종실록지리지』에서 진포는 금강 하구 혹은 금강에 인접한 옥구·임피 지역, 즉 오늘날의 군산을 가리키고 있었다.

그런데 중종 25년(1530)에 증수(增修)한 『신증동국여지승람』에 이르면 진포에 대한 인식에 변화가 나타난다. 진포는 보다 다양한 지역을 가리키는 명칭으로 바뀌게 된 것이다. 우선 『신증동국여지승람』 권17, 임천군(林川郡) 조에는 임천군에 위치한 구랑포(仇郎浦), 고다진(古多津), 강경진(江景津), 청포진(菁浦津), 남당진(南堂津), 상지포진(上之浦津) 등을 소개하고 나서 "위 6진(津)은 모두 공주 웅진 하류이고 한산군에 들어가 진포가 된다."[15]라고 서술하고 있다. 즉 금강 하류 한산군이 있는 지역을 진포라 한다는 것이다. 그리고 『신증동국여지승람』 권17, 한산군 조에는

　　진포는 한산군의 서쪽 21리에 있다.[16]

라 하고 있다. 이것은 앞에서 살펴본 『세종실록지리지』 한산군 조의 "남쪽으로 전라도 경계 진포와 9리 떨어져 있다.(南距全羅道境鎭浦九里)"와는 전혀 다른 인식이다. 즉 진포에 대한 지리적 인식이 변하고 있었던 것이다. 그런데 『신증동국여지승람』 권19, 서천군 조에서는 다음과 같이 서천군의 경계와 진포를 설명하고 있다.

---

15 『新增東國與地勝覽』 권17, 林川郡, 291쪽. "已上六津 皆公州熊津下流 入韓山郡 爲鎭浦"
16 앞의 책, 권17, 韓山郡, 293쪽. "鎭浦 在郡西二十一里"

서천군은 동쪽으로 한산군의 경계와는 11리, 남쪽으로 전라도 옥구현의 경계와는 25리, 서쪽으로 비인현과는 9리, 북쪽으로 홍산현과는 41리 떨어져 있다.[17]

여기에서 서천군이 남쪽으로 전라도 옥구현의 경계와 25리 떨어져 있다는 것에 유념하고, 다음 서천군의 산천(山川) 조에 있는 진포(鎭浦)에 대한 설명을 살펴보자.

서천군의 남쪽 26리에 있는데 바다의 포구이다. 임천의 고다진에서 서천포에 이르기까지 통틀어 진포라 이르고, 그 사이의 여러 진(津), 포(浦)는 모두 진포의 도섭처(渡涉處)이다.[18]

위 기록에서 우선 진포는 "서천군의 남쪽 26리에 있는데 바다의 포구이다."라 하고는 다시 "임천의 고다진에서 서천포에 이르기까지 통틀어 진포라 이르고, 그 사이의 여러 진, 포는 모두 진포의 도섭처이다."라고 하여 서로 다른 설명을 하고 있다. 우선 위 기록에서는 진포가 서천군의 남쪽 26리에 있다고 했다. 앞에서 본 바와 같이 서천은 남쪽으로 전라도 옥구의 경계와 25리 떨어져 있다고 했는데, 진포는 남쪽 26리에 있다는 것이다. 이를 통해 진포는 전라도 옥구의 경계 안에 위치하고 있다는 것을 알 수 있다. 그런데 여기에서는 다시 진포에 대해 "임천의 고다진에서 서천포에 이르기까지 통틀어 진포라 한다."라고

---

17 앞의 책, 권19, 舒川郡, 315쪽. "舒川郡 東至韓山郡界十一里 南至全羅道沃溝縣界二十五里 西至庇仁縣界九里 北至鴻山縣界四十一里"

18 위와 같음. "鎭浦 在郡南二十六里 海浦也 自林川古多津至舒川浦 通謂之鎭浦 其間諸津浦 皆鎭浦之渡涉處"

하여 앞부분과 상이한 정의를 내리고 있다. 이를 통해『신증동국여지 승람』에서 진포는 두 가지 의미로써 사용되었음을 알 수 있다. 즉 진포 는 전라도 옥구 영역 중 금강유역의 특정한 지역 즉 오늘날의 군산 지 역을 의미하거나, 충청도와 전라도를 포함한 금강 하구 유역 전체를 포 괄하는 의미로 사용되었던 것이다.

이러한 두 가지 의미의 진포는『신증동국여지승람』임피현 조와 옥 구현 조에서도 마찬가지로 나타난다. 임피현 조에서는

> 진포는 현의 북쪽 17리에 있다. 공주 웅진에서 부여로 이르고 다 시 꺾어져서 남쪽으로 용안현에 이르러 동쪽으로 돌다가 서쪽으로 향하여 바다로 들어간다. 진포는 즉 바다로 들어가는 입해처이다.[19]

라 하여 "진포는 현의 북쪽 17리에 있는데 금강이 바다로 들어가는 입 해처(入海處)이다."라고 설명하고 있다. 여기서 진포는 금강 하구의 의 미로 사용되었던 것으로 보인다. 다음으로 옥구현조에서는

> 진포는 옥구현 북쪽 16리에 있는데 어량이 있다.[20]

이라고 서술하고 있다. 이것은 물고기를 잡는 어량(魚梁)이 있는 옥구 현 북쪽의 특정한 지역, 즉 군산을 가리키는 것으로 보인다.

이상에서 살펴본 바와 같이 진포의 의미는 시기에 따라 변하고 있었

---

19 『新增東國與地勝覽』권34, 臨陂縣, 597쪽. "鎭浦 在縣北十七里 公主熊津至夫餘 折而南 至龍安縣 東匯而西以入于海 鎭浦乃入海處"

20 앞의 책, 권34, 沃溝縣, 606쪽. "鎭浦 在縣北十六里 有魚梁"

다. 고려 성종 11년(992)에 진포는 임피군 진성창이 있는 지역을 가리켰고, 고려말 공양왕 때(1390년) 권근(權近)이 쓴 '용안성조전기(龍安城漕轉記)'에서도 진포는 전라도 영역으로 서술하였다. 또 조선 태조대(1397년)에도 진포는 전라도 영역으로 인식되었고, 태종 때(1406년) 조와국(爪哇國) 사신은 전라도 진포 바깥에 있는 군산도에서 왜적을 만나 봉변을 당했다는 글을 올리고 있다. 이후 『세종실록지리지』에서 진포는 금강 하구나 군산을 가리키는 지명으로 사용되다가, 『신증동국여지승람』(16세기 초반에 편찬됨)에 이르러 진포는 금강에 인접한 전라도 옥구의 특정한 지역을 의미하거나, 충청도와 전라도를 포함한 금강 하구 유역 전체를 포괄하는 의미로 사용되었던 것이다.

그런데 조선후기에 이르러 진포는 충청도 서천 방면을 지칭하는 의미로 정착되게 된다. 조선후기에 진포가 서천에 있었다고 최초로 주장한 사람은 순암(順菴) 안정복(安鼎福: 1712~1791)이다. 그는 『동사강목(東史綱目)』, 우왕 6년 8월조에서

> 그때 적 500여척이 진포 입구로 들어갔다. (진포는 지금의 서천
> 군 남쪽 26리에 있다.)[21]

라고 서술하고 있다. 안정복의 이러한 진포에 대한 이해는 『신증동국여지승람』의 서천군 조를 참조한 것으로 보인다. 앞에서 살펴본 바와 같이 『신증동국여지승람』 서천군조에는 "진포는 서천군의 남쪽 26리에 있다.(鎭浦 在郡南二十六里)"라고 적혀 있다. 그런데 안정복은 서천

---

21 『東史綱目』16上, 우왕 6년 8월, 3책, 390쪽. "時賊五百餘艘 入鎭浦口(浦在今舒州郡南二十六里)"

군의 경계에 대한 설명, 즉 "서천군의 남쪽 25리에 전라도 옥구현이 있다.(舒川郡 南至全羅道沃溝縣界二十五里)"라는 기록은 간과(看過)한 것으로 보인다. 따라서 그는 전라도 옥구현 경계 안에 진포가 있었다는 것을 보지 못하고 진포를 서천군으로 지정한 것이다.

조선후기 역사서 중『동사강목』이 후대에 끼친 영향은 매우 컸다. 『동사강목』은 실학자의 대표적인 역사서로서, 개화기의 사서(史書) 류는 기본적으로『동사강목』을 토대로 재구성되었으며, 한말·일제하의 민족주의 사가들도『동사강목』을 널리 참고하였다. 신채호는 그의『조선상고사(朝鮮上古史)』총론에서 한국사학사를 개관하면서 안정복을 최초의 역사전문가로 평가할 정도였다. 따라서 안정복이 내린 진포에 대한 정의는 이후 통설로 정착되었다.

안정복의『동사강목』(1759년 완성)에 의해 진포의 위치에 대한 인식의 변화가 일어난 것은 당시 지도를 통해서도 알 수 있다. 숙종 8년(1682)에 제작된『동여비고(東興備攷)』라는 지도책에서 진포의 위치는 <그림 1>에서 보듯이 분명히 오늘날 군산 지역에 있다. 이『동여비고』는『동국여지승람』을 이용할 때 참고가 되도록 만든 지도이다. 따라서 이 지도는『동국여지승람』의 내용을 충실히 반영하여 진포를 오늘날의 군산 지역으로 지정한 것이다. 반면 철종 12년(1861)에 제작된『대동여지도(大東興地圖)』에서 진포의 위치는 <그림 2>에서 보듯이 서천 쪽과 가깝게 표시되어 있다. 이 지도를 제작한 김정호(金正浩)는 안정복의 설(說)을 쫓아 진포의 위치를 서천 쪽으로 비정한 것이다.

그런데 우리는 진포대첩의 격전지를 알기 위해서는 안정복에 의해 내려진 정의가 아닌 진포대첩이 일어난 시기와 가까운 조선초기의 기록에 주목할 필요가 있다. 조선초기에 편찬된『조선왕조실록』이나,

그림 1 『동여비고(1682)』의 진포 부분

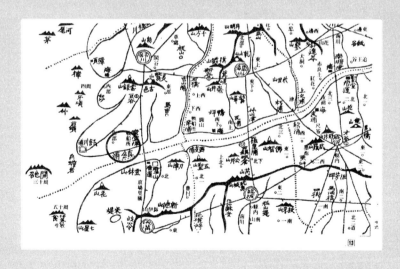

그림 2 『대동여지도(1863)』의 진포 부분

『세종실록지리지』,『신증동국여지승람』 등에서 진포는 금강 하구 혹은 금강에 인접한 옥구 지역, 즉 오늘날의 군산을 가리키고 있었다.

3. 진포대첩의 역사적 의의

앞에서 우리는 진포의 위치에 대한 각 시기의 사료를 살펴보았다. 이를 통해 진포는 군산의 별칭이었으며, 또 군산을 둘러싼 금강 하구 유역을 가리키는 지명이기도 하였음을 알았다. 군산과 금강 하구 지역은 조운의 중심지이고, 수륙교통의 요충지이며, 전라도와 충청도의 곡창지대를 배후지로 하고 있어 일찍부터 외적의 침입 목표가 되었고, 또 이들의 침략을 물리치기 위해 국가와 민의 저항이 거세게 일어난 곳이기도 하였다. 그러면 고려말 군산지역에 침입한 왜구를 격퇴한 진포대첩의 승리 원인과 그 전개 과정, 역사적 의의 등에 대하여 살펴보기로 하자.

왜구는 13세기 초부터 우리나라에 침입하여 약탈행위를 자행하였는데, 14세기에 들어와 이들의 침입은 더욱 빈번해지고, 그 규모도 점차 커졌다. 고려 충숙왕 10년(1323) 6월 왜구는 군산도에 침입하여 개경으로 가는 조운선을 습격하여 조세미를 약탈해갔으며, 다음날에는 추자도에 침입하여 주민을 납치해가는 만행을 감행하였다.[22] 이러한 왜구의 침입은 1350년대에 들어와 본격화되었다. 『고려사』 충정왕 2년

---

22 『高麗史』 35, 世家 35, 忠肅王 10년 6월 丁亥, 上册, 709쪽. "倭掠會原漕船於群山島 又寇楸子等島 虜老弱男女以去"

(1350년) 2월조에는 "왜구가 고성(固城)·죽말(竹末)·거제(巨濟)에 침입하니 합포천호(合浦千戶) 최선(崔禪)과 도령(都領) 양관(梁琯) 등이 이를 격파하고 300여 명의 적을 죽였다. 왜구가 우리나라에 침입한 것이 이때로부터 시작되었다."[23]라는 기사가 보인다. 이것이 바로 유명한 경인년(庚寅年, 1350년)의 왜구로서, 『고려사』를 비롯하여『고려사절요』, 『조선왕조실록』 등 여러 사서에서도 이때부터 왜구의 침입이 시작된 것으로 기록하고 있다. 이것은 그 이전에도 왜구의 침입이 있었으나, 이때부터 본격적인 왜구의 침략이 진행되었기 때문으로 보인다.

이와 같이 왜구의 침입은 1350년대부터 본격적으로 진행되었으나, 고려는 내우외환으로 인하여 이에 대해 제대로 대처할 수 없었다. 충정왕 때 권문세가와 외척의 전횡으로 국정이 문란해지자, 원(元)은 1351년 충정왕을 폐위시키고 그 뒤를 공민왕으로 하여금 잇게 하였다. 공민왕은 즉위하자마자 중흥정치를 표방하고 반원정책과 왕권 강화와 관련된 여러 가지 개혁을 추진하였으나, 끊임없는 내란과 외침을 겪으면서 개혁이 제대로 이루어지지 않았다. 우선 공민왕 원년(1952) 조일신(趙日新)의 난을 시작으로, 동왕 3년에는 원의 군사파견 요청에 응하여야 하였고, 5년에는 제주에서 반란이 일어나고, 8년에는 홍건적이 4만 명의 병력으로 침입하였으며, 10년에는 홍건적이 무려 10여 만에 달하는 대병력으로 재침하였다. 이때 개경은 34일 만에 함락되고 공민왕은 복주(福州: 경상북도 안동)까지 피난가야 했다. 한편 11년에는 홍건적을 물리치는 데 큰 공을 세운 3 원수(元帥)가 살해되는 사건이 발발하였

---

23 『高麗史』37, 世家 37, 忠定王 2년 2월, 上册, 751쪽. "倭寇固城·竹林·巨濟 合浦千戶 崔禪 都領梁琯等 戰破之 斬獲三百餘級 倭寇之侵始此."

고, 12년에는 공민왕을 시해하려 한 홍왕사(興王寺)의 난이 일어났으며, 또 그해에 원을 후원으로 하는 덕흥군(德興君)의 침입이 있었다. 한편 공민왕 14년부터 20년까지 신돈이 집권하여 그동안 수많은 왜구를 물리친 최영이 실각하기도 하였다. 이같이 계속되는 내우외환 속에서 고려는 왜구의 침입에 제대로 대처하지 못하였던 것이다.

그러나 공민왕 20년(1371) 최영이 다시 정계에 복귀하고, 공민왕 22년 10월에는 육도순찰사(六道都巡察使)로, 공민왕 23년에는 육도도통사(六道都統使)로 된 후 수군 강화 정책이 본격적으로 추진되었다. 왜구의 침입을 막는 데는 수군이 가장 효과적이라는 것을 그동안 왜구와의 전투 속에서 절실히 느끼고 있던 최영은 수군 강화 정책을 추진하였고, 이에 고려 정부는 군호(軍戶)를 등록하고 전함(戰艦)을 건조하였으며, 왜구를 제대로 막지 못한 지휘관은 강력히 처벌하였다.[24] 이에 따라 이듬해인 공민왕 23년에는 전함 314척, 사졸 25,600명의 병력으로 당시 중앙 정부의 명령을 제대로 따르지 않는 제주도의 목호(牧胡)를 토벌할 정도로 수군의 군사력이 강화되었다.[25] 또 우왕 3년(1377) 3월에는 각도에서 2,800명의 승도(僧徒)를 동원하고, 100명의 선장(船匠)을 뽑아 전선(戰船)을 대대적으로 건조하도록 하였으며[26], 4월에는 판군기감사(判軍器監事) 이광보(李光甫)를 용진(龍津: 강화도)에 보내어

---

24 『高麗史節要』29, 恭愍王 22년 10월, 743쪽. "○ 以贊成事崔瑩爲六道都巡察使 黜陟將帥守令 籍軍戶 造戰艦 有罪者 皆令直斷 瑩令年七十以上者 隨品出米有差 以補軍需 ○ 崔瑩 以楊廣道都巡問使李成林 不能禦倭 杖配烽卒 斬其都鎭撫池深"

25 『高麗史』113, 列傳 26, 崔瑩, 下册, 480쪽.

26 『高麗史』81, 兵 1, 우왕 3년 3월, 中册, 787쪽. "徵造戰船僧徒 於京山及各道 楊廣道一千人 交州·西海·平壤道各五百人 京山三百人 令曰 僧徒如有苟避者 輒以軍法論 移牒諸道 其船匠一百人 餼廩及其妻孥"

전함건조사업을 지휘·감독하도록 하였다.[27] 우왕 6년(1380)에 최영은 해도도통사(海道都統使)를 겸임하면서 왜구들의 대비에 만전을 기하였다.[28] 이와 같은 고려 국가의 노력으로 수군의 재건이 이루어지면서 진포대첩이 가능하였던 것이다.

진포대첩의 직접적인 승인(勝因)으로 우선 들 수 있는 것은 이 당시 만들어진 전함의 구조이다. 원래 고려는 뛰어난 조선술(造船術)을 가지고 있었다. 『고려사』, 김방경(金方慶) 전(傳)에 고려가 원나라와 함께 일본을 정벌하고자 군선을 만들 때, 만일 중국식으로 만들면 공비(工費)도 더 들고 기일도 더 소요되므로, 전라도에서 공법(工法)이 간편한 고려 식으로 서둘러 조선(造船)을 했다는 데에 여실히 나타나 있듯이 고려는 중국과는 다른 뛰어난 조선술을 가지고 있었고[29], 그렇게 만든 고려의 배들은 일본에 원정하여 태풍을 만났을 때 중국의 대·소 선박이 많이 깨졌는데도 고려의 선박들은 온전하다고 할 만큼 매우 튼튼한 성능을 지니고 있었다.[30] 고려의 선박이 이처럼 견고하였던 것은 먼 바다 항해에 적합하게끔 앞뒤의 갑판은 높고 중앙부는 낮은 곡선형으로 만들고 얇은 판자나 나무토막으로써가 아니라 통나무와 큰 재목, 두꺼운 판자로 만들었으며, 살틀구조(곧은 막대들을 삼각형 그물 모양으로 짠

---

27 『高麗史』133, 列傳 46, 禑王 3년 4월, 下冊, 876쪽.

28 『高麗史』113, 列傳 26, 崔瑩, 下冊, 487쪽. "六年 瑩兼海道都統使 … 瑩與諸將 出屯東西江以備倭 瑩得疾 諸將曰 公之疾劇矣 瑩曰 將軍將兵出外 豈可以疾爲念"

29 『高麗史』104, 列傳 17, 金方慶, 下冊, 285쪽. "(元宗) 十五年 帝欲征日本 詔方慶與茶丘監造戰艦. 造船若依蠻樣 則工費多 將不及期 一國憂之 方慶爲東南道都督使 先到全羅 遣人咨受省檄 用本國船樣 督造."

30 『秋澗先生大全文集』, 卷40, 「汎海小錄」, "大小船艦 多爲波浪揃觸而碎 唯句麗船堅得全" 金在瑾, 『韓國船泊史硏究』, 서울대학교출판부, 1984, 1쪽.에서 재인용.

골조)를 안받침 하여 전후좌우에서 오는 충격을 잘 견디어낼 수 있게 만들었기 때문이다.[31]

고려 조선술의 또 다른 한 예를 보여주는 것이 군산도에서 만든 송방(松舫)이다. 인종 원년(1123) 고려에 온 송나라 사신 서긍(徐兢)이 쓴 『선화봉사고려도경(宣和奉使高麗圖經)』에는 군산도에서 만든 송방이라는 배에 대하여 다음과 같이 기록하고 있다.

> 송방은 군산도에서 만든 배이다. 배의 수미(首尾)가 모두 똑바르고, 중간에 방을 5칸 만들고 위에 띠로 덮었는데, 전후 2개의 작은 방에는 편안한 걸상을 두고 발을 드리웠으며, 중간의 넓은 방은 2칸으로서 비단으로 만든 방석과 침구가 있는 등 극히 화려하였다. 오직 정사와 부사만이 이를 탈 수 있었다.[32]

이와 같이 고려는 매우 견고한 배를 만들 뿐 아니라, 송방과 같이 화려한 배도 만드는 등 뛰어난 조선술을 자랑하고 있었다.

고려의 배는 견고할 뿐만 아니라 크기도 매우 컸다. 현종 10년(1019) 여진 해적에 사로잡혔다가 고려 수군에 의해 구출·송환된 일본 여인 내장석녀(內藏石女) 등이 고려 군선의 전투상황을 진술한 『소우기(小右記)』에는 "(고려의 배는) 선체가 높고 크며 무기와 장비를 많이 갖추고 있어 적측의 배를 엎어버린다. … 고려의 배에 오르니 그 안은 넓고 컸으며 … 다락집은 좌우로 각각 넷을 세웠다. … 달아매지 않는 노가 한

---

31 오붕근外, 『조선수군사』, 북한 사회과학출판사, 1991, 110쪽.

32 徐兢, 『宣和奉使高麗圖經』 33卷, 舟楫, 松舫, 이화사학자료총서 제2집, 318쪽. "松舫群山島船也 首尾皆直 中爲舫屋五間 上以茅覆 前後設二小室 安榻垂簾 中敞二間 施錦茵褥 最爲華煥 唯使副與上節乘之"

켠에 7~8개가 있고 배의 앞면에는 쇠로 뿔을 만들어 적의 배를 들이받아 격파하게끔 되어 있었다."[33]라고 되어있다. 여기에서 고려 함선의 앞머리에 있다는 쇠뿔은 거북선의 앞머리에 있던 용머리와 같이 적선을 들이받아 쳐 부실 수 있는 장치물이었다. 이처럼 고려는 커다란 전함을 보유하고 있었다. 고려시기 선박의 크기를 짐작할 수 있는 또 다른 예를 들면, 고려시기 임피 진성창(鎭城倉)에는 6척의 조선(漕船)이 있었는데, 이들은 모두 조세미 1,000석(石)을 적재하도록 규정되었다.[34] 고려시기 1석은 15두(斗)이므로 1,000석은 15,000두로서 오늘날 3,000가마에 해당한다. 이와 같이 고려시기의 배는 무려 3,000가마를 적재할 수 있을 정도로 엄청난 규모였던 것이다.

중세시기 해전(海戰)에는 대체로 세 가지 전술을 사용하였다. 첫째는 선수(船首)에 뾰족한 충각(衝角: ram)을 달고 적선의 옆구리를 찔러 침몰시키는 전술이고, 둘째는 적선에 접근하여 기어올라 백병전으로 적선을 송두리째 점령해버리는 전술이며, 셋째는 적선에 접근하되 밀착하지 않고 불화살이나 불 뭉치를 쏘아서 적선을 불태우는 방법이다. 당시 왜구들은 주로 두 번째 방법을 사용하였다. 이들은 20~30명이 관선(關船)[35]이라는 쾌속선을 타고 적선에 접근하여 적선에 뛰어들어 백

33 『小右記』, 寬仁(1019년) 3年 8月 10日條. "高麗國兵船數百艘 襲來擊賊 爰賊人等 勵力 雖合戰 依高麗之勢猛 無敢相敵之者 卽其高麗國船之體 高大 兵仗多儲 覆船殺人 賊徒不 堪彼猛 … 但見被救 乘船之內 廣大不似例 □□造二重 上立櫓左右各四 枝別所漕之水 手五六人 所□之士二十餘人許 不懸檝 又一方七八枝也 船面以鐵造角令 衝破賊船之料 也 舟中儲雜具鐵甲冑 大小鉾熊手等也 兵士面面各各 執持之 又入大石 打破賊船 又他 船長大 已以同前 …"

34 『高麗史』79, 志 33, 食貨 2, 漕運, 中册, 750쪽. "靖宗朝 定十二倉 漕船之數 … 鎭城 … 各船六艘 並哨馬船 一船載一千石"

35 關船에 대해서는 金在瑾, 「壬辰倭亂中 朝·日·明의 軍船」, 『續韓國船舶史硏究』, 서울대

병전을 벌이는 것이 장기였던 것이다. 한편 우리나라는 주로 첫 번째와 세 번째의 방법을 사용하였다. 선수(船首)에 쇠로 만든 뿔을 달은 장대한 전함으로 적선을 들이받아 침몰시키거나, 적선에 불화살이나 불 뭉치를 쏘아 이들을 분멸(焚滅)시켰던 것이다. 고려말 정부에 의해 새로이 건조한 배들은 모두 대형의 전함으로서 진포에서 왜구의 관선을 맞이하여 먼 거리에서는 화포를 쏘아대고, 가까이 접근하여서는 이들을 들이받아 침몰시켰던 것이다. 따라서 진포대첩의 승리 원인으로 우선 고려 전함의 견고하고 장대(壯大)한 구조를 들 수 있다.

다음으로 진포대첩의 승인은 주지하듯이 화포의 발명과 사용을 들 수 있다. 고려는 앞에서 말한 바와 같이 불화살이나 불 뭉치를 이용하여 적선을 불태우는 전법을 주로 사용하였다. 그러나 바다에는 불을 끄는데 필요한 물이 풍부하고 또 함선 자체가 늘 물속에 있으면서 젖은 부분이 많아 성공하기가 매우 어려웠다. 그것은 오직 강력한 폭발력과 높은 열을 내는 화약을 이용함으로써만 해결될 수 있었다.

바다로 들어오는 적은 마땅히 상륙하기 전에 바다 위에서 소멸시켜야 하며, 그러자면 화약 무기를 써야 한다고 생각한 최무선(崔茂宣)은 일찍부터 화약 개발에 관심이 있었다.[36] 화약은 중국에서는 이미 10세기부터 불꽃놀이 등에 사용되고 있었고, 고려에서도 이것을 수입해 쓰고 있었다. 그러나 중국에서 그 제조기법은 최고의 기밀로 간주하여 일체 외부로 알려지지 않도록 하였다. 이것을 전쟁 무기로 쓰면 무서운 힘을 발휘하기 때문이다. 최무선은 끊임없는 실험과 연구를 거듭한 끝

학교 출판부, 1994, 참조.

36 『太祖實錄』7, 太祖 4년 4월 壬午, 1책, 77쪽. "崔茂宣 … 嘗曰制倭寇 莫若火藥"

에 마침내 화약 제조의 비법을 알아내게 되었다. 최무선이 화약과 화약 무기를 만든 구체적인 연대는 알 수 없으나,『고려사』, 병지, 공민왕 5년 9월 조(條)에

> 재상들이 숭문관에 모여 서북면 방어사에게 보낼 무기를 검열하고 총통을 남강(南岡)에서 쏘았는데 화살이 순천사 남쪽에까지 날아가서 화살 깃이 모두 땅속으로 들어갔다.[37]

라는 기사를 통해 공민왕 5년(1356) 이전에 이미 화약을 개발한 것을 알 수 있다. 이때 발사된 총통은 얼마나 강력한지 화살 깃이 모두 땅속으로 함몰되었다고 한다.

 그러나 이것은 최무선이 만든 시제품의 실험이고, 그의 화약 무기가 실전에 배치되기에는 오랜 시간을 기다려야 했다. 최무선이 화약을 발명한 지 17년이 지난 공민왕 22년(1373) 10월, 최영이 육도도순찰사(六道都巡察使)가 된 이후 새로 만든 전함과 함께 화전(火箭)과 화통(火筒)의 시험이 있었다.[38] 이때야 비로소 그 위력을 인정받은 것이다. 고려 정부는 그 후 우왕 3년(1377)에 화통도감(火桶都監)을 설치하고 최무선이 만든 화포와 화통들을 생산하여 군대에 배치하도록 하고, 우왕 4년 4월에는 화통방사군(火桶放射軍)을 조직하여 화포 사격 훈련과 화약무기를 설치한 함선들의 해상 전투 훈련을 실시하였다.[39] 이때 최무선의

---

37 『高麗史』81, 兵 1, 恭愍王 5년 9월, 中冊, 784쪽. "宰樞 會崇文館 閱西北面防禦兵仗 放銃筒于南岡 箭及順天寺南 墜地沒羽"
38 『高麗史』44, 世家 44, 恭愍王 22년 10월 丁丑, 上冊, 858쪽. "觀新造戰艦 又試火箭火筒"
39 『高麗史』81, 兵 1, 禑王 3년 10월, 禑王 4년 4월, 中冊, 788쪽.

지휘 하에 화통도감에서 만든 무기로는 대장군(大將軍), 이장군(二將軍), 삼장군(三將軍), 육화석포(六花石砲), 화포(火砲), 신포(信砲), 화통(火㷁), 화전(火箭), 철령전(鐵翎箭), 피령전(皮翎箭), 질려포(蒺藜砲), 철탄자(鐵彈子), 찬산오용전(穿山五龍箭), 유화(流火), 주화(走火), 촉천화(觸天火) 등 여러 가지 대포와 포탄, 불화살이 있었다고 전해지고 있다.[40]

최무선이 만든 화포는 견고하고 큰 배 위에서라야 발사가 가능하였다. 포 사격 시 강한 진동에 의해 웬만한 배들은 뒤집히거나 파괴되기 때문이다. 그런데 당시 고려의 배들은 앞에서 본 바와 같이 중국이나 일본뿐만 아니라 세계 그 어느 나라보다 견고하고 장대한 배를 보유하고 있었다. 이러한 배가 있었기 때문에 최무선의 화포가 사용 가능하였던 것이다. 이와 같이 고려의 조선술과 화약기술이 만남으로써 세계 최초의 포함이 출현할 수 있었다.

고려는 이러한 세계 최초의 포함을 가지고 우왕 6년(1380) 8월 진포에 침입한 왜적을 분멸시키는 진포대첩을 거두었다. 당시 왜구들은 500척에 이르는 대 선단을 거느리고 곡식을 노략질하기 위해 군산 방면으로 침입해 왔는데, 그 군사들은 대체로 10,000명 이상에 달하는 것으로 추정되고 있다. 이들은 약탈한 곡식들을 함선에 적재할 때 흔들리지 않도록 큰 밧줄로 배들을 서로 잡아매고, 일부 병력을 남겨둔 채 육지에 올라와 주(州)·군(郡)을 돌아다니면서 곡식을 비롯한 재물을 약탈하기 시작하였다. 한편 왜구의 대함대가 쳐들어왔다는 급보를 받은 고려 정부는 도원수(都元帥) 심덕부(沈德符), 상원수(上元帥) 나세(羅世),

---

40 『太祖實錄』7, 太祖 4년 4월 壬午, 1책, 77쪽.

부원수(副元帥) 최무선(崔茂宣)의 지휘 하에 화약 무기를 적재한 신형 함선 100척을 출동시켜 왜선들을 소탕하도록 하였다. 고려 함선들은 진포에 이르러 밧줄로 서로 묶여있는 적함을 향해 일제히 포문을 열고 화전과 화포의 집중 사격을 퍼부었다. 이러한 진포대첩의 상황을 『고려사절요』, 우왕 6년 8월조에는 다음과 같이 전하고 있다.

> 왜적의 배 500척이 진포 어귀에 들어와 큰 밧줄로 서로 잡아매고 군사를 나누어 지키게 하고는 언덕에 올라 각 주·군으로 흩어져 들어가서 마음대로 불사르고 노략질하니, 시체가 산과 들에 덮이고, 곡식을 그 배에 운반하느라 땅에 쏟아진 쌀이 한 자(한 자는 30.3㎝; 필자주) 부피나 되었다. 나세·심덕부·최무선 등이 진포에 이르러, 최무선이 처음으로 만든 화포를 써서 그 배를 불태우니, 연기와 화염이 하늘에 넘쳐 적이 거의 다 타죽었고, 바다에 빠져 죽은 자도 또한 많았다.[41]

고려 함대는 적선 500척을 모조리 파괴·소각시키고 왜구들에게 붙잡혔던 330명의 고려 백성을 구출하였다. 여기서 간신히 살아남은 왜구들은 옥주(沃州: 충북 옥천)로 달아나 먼저 상륙한 적들과 합류하였다. 이들은 돌아갈 배를 잃고 퇴로가 끊기자 이산(利山: 옥천군 이원면), 영동(永同), 황간(黃澗), 상주(尙州) 등지로 도망 다니면서 살상과 노략질을 일삼았다. 그리고 이들은 상주에서 어린 아이의 배를 갈라 점을 친 후 다시 선주(善州: 경북 선산), 경산(京山), 함양(咸陽), 남원(南原) 등지로 도망 다녔다.[42] 그해 9월 고려 정부는 이성계를 양광·전라·경상 삼도

---

41 『高麗史節要』 31, 禑王 6년 8월, 781쪽.

도순찰사(楊廣·全羅·慶尙 三道都巡察使)로 임명하고 이들 왜구 잔당들을 토벌하게 하니 이성계는 남원 운봉에서 이들을 소탕하였다.[43] 이것이 그 유명한 황산대첩(荒山大捷)이다. 이 전투에서 왜구는 단지 70여 명만이 살아남아 지리산으로 도망하였으나 이내 토벌되었다. 진포에 침입할 때 왜구의 수가 10,000명이 넘었는데, 진포대첩과 황산대첩에 의해 전멸되었던 것이다. 이성계는 황산대첩으로 인해 국민적 영웅으로 추앙받아 새 왕조를 개창할 수 있는 토대를 마련했는데, 황산대첩은 바로 진포대첩이 먼저 있었기 때문에 가능했던 것이다.

진포대첩은 1350년 왜구들이 고려에 본격적으로 침입하기 시작한 이래, 30년 만에 고려 수군이 거둔 최초의 승리이며, 또 대 왜구 투쟁에서 고려가 거둔 가장 빛나는 승리이기도 하였다. 이것으로 인해 왜구들이 비록 마지막 발악을 하기는 하지만 그 대세는 꺾이어 점차 사라지기 시작했다. 이에 여말 선초의 대표적 학자인 권근(權近)은 '진포에서 왜선을 격파한 최무선 원수를 축하하며[賀崔元帥(茂先)破鎭浦倭船]'라는 시에서 다음과 같이 최무선 장군의 공을 기렸다.[44]

---

42 『高麗史』126, 列傳 39, 邊安烈, 下册, 748쪽. "倭賊五百艘 入鎭浦口 以巨絚相維 分兵守之 遂登岸散入州郡焚掠 羅世·沈德符等 至鎭浦 用火炮 焚其船 賊守船者 燒溺殆盡 賊窮怒益盛 盡殺所俘子女山積 所過波血 唯三百三十餘人 自拔而來 守船賊脫死者 趣沃州 與登岸賊合 焚利山·永同縣 殺永同監務 又焚黃澗·禦侮二縣 又寇中牟·化寧·功城·靑利等縣 焚尙州留七日置酒 … 賊掠得二三歲女兒 剃髮剖腹 淨洗兼奠米酒祭天 … 卜者曰 吾等留此 必敗 卽引軍 趣善州 遂焚善州 又侵京山府 三道沿海州郡 蕭然一空 自有倭患 未有如此之比."

43 『太祖實錄』, 1, (總書), 辛禑 6년 8월, 1册, 8쪽.

44 權近, 『陽村集』 4, 賀崔元帥(茂先)破鎭浦倭船 (한국문집총간 7책, 46쪽)

公始作火

최공이 처음으로 회포를 만들었네.

明公才略應時生

공의 재략이 시대에 맞춰 태어나니

三十年倭一日平

30년 왜구를 하루에 평정했네.

水艦信風過鳥翼

바람 실은 군함은 나는 새도 못 따라가고

火車催陳震雷聲

화차는 우레 소리 울리며 진을 재촉하네.

周郞可笑徒焚葦

주유(周瑜)가 갈대숲에 불을 놓은 것이야 우스갯거리일 뿐이고

韓信寧誇暫渡

한신(韓信)이 잠깐 동안에 앵 땅에 건너갔다는 것이 자랑거리가

될까보냐

豊烈自今傳萬世

풍성 장렬한 공은 이제부터 만세에 전해지고

凌煙圖畫冠諸卿

능연각에 초상화 걸려 여러 공경 가운데 으뜸일세.

天誘公衷作火

공의 화약무기 제조는 하늘의 도움이니

樓船一戰掃凶徒

한 번의 바다싸움에 흉포한 무리 쓸어버렸다.

漫空賊氣隨煙散

하늘에 가득하던 도적의 기세 연기와 함께 사라지고

蓋世功名如日鋪)

세상을 덮을 공명은 해와 더불어 영원하리.

진포대첩의 역사적 의의를 살펴보면, 우선 첫째로, 진포대첩은 세계 해전사에 처음으로 화포를 사용한 전투였으며, 화력 기동 전술과 해상 포격전의 시초를 열어 놓은 역사적인 해전이었다. 지금까지 세계 최초로 화포를 사용하여 적선을 격침시킨 해전으로는 1571년 베네치아, 로마, 에스파냐 3국이 오스만 투르크 제국과 싸워 이긴 레판토 해전으로 알려지고 있다.[45] 그러나 이것은 고려의 진포대첩이 있은 지 191년이 지난 후의 일이다. 즉 고려는 서양보다 191년이나 앞서 포함을 개발하고 실전에서 화포를 사용했던 것이다.

둘째, 진포대첩은 왜구의 침입을 저지하는데 결정적인 역할을 하였다. 진포대첩으로 왜구의 기세는 꺾이게 되고, 고려는 진포대첩의 여세를 몰아 우왕 9년(1383) 5월 정지(鄭地)의 남해(南海 : 觀音浦)대첩, 공양왕 원년(1389) 2월 박위(朴葳)의 대마도 정벌 등 왜구 토벌을 강행하였다. 이로써 임진왜란 전까지 왜구가 다시 우리나라에 대규모로 침입하는 일은 사라지게 되었다.

셋째, 진포대첩은 조선왕조 개창에 일조하였다. 앞에서 살펴본 바와 같이 먼저 진포대첩이 있었기에 이성계의 황산대첩이 가능하였다. 이성계는 황산대첩으로 국민적 영웅으로 부상하였으며, 이러한 정치적 토대를 바탕으로 새 왕조를 개창할 수 있었다. 따라서 진포대첩은 이성계의 조선왕조 개창에 일조하였다고 할 수 있다.

---

45 정토웅, 『전쟁사 101장면』, 「38, 레판토 해전」, 가람 기획, 1997, 158쪽.

그림 3 진포대첩 기념탑
(군산 금강 하구둑)

그림 4 진포대첩 기념탑에 있는
최무선과 병졸 조각

넷째, 진포대첩은 임진왜란 당시 조선 수군의 전술의 모델이 되었다. 임진왜란 때 이순신 장군은 진포대첩과 같은 전술을 사용하여 일본군을 물리쳤다. 당시 일본군의 주력함은 왜구의 배와 동일한 관선이었고, 일본 수군이 가지고 있는 화약무기는 서양 사람들이 개발한 조총이 유일한 것이었다. 그러나 조총은 육지에서는 효과가 있지만 바다에서는 별 도움이 안 되었다. 반면 조선 수군은 일본의 관선보다 월등하게 크고 견고한 함선을 가지고 있었고 또 각종 화포도 보유하고 있었다. 이에 조선 수군은 진포대첩에서와 같이 함포사격을 통해 일본 수군을 전멸시켰다. 진포대첩의 전술은 200여 년 후에 일어난 임진왜란에서도 사용될 정도로 선진적 전술이었고, 또 조선 수군의 전술의 모델이 되었던 것이다.

4. 맺음말

지금까지 진포의 위치와 진포대첩의 전개, 그리고 그 역사적 의의에 대하여 살펴보았다. 이것을 정리하면 다음과 같다. '진포'의 의미는 시기에 따라 변화가 있었다. 고려 성종 11년(992)에 진포는 임피군 진성창이 있는 지역을 가리켰고, 고려말 공양왕 때(1390년) 권근이 쓴 '용안성조전기(龍安城漕轉記)'에서도 진포는 전라도 영역으로 서술되었다. 또 조선 태조대(1397년)에도 진포는 전라도 영역으로 인식되었고, 태종 때(1406년) 조와국(爪哇國) 사신은 전라도 진포 바깥에 있는 군산도에서 왜적을 만나 봉변을 당했다는 글을 올리고 있다. 이후 『세종실록지리지』에서 진포는 금강 하구나 군산을 가리키는 지명으로 사용되다가, 『신증동국여지승람』(16세기 초반에 편찬됨)에 이르러 진포는 금강에 인접한 전라도 옥구의 특정한 지역 즉 오늘날의 군산을 의미하거나, 충청도와 전라도를 포함한 금강 하구 유역 전체를 포괄하는 의미로 사용되었던 것이다.

그런데 조선후기에 이르러 안정복(安鼎福)이 진포를 서천이라고 잘못 기술하였다. 안정복은 『동사강목』에서 『신증동국여지승람』의 기록을 참조하여 '진포는 서천군 남쪽 26리에 있다'고 하여 진포를 서천으로 지정하였다. 그러나 그의 이러한 주장은 '서천군 남쪽 25리에 옥구현(沃溝縣)이 있다'라는 『신증동국여지승람』 서천군 조의 경계에 대한 설명을 간과한 것이었다. 그러나 안정복이 내린 진포에 대한 정의는 통설로 정착되어 오늘날까지 많은 사람에 의해 인용되고 있는 실정이다. 우리는 진포대첩의 격전지인 진포의 위치를 알기 위해서는 안정복에 의해 내려진 정의가 아닌 진포대첩이 일어난 시기와 가까운 조선초기의 기록에 주목할 필요가 있다. 조선초기의 기록을 통해 볼 때, 진포는 금강 하구 혹은 금강에 인접한 옥구 지역, 즉 오늘날의 군산을 가리키고 있었다.

고려말 왜구의 침입은 1350년대부터 본격적으로 진행되었으나, 고려는 내우외환으로 인하여 이에 제대로 대처할 수 없었다. 그러나 공민왕 20년(1371) 최영이 정계에 복귀하고 수군 강화 정책이 추진되면서 왜구 퇴치의 가능성이 나타나기 시작하였다. 이러한 가운데 우왕 6년(1380) 진포에서 왜구에 대한 고려 수군의 최초, 최대의 대첩을 거두었다. 진포대첩 승리의 원인으로는 우선 고려 전함의 구조를 들 수 있다. 고려는 뛰어난 조선술을 가지고 있었고, 이러한 조선술을 바탕으로 크고 견고한 전함을 만들었다. 고려는 이러한 전함으로 진포에서 왜구의 배를 맞이하여 먼 거리에서는 화포를 쏘아대고, 가까이 접근하여서는 이들을 들이받아 침몰시켰다. 두 번째 진포대첩의 승인은 주지하듯이 화포의 발명과 사용을 들 수 있다. 최무선은 왜구 퇴치에는 화약이 가장 효과적이라고 생각하고 일찍부터 화약 개발에 관심을 가지고 있었다. 그는 공민왕 5년(1356) 이전에 이미 화약을 개발한 것으로 보이나, 이것이 실전에 배치된 것은 공민왕 22년(1373) 최영이 육도도순찰사가 된 이후이고, 그 후 우왕 3년(1377) 화통도감을 설치되었다. 최무선이 만든 화포는 크고 견고한 배 위에서라야 발사가 가능하였다. 포 사격 시 강한 진동에 의해 웬만한 배들은 뒤집히거나 파괴되기 때문이다. 고려의 배들은 크고 견고하여 화포 사용이 가능하였다. 즉 고려의 조선술과 화약기술이 만남으로써 세계 최초의 포함이 출현할 수 있었다.

진포대첩의 역사적 의의를 살펴보면, 첫째, 진포대첩은 세계 해전사에 처음으로 화포를 사용한 전투였다. 지금까지 세계 최초로 화포를 사용하여 적선을 격침시킨 해전으로는 1571년 레판토 해전으로 알려지고 있다. 그러나 진포대첩은 레판토 해전보다 191년 이른 것이다. 둘째, 진포대첩은 왜구의 침입을 막는데 결정적인 역할을 하였다. 진포대첩으로 왜구의 기세는 크게 꺾였던 것이다. 셋째, 진포대첩은 조선왕조 개창에 일조하였다. 진포대첩으로 이성계의 황산대첩이 가능하였다. 이성계는 황산대첩으로 정치적 기반을 다져 조선왕조 개창으로 나아갈 수 있었으니, 진포대첩은 조선왕조 개창에 일조하였다고 볼 수 있다. 넷째, 진포대첩은조선 수군 전술의 모델이 되었다. 임진왜란 때 이순신 장군 역시 진포대첩과 같은 전술을 사용하여 일본군을 물리쳤다.

즉 진포대첩의 전술은 200년 이후에 일어난 임진왜란에서도 사용될
정도로 선진적 전술이었고, 또 조선 수군의 전술의 모델이 되었던 것
이다.

『전라문화연구』 12집, 2000. 12 수록, 개고(改稿)

3장.

군산도와
고군산진의 역사

1. 머리말

고군산군도는 군산 남쪽 약 50km 해상에 위치한 여러 섬으로 이루어져 있다. 오늘날 행정구역상 군산시 옥도면에 속하는 고군산군도는 선유도, 무녀도, 장자도, 야미도, 신시도, 관리도, 대장도, 횡경도, 방축도, 명도, 말도 등 10여 개의 유인도와 20여 개의 무인도로 이루어진 무리섬이다. 오늘날 흔히 선유도로도 통칭되는 고군산군도는 고려와 조선 전기에는 군산도(群山島)라고 불렸다. 현존하는 군산도가 소개된 최초의 기록은 고려 인종 원년(1123)에 송나라 사신으로 왔던 서긍(徐兢)이 지은 『선화봉사 고려도경(宣和奉使高麗圖經)』인데, 서긍은 이 책에서 '군산도'라는 제목을 특별히 설정하여 이 섬에 대한 자세한 기록을 남기고 있다.

그림 1 고군산군도

군산도라는 명칭은 이후 『고려사』에서도 다수 등장하고 있으며, 『조선왕조실록』(이후 『실록』이라고 略함) 곳곳에서 등장하고 있다. 반면 '고군산도(古群山島)'라는 명칭은 조선전기의 『실록』에서는 전혀 나오지 않는다. '고군산도'라는 명칭이 최초로 사료에 등장하는 것은 이순신 장군의 『난중일기』에서이다. 즉 『난중일기』 정유년(1597) 9월 21일자 일기를 보면 "아침 일찍 출발하여 고군산도에 도착했다"[1]라고 쓰여 있다. 이를 통해 군산도는 조선 중기 이후 고군산도라고도 칭해졌음을 알 수 있다. 그런데 임진왜란 이후에도 『실록』과 같은 관찬 사료에서는 한동안 군산도라는 명칭만 나오고 있다. 『실록』에서 '고군산'이라는 명칭이 최초로 나오는 것은 인조 5년(1627)의 기사이다.[2] 본문에서 서술하는 바와 같이 인조 2년(1624) 군산도에 수군 진(鎭)을 설치하였는데, 이 진을 옥구현 북쪽 진포에 이미 설치되어있던 군산진(群山鎭)[3]과 구별하고자 '고군산진'이라고 부른 것으로 보인다. 동일한 권역에 이렇게 수군 진을 유사한 이름으로 두 개나 설치하는 것은 유례가 없는 일인데, 이것은 후술하는 바와 같이 군산 지역의 경제적, 군사적 중요성을 고려하였기 때문으로 판단된다. 이렇게 고군산진이 설치된 이후 군산도는 『실록』뿐만 아니라 여러 사료에서도 주로 '고군산', '고군산도' 등으로 칭해지게 된다. 이러한 현상은 1906년 선유도라는 명칭이 등장하기 전까지 계속된다.[4]

---

1 『李忠武公全書』卷8, 亂中日記 4, 丁酉(1597) 9月 21日 (한국문집총간 55, 297쪽) "二十一日己酉 晴 早發到古羣山島 湖南巡察 聞吾到來 乘船急向沃溝云"

2 『仁祖實錄』17, 仁祖 5年 11月 庚辰. "古群山, 亦皆極目膏壤"

3 『世宗實錄』卷151, 地理志, 全羅道. "群山 在沃溝縣北鎭浦 (領中船四艘, 別船四艘, 軍四百六十一名, 梢工四名)"

그런데 오늘날 군산에서는 "조선 세종 때 군산도에 있던 수군 진영인 군산진(群山鎭)을 육지로 옮겨가면서 현재의 군산시가 됐고, 군산도엔 '옛 고(古)'자를 붙여 '고군산'이라 했다."[5]라는 식의 설명이 통설처럼 되어있다. 군산시에서 발간한 책자를 비롯하여 인터넷 등에서 선유도를 소개하는 글 곳곳에 모두 이와 같은 식으로 설명되어 있다. 심지어 국립문화재연구소에서 편찬한 『고군산군도』라는 보고서에서도 "고군산이라는 명칭은 조선 태조 6년(1397)에 수군 만호영을 군산도에 설치했다가 세종 때 진포로 옮겨감에 따라 기존의 군산도는 옛 고자를 붙여 고군산이라 칭하였다"[6]라고 설명하고 있다. 그런데 기록상 태조 때 군산도에 수군부대인 만호영을 설치한 일도 없고, 세종 때 군산진을 옮겨간 일도 없으며, 앞에서 말한 바와 같이 조선전기에 고군산이라 불린 기록도 없다. 위와 같은 통설은 전혀 근거가 없는 설명이다. 즉 명확한 근거도 없는 설명이 군산시나 국립문화재연구소 등 국가 기관에서 편찬한 책뿐만 아니라, 고군산군도를 소개하는 인터넷 글들 여기저기에 실려 있었던 것이다. 이에 이 글은 군산도와 고군산진의 역사를 사료에 입각하여 새롭게 고찰하고자 한다. 우선 인조 2년(1624) 고군산진이 설치되기까지 군산도의 성쇠(盛衰)를 살펴보고, 이어 고군산진의 설립 과정, 운영의 모습, 해체 경위 등에 대하여 살펴보겠다.

---

4 고군산도는 고종 33년(1896) 칙령 제13호에 의해 전라남도 지도군에 편입되었는데, 그 중 오늘날의 선유도는 1906년에 전라남도 지도군 고군산면 선유도리로 편제되었다. 그 후 선유도리는 1914년 일제의 행정구역 개편에 의하여 옥구군 미면으로 편입되어 옥구군 행정관할로 되었다.(인터넷. 국토해양부 연안포탈>연안지식>도서백서 참조)

5 인터넷. 군산시> 문화관광> 알고가자 희망군산> 고군산여행.

6 國立文化財硏究所, 『古群山群島 – 韓國民俗綜合報告書(29)』, 2000, 11쪽.

2. 고려·조선초기 군산도의 성쇠(盛衰)

앞에서 말한 바와 같이 선유도를 비롯한 고군산군도는 고려시기와 조선초기에는 군산도라고 불렀다. 이곳에 언제부터 사람들이 살고 있었는지는 확실히 알 수 없다. 선유도 진말 등지에서 조개무지가 발견되는 것으로 보아 청동기시대 이전부터 사람이 살고 있었던 것은 확실해 보인다.[7] 이러한 군산도가 역사상 처음으로 주목받게 되는 것은 660년 당나라의 백제 침공 때였다. 백제를 침공하고자 소정방이 이끄는 당나라 13만 대군은 660년 6월 18일 중국 산동성 내주(萊州) 성산(城山)에서 출발하여 6월 21일 서해상의 덕물도(오늘날의 덕적도)에 도착하였다.[8] 이때 덕물도에 가서 당나라군을 맞이하였던 신라 태자 김법민은 소정방과 더불어 7월 10일 사비성 남쪽에서 신라군과 당나라군이 합세하기로 결정하였다.[9] 이후 소정방이 거느린 당나라군은 덕물도를 출발하여 서해안으로 내려가 7월 9일 기벌포(오늘날의 군산)에서 상륙을 시도하였다. 이 과정에서 약 10여 일이 소요되었는데, 이 기간에 당나라군은 식량과 물을 구하기 위해 어딘가에 정박하였을 것이고, 그 정박지는 금강 하구의 군산도일 가능성이 크다.[10] 이와 같이 군산도에서 10여

---

7 群山市史編纂委員會, 『群山市史』上, 군산시, 2000, 215~216쪽.
　金元龍, 「各地方의 土器·石器·骨角器」, 『韓國史』 1, 국사편찬위원회, 1973, 134쪽.

8 『三國遺事』 1, 紀異 2, 太宗春秋公. "高宗 詔左虎衛大將軍荊國公蘇定方 爲神丘道行策摠管 率左衛將軍劉伯英字仁遠 左虎衛將軍馮士貴 左驍衛將軍龐孝公等 統十三萬兵來征 [鄕記云: 軍十二萬二千七百十一人 船一千九百隻 而唐史不詳言之] 以新羅王春秋 爲嵎夷道行軍摠管 將其國兵 與之合勢 定方引兵 自城山濟海 至國西德勿島"

9 『三國史記』 42, 列傳, 金庾信.

10 노중국, 『백제부흥운동사』, 일조각, 2003, 52쪽.

일을 보낸 당나라군은 660년 7월 9일 오늘날의 군산 방면으로 상륙 작전을 전개하였다. 이것이 660년 백강 전투이며, 오늘날 군산에서는 이 전투와 관련하여 오성산 전설과 천방사 전설이 전해 내려오고 있다.[11]

660년 백제 멸망 이후 통일신라시대를 거쳐 918년 고려가 건국되자, 송(宋), 일본, 유구(琉球)를 비롯하여 멀리 대식국(大食國:아라비아) 상인까지 고려에 왕래하였다. 고려의 수도 개경은 세계인이 왕래하는 국제도시가 되었고, 개경의 문호인 벽란도는 국제 무역항의 성격을 띠게 되었다. 이들 상인들을 통하여 'Korea'란 이름이 서방 세계에 널리 알려지게 되었다. 특히 고려의 대외 무역에서 큰 비중을 차지하는 것은 송과의 무역이었다. 고려와 송과의 무역 항로는 산둥 반도에서 황해도 연안을 거쳐 예성강 구에 이르는 직선 기선이 이용되었으나 뒤에는 거란의 세력이 커지자, 이를 피하여 명주→흑산도→군산도→벽란도에 이르는 남해안 우회 항로가 많이 이용되었다. 이로써 군산도는 고려와 송나라 사이에 중요한 기항지 역할을 하게 되었다.

고려 인종 원년(1123)에 송나라 사신으로 왔던 서긍(徐兢)은『선화봉사 고려도경』에서 군산도에 관한 자세한 기록을 남기고 있다.

> 6월 6일 정해(丁亥)에 아침 밀물을 타고 운항하여 진각(辰刻:오전 7시~9시)에 군산도에 이르러 정박하였다. 그 산은 열두 봉우리가 잇달아 연결되어 있는데 둥그렇게 둘러쳐져 있는 것이 성(城)과 같았다. 여섯 척의 고려 배가 와서 맞아 주었는데 무장한 군사를 싣고 징을 울리고 호각을 불면서 호위하였다. 별도의 작은 배에는 초록색 도포 차림의 하급 관리가 타고 있는데 … 군산도의 주사(注事:

---

11 拙稿,「660년 백강 전투와 오성산 전설」,『전북사학』33호, 2008.

종7품 관리)라고 한다. 이어 통역관인 합문통사사인(閣門通事舍人) 심기(沈起)가 와서 동접반(同接伴) 김부식(金富軾)과 합류하였다. … 배가 섬으로 들어가자 해안에서 깃발을 잡고 늘어서 있는 자들이 1백여 명이나 되었다. … 접반사가 채색된 배를 보내와 정사와 부사에게 군산정(群山亭)으로 올라와 만나 주기를 청했다. 그 정자는 바닷가 근처에 있고 뒤에는 두 봉우리가 받쳐주고 있는데, 그 두 봉우리는 나란히 우뚝 서 있고 높은 절벽을 이루어 수백길이나 치솟아 있다. 문 밖에는 관가의 건물 10여 칸이 있고, 서쪽의 가까운 작은 산 위에는 오룡묘(五龍廟)와 자복사(資福寺)가 있다. 또 서쪽에 숭산행궁(崧山行宮)이 있고, 좌우전후에는 민가 10여 호가 있다. 오후에 정사와 부사는 송방(松舫)을 타고 해안에 이르렀다.[12]

이 기록에 의하면 군산도에서 군사들로 무장한 6척의 배를 보내 송나라 사신을 호위하게 하고, 섬에서는 1백 명의 군사들이 깃발을 들고 도열하고 있었음을 알 수 있다. 또 군산도에는 사신을 접대하기 위한 객관으로 쓰인 군산정(群山亭)이란 건물이 있었는데, 그 뒤에 두 봉우리(망주봉으로 보임)가 있었다는 것으로 보아 이 군산정은 오늘날 선유도의 양당리(陽唐里:오늘날 양댕이라고도 부름, 선유 3구) 부근에 있었던 것으로 판단된다. 한편 이곳에는 관청 건물 10여 칸이 있었고, 서쪽으로 오룡묘, 자복사, 숭산행궁 등도 있었던 것으로 보인다. 이와 같이 고려시대에 군산도는 서해안의 중요한 군사 기지 역할을 하였다. 무장한 군사를 실은 배가 송나라 사신의 배를 호위하고, 또 섬 안에는 1백여 명의 군사가 도열하고 있었다고 할 정도로 군산도에는 다수의 군인이 배치되어 있었다.

---

12 『宣和奉使高麗圖經』 권37, 海道 3, 羣山島.

한편 당시 군산도에는 배를 만드는 조선소도 있었던 것으로 보인다. 서긍은 『선화봉사 고려도경』에서 군산도에서 만든 송방(松舫)이라는 배에 대하여 다음과 같이 기록하고 있다.

송방(松舫)은 군산도에서 만든 배다. 배의 앞과 뒤가 직선으로, 가운데에는 선실(船室) 5칸이 만들어져 있고 위에는 띠풀(茅)로 덮었다. 앞과 뒤에는 작은 방 둘이 마련되어 있는데, 편안한 걸상이 놓여있고 발이 드리워져 있다. 중간에 널찍한 2칸에는 비단 보료가 깔려 있는데 아주 화려하다. 오직 정사, 부사 및 상절(上節)만이 이 배에 탄다.[13]

송방은 군산도에서 만든 배인데, 그 형태는 앞과 뒤가 직선인 네모꼴로서 고위층만이 타는 극히 화려한 배라는 것이다. 이와 같이 군산도에서는 송방과 같은 특수한 배를 제작하는 조선소도 있었다.

12세기에 송과의 교류가 왕성할 때 군산도는 국제 교역의 거점 항구로서 번영을 누렸다. 그러나 13세기에 들어와 고려가 몽골의 침략을 받게 되면서 군산도는 피난민의 집결지와 대몽 항쟁 세력의 근거지로 기능하였을 것으로 보인다. 특히 1270년 고려 정부가 몽골과 강화를 맺고 개경으로 환도하자 대몽 항쟁에 앞장섰던 삼별초는 배중손의 지휘 아래 반기를 들었다. 원종 11년(1270) 6월 1일 삼별초는 난을 일으켜 강화도를 점령하고 왕족 승화후(承化侯) 온(溫)을 추대하여 고려왕으로 삼았다. 그리고 3일 후인 6월 3일에 1000여 척의 배를 동원하여 공사

---

13 위 책 권33, 舟楫, 松舫. "松舫群山島船也 首尾皆直 中爲舫屋五間 上二茅覆 前後設二小室 安榻垂簾 中敞二間 施錦茵褥 最爲華煥 唯使副與上節乘之"

(公私)의 재화와 사람들을 모두 싣고 강화도 구포(鳩浦)를 출발하여 남쪽으로 향했다.[14] 최종 목적지 진도에 도착한 것은 강화도를 떠난 지 70여 일 만인 8월 19일이었다. 강화에서 진도까지 항해하는 데 70여 일이라는 긴 시일이 소요된 내막에 대해서는 전혀 알려진 바가 없다.[15] 그런데 강화도에서 진도로 항해하는 길목에 군산도가 위치하고 있었으므로 삼별초가 군산도에 정박하였을 가능성은 충분히 있다.

오늘날까지 군산도에 왕릉이 있었다는 기록이 다수 전해 내려오고 있다. 『신증동국여지승람』, 만경현 조에는 군산도에 왕릉과 같은 큰 무덤이 있었다고 기록되어 있다.

> 섬 안에는 큰 무덤이 있는데 마치 군왕(君王)의 능과 같다. 근세에 이웃 고을 수령이 그 무덤을 파헤쳐 금과 은으로 만든 그릇을 많이 얻었는데, 사람들에게 고발당하자 도망갔다.[16]

또 17세기 후반에 제작되었을 것으로 추정되는 『동여비고(東輿備考)』에서도 <그림 2>와 같이 군산도 안에 큰 무덤이 그려져 있고 그 아래에 왕릉이라고 쓰여 있다. 이 왕릉을 조선후기의 실학자 성해응(成海應:1760~1839)은 귀인(貴人)의 무덤일 것으로 추정하였지만[17],

---

14 『高麗史』 26, 世家 26, 원종 11년 6월 己巳 ; 『高麗史節要』 18, 원종 11년 6월 丙寅.

15 강봉룡, 『바다에 새겨진 한국사』, 한얼미디어, 2005, 210쪽.

16 『新增東國輿地勝覽』 권34, 萬頃縣, 山川, 群山島. "島中有大塚 如君王陵者 近世有隣邑守令 發其塚 多得金銀器皿 爲人所告而逃"

17 成海應(1760~1839)은 그의 『研經齋全集續集』 16, 東國地理辨, 群山島辨에서 '島中 有大塚 有發者 多得金銀器 竊疑貴人安有葬島中者'라고 하여, 貴人을 섬 안에 묻은 것은 아닐까하는 추정을 하고 있다.

그림 2 『동여비고』
(군산도 왕릉 부분)

근래 지적된 바와 같이 삼별초군에 가담한 왕족의 무덤일 가능성이 크다.[18] 금제, 은제 그릇을 부장한다는 것은 왕족이 아니면 힘들기 때문이다. 삼별초 군이 강화를 떠나 진도까지 항해하는 데 무려 70여 일이나 걸린 것은 이 왕릉 조성과 관련된 것은 아닐까하는 추측도 들지만 사료가 없어 더 이상의 추정은 불가능하다.

14세기에 들어와 군산도는 왜구의 극심한 침략에 시달리게 된다. 왜구는 13세기 초부터 우리나라에 침입하여 약탈행위를 자행하였는데, 14세기에 들어와 이들의 침입은 더욱 빈번해지고, 그 규모도 점차 커졌다. 충숙왕 10년(1323) 6월 왜구는 군산도에 침입하여 개경으로 가는 조운선을 습격하여 조세미를 약탈해갔으며, 다음날에는 추자도에 침입하여 주민을 납치해가는 만행을 저질렀다.[19] 이러한 왜구는 14세기 후반에 들어와 더욱 대규모화했고, 또 정규 병력화했다. 특히 우왕 6년(1380) 8월 왜구들은 500척에 이르는 대선단을 거느리고 임피의 진성창(鎭城倉)을 노략질하기 위해 진포로 침입해 왔는데, 왜구의 수는 무려 10,000명 이상에 이를 것으로 추정되고 있다. 이러한 왜구의 대함대를 도원수 심덕부, 상원수 나세, 부원수 최무선이 이끄는 고려 함대가 함포 사격을 통해 궤멸시키니, 이것이 그 유명한 진포대첩이다.[20]

진포대첩으로 왜구는 격퇴당하였으나 이들이 진포에 들어올 때 그 길목에 있던 군산도는 막대한 피해를 당하였을 것으로 추정된다. 왜구

---

18 김중규, 『군산역사이야기』, 도서출판 안과밖, 2009, 76쪽.

19 『高麗史』 35, 世家 35, 忠肅王 10년 6월 丁亥. "倭掠會原漕船於群山島 又寇楸子等島 虜老弱男女以去"

20 진포대첩에 대해서는 拙稿, 「진포대첩의 재조명」, 『全羅文化硏究』 12집, 2000. ; 본서 2장 참조.

들은 지나가는 곳마다 불을 지르고 사람을 죽여 그들이 한번 지나가면 시체가 산과 들판을 덮게 되었다고 할 정도로 잔인하기 이를 데 없었다.[21] 따라서 진포대첩으로 격퇴당하기 직전에 500척에 달하는 왜구의 대선단이 거쳐 간 군산도에는 아무것도 남아 있지 않았을 것이다. 고려 전기의 수군 시설과 군산정, 오룡묘, 자복사, 숭산행궁 등뿐만 아니라 민가들도 모두 파괴되었을 것으로 보인다. 1864년에 만들어진 김정호(金正浩)의『대동지지(大東地志)』와 1896년에 만들어진『호남진지(湖南鎭誌)』의「고군산진지여사례병록성책(古群山鎭誌與事例幷錄成册)」에서는 군산도의 폐진(廢鎭)과 복설(復設)을 다음과 같이 설명하고 있다.

· 본래 군산도진은 해랑적(海狼賊)들의 침략을 받아 옥구현 북쪽 진포의 해변[지금의 군산진]으로 옮겨갔는데, 인조 2년에 옛 진에 별장(別將)을 두어 고군산이라 칭하였다.[22]

· 옛날 진터가 망주봉의 뒤에 있는데, 해랑적들에 의해 폐진(廢鎭)되었다. 천계(天啓) 갑자(甲子:인조 2년, 1624)에 복설되었다.[23]

여기에서 해랑적(海狼賊)은 '바다의 이리떼와 같은 도적'이라는 의미로 왜구를 지칭하는 말로 보인다. 이를 통해 군산도의 폐진은 고려말에

---

21 『太祖實錄』1, 總序, 辛禑 6년 8월. "倭賊五百艘 維舶於鎭浦 入寇下三道 屠燒沿海州郡 殆盡 殺擄人民 不可勝數 屍蔽山野 轉穀于其舶 米棄地厚尺 斫所俘子女山積 所過波血 掠得二三歲女兒 剃髮剖腹淨洗 兼奠米酒祭天 三道沿海之地 蕭然一空 自有倭患 未有如 此之比"
22 『大東地志』, 萬頃, 古群山島鎭.
23 『湖南鎭誌』,「古群山鎭誌與事例幷錄成册」(서울대 奎 12188), "昔者鎭垈 在望主峯之後 爲海狼賊所侵 仍爲廢鎭"

있었던 것으로 판단된다.

진포대첩 이후에도 군산도 주변에서의 왜구의 노략질은 그치지 않았다. 진포대첩이 일어난 지 2년 후에 다시 50척의 배가 진포로 침입해 들어온 것이다.

> (신우) 8년에 정지(鄭地)가 해도원수(海道元帥)가 되었다. 왜적이 큰 배 50척으로 진포에 침입하였다. 정지는 이것을 격퇴하고 군산도까지 추격해 적선 4척을 노획하였다.[24]

이 기록은 우왕 8년(1382)에 해도원수 정지 장군이 진포에 쳐들어왔던 왜구를 공격하여 물리치고, 다시 그들을 군산도까지 쫓아가서 4척의 배를 나포하였던 것을 보여준다. 고려말뿐 아니라 조선 초까지 왜구가 군산도에 출몰하였다. 태종 6년(1406)과 7년(1407)에는 다음과 같이 군산도 부근의 왜구에 대한 보고가 올라오고 있다.

> · 남번(南蕃)의 조와국(爪哇國:자바) 사신 진언상(陳彦祥)이 전라도(全羅道) 군산도(群山島)에 이르러 왜구(倭寇)에게 약탈을 당했다.[25]

> · (충청도) 수군 첨절제사(水軍僉節制使) 노중제(盧仲濟)와 도만호(都萬戶) 송전(宋琠) 등이 병선을 거느리고 … 왜구(倭寇)를 수색하여 군산도에 이르렀다가 회오리바람을 만나 상패(傷敗)하였다.[26]

---

24 『高麗史』 113, 列傳 26, 鄭地.
25 『太宗實錄』 12, 태종 6년 8월 丁酉.

이와 같이 조선초까지 군산도 부근에서의 왜구의 노략질은 그치지 않았다. 따라서 조선초에 군산도에 수군 진을 설치하는 것은 쉬운 일은 아니었다. 또 통설처럼 태조 때에 군산도에 수군 만호영이 설치되었다면[27], 위와 같이 사신의 배가 왜구에게 약탈당하거나 충청도 수군이 군산도 부근까지 와서 침몰하는 일도 없었을 것이다. 따라서 태조 때에 군산도에 수군 만호영이 설치되었다는 통설은 전혀 근거가 없는 것으로 보인다.

조선초기에는 군산도에 수군 진(鎭)을 설치한 것이 아니라 육지인 옥구에 수군 영(營)을 설치하였다. 즉 조선 건국 이후 전라도 수군처치사(水軍處置使)가 상주하는 수영(水營)이 옥구에 설치된 것이다. 태종 8년(1408) 12월에 전라도 수군도절제사는 국왕에게 다음과 같이 건의하고 있다.

옥구(沃溝)의 수영(水營)은 해로(海路)의 중앙에 위치하지 않았기 때문에 진수(鎭戍)에 합당하지 않습니다. 바라옵건대, 수영을 모두 옥구진(沃溝鎭)에 붙이고, 해도(海島)의 중앙인 무안현(務安縣)의 대굴포(大崛浦)로 수영을 옮기소서.[28]

옥구의 수영을 옥구진[29]에 합치고 수영을 무안현의 대굴포로 옮기자는 것이다. 이를 통해 이 시기에 옥구에 수영이 존재하고 있음을 확인

---

26 『太宗實錄』14, 태종 7년 7월 辛巳.
27 국립문화재연구소, 『고군산군도 - 한국민속종합보고서(29)』, 2000, 11쪽.
28 『太宗實錄』16, 태종 8년 12월 丁酉.
29 이 沃溝鎭이 육군인지 수군인지 확인할 수 없다. 만약 옥구진이 수군이면 군산진의 전신이라 할 수 있다.

할 수 있지만 언제부터 옥구에 수영이 설치되어 있었는지는 확인할 수 없다. 아무튼 수군도절제사의 이 건의로써 옥구의 수영은 폐지된 것으로 보인다.[30] 그런데 세종 8년(1426) 4월 병조에서

> 군산(群山) 부만호(副萬戶) 조마(趙磨) 등은 봉화(烽火)로 바다를 망보는 것을 잘 단속하지 못하여, 적이 와도 즉시 쫓아가서 잡지 못하고 오히려 관내(管內)의 사람들을 살해당하게 하였으니 … 공문을 보내어 추핵하기를 청합니다.[31]

라고 국왕에게 보고하고 있다. 부만호는 수군 4품의 벼슬로서[32] 이를 통해 군산에 부만호가 거느리는 수군진이 설치되어있음을 확인할 수 있다. 그런데 이 수군진이 군산에 언제 설치되었는지는 자료가 없어 알 수 없다. 단지 세종 8년 이전에 설치되었다는 것만을 확인할 수 있을 뿐이다. 고려말 군산도에 있던 수군진이 폐지되고, 태종 8년(1408) 옥구의 수영이 폐지된 이후 세종 8년(1426) 이전에 옥구 북쪽 진포에 군산진이라는 이름으로 수군진이 다시 설치되어 있었던 것이다. 이 군산진에 대하여 『세종실록지리지』는 다음과 같이 소개하고 있다.

> 군산(群山)이 옥구현(沃溝縣) 북쪽 진포(鎭浦)에 있다.【중선 4척, 별선 4척과 군사 4백 61명과 뱃사공 4명을 거느린다.】[33]

---

30 『世宗實錄』 151, 地理志, 全羅道條에 "水軍處置使營, 在務安縣大堀浦"라 되어있어, 수군처치사영이 대굴포로 이전하였음을 확인할 수 있다.

31 『世宗實錄』 32, 세종 8년 4월 丁卯.

32 『太宗實錄』 26, 태종 13년 7월 丙戌. "定水軍萬戶千戶稱號 … 今後三品稱萬戶 四品稱副萬戶 五品稱千戶 六品稱副千戶 從之."

즉 세종 당시 군산진에는 중선 4척, 별선 4척 등 전선 8척에 수군 461 명이 상주하고 있었다. 그런데 15세기 말에 편찬된『경국대전』에는 군산포는 종4품 수군 만호(萬戶)가 거느리고 대맹선(大猛船) 1척, 중맹선(中猛船) 2척, 소맹선(小猛船) 1척, 무군소맹선(無軍小猛船) 4척 도합 8척의 전선이 배치되어 있다고 기재되어 있다.[34] 그런데 대맹선은 80명, 중맹선은 60명, 소맹선은 30명의 수군을 승선시키도록 되어 있으므로『경국대전』에 따르면 군산포에는 230명의 수군이 배치되어 있었던 셈이다. 수군의 수만을 보면 15세기 초 세종 때보다는 절반이나 줄어든 것이다. 이를 통해 세종대에 비해『경국대전』이 편찬되는 성종대에는 수군 군액이 대폭 감축되었음을 알 수 있다.[35]

수군은 외적의 침략을 해상에서 제압함으로써 외침을 막는 국방의 임무와 아울러 국가의 재정과 관료의 생활을 보장하는 조세미를 신속히 운반하여 국민 경제를 안정시킬 두 가지 임무가 있었다. 특히 군산진은 이 두 가지 임무를 동시에 맡고 있었다. 즉 광해군 즉위년(1608) 9월 전라감사 윤안성(尹安性)이

군산 만호(群山萬戶) 등이 보고하기를 "본월 14일에 말을 알아들을 수 없는 해적선 8척과 만났는데, 저들의 숫자는 많고 우리의 숫

---

33 『世宗實錄』151, 地理志, 全羅道. "群山 在沃溝縣北 鎭浦【領中船四艘 別船四艘 軍四百六十一名 梢工四名】"

34 『經國大典』4, 兵典, 外官職·諸道兵船.

35 군액의 감축과 관련하여 方相鉉,『朝鮮初期 水軍制度』(민족문화사, 1991, 154쪽)에서는 "成宗 때 軍額이 감액되었던 점은 軍의 정예화라는 차원 높은 점도 있었겠지만 당시 崇文思想의 高潮와 太平聖代가 지속되었던 점 또한 배제할 수 없다고 본다."라고 평가하고 있다.

자는 적어서 결코 대적하기 어려우므로, 배를 버리고 육지로 올라와 풀 속에 숨어서 어렵게 살아남았습니다. …"라고 하였습니다.[36]

라고 하는 바와 같이 군산진은 바다에서 외적의 침략을 막고 있었다. 그리고 군산진은 중종 7년(1512) 전라도 관찰사 남곤(南袞)의 건의에 따라 용안에 있던 득성창이 군산포로 옮겨와 군산창이 되자 직접 군산창을 관리·감독하였다.[37] 성산에 있던 진성창이 고려말 익산군 용안 방면으로 옮겨갔는데 이때 다시 군산창으로 돌아온 것이다. 이와 같이 임진왜란 전부터 군산진은 국방 임무와 조세 운반이라는 수군의 두 가지 임무를 동시에 맡고 있었다.

임진왜란 당시 세미(稅米)를 보관하고 있던 군산창은 정부의 특별 관리 대상이었다. 전쟁을 수행하기 위해서는 안정적인 군량 확보가 그 무엇보다 중요하기 때문이다. 선조 30년(1597) 8월 영의정 유성룡(柳成龍)은 군산창의 전세미(田稅米)가 일본군에게 갑자기 탈취될 것을 우려하는 발언을 하였다.[38] 이러한 조정의 우려에 따라 삼도수군통제사 이순신 장군은 9월 16일 명량해협의 울돌목에서 단 12척의 전함으로 133척의 일본 선단을 무찌른 기적 같은 승리를 거둔 명량해전 이후 쉴 틈도 없이 즉시 군산도로 뱃머리를 돌리게 된다. 군산창의 앞바다에 있는 군산도 부근의 안위를 확인하기 위해서였다. 이순신 장군이 명량에서

---

36 『光海君日記』8, 광해군 즉위년 9월 丙戌.

37 『中宗實錄』16, 중종 7년 9월 戊戌. "全羅道觀察使南袞 親審漕稅納倉移排便否 馳啓曰 得城倉移於群山浦 榮山倉合於法聖倉 令道內各官 從附近分屬納稅 則陸輸之路 不甚絶 遠 民不至怨苦 散料之費 敗船之虞 比於前日 十減五六 不爲無益 便宜之策 請廣議處之"

38 『宣祖實錄』91, 선조 30년 8월 癸亥. "羣山倉田稅 若至蒼黃 則亦未及周施藏置"

북상하여 위도를 거쳐 군산도에 도착한 것은 해전 6일 후인 9월 21일이었다. 『난중일기』를 보면 이순신 장군은 고군산도에 도착한 후 몸살로 몹시 앓았으며 가을 태풍으로 선박의 이동이 용이치 않았고, 그 와중에 의주의 조정에 명량해전의 승리를 전하는 장계를 써서 올렸음을 알 수 있다.[39] 이순신 장군은 12일간 고군산도를 순시하고 고군산도의 안전을 확인한 후 떠났는데, 14개월 후인 1598년(선조 31) 11월 19일 임진왜란의 마지막 해전이라 할 수 있는 노량해전에서 54세의 나이로 전사하게 된다. 이와 같이 군산도는 삼도수군통제사 이순신 장군이 명량대첩을 거둔 후 쉴 틈도 없이 올라와 순시해야 할 정도로 전략상 중요한 지역이었다.

3. 조선후기 고군산진의 설립과 운영

조선후기에 들어와 군산 지역의 군사적, 경제적 중요성은 더욱 부각되어 갔다. 조선후기에 군사적으로 중대한 문제로 부각된 것은 황당선(荒唐船)과 해랑적(海狼賊)의 침범을 막는 것이었다. 명나라, 청나라의 어선, 상선으로서 불법적으로 우리나라 연해를 침범하는 배를 황당선(荒唐船)이라 하였는데, 이들의 출몰은 16세기 중반부터 나타나기 시작하였다. 중종 39년(1544) 7월 전라병사 한기(韓琦)는 다음과 같이 정부에 보고하였다.

---

39 『李忠武公全書』卷8, 亂中日記 4, 丁酉(1597) 9月 21日 (한국문집총간 55, 297쪽)

군산도(群山島)를 수색하다 이름 모를 네 사람을 잡아서 추문하니, 공초하기를 "우리는 한산(韓山)의 염간(鹽干)인데 여덟 사람이 같은 배에 타고 소금을 싣고서 황해(黃海) 지방을 향하여 가던 중 마량(馬梁) 앞에 이르니, 큰 배 한 척이 있고 그 좌우에 작은 배가 있었다. 그 안에는 붉은 수건으로 머리를 싸매기도 하고 비단으로 옷을 만들어 입기도 한 이상한 복장의 사람이 1백여 명 있었다. 이들이 배에 올라와 약탈하기 시작할 때에 다른 네 사람은 물에 뛰어들었는데 살았는지 죽었는지 모르겠다. 안손(安孫) 등 우리 네 사람을 잡아 가서 샘물이 있는 곳을 안내하게 하여 횡간도(橫看島)에 이르러 샘물을 길어다가 배에 실은 뒤에, 우리들을 섬에 버려두고 곧 쌍돛을 펴고 서해 큰 바다를 향하여 갔다."라고 하였습니다.[40]

이와 같이 16세기 중반부터 서해에 황당선이 출몰하여 민간인에게 피해를 주고 있었다. 명나라, 청나라 북부의 어민들과 상선들은 이 시기부터 서해를 건너와서 비밀무역도 하고 물고기도 잡았다. 그들 중 일부는 평상시에는 어업과 상업에 종사하였으나, 소득이 적거나 식량이 떨어지면 해안에 상륙하여 노략질하고 우리의 배들을 습격하기도 하는 해랑적(海狼賊), 수적선(水賊船)으로 변신하기도 하였다. 남쪽에서는 일본 해적의 침습 기도가 없지 않았으나, 임진왜란 때 조선을 침공하였다가 막대한 손실을 내고 참패를 당한 일본은 19세기 중엽까지는 다시는 조선을 침공할 엄두를 내지 못하였다.[41] 이에 따라 조선후기에는 서해의 방위가 중요 문제로 떠올랐다. 광해군 즉위년(1608)에 군산도 부근에 나타난 수적선(水賊船) 5, 6척은 부안 지방을 도적질하고, 우

---

40 『中宗實錄』 104, 중종 39년 7월 壬寅.
41 사회과학출판사 편, 『조선수군사』, 백산자료원, 1991, 372쪽.

리나라 상선을 약탈하여 갔고[42], 또 광해군 원년(1609)에는 군산포 만호가 해적에게 피살되기도 하였다.[43] 특히 이때 군산포 만호가 해적에게 피살되자 국왕은 "국가의 큰 치욕이다"라고 말하기도 하였다. 군산지역의 해방(海防) 문제가 국가의 중대 문제로 부각된 것이다.

한편 조선후기에 들어와 군산 지역의 경제적 중요성도 주목받기 시작하였다. 일반적으로 이순신 장군의 "호남이 없으면 나라도 없다(若無湖南 是無國家)"라는 유명한 글귀를 호남의 전략적 중요성 때문에 한 말로 알고 있다. 그래서 전남 여수에 가면 큰 비석에 이 글귀를 새겨놓고 있는 것을 볼 수 있다. 그러나 실제 이 글은 여수보다는 오히려 군산에 어울리는 말이다. 이 글의 온전한 뜻을 알려면 이 글의 전문을 살펴볼 필요가 있다. 이 글은『이충무공전서』, 부록에 실려 있는 영의정 이항복(李恒福)이 쓴 '충민사기(忠愍祠記)'에 처음 나오는 말인데, 그 문장은 다음과 같다.

> 공은 국가의 군량이 모두 호남에 의지하고 있으므로 만약 호남이 없으면 나라도 없다고 생각하였다.(公以爲國家軍儲 皆靠湖南 若無湖南 是無國家也)[44]

즉 이순신 장군은 호남의 경제적 중요성 때문에 "호남이 없으면 나라도 없다"라고 말한 것이다. 이러한 호남의 경제적 관문이 바로 군산

---

42 『光海君日記』8, 광해군 즉위년 9월 癸巳. "群山島水賊船五六隻 作賊扶安境 我國商船一隻 掠奪而去 全羅水使安衛以聞"

43 『光海君日記』12, 광해군 1년 1월 庚戌. "傳曰 邊將爲海賊所殺 國家之辱大矣 別爲規畫捕勦事 言于備邊司 時 群山浦萬戶見殺"

44 『李忠武公全書』11, 附錄 3, 忠愍祠記.

진이었다. 조선후기 국가 경제를 좌우하는 호남의 조운(漕運)은 영광의 법성창(法聖倉)과 군산의 군산창(群山倉), 익산의 성당창(聖堂倉) 등 3 조창(漕倉)에서 관할하였다. 그런데 법성창은 법성만호가, 군산창과 성당창은 군산진 만호가 각각 관리하도록 되어 있었다.[45] 즉 군산진은 군산창과 성당창을 모두 담당하여 호남 최대의 조세곡 운반을 관할하는 관청이었던 것이다. 조운을 담당하는 군인을 조군(漕軍)이라 하였는데 조선후기 전라도 조군의 실태는 다음 <표 1>과 같다.

표 1 조선후기 전라도 조군의 실태 (단위:명)

조창	조군 총액	납포군	현역군	현역군 읍별 분포
법성창	1,280	715	565	영광(565)
성당창	569	338	231	함열(180) 고산(29) 임피(5) 운봉(114)
군산창	864	580	284	옥구(170) 임피(114)

비고 : 조군 수는 『여지도서』(1760)를 근거로 함.[46]

위 표에서 보는 바와 같이 단일 조창(漕倉)으로는 법성창이 제일 규모가 크지만, 군산진에서 성당창과 군산창을 함께 관리하였으므로 군산진이 조선 최대의 조창 관할 관청인 셈이다. 이와 같이 조선후기에 들어와 군산 지역의 경제적 중요성이 크게 부각되었다.

조선후기에 군산 지역의 군사적, 경제적 중요성이 부각되면서 점차

---

45 『典律通報』, 戶典, 漕轉. (崔完基, 『朝鮮後期 船運業史硏究』, 一潮閣, 45쪽에서 재인용.) 조선후기에 성당창은 남원, 운봉, 진산, 금산, 용담, 고산, 익산, 함열 등 8읍, 군산창은 옥구, 전주, 진안, 장수, 금구, 태인, 임실 등 7읍의 전세와 대동미를 수납하였다. (『大東地誌』 11, 沃溝縣, 倉庫, 群山倉 ; 咸悅縣, 倉庫, 聖堂倉)
46 崔完基, 앞의 책, 120쪽에서 재인용.

군산진 하나로 모든 업무를 처리하기 어렵다는 인식이 나타났다. 즉 군산진은 조운만 전담하게 하고, 군산도에 수군 진을 하나 더 설치하여 해방(海防)을 전담하도록 하는 조치가 취해지게 된 것이다. 이에 따라 인조 2년(1624)에 군산노에 별장(別將)이 파견되었다. 이것은 『여지도서』와 『대동지지』 등을 통해 확인할 수 있다.

· 본진(本鎭)은 천계(天啓) 갑자년(甲子:1624, 인조 2년)에 소모별장(召募別將)을 설치하였는데, 이때는 단지 방패선(防牌船) 1척만이 있었다.[47]

· 인조 2년에 옛 진에 별장(別將)을 두어 고군산이라 칭하였다.[48]

이와 같이 인조 2년에 군산도에 소모별장을 두어 고군산진이라고 칭하고, 방패선(防牌船) 1척을 배치하였다. 방패선은 방선(防船)이라고도 하는데, 선체의 갑판 위에 방패 판을 세워 적의 화살로부터 군사를 보호한 전투함으로서 전선(戰船)보다는 작고, 병선(兵船)보다는 크다. 방패선의 승선 인원은 31명으로 되어있다.[49] 따라서 당시 고군산진에는 종9품 별장 1명과 31명의 수군이 배치되어 있었던 것이다. 고군산진의 군사적 중요성에 비해 아직은 미약한 체제였다. 이에 인조 7년(1629) 3월 전라감사 권태일(權泰一)은 고군산의 수군 진을 더욱 확대·강화할 것을 주장하는 계(啓)를 올렸다.

---

47 『輿地圖書』, 補遺篇 (全羅道), 萬頃, 古群山鎭誌. "本鎭 天啓甲子 設置召募別將 只有防牌船一隻"

48 『大東地志』, 萬頃, 古群山島鎭. "仁祖二年 置別將於舊鎭 稱古群山"

49 金在瑾, 『우리 배의 歷史』, 서울대학교 출판부, 1989, 268~269쪽.

부안(扶安)의 위도(蝟島)와 옥구(沃溝)의 고군산(古群山)은 모두 바닷길의 문호입니다. 만약 그들 섬에다 관방(關防)을 설치하고 호서(湖西)의 여러 진(鎭)들과 서로 기각(掎角)의 형세를 이루게 하면 상당한 도움이 되겠습니다. 다만 위도는 배를 정박할 만한 곳이 없으나, 고군산은 산이 사면을 에워싼데다 물길도 깊어서 배를 몇 백 척이라도 정박해 둘 수 있고, 또 호서의 마량(馬梁)·서천(舒川) 등의 포구와도 멀지 않은 거리에 있어서 번갈아 순치(脣齒)가 되므로 서로가 성원(聲援)하여 바닷길을 제어하는 곳으로 만들 만합니다. 그 섬에 있는 별장(別將)의 관직 호칭을 달리 바꾸어 그로 하여금 주사(舟師)들을 거느리고 관리하게 하여 그때그때 기회를 포착하여 대응하게 하는 것이 마땅하겠습니다.[50]

옥구의 고군산은 산이 사면을 에워싸는 등 전략적으로 매우 중요한 가치가 있으므로 별장보다 더 높은 장관(將官)을 파견하여 진을 확대·강화시키자는 것이다. 이러한 전라감사 권태일의 건의가 즉시 수용되지는 않았지만, 점차 고군산진을 강화하는 조치가 취해졌다. 인조 15년(1637)에 고군산에 배치된 방패선(防牌船)을 전선(戰船)으로 바꾸었고[51], 이듬해인 인조 16년(1638) 2월에는 새로 마련한 전선의 사부(射夫)·포수(砲手)·격군(格軍:櫓軍, 노 젓는 군인)을 육지의 속오군(束伍軍)으로 채워주었다.[52] 전선은 조선후기 수군의 주력함으로서 흔히 판옥

---

50 『仁祖實錄』 20, 인조 7년 3월 辛未.

51 『湖南鎭誌』, 「古群山鎭誌與事例幷錄成冊」(서울대 奎 12188). "天啓甲子(인조 2년, 1624) 復設 置召募別將 有防牌船以爲把守待變 而崇德丁丑(인조 15년, 1637) 別將金時賢 改置戰船 康熙乙卯(숙종 1년, 1675) 因巡撫使李世華所啓 陞設置水軍僉使"

52 『承政院日記』 63, 인조 16년 2월 5일 己亥. "備邊司啓曰 以全羅左水使狀啓粘目 傳曰 … 今此全羅左水使狀啓 古群山新設戰船 添給射·砲·格軍 似當依他加定之數 以陸束伍充給 故如是回啓矣"

선이라고도 부르는데, 전선 1척에는 사부, 포수, 격군 등으로 이루어진 수군이 164명 승선하였다.[53] 이러한 수군 정원을 속오군으로 채워준 것이다. 이로써 고군산진은 전선과 수군을 갖춘 강력한 수군 진이 되었다. 이후 숙종 1년(1675)에는 고군산진의 장관으로 종3품 수군 첨사(僉使)를 파견하였다.[54] 군산진이 첨사 진으로 승격된 것이 숙종 36년(1710) 때이니, 나중에 생긴 고군산진이 원래부터 있던 군산진보다 더 빨리 더 높은 수군 진으로 올라선 것이다.[55] 이것은 고군산진의 해방(海防) 임무의 중요성 때문에 취해진 조처로 보인다.

고군산진에 수군 진이 설치되면서 군산진과 고군산진의 업무는 명확히 구분되었다. 군산진은 조운 업무를, 고군산진은 해방 업무를 각각 담당하였던 것이다. 현종 2년(1661) 군산창의 조선(漕船) 2척이 침몰되자 군산진 만호는 곤장을 맞는 등 엄벌에 처해진 일이 있었다.[56] 군산진은 조운 업무에 만전을 기하여야 했던 것이다. 그래서 숙종 36년 군산진이 첨사 진으로 승격할 때 조운을 겸관(兼管)한다고 특별히 강조하기도 하였다.[57] 한편 고군산진은 이 무렵 격포의 수군과 합동 군사 훈련을 전개하였다.[58] 그리고 종래 고군산에 부과되던 여러 세금도 대폭 경감

---

53 『肅宗實錄』40, 숙종 30년 12월 甲午. "各船軍制定額數云 戰船一隻 船直、舞上、舵工、繚手、碇手、射夫、火炮匠、砲手、捕盜將、櫓軍竝一百六十四人"

54 주 50)과 같음.

55 군산진은 조선초기 이래 18세기 초까지 만호(종4품) 진영으로 있다가 숙종 36년(1710)에 첨사(종3품) 진으로 승격되었다. (『群山鎭地圖』古蹟, "康熙 四十九年(숙종 36년, 1710)庚寅 五月日 以萬戶陞號僉使 兼管漕運")

56 『承政院日記』168, 현종 2년 6월 7일 甲申.

57 주 54)와 같음.

58 『承政院日記』281, 숙종 7년 2월 17일 辛丑. 이 기사는 合操(합동군사훈련)를 중단하라는 내용이므로 합조는 그 이전부터 시행되고 있었음을 알 수 있다.

하고[59], 이를 군비(軍費)로 돌려야 한다는 주장도 제기되었다.[60] 고군산
에는 서울의 4부학당과 금위영에서 수세하는 선세(船稅)와 어전(漁箭)
등이 있었는데, 이것을 축소해야 한다는 주장이 끊임없이 제기되었던
것이다.

   군산진은 조운 업무를, 그리고 고군산진은 해방 업무를 담당하자, 업
무의 중요성으로 말미암아 이곳을 관장하는 관리에게는 타 지역과 달
리 많은 특전이 부여되었다. 우선 군산진의 첨사는 2년간의 조운 업무
를 무사히 완수하면 종2품 방어사로 2계급 특진되었다. 정부에서는 이
러한 특전을 조운을 특별히 중시하는 뜻에서 나온 것이라고 그 이유를
설명하기도 하였다.[61] 한편 고군산진 첨사 역시 특별대우를 받았다. 정
조 4년(1780) 12월 영의정 김상철(金尙喆)은 고군산진의 군사전략적 중
요성을 다음과 같이 말하고 있다.

   만경(萬頃)의 고군산(古群山)은 여러 섬들이 둘러싸 있고 가운데
   큰 호수가 펼쳐져 있어서 수백 척의 전함을 수용할 수가 있는데다
   가 양호(兩湖)의 수영(水營)이 위아래로 세력을 버티고 있으니, 이

---

59 『承政院日記』362, 숙종 20년 10월 13일 丁未.

60 『肅宗實錄』45, 숙종 33년 12월 乙巳. "一, 卽今憂虞 多在海防踈虞之端 非止一二 沿海
   列鎭 雖星羅碁布 而凋殘疲弊 士卒鮮少 脫有緩急 無以得力 臣之淺慮以爲 擇其最要害處
   如嶺南之巨濟、南海、加德、多大浦 湖南之加里浦、蝟島、古羣山 湖西之元山、安
   興, 海西之白翎、所江, 關西之廣梁、宣沙 更加增修 島中人民 盡爲劃給 團束作隊 時時
   鍊藝 島中田土 多是太僕所屬 常年所納 使其邊將 句管上納 其島所屬鹽盆、漁箭 勿論諸
   宮家、各衙門折受 亦爲劃給 以儲糧餉"

61 『正祖實錄』45, 정조 20년 8월 辛巳. "右議政尹蓍東啓言 法聖、羣山兩鎭僉使 皆以邊地
   履歷 過兩年漕運 則有陞敍之例 邊地之陞敍 卽防禦使也 防禦使 猝難以承傳擧列 而兩漕
   運之善爲領納 又是不可仍置之勞勸也 … 蓋此兩鎭之以湖南內地 陞爲邊地 實出於重漕
   運之意"

곳은 실로 하늘이 만든 하나의 방어지입니다. 이제 고군산으로 군
사를 훈련하는 장소를 정하고 그 진(鎭)의 첨사는 품계가 높고 명망
이 있는 사람을 임명하여 영장(營將)을 겸임시키고 또 방어를 관할
하게 한다면 전함·군량·군기(軍器)를 새로 배치할 것이 별로 없을
것입니다.[62]

영의정 김상철은 고군산을 '이곳은 실로 하늘이 만든 방어지[此實天
作之一關防]'라고 극찬하였다. 따라서 이곳의 첨사는 특별히 품계가 높
고 명망이 있는 사람을 임명하여 영장을 겸임시켜야 한다고 강조하고
있다. 이러한 영의정의 건의는 즉시 시행되었다. 고군산진의 첨사는 영
장을 겸한 것이다. 그런데 또 정조 5년(1781) 5월 호조판서 서유린(徐有
隣)은 고군산의 중요성에 비추어 고군산 첨사를 더욱 우대하여야 한다
고 주장하고 있다.

고군산 첨사(古群山僉使)를 이미 수군(水軍) 영장(營將)으로 삼아
군사 업무를 주관하여 거행하게 하였는데, 이는 사면(事面)이 전과
다를 뿐만이 아니라, 본영(本營)이 호서(湖西)의 남쪽 요충지에 위
치하고 있기 때문인 것입니다. 고군산은 해문(海門)의 관방(關防)이
되는 곳으로 경기의 영종진(永宗鎭)과 영남의 다대포(多大浦)에 견
줄 만합니다. (고군산첨사를) 영종진과 다대포의 예에 의거하여 대
우하는 것이 합당할 것 같습니다.[63]

이와 같이하여 군산진과 고군산진의 첨사는 국가로부터 특별대우를

---

62 『正祖實錄』 10, 정조 4년 12월 己巳 ; 『承政院日記』 1477, 정조 4년 12월 25일 己巳.
63 『正祖實錄』 11, 정조 5년 5월 乙亥.

받았다. 정조 14년(1790) 9월 국왕이 장관 경력을 특별히 대우하는 지방 관직이 무엇이냐고 물었을 때 훈련대장 서유대는 "군산(群山)·고군산(古群山)·법성(法聖) 등 4, 5개 진입니다."[64]라고 대답할 정도로 군산진과 고군산진의 첨사에게는 많은 특전이 베풀어졌다.

고군산진은 원래 해남에 있는 전라우수영 소속의 진(鎭)이었다. 수군들은 수조(水操)라 하여 1년에 봄, 가을 두 차례에 걸쳐 수영에 모여서 훈련하도록 되어 있었다. 그런데 영조 23년(1747) 10월 군산진과 위도진, 검모포진의 수군들이 우수영이 있는 해남으로 훈련하러 가다가 3·40명이 익사하는 등[65] 우수영으로 오고가는 길에 많은 사고가 있었다. 정조 4년(1780) 가을에도 고군산과 그 인근 법성포, 영광, 검모포 등의 군선이 우수영에서 거행된 수조를 받고 돌아오다가 칠산 앞바다 부근에서 태풍을 만나 검모포 만호가 죽고, 각 지방의 수군들이 익사하는 사고가 발생하였다.[66] 이에 앞에서 소개한 바와 같이 정조 4년 영의정 김상철의 건의에 의해 고군산진 첨사가 영장(營將)이 되어 위도, 법성포, 영광, 군산, 검모포 등 5읍진의 수군들을 관할·훈련하도록 하는 조치가 취해졌다.[67] 칠산도 이북에서는 고군산진이 우수영을 대신하여 수군 훈련을 관장하였던 것이다. 그러다가 정조 23년(1799) 고군산진은 우수영으로부터 어떠한 간섭도 받지 않는 '독진(獨鎭)'으로 승격되

---

64 『正祖實錄』 31, 정조 14년 9월 丁亥. "上曰 自久勤窠 爲履歷窠者 爲幾何 有大曰 群山·古群山·法聖等 四五鎭矣"

65 『英祖實錄』 66, 영조 23년 10월 己未.

66 「古群山鎭誌與事例幷錄成册」, "乾隆 庚子(정조 4년,1780) 秋八月 右水營參操 回還之路 到七山洋 素是瞿塘 終風且暴 不幸致敗者 乃本鎭·法聖·黔毛 三鎭也 黔毛浦萬戶之淂死 各處軍卒之淪沒 可勝慘然"

67 주 57)과 같음. 張學根, 『朝鮮時代 海洋防衛史 硏究』, 海軍士官學校, 1987, 240. 참조.

었다.[68] 그리고 고군산진 옆에 있던 만경 현령(종5품)은 "모름지기 만경의 수령은 군산의 절제를 받아야 한다."라고 하여 고군산진 첨사의 지휘·감독을 받도록 조처되었다.[69] 오늘날 고군산군도가 조선시대 내내 만경현에 속해 있었다고 주장하는 사람들도 있지만, 고군산과 만경현은 영속(領屬) 관계에 있지는 않았다.[70] 특히 고군산진에 첨사가 파견된 이후에는 만경현이 오히려 고군산의 절제를 받는 형편이었다.[71] 종3품 첨사가 다스리던 고군산진이 종5품 현령이 다스리는 만경현에 속해 있었다는 것은 어불성설이다.

고군산진의 수군 관청들은 오늘날 선유도 진말[鎭里]의 우체국 뒤쪽 산기슭에 있었던 것으로 보인다. 당시 고군산 첨사와 장교, 군인들이 사용했던 건물들은 고종 9년(1872)에 만들어진 『전라도만경현고군산진지도(全羅道萬頃縣古群山鎭地圖)』(<그림 3>)에 자세하게 그려져

---

68 「古群山鎭誌與事例幷錄成冊」, "嘉慶 己未(정조 23년, 1799) 又自朝家 仍設獨鎭 籍田·詞訟 專屬於本鎭"

69 『正祖實錄』51, 정조 23년 4월 丁未, "須使萬頃之倅, 聽節制於羣山"

70 조선후기 사료에는 '沃溝 古群山'이라는 표현도 자주 등장한다.(『仁祖實錄』20, 인조 7년 3월 辛未 ; 『肅宗實錄』35, 숙종 27년 12월 丙辰) 이것으로 보아 '만경현 고군산', '옥구 고군산' 등은 領屬 관계의 표현이 아니라 지리적 위치를 나타내는 것으로 생각된다.

71 『동아일보』1928년 6월 26일자 신문에는 '島嶼巡禮·古群山列島' 특집 기사가 실려 있는데, 여기에서는 조선후기 고군산진 첨절제사의 위력을 다음과 같이 서술하고 있다. "(고군산진) 절제사의 관할구역은 아홉골(郡) 다섯 진(津)으로 靈光, 茂長, 昌平, 古阜, 扶安, 金堤, 萬頃, 臨陂, 沃溝 等 九郡, 聖堂, 群山, 蝟島, 格浦, 法聖 등을 다스리고 호령이 한번 나리면 오군 륙진의 관리와 백성이 떨엇든 곳이니 한가지 례로 무장(茂長)군수에게 나린 글을 보면 당시의 권세를 엿볼 수 잇습니다. '斧鉞在此 先斬後啓 卽刻待令'. 이리하여 무장군수를 잡아노코 사흘식이나 석고대죄를 시킨 다음에 석방한 일도 잇습니다." 이와 같이 고군산진은 만경 등 9郡 5鎭을 관할하며 위세를 떨치던 곳이었다.

있다. 이 지도 중 고군산진 부분을 확대한 <그림 4>에서 보는 바와 같이 고군산진에는 동헌(東軒), 책실(册室), 작청(作廳), 장청(將廳), 약고(藥庫), 군고(軍庫), 객사(客舍), 창고 등의 건물과 외삼문, 내삼문 등의 출입문까지 10여 채의 건물들이 경사진 언덕에 모여 있다. 그런데 18세기 후반에 편찬된『여지도서(輿地圖書)』에서는 고군산진의 관청 건물로 객사 12칸, 동헌 10칸, 병고(兵庫) 1칸, 군관청(軍官廳) 8칸, 진무청(鎭撫廳) 7칸 그리고 천자고(天字庫) 5칸 등이 있다고 기재되어 있다. 이 두 자료는 100년 이상의 시간차를 보이고 있는데 그동안 관청 건물에 약간의 변화가 있었던 것으로 추측된다. 그런데 동헌, 객사, 병고(군고), 작청(군관청), 장청(진무청), 창고(천자고) 등은 두 자료 모두에 공통으로 보이고 있다.

한편 1746년(영조 22)에 편찬된『속대전(續大典)』에는 고군산진에 전선(戰船) 1척, 병선(兵船) 1척, 사후선(伺候船) 2척이 배치되도록 규정되었다.[72] 그런데 1808년(순조 8)에 편찬된『만기요람(萬機要覽)』에서는 고군산진에 전선 6척, 병선 6척, 방선 2척, 사후선 10척이 배치되었다고 기재되어 있다.[73] 당시 전라우수영이 전선을 2척 보유한데 반해 고군산은 전선이 6척으로서, 우수영보다 무려 3배 이상이나 많은 전력을 구비하고 있었다. 고군산진은 이때 조선 전 수군 진영을 통틀어 최대의 군선을 보유하고 있었다.[74] 그런데 1872년『고군산진지도』가 그

---

72 『續大典』4, 兵典, 諸道兵船. 金在瑾, 앞의 책, 261 참조.

73 『萬機要覽』軍政篇 4, 舟師, 全羅右水營. "古群山 戰船六 兵船六 防船二 伺候船十"

74 위『만기요람』에는 고군산진의 군선이 '戰船 6 兵船 6 防船 2 伺候船 10'이라고 기재되어 있는데, 戰船의 승선 인원이 164명, 兵船이 17명, 防船이 31명, 伺候船이 5명이므로, 당시 고군산에 있던 수군 병력은 총 1,198명[(6×164)+(6×17)+(2×31)+

려지는 시기에 오면 다시『속대전』수준으로 돌아가게 된다.『고군산진지도』에는 진말 북쪽에 있는 서촌(西村, 서꺼티라고도 함) 앞 바다에 전선 1척, 방선(防船) 1척, 사후선 1척이 그려져 있고, 진말 남쪽 학무시리(鶴舞市里, 항무시라고도 함) 앞 바다에 종선(從船) 1척이 그려져 있다. 대체로『속대전』규정과 비슷한 수준의 군선(軍船)이 배치되고 있었던 것이다.

　이러한 군선에 승선하는 고군산진 수군의 군총(軍摠)이『여지도서』에서는 257명으로 기재되어 있다. 이 수군들은 전라도에 거주하는 수군 직역 소지자들로 채워졌다. 즉 수군 군역은 원래 보인(保人)의 도움을 받는 호수(戶首)가 '분번입방(分番入防)'이라 하여 번(番)을 나누어 돌아가면서 입역하도록 되어 있었다.[75] 그러나 조선후기에는 호수 군인들이 입역하지 않고 이들에게 번포(番布)를 거두어 진(鎭) 소재지의 주민들을 고립(雇立)하는 것이 일반적이었다.[76]

(10×5)]이 된다. 고군산도에 1,000명이 넘는 군인이 주둔하고 있는 것은 정상적인 상황은 아니라고 판단된다.

75 『續大典』4, 兵典, 留防, "統·水營·各鎭水軍 分番入防."

76 『備邊司謄錄』, 숙종 31년 6월 12일. "祖宗朝 設置水軍時 … 而其後法制漸弛 元軍則不入防 直爲收布 以各營各鎭下所居之人雇立 稱爲給代 與京中騎兵雇立之規無異 烏合之輩 常時代立者 何足爲緩急之用乎"
水軍 1명이 부담하는 군포는 숙종조까지는 3필이었으나, 17~18세기의 양역균일화 정책의 추진으로 중간에 2필로 감액되었고, 다시 영조대 균역법에 의해 1필로 감액되었다. 그런데 수군 營鎭에서 徵斂하는 군포가 그대로 모두 公用에 쓰이지 않고, 鎭將에 의하여 횡령되는 부분도 적지 않았다.(金玉根, 『朝鮮王朝財政史研究』, 一潮閣, 1987, 121)

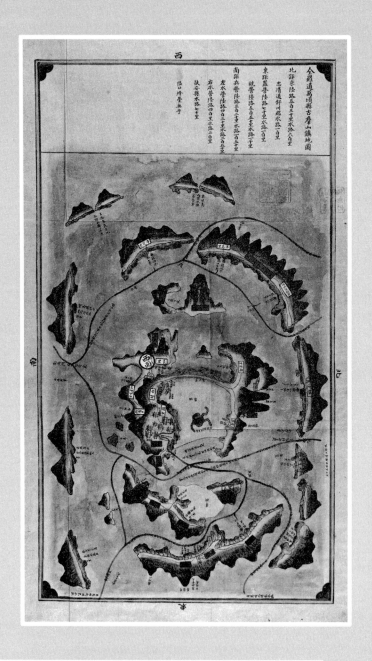

그림 3 『전라도만경현고군산진지도(全羅道萬頃縣古群山鎭地圖)』

그림 4 고군산진 지도
(관청 부분)

이와 같이 진 소재지의 주민들이 돈을 받고 수군 역에 종사하게 되면서 고군산 주민들의 경제적 사정도 한결 나아진 것으로 보인다. 1864년에 편찬된 김정호의 『대동지지(大東地志)』에서는 고군산 주민들의 경제적 상태를 다음과 같이 말하고 있다.

> 주민들은 모두 부유하고 집과 의복, 음식의 호사스럽고 사치스러움이 성읍(城邑)보다 훨씬 더하다.(居民多富厚 其屋宅衣食之豪侈 尤於城邑)[77]

고군산 주민은 『여지도서』에 의하면 총 1,544명(남자 948, 여자 596) 있었는데, 남자들은 어업에 종사하면서도 한편으로 돈을 받고 수군 진에서 해방(海防) 근무를 하여 부유한 생활을 할 수 있었던 것으로 보인다.

19세기에 들어와 서해 연안에 이양선(異樣船)이 출몰하면서 고군산진은 군사적으로 더욱 중요시되었다. 1808년에 편찬된 『만기요람』에서 고군산진이 당시 조선의 수군 진 가운데 최대의 군사력을 보유하게 된 것도 이러한 이유 때문으로 보인다. 헌종 13년(1847) 8월 고군산에 이양선이 왔다는 보고를 받자 국왕은 "해마다 이양선이 오니 매우 놀랍다"[78]라는 반응을 보이고 단호히 대처하라고 하고 있다. 고군산진의 해방(海防) 업무는 1876년 강화도 조약으로 외국에 문호를 연 이후에도 계속되었다. 고종 17년(1880) 1월 전라감사 심이택(沈履澤)은 다음과

---

77 『大東地志』, 萬頃 古群山島鎭 (亞細亞文化社 刊, 1976, 254쪽)
78 『憲宗實錄』 14, 헌종 13년 8월 乙卯.

같이 정부에 고군산첨사 김응섭(金應燮)의 치보(馳報)를 인용·보고하고 있다.

> (고군산진에서) 서쪽으로 30리쯤 떨어진 곳에 이양선(異樣船) 30
> 여 척이 와서 정박하였으므로 11일에 급히 가서 문정(問情)하니, 그
> 사람들의 머리 모양이 앞은 깎고 뒤는 길렀으며 실은 것은 고기 잡
> 는 그물과 밧줄이었다는 내용이었습니다. 모두 고기를 잡는 것이므
> 로 크게 우려될 것은 없겠지만 저 사람들을 잘 일깨워 고기를 잡지
> 말도록 하라는 내용으로 말을 잘 만들어 써서 보내겠습니다.[79]

즉 고군산진은 19세기 후반에도 불법 조업을 하는 중국인들을 단속하는 등 해방 업무를 충실히 수행하고 있었던 것이다.

그런데 1895년 이른바 '을미개혁' 때 고군산진은 해체되고 만다. 1895년 3월 1일 총리대신 김홍집(金弘集), 내무대신 박영효(朴泳孝), 군무대신서리 권재형(權在衡) 등은 5도(都) 유수와 각 도의 관찰사를 비롯하여 각 읍진(邑鎭)의 수령·장관들이 사용하는 밀부(密符)와 병부(兵符)를 모두 회수하여 중앙에 반납하라고 지시하였고, 또 감영·유수영·병영·수영에 있는 마패도 모두 반납하도록 하였다.[80] 이로써 지방군의 지휘명령 체계는 완전히 붕괴되었다. 이후 일본 공사 이노우에(井上馨)는 박영효 등에게 "지방관 중에 아직도 병부를 이용하여 의병을 초모하고 병기를 매집하는 자가 있어서 민심이 흉흉하다는 정보가 있다"라고 하

---

79 『高宗實錄』17, 고종 17년 1월 23일. "命五都各道各邑鎭 密兵符 都聚上送 監留兵水營
馬牌一體收上"
80 『日省錄』, 고종 32년 3월 1일.

면서 후속 조치를 요구하였다.[81] 그리하여 1895년 7월 15일에는 삼도 수군통제영에 대한 폐지령과 더불어 「각 진보(鎭堡)에 대한 폐지령」이 함께 반포되었다.[82] 각 진영에 소속된 장교와 병졸을 해산하고, 군물(軍物)·선박·관청 건물·토지 등 일체의 물건들을 군부나 탁지부에 이송하거나 관리하게 하였다. 그리고 해산군인들이 휴대하였던 개인 군장이나 군기 등도 빠짐없이 반납하라는 「군부령(軍部令)」이 재차 반포되었다.[83] 이로써 고군산진은 인조 2년(1624)에 설립한 지 271년 만에 해체되었다. 우리나라의 해방(海防)이 완전히 포기된 것이다. 대한제국 시기에 들어와 고종 황제는 '전라북도 옥구부 고군산'에 포대(砲臺)를 설치하라는 칙령을 내리기도 하였지만[84], 이것이 실현된 것 같지는 않다.

수군진이 없어진 고군산도는 고종 33년(1896) 칙령 제13호에 의해 전남 지도군(智島郡)에 편입되었고[85], 융희 3년(1909)에는 내각총리대신 이완용의 주도 하에 고군산진 등 지방 관청 건물들이 일반인에게 매각되었다.[86] 이후 1914년 고군산도는 부군 폐합 시 옥구군 미면에 편입되었다. 그리고 1986년에 대통령령에 따라 군산시 옥도면으로 승격된다. 한편 일반인에게 매각된 선유도 진말의 수군 진 건물은 1927년 어

81 『舊韓國外交文書』3, 日案3632, 고종 32년 5월 7일. (서인한, 『대한제국의 군사제도』, 혜안, 2000, 45쪽에서 재인용)

82 『高宗實錄』33, 고종 32년 7월 15일. "勅令 第一百三十九號 三道統制營廢止件; 第一百四十號 各道兵營 水營廢止件; 第一百四十一號 各鎭營廢止件; 第一百四十二號 各鎭堡廢止件; 第一百四十三號 監牧官廢止件 竝裁可頒布"

83 『官報』3, 제127호, 개국 504년 8월 2일. '軍部令 제2호'

84 『日省錄』, 光武 5년(1901) 1월 18일. '勅令 제7호'

85 『高宗實錄』34, 고종 33년 2월 3일. '勅令 제13호'

86 『奏議』158, 융희 3년 11월 25일. '奏本 제535호'

린아이의 불장난으로 소실되어 없어졌고 오늘날은 그 유지만이 남아 있다.[87]

4. 맺음말

지금까지 군산도와 고군산진의 역사에 대하여 살펴보았다. 군산도는 우리 민족의 흥망성쇠와 더불어 부침(浮沈)을 함께 하였다. 백제가 멸망할 때는 소정방이 이끄는 당나라 군대의 기항지 역할을 하였고, 고려가 흥성할 때는 외국 사신들의 정박처로 성황을 누렸다. 몽골이 침략해 올 때는 피난민의 집결지와 대몽 항쟁의 근거지로 사용되었고, 그 와중에 왕릉도 조성되기도 하였다. 그리고 고려 말 왜구가 대규모로 진포에 쳐들어올 때 군산도는 서해의 최전선에서 이들의 침략에 맞닥뜨려야 했다. 군산도에 있던 고려의 수군 진은 이때 해체된 것으로 보인다. 이후 군산진은 세종 8년(1426) 이전에 옥구 북쪽 진포(오늘날의 군산)에 설치되었다. 고려말에 군산도의 진(鎭)이 해체되고 조선초기에 옥구 북쪽 진포에 군산진이 복설(復設)된 것은 고군산도와 군산의 역사적 관련성을 보여주는 것이다.

이후 인조 2년(1624) 군산도에 수군 진을 설치하면서 종래의 군산진과 구별하고자 이를 고군산진이라 불렀다. 그리고 이때부터 군산도도

---

87 『동아일보』1928년 6월 26일자 '島嶼巡禮:古群山列島' 특집 기사. "수군절제사의 본부이든 검소루(劍嘯樓)가 겨우 남아잇다가 어린아이 작난으로 작년에 재가 되고 그 터에 주초도리 두서너개가 남아잇고 불탄 재목이 이러저리 흐터저 잇는 것을 보면 누가 눈물을 먹음지 안켓습니까"

'고군산도'라 칭해진 것으로 보인다. 옥구 북쪽에 군산진이 있었음에도 불구하고 고군산진을 또다시 설치한 것은 군산 지역의 군사적, 경제적 중요성 때문이었다. 조선후기에 군산 연안에서는 황당선이라 불리는 중국 선박이 자주 출몰하여 불법 조업과 해적 행위를 자행하고 있었다. 또한 조선후기에 군산 지역은 호남 최대의 미곡 집결지인 군산창과 성당창을 관할하게 되었다. 이와 같은 군산 지역의 군사적, 경제적 중요성 때문에 고군산진을 별도로 설치하여, 고군산진은 해방(海防) 분야를, 군산진은 조운(漕運) 분야를 각각 담당하도록 하였던 것이다.

고군산진은 설치 이후 해방(海防)의 중요성으로 말미암아 군산진보다 빨리 종3품 첨사(僉使)가 파견되었다. 이후 고군산진은 전라 우수영(右水營)을 대신하여 서해의 수군을 통솔하였고, 또 우수영의 간섭을 받지 않고 독자적으로 작전을 수행하는 독진(獨鎭)으로도 승격되었다. 그리고 "만경의 수령은 군산의 절제(節制)를 받아야 한다."라는 말에서 보듯이 고군산진은 육상 일부에도 영향력을 미친 것으로 보인다. 19세기 이후 서해에 이양선이 출몰하면서 『만기요람』에 의하면 고군산진은 당시 조선의 수군 진 가운데 최대 군사력을 보유하게 되었다. 수군진이 설치된 고군산도의 주민들의 생활은 "주민 모두가 부유하다"고 할 만큼 풍족하였다. 그러나 1895년 총리대신 김홍집, 내무대신 박영효에 의해 고군산진은 해체되었고, 1909년 내각총리대신 이완용은 그나마 남아있던 고군산진 건물도 일반인에게 팔아버리면서 고군산진은 흔적만이 남게 되었다.

이와 같이 군산도와 고군산진은 우리 민족이 흥성할 때는 같이 흥성했고, 우리 민족이 쇠약할 때는 같이 쇠약해졌다. 오늘날 고군산군도는 대한민국의 흥성과 더불어 새로운 흥성기를 맞이하고 있다. 세계 최장

의 33Km 새만금 방조제가 완공되면서 그 꼭짓점에 위치한 고군산군도
는 세계로 향하는 새만금의 전초 기지가 될 것이다. 따라서 대한제국
말기 이완용에 의해 매각되어 없어진 고군산 진영을 하루빨리 복원하
여 교육과 문화의 장(場)으로 활용하는 것이 필요하다고 본다.

『전북사학』 37호, 2010. 10 수록

4장.

조선시대 옥구읍성의
연혁과 관아 시설

1. 머리말

요즘 군산에는 '근대문화도시, 군산'이라는 표어를 내걸고 일제 강점
기 건축물을 정비·복원하는데 대대적인 지원과 예산을 아끼지 않고 있
다. 수천 년 동안 우리 민족이 삶을 영위했던 군산 본래의 모습은 망각
해버리고 일본인에 의해 만들어진 도시의 모습만을 '근대문화도시'라
고 하면서 선전하고 있는 것이다. 일본인들은 자신들이 군산에 오기 전
에 군산은 갈대만 나부끼는 한적한 어촌 마을에 불과하였다고 주장하
였다.[1] 이러한 일본인들의 주장을 그대로 받아들여 2000년판 『군산시
사(群山市史)』에서도 "개항 당시의 군산은 5, 6의 구릉의 기슭에 약
150여 채의 한옥이 산재하고 저지(低地)에는 조수가 드나들고 갈대가
무성한 습지였다."[2]라고 쓰고 있다. 이랬던 군산이 일제에 의해 근대문

---

1 1935년에 간행된 『群山府史』 序文에서는 '(開港) 當時의 群山은 滿目荒涼落寞한 一寒漁
村에 지나지 않고, 人口는 朝鮮人 500餘'라고 표현하고 있다.

화도시로 변모하였다는 것이다. 일제 강점기에 우리나라가 근대화를 이룩하였다는 식민지 근대화론을 충실히 추종하고 있는 것이다.

이러한 식민지 근대화론적인 군산 역사에 대한 인식은 역사적 진실을 외면하고, 또 왜곡하고 있다는데 심각한 문제가 있다. 실제 군산은 일본인이 주장하는 것처럼 한적한 어촌 마을이 아니었다. 군산은 조선 후기에 우리나라 최대의 조운(漕運) 담당 관청이 있었던 곳이다.[3] 군산에서 제때에 세미(稅米)가 서울로 올라오지 않으면 한양 관리들에게 녹봉을 주지 못할 정도였다.[4] 그리고 군산에는 조선전기에는 종2품 수군절도사가 관할하는 호남 수영(水營)이 있었고, 종3품 병마첨절제사가 관할하는 옥구진(沃溝鎭)이 있었으며, 옥구 북쪽 진포에는 종3품 첨절제사가 관할하는 군산진(群山鎭)까지 있었다. 한 지역에 이와 같이 수영과 진이 두세 개씩이나 있었던 것은 유례가 없는 일이다. 그리고 18세기 말에 만들어진 『호구총수(戶口總數)』에 의하면 군산에는 4,446호, 14,649명이 거주하고 있었다고 한다. 이것은 호적에 등재된 숫자이고, 타지에서 군산창(群山倉)에 와서 근무하는 군인과 노무자들까지 포함한다면 2만 명 이상이 군산에서 거주하였을 것이다. 1910년 일본인이 작성한 민적통계표(民籍統計表)에도 군산 인구는 21,830명으로 나와 있다.(부록 <표 3> 참조) 이러한 군산이 일본인이 오기 전까지 150여 채의 한옥이 산재한, 인구 500여 명이 거주하는 한적한 어촌 마을에 불과하였다는 것은 완전히 거짓말이다. 『주한일본공사관기록』에 보면

2 群山市史編纂委員會, 『群山市史(上)』, 군산시, 2000, 329쪽.
3 김종수, 「군산도와 고군산진의 역사」, 『전북사학』 37호, 2010.
4 『光海君日記』 164, 광해군 13년 4월 乙亥.

일본인들 자신이 구 군산진 관청을 허물고 그 자리에 영사관을 짓겠다는 기밀문서를 보내고 있었다.[5] 그런데 이러한 일본인들의 거짓말을 오늘날 군산에서, 군산 사람들이 그들의 식민사관적인 인식을 깨닫지 못하고 그대로 믿고 있는데 문제의 심각성이 있는 것이다.

이러한 상황에서 군산문화원 주최 하에 '옥구읍성 복원추진 방안 모색을 위한 심포지엄'을 개최한 것은 매우 뜻깊은 일이라 하겠다. 군산이 일제에 의해 만들어진 근대적인 도시라는 식민지 근대화론적인 군산 역사에 대한 인식에서 탈피하여 군산의 본래 모습을 찾아가려는 움직임이 일제 강점기 이래 100년 만에 처음으로 나타난 것이다. 민족적 자존심을 회복하고 군산시의 정체성을 확립하기 위하여 군산 본래 모습을 찾으려는 이러한 노력은 앞으로도 계속되고, 보다 확대되어야 한다고 생각한다.

앞에서 말한 바와 같이 군산은 조선시대에 종3품 병마첨절제사가 관할하는 옥구진이 있었던 곳인데, 이 병마첨절제사는 지현사(知縣事)도 겸하였다. 조선시대는 군정(軍政)과 민정(民政)이 일치된 형태로 지방행정이 이루어졌기 때문이다. 그리고 이러한 옥구진·옥구현의 행정은 옥구읍성 안에서 이루어졌다. 읍성 안에는 행정과 군사를 담당하는 여러 관아 시설들이 들어서 있었고, 일부 주민들이 거주하기도 하였다.

---

5 『駐韓日本公使館記錄』, 「群山領事館 開設을 위한 出張復命書 提出 件」, 문서번호 機密第8號, 발송일 1898년 7월 16일, 발송자 在木浦 一等領事 久水三郎, 수신자 辨理公使 加藤增雄.
"...군산포에서는 別紙 乙號 도면과 같이 푸른 선으로 구획해 놓은 약 30만 평방미터(우리 평수로 1만 평 미만인 舊 群山鎭 官廳 소재지 전부임)를 제국 영사관 부지로 선정했다는 久水 영사로부터의 上申이 있었는데, 이는 아주 적절한 것이라 인정되니 그와 같이 확정지으시도록 한국 정부에 조회하셔서 선처하여 주시기 바랍니다."

읍성은 유사시 방어 기능도 담당하였다. 외적이 쳐들어오면 읍성 바깥에 거주하는 모든 주민은 읍성으로 들어가 성문을 굳게 닫고 관(官)과 민(民)이 한 덩어리가 되어 성을 지켰던 것이다.[6] 이처럼 옥구읍성은 행정적, 군사적 거점으로 기능하였다. 옥구읍성은 조선초기에 축조되었으며, 조선왕조 500년 내내 존속하다가 19세기 후반과 일제 강점기에 파괴되었다. 성곽은 19세기 후반에 무너지기 시작하였으며, 읍성 안의 관아시설들은 일제 강점기에 향교를 제외하고 모두 훼철되었다. 따라서 지금 옥구읍성 안에는 일부 무너진 성곽과 향교 이외에는 남아있는 것이 거의 없는 실정이다. 이에 따라 옥구읍성에 대한 관심과 연구도 매우 부진한 편이다.

옥구읍성의 복원은 군산시의 정체성 확립에 도움이 될 뿐만 아니라, 후세 교육을 위한 자료로써 활용되고, 관광자원의 개발로 인한 지역경제 성장에도 기여할 수 있을 것으로 본다. 이 심포지엄을 계기로 부디 군산이 일제에 의해 만들어진 근대도시라는 식민지 근대화론적인 인식에서 벗어나 군산의 본래 모습을 알아가고, 또 옥구읍성 등 군산시에 산재한 우리 민족문화에 대한 군산 시민들의 관심이 한층 높아지기를 기대한다.

2. 옥구읍성의 연혁

오늘날 군산시 일대와 옥구읍, 옥서면, 옥산면, 회현면 지역을 포괄

---

6 『世宗實錄』 54, 세종 13년 11월 己巳. "事則固門防禦 無事則盡趨田野"

하는 구(舊) 옥구 지역은 농수산 자원이 풍부하여 일찍부터 사람이 살고 있었다. 군산 지역 여러 곳에서 구석기, 신석기 시대의 유물·유적이 발견되는 것으로 보아 구석기, 신석기 시대부터 옥구 지역에서도 사람들이 살고 있었던 것으로 보인다.7 청동기 시대에 해당하는 기원전 10세기 무렵, 옥구 지역은 한반도 중남부의 최초의 국가인 진국(辰國)의 영역 안에 포함되었다. 이후 진국은 기원전 3세기 무렵 마한, 진한, 변진 등 삼한(三韓)으로 분화된다. 북방 유이민이 대거 유입되고 세형동검을 비롯한 다양한 청동제 무기들이 개발되어 사용되는 등 사회변동을 겪으면서 진국이 삼한으로 삼분(三分)된 것이다.8 이때 옥구 지역은 마한의 영역 안으로 들어갔다. 『삼국지』, 위서 동이전에 의하면 마한에는 모두 54개 국(國)이 있었다고 하는데, 옥구 지역에 있던 나라의 이름이 무엇인지는 확실하지 않다.

이후 마한은 계속 청동기 문명을 고수하다가 기원 전후 무렵에 철제무기로 무장한 백제에 의해 점차 축출당하게 된다. 마한 땅이었던 옥구가 언제부터 백제의 지배 체제로 들어갔는지는 명확하지 않다. 이에 대한 학설이 분분하지만 대략 4세기 근초고왕 대까지 옥구 지역이 백제의 영역 안으로 들어가게 된 것은 확실해 보인다. 백제시기에 옥구 지역은 마서량현(馬西良縣)으로 불렸다. 이후 660년 7월 옥구 지역으로

---

7 구 옥구 지역은 아니지만 현재 군산역이 들어선 내흥동에서 구석기 시대의 유물층과 유기물 퇴적층이 확인되었다. 그리고 1967년 군산 선유도 패총에서 빗살무늬토기편이 수습된 이후 가도와 내초도, 노래섬, 띠섬, 비응도, 오식도, 개야도 등의 인근 도서 지역에서 신석기 시대의 패총이 발견되었다. (곽장근, 「고고학으로 본 군산」, 『전북·군산·새만금지역 역사문화 강좌』, 군산대 사학과, 2010) 이로보아 옥구 지역에서도 구석기 시대와 신석기 시대부터 사람이 살고 있었을 것으로 추측된다.

8 김종수, 「백제 軍制의 성립과 정비」, 『歷史教育』 103, 2007.

당나라 13만 대군이 쳐들어오면서 백제는 멸망하고, 옥구는 통일신라의 영역으로 포함되게 된다.[9]

통일신라시기에 해당하는 경덕왕 16년(757)에 마서량현이라는 백제시기부터의 이름은 옥구현(沃溝縣)이라는 이름으로 바뀌게 된다.[10] 옥구는 비옥한 옥(沃)자와 밭도랑 구(溝)자가 결합한 지명으로 '비옥한 논밭'이라는 뜻인데 이 지역의 풍요로움을 잘 표현하고 있다고 생각된다. 통일신라시기에 옥구는 전주(全州) 예하 임피군(臨陂郡)의 속현으로 편제되었다. 임피군에는 영현(領縣) 즉 속현(屬縣)이 3개가 있는데, 함열현, 옥구현, 회미현이 그것이다.[11] 이러한 군현제의 형태는 고려시기에도 그대로 이어졌다. 다만 고려시기에는 임피군이 임피현으로 바뀌고 임피현의 속현이 회미현, 부윤현, 옥구현, 만경현 등 4개의 현(縣)으로 바뀌었을 뿐이다.[12] 통일신라시기와 고려시기에 걸쳐 옥구현은 계속 임피현의 속현으로 남아있었다. 속현은 지방관이 파견되지 않는 현(縣)으로서 지방관이 파견되는 주현(主縣)에 예속되었다. 속현에서 발생하는 모든 행정 사안은 주현을 통하여 중앙 정부에 연결되었다. 이와 같

---

9 660년 당의 백제 침략에 대해서는 김종수, 「660년 백강 전투와 오성산 전설」, 『전북사학』 33호, 2008 참조.

10 『三國史記』 36, 地理志 3. "沃溝縣 本百濟馬西良縣 景德王改名 今因之"

11 上同. "臨陂郡 本百濟屎山郡 景德王改名 今因之 領縣三 咸悅縣 本百濟甘勿阿縣 景德王改名 今因之 沃溝縣 本百濟馬西良縣 景德王改名 今因之 澮尾縣 本百濟夫夫里縣 景德王改名 今因之"

12 『高麗史』 57, 地理志 11. "臨陂縣 本百濟屎山郡 新羅景德王改今名爲郡 高麗降爲縣置令 別號鷲城 屬縣四 澮尾縣 本百濟夫夫里縣 新羅景德王改今名來屬 高麗因之 富潤縣 本百濟武斤村縣 新羅景德王改名武邑爲 金堤郡領縣 高麗更今名來屬 後移屬萬頃 沃溝縣 本百濟馬西良縣 新羅景德王改今名來屬 高麗因之 萬頃縣 本百濟豆乃山縣 新羅景德王改今名 爲金堤郡領縣 至高麗來屬 睿宗元年 置監務"

이 고려시기 이전까지 옥구현은 임피현의 속현으로 존재하였다.

그런데 고려말에 이르러 옥구 지역으로 왜구의 침입이 대대적으로 전개되면서 옥구의 위상이 달라진다. 왜구는 13세기 초부터 우리나라에 침입하여 약탈행위를 자행하였는데, 14세기에 들어와 이들의 침입은 더욱 빈번해지고, 그 규모도 점차 커졌다. 충숙왕 10년(1323) 6월 왜구는 군산도에 침입하여 개경으로 가는 조운선을 습격하여 조세미를 약탈해갔으며, 다음날에는 추자도에 침입하여 주민을 납치해가는 만행을 저질렀다.[13] 이러한 왜구는 14세기 후반에 들어와 더욱 대규모화했고, 또 정규 병력화했다. 특히 우왕 6년(1380) 8월 왜구들은 500척에 이르는 대선단을 거느리고 옥구 북쪽에 위치한 진포로 침입해 왔는데, 왜구의 수는 무려 10,000명 이상에 이를 것으로 추정되고 있다. 이러한 왜구의 대함대를 도원수 심덕부, 상원수 나세, 부원수 최무선이 이끄는 고려 함대가 함포 사격을 통해 궤멸시키니, 이것이 그 유명한 진포대첩이다.[14] 진포대첩 이후 왜구의 침략 루트인 옥구 지역은 국방상 중요한 지역으로 부각된다.

조선 개국 직후인 태조 6년(1397), 조선 정부는 각 도(道)에 종3품 첨절제사(僉節制使)가 관할하는 2개~4개의 진(鎭)을 설치하였다. 이때 전라도에는 옥구를 비롯하여 목포, 조양, 흥덕에 진을 설치하였다.[15] 고

---

13 『高麗史』 35, 世家 35, 忠肅王 10년 6월 丁亥. "倭掠會原漕船於群山島 又寇楸子等島 虜
　　老弱男女以去"

14 진포대첩에 대해서는 김종수, 「鎭浦大捷의 歷史的 意義」, 『全羅文化硏究』 12집, 2000.
　　참조.

15 『太祖實錄』 11, 太祖 6年 5月 壬申. "罷各道兵馬都節制使 置各鎭僉節制使 率所屬附近
　　州兵馬 以備守禦 令都觀察使 考其勤怠 慶尙道四鎭 合浦 江州 寧海 東萊 全羅道四鎭 木
　　浦 兆陽 沃溝 興德 忠淸道三鎭 藁城 藍浦 伊山 豊海道二鎭 豊州 瓮津 江原道二鎭 三陟

려시기까지 임피현의 속현으로서 지방관조차 파견되지 않던 옥구 지역이 일약 종3품 첨절제사가 상주하는 진(鎭)으로 격상된 것이다. 한편이 무렵 옥구 지역에는 이와 같은 육군 진(鎭)뿐만 아니라, 종2품 수군처치사(水軍處置使; 후에 水軍節度使라 함)가 상주하는 수군 영(營)도설치된 것으로 보인다. 태종 8년(1408) 12월에 전라도 수군도절제사는국왕에게 다음과 같이 건의하고 있다.

옥구(沃溝)의 수영(水營)은 해로(海路)의 중앙에 위치하지 않았기때문에 진수(鎭戍)에 합당하지 않습니다. 바라옵건대, 수영을 모두옥구진(沃溝鎭)에 붙이고, 해도(海島)의 중앙인 무안현(務安縣)의대굴포(大崛浦)로 수영을 옮기소서.16

옥구의 수영(水營)을 옥구진에 합치고 수영을 무안현의 대굴포로 옮기자는 것이다. 이를 통해 조선 개국 초 옥구에 수영이 존재하고 있음을 확인할 수 있다. 이와 같이 고려말 진포대첩 이후 옥구 지역이 국방상 중요지역으로 부각됨에 따라 종3품 첨절제사가 관할하는 옥구진과더불어 종2품 수군처치사가 관할하는 옥구 수영이 설치되었다. 옥구수영은 위의 인용문과 같이 수군도절제사의 건의로 폐지되어 옥구진에 합치게 되지만17, 옥구진은 조선시대 내내 존속하게 된다. 그리고 옥구의 군사적 중요성에 따라 태종 3년(1403) 종래 동급의 속현으로 있었

杆城"

16 『太宗實錄』16, 태종 8년 12월 丁酉.

17 『世宗實錄』151, 地理志, 全羅道條에 '水軍處置使營, 在務安縣大堀浦'라 되어있어, 수군처치사영이 대굴포로 이전하였음을 확인할 수 있다.

던 회미현이 옥구현에 합속되어 옥구의 영역은 2배로 확장되었다.[18]

『신증동국여지승람』, 옥구현 조에는 세종 5년(1423)에 옥구현의 병마사를 첨절제사로 고치고, 또 후에 현감으로 바꾸었다고 쓰여 있다.[19] 세종 5년에 병마사를 첨절제사로 고쳤다는 부분은 앞에서 서술한 바와 같이 태조 6년(1397)에 이미 옥구진에 첨절제사를 임명했으므로 오류로 보인다. 그런데 "후에 현감으로 바꾸었다."라는 말을 통해 언제인지는 확실하지 않으나 옥구현에 파견된 지방관이 종3품 첨절제사(지현사)에서 종6품 현감(縣監;병마절제도위)으로 격하된 것으로 보인다. 조선 건국 직후에는 서해 연안의 국방력 강화를 위해 옥구에 종3품 첨절제사를 파견하였으나, 세종 대 대마도 원정 이후 왜구의 침입이 줄어들면서 옥구현에 다른 현(縣)과 같은 급인 종6품 현감을 파견하게 된 것으로 생각된다. 『조선왕조실록』에서는 성종 7년(1476) 6월에 처음으로 옥구현감이라는 명칭이 나온다.[20] 이후 옥구현에는 1895년 옥구현이 옥구군으로 개편되기 이전까지 420여 년 동안 계속 현감이 파견되었다.

조선시대에 들어와 읍격이 높아지고 읍의 영역이 확장됨에 따라 옥구에 새로이 읍성이 축조된다. 읍성 설치 이전에도 옥구에 읍기(邑基)는 있었다. 백제시대 마서량현의 읍기가 오식도(筽食島)에 있었다고 하고, 고려시대 회미현의 읍기가 장제면(長梯面) 구정리(九政里)에 있었다고도 전해진다.[21] 그러나 읍성이 설치된 것은 조선시대에 들어와서

---

18 『世宗實錄地理志』, 全羅道, 全州府, 沃溝縣. "澮尾 本百濟夫夫里縣 新羅改澮尾 爲臨陂領縣 高麗因之 太宗三年癸未 來屬"

19 『新增東國輿地勝覽』, 沃溝縣. "世宗五年 改兵馬使爲僉節制使 後改縣監"

20 『成宗實錄』 68, 성종 7년 6월 戊子.

이다. 고려후기와 조선 태조~태종 대까지 왜구에 대한 대비책은 높고 험한 산성(山城)을 중심으로 한 청야입보(淸野入保) 방책이 계속 유지 되고 있었다. 이것은 평지에 있는 읍성이 수비하기 어렵다고 판단하고, 왜구가 내륙까지 침입할 위험성이 인식되고 있는 상황에서 우선 산성 으로 도피하여 인적·물적 피해를 줄여보고자 하는 소극적인 방어책에 서 나온 것이었다. 그러나 태종 15년(1415) 무렵부터 연해읍성 축조에 도 관심을 기울이게 된다. 이것은 조선초기부터 연해 지역이 개발되어 그 경제적 가치가 높아졌기 때문이다. 이미 옥토(沃土)로 변한 연해 지 역을 버리는 청야(淸野) 정책은 취할 수 없는 전략이었다. 이를 보호하 기 위한 적극적인 방안을 모색하지 않을 수 없었다.[22]

세종 대에 들어서 대마도를 원정하는 등 왜구에게 적극적으로 대처 하고 또 그에 따라 왜구의 침입도 줄어들게 되자, 태종 때 제기된 연해 읍성 축조는 이제 논의 단계를 넘어 적극적인 추진 단계로 들어섰다. 이런 추세 속에서 세종 4년(1422) 10월 옥구읍성이 축조되게 된다.

장흥부(長興府)와 옥구현(沃溝縣)에 성(城)을 쌓았다. 서울에 성 을 쌓는 역사(役事)에 백성의 힘이 피곤하였는데, 전라감사 하연(河 演)이 이제 또 두 성(城)을 쌓아서, 백성의 힘을 거듭 피곤하게 하여, 남방의 백성으로 하여금 벼를 거둬들이지 못하게 하니, 사람들이 이로써 그를 박하게 여겼다.[23]

---

21 『沃溝縣 邑誌』(1895년), 古邑號. "馬西良縣 (百濟) 邑基在箕食島, 澮泥縣 (高麗) 邑基 在長梯面九政里"
22 고석규, 「조선초기 서남해안 지방 읍성의 축조와 도시화 요소」, 『전남사학』 25집, 2005.
23 『世宗實錄』18, 세종 4년 10월 癸丑.

위와 같이 옥구읍성의 축조는 전라감사에 의해 추진되었는데,『세종
실록지리지』, 옥구현 조에는 '邑石城 周回三百八十九步'라고 되어 있으
므로, 이때 축조된 옥구읍성은 석성(石城)으로서, 둘레가 389보(步)였
다. 1보는 6척(尺)인데[24], 읍성에는 대체로 포백척(布帛尺)이 사용되었
다고 하므로[25], 포백척 평균 47cm[26]를 적용하면 읍성의 둘레는 2,334
척, 1,097m인 셈이다. 이와 같이 세종 4년(1422) 옥구에는 석축(石築)
으로 둘레 1,097m의 읍성이 축조되었는데, 다른 지역의 읍성과 같이
산성과 평지성이 결합된 평산성(平山城)의 형태를 축조되었다.

그런데 이때 축조된 옥구읍성은 쌓자마자 곧 개축하여야 한다는 주
장이 제기되었다. 세종 13년(1431) 7월 판부사(判府事) 최윤덕은

> 신이 연전(年前)에 하삼도 각 고을의 성터를 돌아본즉 한 고을 안
> 에 5, 6군데 고쳐야 할 곳이 있사와 모두 고쳐 쌓게 하였사오나, 오
> 직 옥구(沃溝)·임피(臨陂) 등의 고을만은 쌓을 만한 돌이 없고, 옥구
> 에는 작은 성이 있사오나 지극히 협착하여, 만약 급한 변이 있으면
> 백성을 숨길만한 땅이 없으며, 전주(全州)까지 오면 의지할 만한 곳
> 이 있기는 하나, 거리가 4식정(息程)이나 되므로 고쳐 쌓도록 해야
> 되겠습니다.[27]

---

24 『太宗實錄』30, 태종 15년 12월 丁丑. "以周尺六尺 爲一步"

25 金善範,「朝鮮時代 邑城圍郭의 用尺에 관한 연구」,『國土計劃』33−1, 1998.

26 위 논문에서는 조선전기에 축조된 울산읍성, 언양읍성, 밀양읍성, 경주읍성, 상주읍성
   을 실측한 결과 1尺의 길이가 각각 46.72cm, 48.30cm, 47.11cm, 48.11cm, 44.26cm라고
   보고하고 있다. 이것을 평균하면 1척의 길이는 대략 47cm가 된다.

27 『世宗實錄』53, 세종 13년 7월 壬辰.

라고 하여 옥구읍성이 너무 좁아 유사시 백성들을 수용할 수 없다고 하면서 개축하여야 한다고 주장하고 있다. 그러나 세종 당시에 옥구읍성의 개축은 이루어지지 않고, 다음 왕인 문종 대에 가서야 옥구읍성의 개축이 이루어지게 된다.

문종 1년(1451)에 우찬성(右贊成) 정분(鄭苯)이 충청도·전라도·경상도의 도체찰사(都體察使)가 되어 대대적인 읍성 정비 사업을 추진하였다. 즉 정분은 "전라도 각 고을의 성자(城子)를 순행하며 살펴보니 애당초 법에 따라 쌓지 않아서 모두가 규식(規式)에 맞지 않았습니다. 그 가운데서 그대로 둘 각 고을[仍舊]과, 뒤로 물려서 쌓아야 할 각 고을[退築]과, 또 모름지기 개축(改築)을 요하는 각 고을을 정리하여 삼가 갖추어 보고합니다."라고 하면서 옥구현 읍성은 퇴축(退築), 즉 더 뒤로 물려서 쌓아 확장하여야 하는 읍성으로 보고하고 있다. 이때 정분이 보고한 옥구읍성의 상황은 다음과 같다.

沃溝縣邑城, 周回一千五百十一尺, 高九尺, 女墻高二尺, 無敵臺,
門三, 無擁城, 女墻三百, 城內泉一, 海子則城基高險難鑿[28]

즉 옥구읍성은 둘레가 1,511척(尺), 높이가 9척, 여장(女墻)의 높이 2척, 적대(敵臺)가 없고, 문이 3개이며, 옹성(擁城)이 없고, 여장이 300개이며, 성 안에 우물이 1개가 있고, 해자(海子)는 성터가 높고 험하여 파기가 어렵다고 보고하고 있다. 그런데 이때 정분이 보고한 옥구읍성의 둘레는 1,511척(尺)으로 되어 있어, 세종 4년(1422)의 2,334척(尺)과

---

28 『文宗實錄』 9, 문종 1년 8월 丙戌.

823척(尺)이나 차이가 나고 있다. 이것은 30년이 지나는 동안 읍성이 무너진 것인지, 아니면 『세종실록지리지』의 읍성 기록에 착오가 있었던 것인지 알 수 없다.

아무튼 문종 당시 도체찰사 정분에 의해 옥구읍성의 확장은 이루어진 것으로 보인다. 성종 12년(1481)에 편찬된 『동국여지승람(東國輿地勝覽)』에는 옥구읍성의 둘레가 2,058척이라고 되어 있어, 문종 1년(1451) 정분이 보고한 1,511척 보다 547척이나 늘어났던 것이다. 이 547척은 정분에 의해 기존 읍성을 퇴축(退築), 즉 더 뒤로 물려서 쌓는 방식으로 확장되어 늘어난 길이로 보인다. 한편 『신증동국여지승람』에는 가정(嘉靖) 갑신(甲申)년, 즉 중종 19년(1524)에 옥구읍성의 증축이 이루어져 둘레가 3490척, 높이가 12척으로 확장되었다고 기록되어 있다. 이후 『여지도서(輿地圖書)』(1757)나 『대동지지(大東地志)』(1863) 등 조선후기 지리서에는 모두 옥구읍성의 둘레가 3,330척(尺)(약 1025.6m)으로 기록되어있어, 조선후기 내내 옥구읍성의 둘레는 대략 이 정도였던 것으로 보인다. 지금까지 거론한 각 문헌에 나오는 옥구읍성의 규모와 구조를 정리하면 <표 1>과 같다.

그런데 <그림 2>에서 보듯이 1872년에 편찬된 옥구현 지도에는 옥구읍성 성곽의 모습이 그려져 있지 않다. 이것은 이때 이미 옥구읍성의 성곽이 무너져버렸기 때문으로 보인다. 1895년에 편찬된 『옥구현 읍지』에서도 읍성이 '연구비훼(年久圮毀)', 즉 세월이 오래되어 무너져버렸다고 기록되어 있다. 이를 통해 옥구읍성의 성곽은 19세기 후반에 무너져 버린 것을 알 수 있다. 이것은 이 시기에 들어와 옥구읍성의 방어적 기능이 사라졌기 때문으로 생각된다. 조선후기에 들어와 해양 방어는 고군산진에서 담당하였고, 조운은 군산진에서 담당하여 옥구읍성에서는 옥구현의 행정적 기능만을 담당하는 실정이었다.[29] 그런데 19세기 후반에 옥구읍성의 외곽에 있는 옥구현 북면이 상업지역으로 성장함에 따라 옥구읍성 성곽은 더 이상 중요하지 않게 취급되었고[30], 정부에서도 옥구의 수령들에게 성곽 수리를 요구하지 않았던 것으로 보인다. 도성인 서울의 남대문을 비롯하여 우리나라 대부분의 읍성의 성곽이 일제에 의해 훼철된 것에 비해 옥구읍성의 성곽은 19세기 후반에 읍성 외곽이 성장함에 따라 스스로 기능을 상실하여 무너진 것에 군산 지역의 특수성이 있다. <그림 1>은 현재 남아 있는 옥구읍성 성벽의 모습이다.

표 1 문헌에 나타난 옥구읍성의 규모와 구조

문헌	둘레	높이	여장 높이·수	문	옹성	우물	비고
『世宗實錄地理志』(1432)	389步						
『文宗實錄』, 文宗 1년(1451)	1511尺	9尺	2尺·300개	3개	無	1개	
『東國輿地勝覽』(1481)	2058尺	8尺					
『新增東國輿地勝覽』(1530)	3490尺	12尺					
『輿地圖書』(1757)	3330尺	28尺	3410개		4개	6개	
『大東地志』(1863)	3330尺				4개	6개	
『沃溝縣 邑誌』(1895)	年久圮毀(세월이 오래되어 무너져 버림)						
『增補文獻備考』(1903)	3330尺	20尺	3410개[31]			9개	

---

29 김종수, 「군산도와 고군산진의 역사」, 『전북사학』 37호, 2010.

30 金泰雄, 「대한제국기 群山 客主의 商會社 설립과 경제·사회운동」, 『지방사와 지방문화』 9권 1호, 2005, 17쪽.

31 『增補文獻備考』 27, 輿地考 15, 關防, 全羅道 沃溝.
이에 대해 편찬자는 "신이 살피건대, 둘레가 겨우 3330尺인데도 치첩(雉堞)의 수가 도리어 80이 더하니, 결코 이치에 맞지 않는다. 아마 잘못인가 한다."라고 해설을 달아놓고 있다.

그림 1 현재 남아 있는 옥구읍성 성벽

그림 2 『옥구현 지도』(1872년)

3. 옥구읍성 내 관아 시설

옥구읍성은 <그림 2>『옥구현 지도』(1872년)에서 보는 바와 같이 옥구현 내에서 풍수적으로 최고의 명당 터에 자리 잡고 있다. 조선초기에 축조된 대부분의 읍성과 마찬가지로 평산성의 형태를 띤 옥구읍성은 주산(主山;鎭山이라고도 함)인 옥구읍 상평리 광월산(86m)의 남쪽 기슭과 평지에 객사(客舍)와 내아(內衙·衙舍) 등 각 관청 시설들을 배치하고, 동쪽과 서쪽으로 흘러내린 구릉을 따라 성을 쌓고 문을 만들었는데, 행정과 방어를 위한 최적의 형태를 갖추었다 할 수 있다.

읍성에서 하는 일은 기본적으로 ① 사신을 접대하고, ② 교령(教令)을 시행하며 ③ 아전과 백성들이 모여 살도록 하는 것이었다.[32] ①을 위해 객사가 있고, ②를 위해 동헌이 있으며, ③을 위해 각종 관아 시설이 있었다고 볼 수 있다. <그림 2>『옥구현 지도』에는 읍성 내에 객사(客舍), 동헌(東軒), 내아(內衙), 향교(鄉校), 작청(作廳), 향청(鄉廳), 현사(縣司), 사령청(使令廳), 서청(書廳), 장청(將廳), 형리청(刑吏廳), 화약고(火藥庫), 군기고(軍器庫), 환곡창(還穀倉), 사령청(使令廳), 공수간(公須間), 사직단(社稷壇), 여단(厲壇), 성황당(城隍堂), 옥(獄) 등 여러 관아 시설들이 수록되어있다. 그리고『옥구현 읍지(沃溝縣 邑誌)』(1895년 편찬)와『옥구군지(沃溝郡誌)』(1924년 편찬)에는 이들 여러 관청 시설의 규모와 연혁이 제시되어 있다. 이를 통해 옥구읍성 내 관아 시설들을 간략히 소개하면 다음과 같다.[33]

---

32 『新增東國輿地勝覽』40, 樂安郡. "接使華 施教令 吏民之趨造 皆於斯得焉"
33 향교에 대해서는 옥구향교지에 자세하게 나와 있으므로 생략하였다. 그리고 관아 시

객사(客舍) : 옥구읍성 내에서 가장 중요한 관청 건물은 객사였다. 옥구 객사는 액호가 '옥산관(玉山館)'이라고 하며, 읍성 내에서 가장 큰 27칸 규모의 건물이었다. 낮은 담으로 둘러쳐져 있어서 객사로 들어가는 데는 홍살문과 외문(外門:3칸), 중문(中門:5칸)을 거쳐야 했다. 객사는 고을 수령 및 각 방 관속들이 매월 초하루와 보름에 망궐례(望闕禮)[34]를 행하고, 공무를 위해 고을을 찾는 관리들의 숙소와 접대 장소로 사용되는 공간이다.

옥구 객사는 오늘날 옥구향교 남쪽 부근에 있었던 것으로 추정되는데, 정청(政廳)과 양 익사(翼舍)로 이루어져 있었다. 중심 건물인 정청에는 '옥산관(玉山館)'이라고 쓴 현판이 높이 걸려있었으며, 맞배지붕 형태로서 좌우에 각각 접한 익사에 비해 높이가 한층 더 높았을 것이다. 정청에는 왕과 대궐을 상징하는 '전패(殿牌)'와 '궐패(闕牌)'를 모시고 망궐례를 행하였다. 좌우 익사는 맞배지붕과 팔작지붕을 한쪽씩 채용한 지붕 형태를 취하는 것이 객사의 일반적인 모습이므로 옥구 객사도 그러했을 것이고, 관찰사를 비롯한 관리들의 숙소와 집무처로 활용되었다.

옥구객사의 기능이 정지된 것은 한말 객사제도의 폐지와 함께한 것으로 파악된다.[35] 1909년 11월에 전국에 위치한 객사의 기능이 정지되

설들에 대해서는 李樹健, 『朝鮮時代 地方行政史』, 民音社, 1989. ; 李羲權, 『朝鮮後期 地方統治行政研究』, 集文堂, 1999 ; 안길정, 『관아이야기』 1·2, 사계절, 2000 등이 참조된다.

34 음력 매달 초하루와 보름에 각 고을 객사에서 행하는 의식으로 임금이 있는 대궐을 향해 배례하는 의식

35 『大韓每日申報』, 1909. 11. 27. 2면 잡보, 客舍廢止. "각 고을에 있는 객사는 自來로 궐패를 봉안하였던 곳인데, 이번에 그 궐패를 일제히 거두어 올리고 그 집은 지방에서

었고, 1910년에는 각 군에서 봉안하던 궐패(闕牌)는 어진(御眞)을 봉인한 후 궁내부나 관찰도로 옮기게 되었다.[36] 이러한 상황과 맞물려 옥구 객사 역시 1909년 그 기능이 정지되었으며 1910년 궐패를 옮기면서 폐지된 것으로 보인다. 옥구객사는 한말 일제에 의해 국권이 상실되는 시기에 이르러 그 기능이 소멸하면서 조선왕조와 운명을 함께하였던 것이다.

이 객사 건물과 부지에 1911년 군산보통학교 옥구분교가 들어섰고, 이것이 다시 1914년 옥구공립보통학교가 되었으며, 이후 옥구공립보통학교가 1933년에 선제리로 옮겨감에 따라 객사 건물은 관리가 되지 않고 방치된 것으로 보인다. 옥구 객사는 1933년 당시까지 있었다고는 하지만[37], 확실하지는 않고 또 언제 없어졌는지도 알 수 없다. 오늘날에는 객사 터에 일반 민가와 밭이 들어섰다.

동헌(東軒), 아사(衙舍) : 옥구 동헌은 향교 동쪽에 있었는데 옥구 수령의 집무 장소로서 당호(堂號)는 '위정당(爲政堂)' 혹은 '필야당(必也堂)'이라고도 하였다. '위정(爲政)'이니 '필야(必也)'니 하는 것은 모두 『논어』에서 "정치를 할 때는 반드시 명분을 바로 잡아야 한다."는 공자의 말씀에서 따온 말이다.[38] 옥구 동헌은 12칸짜리 건물로서, 동헌 건물이 대체로 장방형의 평면에 마루방과 온돌방이 있고 지붕은 팔작 형식이었으므로, 옥구 동헌도 역시 그러했을 것이다. 동헌은 낮은 담으로

쓰기로 결정되었다더라."

36 『大韓每日申報』, 1910. 1. 2. 2면 잡보, 各郡闕牌.

37 『朝鮮湖南誌 1』(1933), 沃溝條.

38 『논어』,「자로(子路)」. "子路曰 衛君 待子而爲政 子將奚先 子曰 必也正名乎"

둘러쳐져 있었는데, 수령의 가족이 머무는 아사(衙舍:혹은 內衙라고도
함)와 수령의 개인비서와 자제가 머무는 책실(册室), 그리고 옥구 호적
을 보관하는 호적고(戶籍庫)가 담 안에 함께 있었다. 아사는 1871년(혹
은 1875년) 태풍으로 무너져버렸고, 동헌 건물은 1895년 옥구현에서
개칭된 옥구군이 1906년 옥구부로, 1910년에 다시 옥구군으로 바뀜에
따라 부청(府廳), 군청(郡廳)으로 이용되다가 1914년 군청이 군산으로
옮겨감에 따라 훼철(毁撤)되었다. 그 후 동헌 자리에 1937년에 옥구간
이학교가 들어섰고, 해방 이후 상평초등학교가 들어섰다.

옥구현의 수령들은 1923년에 편찬된 『옥구군지』에 의하면 조선후
기 294년 동안 168명이 임명되어 평균 1.75년의 재임 기간을 보이고 있
다. 이것은 『속대전』에 규정된 수령 의무 재임 기간 30개월에 크게 미
치지 못하는 기간이다.[39] 이와 같은 수령들의 빈번한 교체는 백성들에
게 영송(迎送)으로 인한 막대한 재정적 손실과 함께 농시(農時)를 놓치
게 하는 등 많은 폐단을 끼치고, 또 지방 실정의 파악과 향리의 단속을
어렵게 하는 문제점을 낳기도 하였다. 옥구 현감 가운데에도 선정(善
政)을 베풀어 선정비를 남긴 사람도 상당수에 달한다. 1923년에 편찬
된 『옥구군지(沃溝郡誌)』에 수록된 '옥구선생안'에 의하면 조선후기에
옥구 수령으로서 선정비가 세워진 사람이 모두 23명이라고 하는데, 현
재 일부 깨진 선정비도 몇 개 있으나 향교 가는 길옆에 상당수 남아있
는 실정이다.

　　작청(作廳) : 작청(질청)은 이청(吏廳)이라고도 하는데, 이방(吏房)·호

---

39 『續大典』권1, 吏典, 考課.

방(戶房)·예방(禮房)·병방(兵房)·공방(工房)·형방(刑房) 각 1인, 호장(戶長)·고마색(雇馬色)·대동색(大同色) 각 1인이 모여서 소관 업무를 처리하던 청사이다. 향리들이 모두 작청 한 군데에 모여서 집무했던 것은 아니다. 영조 33년(1757)에 편찬된 『여지도서(輿地圖書)』에는 옥구에 아전(衙前)이 60명, 지인(知印)이 25명, 사령(使令)이 23명이 있었다고 하고, 또 1895년에 편찬된 『옥구현 읍지』에는 향리들이 모두 37명(혹은 50명)이 있었다고 한다. 후대에 갈수록 향리의 숫자가 축소되는 것으로 보이는데, 이러한 향리 가운데 1명씩이 작청에서 근무했고 나머지는 6방으로 나뉜 각 소속 직임에 따라 현사(縣司, 土司), 사령청(使令廳), 서청(書廳), 장청(將廳, 西廳이라고도 함), 형리청(刑吏廳, 刑房廳) 등에서 근무하였다. 또 환곡제 운영을 위한 환곡창(還上都廳이라고도 함)과 화약고, 군기고 등이 있었는데 여기에도 향리가 배치되었다. 향리들은 주로 가족들을 데리고 읍성 안에 거주하면서 근무하였다. 이에 반해 양반들은 주로 동성(同姓)들이 족단을 이루어 노비와 하인들을 데리고 읍성 밖에 거주하였고, 일반 양인들은 성 안팎에 두루 퍼져 살았다. 1914년 군청이 군산 중앙로 부근으로 옮겨감에 따라 작청 건물은 일본인 자녀들의 교육을 위한 옥구면 심상소학교(1915년 개교)로 이용되었고, 장청(將廳) 건물 역시 심상소학교의 부속 건물이 되었다.

향청(鄕廳) : 수령을 자문, 보좌하던 양반들의 자치 기구이다. 조선초기에 설치된 유향소(留鄕所)를 임진왜란 이후에는 대개 향청이라고 불렀다. 본래 향청의 설치 목적은 악질 향리를 규찰하고, 향풍(鄕風)을 바르게 하는 등 향촌 교화를 위한 것이었다. 그러나 점차 고을 양반들이 위엄을 세우는 기관으로 변해 작폐가 심하였다. 옥구 향청에는 좌수

(座首)가 1인이 있었는데, 후에 향장(鄕長)이라고 개칭되었다. 그리고 아관별감(亞官別監)이 2인, 집강(執綱) 3인이 있었다. 좌수는 면임(面任), 이임(里任) 등의 인사권을 가지고, 각종 송사(訟事)를 처리하며 환곡을 취급하는 등 지역 민생의 안위를 좌우하는 중요한 임무를 띠었다. 향청 건물은 10칸 건물로서 향교 동쪽에 낮은 담으로 둘러쳐져 있었는데, 일명 향사당(鄕射堂)이라고도 하였다. 1924년 당시 옥구면 경찰관 주재소로 사용되고 있었다.

향청에 딸린 기관으로 관청(官廳)이 있었다. 옥구의 관청은 6칸 건물로 되어 있었는데, 관청 별감은 향청에 드나드는 손님들에게 음식을 대는 일을 맡아 처리했다. 사직단이나 여단 등에 제수를 준비하는 일도 여기서 했다. 이때 관청이란 관공서의 대명사가 아니라 관아 안의 주방만을 가리킨다.

성황당(城隍壇), 여단(厲壇), 옥(獄) : 옥구읍성 안에는 성황단과 여단도 있었다. 성황단과 여단은 광월산 위에 각각 2칸짜리 건물로 있었는데, 지금도 향교 위쪽에 그 흔적이 남아있다. 성황단은 읍의 수호신인 성황신을 모시는 사당으로서 마을의 진산에 위치하고 있다. 성황단은 『옥구현 읍지』(1985)에 관아 시설로 나와 있으며, 다른 지역에서도 봄, 가을에 성황제(城隍祭)를 지낼 때 예방(禮房)이 제수를 댄 것으로 나온다. 수령은 성황제를 주관함으로써 지역민의 정신세계를 장악하고자 하였는데, 성황제는 나중에 면제(面祭)나 동제(洞祭)로 바뀌어 지역 주민의 축제가 되었다. 한편 여단은 자기 명대로 못 살고 죽거나, 죽은 뒤 제사 지내 줄 사람도 없어 으슥한 곳을 떠돌아다니면서 사람과 짐승을 해치고 돌림병을 퍼뜨리는 사나운 귀신을 달래는 곳이다. 또 읍성 안쪽에는 원옥(圓獄)이 있었다. 옥은 담장을 빙 둘러 쌓았는데 담장 안에는 큰 감방과 옥쇄장의 방을 설치하였다. 한편 읍성 너머에는 사직단(社稷壇)도 있었다. 사직단은 토지신과 곡식신을 모신 제단으로, 종묘와 더불어 국가를 상징하는 시설인데, 서면 척동 서쪽 기슭에 있었다고 한다.

문루(門樓) : 옥구읍성 내에는 각종 문(門)과 누(樓)가 있었다. 문으로는 남문, 동문, 서문이 있었고, 문 위에는 각각 누각이 있었는데, 남문이 가장 크고 화려하였다. 남문은 2층 6칸짜리 건물로 옥산루(玉山樓) 혹은 온휘루(蘊輝樓)라는 현판을 내걸고 있었다고 한다. 고종 23년(1886) 현감 기량연(奇亮衍)이 중건하였다. 동문루와 서문루는 1898년 현감 윤기진이 중건하였다고 하는데 1924년 당시 모두 없어졌다고 한다. 한편 향교 뒤쪽에 광월루(光月樓), 향교 앞쪽에 고문루(鼓門樓;玉山衙門이라고도 함)가 있었다고 한다. 1872년에 그려진 『옥구현 지도』에도 고문루가 크고 화려하게 그려져 있다.

이 누각은 관찰사와 왕의 사신들이 고을을 순시하다가 쉬는 곳이기도 하였고, 또 수령이 고을 양반들과 함께 연회를 베푸는 곳이기도 하였다. 중종 때 예조판서로 추증된 이의무(李宜茂;1449~1507)는 옥구읍성 누각에 올라 다음과 같은 시를 남겼다.[40]

一上高樓望
한번 높은 누각에 올라 바라보니

---

40 李宜茂, 『蓮軒雜稿』3, 湖南紀行錄, '沃溝縣留數日 閑餘次韻樓上題詠 錄呈姜使君年伯 以發一笑'

群山掌樣平

여러 산들이 손바닥처럼 평평하네.

羈離王內史

임금님과 이별하고 궁궐 사무에서 벗어나서

邂逅謝宣城

우연히 사선성(謝宣城:두보의 시에서 나오는 성 이름)을 만났네.

戍角臨風壯

군인들이 부는 호각 소리가 바람에 씩씩하게 들리고

邊烽入夜明

변방 봉화불은 밤이 깊으니 더욱 밝네.

蹢躅多感慨

여기서 머뭇거리고 있으니 더욱 감개무량하다.

何日是歸京

어느 날 서울로 돌아갈거나.

이 이외에도 수많은 관리들이 누각에 올라 시를 지었는데, 잘 지어진 시들은 누각 안쪽 현판에 걸려 있었을 것이다. 한편 고문루와 향청 앞에 5일마다 열리는 읍시장(邑市場)도 있어 수령과 양반들은 누각 위에서 시장을 구경하기도 하였을 것으로 보인다. 지금까지 설명한 옥구읍성의 관아 시설을 표로 정리하면 <표 2>와 같다.

표 2 『沃溝縣 邑誌』와 『沃溝郡誌』에 보이는 옥구읍성의 관아 시설.

관청시설	『沃溝縣 邑誌』(1895년)			『沃溝郡誌』(1924년)
	규모	부속시설	위치 및 상태	
社稷壇	2칸		西面 尺洞	

城隍壇	2칸		主嶽	
厲壇	2칸		主嶽	
客舍	27칸	中門 5칸 外門 3칸		額號 玉山館, 향교 남쪽에 위치. 지금 옥구보통학교가 됨
丁字閣	三賢(崔孤雲, 趙二憂堂, 李寒圃齋) 1868년 朝令으로 撤享			객사 앞에 있음. 지금은 廢毁
東軒	12칸			향교 동쪽에 있음. 爲政堂 혹은 必也堂이라고도 함. 현감 李晶이 효종 7년(1656)에 창건. 1914년 군청이 군산으로 옮겨감에 따라 毁撤.
內衙	16칸	行廊 9칸	1871년 顚覆	동헌 동북쪽에 있음. 1875년 바람으로 무너짐.
册房	9칸			
戶籍庫	2칸			
三門	6칸			
鄕廳	10칸	廳直家 6칸		鄕射堂이라고도 함. 지금은 옥구면경찰관주재소가 됨.
吏廳(作廳)	10칸	廳直家 3칸		吏·戶·禮·兵·工·刑房 각1인, 戶長·雇馬色·大同色 각1인. 土姓鄕吏들이 돌아가면서 맡아봄. 향교 동쪽에 있음. 지금은 옥구면 심상소학교가 됨.
土司(縣司)	4칸	廳直家 3칸		향교 동쪽에 있음. 지금은 없어짐.
西廳 (軍官廳)	6칸	廳直家 5칸		향교 동쪽에 있음. 옥구면 심상소학교의 부속건물이 됨.
養老軒	6칸	廳直家 3칸		
刑房廳	8칸			향교 동쪽에 있음. 지금은 없어짐.
書廳	8칸	廳直家 3칸		
軍器庫	4칸			
火藥庫	1칸			
還上都廳	4칸	會付庫 8칸		
官廳	6칸			
通引廳				동헌 동쪽에 있음. 지금은 없어짐.
使令廳	6칸			동헌 앞쪽에 있음. 지금은 없어짐.
校宮	9칸	典祀閣 4칸		

		庫舍 4칸		
興學堂	6칸	堂直家 3칸	校宮 左右에	
明倫堂	10칸		있음	
南門樓	2층 6칸			향교 남쪽에 있음. 玉山樓 혹은 蘊輝樓라고도 함. 38년 전 현감 奇亮衍이 重建함. 지금은 廢毁.
光月樓				향교 뒤에 있음. 지금은 없어짐.
鼓門樓				동헌 앞에 있음. 玉山衙門이라고도 함. 지금은 없어짐.
東門樓, 西門樓				城 동·서쪽에 있음. 1898년 현감 尹起晉이 중건. 지금은 廢毁됨.
求己亭				射亭이라고도 함. 지금은 없어짐.

4. 맺음말

지금까지 옥구읍성의 연혁과 읍성 안에 있던 관아 시설에 대하여 살펴보았다. 오늘날 군산시의 전신(前身)인 옥구는 선사시대부터 우리 민족이 삶을 영위하던 공간이었다. 백제시기에는 마서량현이라 불렸고, 통일신라시기부터 비옥한 땅이라는 뜻의 '옥구'라는 이름으로 불려왔다. 고려말 진포대첩 이후 조선초기에는 왜구의 재침에 대비하여 종3품 첨절제사가 관할하는 옥구진(沃溝鎭)을 두었고, 종2품 수군절도사가 관할하는 수영(水營)도 설치되었다. 그리고 또 옥구 북쪽 진포에는 종4품 만호(後에 종3품 첨절제사로 바뀜)가 거느리는 군산진(群山鎭)도 설치되었다. 이후 왜구의 침입에 대한 우려가 불식되면서 수영(水營)은 다른 곳으로 이전하고, 옥구진의 지방관은 종3품 첨절제사에서 종6품 현감으로 바뀌게 된다. 그러나 조선후기에는 다시 군산도에 종3품 첨절제사가 관할하는 고군산진이 설치되면서, 군산에는 옥구진과 군산진, 고군산진이 병존하게 된다. 조선전기와 조선후기를 통틀어 이와 같이 한 지역에 군영이 3개씩이나 설치되는 것은 유례가 드문 일이었다. 이것은 옥구의 경제적, 군사적 중요성 때문이었다.

옥구 북쪽 진포에 있는 군산진은 우리나라 최대의 조운 담당 관청이 있었던 곳이다. 군산에서 제때에 세금이 서울로 올라오지 않으면 관리들에게 녹봉을 지급하지 못할 정도이다. 이러한 경제적 중요성 때문에 임진왜란 때 삼도수군통제사 이순신 장군은 명량대첩 이후 쉬지도 못하고 6일에 걸쳐 군함을 타고 고군산도까지 올라와 군산의 안위를 확인하고 돌아갔다. 또 이러한 군산의 경제적 중요성 때문에 일본은 군산의 자주적 개항 이후 대대적으로 군산으로 침투하기 시작했다. 그리고 일제는 수덕산 부근에 있던 군산진의 주요 관청들을 헐어버리고 그 자리에 일본 영사관을 비롯하여 일본 제국과 일본인을 위한, 침략과 수탈의 건물들을 짓기 시작했다. 이것이 오늘날 군산에서 대대적으로 선전하고 있는 조선은행, 일본 제18은행, 미즈상사 등 일제 건물의 정체이다. 일본인들은 자신들이 오기 전에 군산은 갈대만 나부끼는 한적한 어촌 마을이었는데 자신들이 와서 군산을 근대화시켜주었다고 자화자찬하고 있다. 물론 이것은 완전한 거짓말이다. 그런데 오늘날 우리들은 본래부터 있었던 우리의 것을 허물고 그 자리에 들어선 일제 침략자의 건물들을 '근대문화유산'이라고 칭송하면서 수백억 원의 예산을 들여 치장하려 하고 있다. 우리 집에 침입하여 단란하고 평안했던 가정을 파괴한 강도가 남기고 간 것들을 '근대문화유산'이라고 칭송하는 꼴이다.

일제에 의해 파괴되고 없어진 옥구읍성과 군산진에는 일제 건축물보다 훨씬 아름다운 우리의 건축물들이 있었다. 1872년에 편찬된 『옥구현 지도』와 『군산진 지도』에는 옥구읍성과 군산진에 그림같이 아름다운 건물들이 빼곡히 들어차 있는 것을 볼 수 있다. 이 건물 하나하나에는 수백 년에 걸친 옥구 사람들의 삶과 사연이 배여 있었다. 객사와 동헌, 향청과 작청을 비롯하여 죽은 뒤 제사 지내줄 후손이 없는 망자를 위한 여단이 있었고, 문인들이 주옥같은 시를 남긴 누각도 있었다. 오늘날 일제 건축물에 쏟는 관심의 반만이라도 써서 이런 건축물을 복원하고, 읍성의 삶의 모습을 재현한다면 군산 사람들은 일제 침략자들의 '근대문화'가 아닌 아름다운 옥구의 '전통문화'를 만나게 될 것이다.

〈부록〉

표 3 각 문헌에 나오는 옥구의 면리(面里)와 호구(戶口) 수

『輿地圖書』(1759)			『戶口總數』(1789)			『沃溝縣 邑5誌』(1895)			『民籍統計表』(1910)
面	戶數	口數	面	戶數	口數	面	戶數	口數	人口數
東縣內面	340	1162	東面	390	1155	東面	164	430	1354
朴只山面	489	1265	朴面	424	1547	朴山面	311	821	2655
風村面	591	1830	風面	565	1601	風村面	219	612	2086
長梯面	446	1365	長面	509	1413	長梯面	262	590	2135
西縣內面	272	973	西面	277	957	西面	145	371	1298
定只山面	819	2740	定面	848	3104	定山面	436	1015	3633
米堤面	668	2231	米面	693	2416	米堤面	325	817	3296
北面	741	2834	北面	740	2456	北面	1880년(고종17) 群山으로 移屬		5373
	4,373	14,400		4,446	14,649		1,862	4,656	21,830

『戶口總數』(1789)에 나오는 옥구 면리(面里)의 명칭

東面 :

당북리 백석리 저전리 남문내리 교촌리

朴面 :

사정리 봉황리 내동리 유동리 대여동리 구성리 박지산리

風面 :

고사동 대위리 풍촌리 신당리 원우리 방제리 증석리 저전리

長面 :

오봉산리 용연리 월하산리 원당리 광지산리 구정리 세동리 장제리

西面 :

옥정동리 척동리 문내리 상평리 하평리 대사리 신동리 문외리

定面 :

우포리 장암리 다지리 오곡리 수역리 둔산리 하제리 중제리 상제리 성산리 남성동리 돌포리 정지산리 우치리

米面 :

미웅도 오식도 내초도 가내팔리 거사리 개사동리 신촌리 관여산리 만량리 임사리 돌구지리 산북리 미제리 원당리 용두리

北面 :

지곡리 백토항리 석치산리 사장리 나운리 대전리 점리 거산리 신평리 신풍리 소록리 장항리 창일리 창이리 둔율리 죽성리 경포리 경장리

『沃溝郡誌』(1923)에 나오는 舊 沃溝地域 面里 명칭

米面 :

경장리 둔율리 신풍리 산북리 비웅도리 내초도리 오식도리 미룡리 신관리 개사리 연도리 죽도리 개야도리 어청도리 선유도리 무녀도리 신시도리 장자도리 대장리 야미도리 비웅도 곳리 말도 무리도

舊邑面 :

청산리 오곡리 선제리 옥봉리 선연리 옥정리 이곡리 상평리

玉山面 :

지곡리 당북리 금성리 옥산리 남내리 쌍봉리 사정리

澮縣面 :

원연리 금당리 대정리 세장리 고사리 학당리 원우리 증석리

『옥구읍성 복원추진 방안모색을 위한 심포지엄』, 2010. 12. 발표문

5장.

임진왜란 초기
방어실태와
웅치 · 이치 전투

1. 머리말

근래 임진왜란 의병사 연구자 사이에서 임진왜란 당시 국방의 주체가 되어야 했던 정규군으로서의 관군은 제도로서만 존재하였을 뿐 사실상 군대는 없는 것과 다름없었다는 주장이 제기된 바 있다. 임진왜란 초기에 수도 한성에서 3일에 걸려서도 훈련된 군사 3백 명을 모으지 못했던 당시의 실정이 그와 같은 형편을 잘 설명해주고 있다는 것이다. 그런데 이러한 주장은 오해로 보인다. 임진왜란 당시 정규군으로서의 관군은 분명히 존재했기 때문이다.[1] 그러면 왜 관군이 있는데도 한성에

---

1 임진왜란 당시 관군의 존재와 활동에 대해서는 다음 논문 참조.
　盧永九, 「壬辰倭亂 초기 양상에 대한 기존 인식의 재검토」, 『한국문화』 31(2003).
　하태규, 「임진왜란 초기 전라도 관군의 동향과 호남방어」, 『韓日關係史硏究』 26집 (2007).
　김진수, 「임진왜란 초기 경상좌도 조선군의 대응양상에 대한 검토」, 『軍史』 84(2012).
　하태규, 「임진왜란 초 호남지방의 실정과 관군의 동원실태」, 『지방사와 지방문화』 16권 2호(2013).

서 3일 동안 군사 3백 명을 모으지 못하였고, 개전 20일 만에 일본군에게 한성을 빼앗기는 참패를 당하였던가? 그것은 조선전기 군사력의 쇠퇴와 더불어 평시체제와 전시체제의 운영 때문인 것으로 보인다. 임진 왜란 초기 방어실태와 관련하여 군사력의 쇠퇴에 대해서는 기존에 살펴본바 있으므로[2], 본 논문에서는 먼저 평시체제·전시체제의 운영과 그 문제점에 대하여 살펴보겠다.

조선은 군사쿠데타를 미연에 방지하고, 국왕의 군 통솔력을 강화하기 위해 평시체제와 전시체제를 분리하여 운영하였다. 그런데 이것은 국내의 정치적 안정에는 기여하였지만, 임진왜란과 같은 외세의 대규모 침입에는 극히 취약하였다. 임진왜란 초전에서의 참패는 이러한 전시체제의 운영에 기인하는 것으로 보았다. 한편 전시체제를 임진왜란 당시 영의정 유성룡이 제주목사 김수문이 새로이 만든 '제승방략'이라고 말하면서 심각한 오해가 발생하였다.[3] 오늘날 많은 학자들이 유성룡의 말을 비판 없이 그대로 받아들여 진관체제가 제승방략으로 바뀌어 임진왜란 초전에서 패배하였다고 이해하고 있는 것이다. 그러나 전시체제는 통일신라 이후 임진왜란 직전까지 근 1000년 동안 운영되어 온 우리나라의 전통적인 방어체제로서 제승방략과는 전혀 관련이 없는 제도이다.[4] 이러한 전시체제를 유성룡이 제승방략이라고 일컬은 것은

---

2 金鍾洙, 「16세기 甲士의 消滅과 正兵立役의 變化」, 『國史館論叢』 32(1992).
　金鍾洙, 「Ⅰ-4. 군역제도의 붕괴」, 『한국사』 28 (국사편찬위원회, 1996).

3 『宣祖修正實錄』 권25, 선조 24년 10월 1일 (癸巳). "柳成龍議于備邊司曰 國初各道軍兵 皆分屬鎭管 … 往在乙卯變後 金秀文在全羅道 始改分軍法 割道內諸邑 散屬於巡邊使·防禦使·助防將·都元帥及本道兵·水使 名曰制勝方略"

4 '制勝方略'은 조선전기에 咸吉道의 6鎭을 중심으로 여진족의 침략을 방비하는 여러 가지 군사적 전략(방략)을 제시한 작전 지침이다.(金九鎭, 「조선시대 6鎭 방어전략 '制勝

착오로 보인다. 본 논문의 2장에서는 조선전기 전시체제 운영과 방어 실태에 대하여 살펴보겠다.

임진왜란이 발발하였을 때 전라도의 수부(首府)였던 전주에서는 대규모 의병이 일어나지는 않았다. 임진왜란 초기에 전국 각처에서 수많은 의병이 봉기하였다. 오늘날 전라남도 지역에서만도 나주에서 기병한 김천일, 담양에서 회맹한 고경명·유팽로·양대박, 보성에서 일어난 전라좌의병 임계영, 화순에서 일어난 전라우의병 최경회 등 수많은 의병이 일어났지만, 전주를 포함한 전라북도 지역의 의병 봉기는 미미한 편이다. 이것은 임진왜란이 일어나기 2년 반 전에 발생한 정여립 사건 때문으로 보인다. 임진왜란 발발 직전 일본의 승려 겐소(玄蘇)는 조선을 정탐하면서, 조선에서는 정여립 사건으로 정부를 원망하는 소리가 길에 가득하여 한번 치기만 하면 조선은 곧바로 무너진다고 도요토미 히데요시에게 보고하였다고 한다.[5] 겐소가 도요토미 히데요시에게 보고할 만큼 정여립 사건은 조선 사회에 막대한 영향을 준 사건이었다. 그런데 지금까지 임진왜란과 관련하여 정여립 사건의 영향에 대하여 약간의 언급은 있었지만[6], 그 역사적 비중에 걸맞게 언급되지는 못하였다. 이에 본 논문의 3장에서는 정여립 사건이 임진왜란 초기 전황에 미

方略체제'의 연구」, 『白山學報』 71호(2005)) 근래 연구자 사이에서는 북방 제승방략과 남방 제승방략으로 구분하여 부르기도 하는데, 조선시대 제승방략 사료에는 북방과 남방의 구분이 없었다. 제승방략은 단지 하나만 있었다.

5 『星湖僿說』 23, 經史門, 玄蘇善偵. "玄蘇之来聘 盖欲覘我虛實 是時新經己丑之獄 黨議滔天 國計民憂 擲在度外 貪賄成俗 怨讟載路 玄蘇已揣 一摑可碎 此不獨秀吉 其實玄蘇義智慫恿為之也"

6 송정현, 「임진왜란과 호남의병」, 『역사학연구』 4(1972), 12쪽.
  하태규, 「임란기 호남지역 의병운동의 추이」, 『전북사학』 32(2008), 39쪽.

친 영향에 대하여 살펴보겠다.

정여립 사건의 영향 등이 작용하여 임진왜란 초기 관군의 활동은 극히 위축되어 있었다. 왕명이 없으면 움직이려 하지 않았다. 비겁하고 무능하다고 비난받는 전라도관찰사 이광(李洸)의 공주 회군이나 용인 패배는 왕명이 내려오지 않았거나, 왕명이 신속히 전달되지 않아서 발생한 사건으로 판단된다.[7] 이광은 정여립 사건을 직접 처리한 사람으로서, 왕명이 없는 어떠한 군사 활동도 하려 하지 않았다. 그러나 이광은 자신의 관할 지역인 전라도에 들어와서는 왜적의 방어에 눈부신 활약을 하였다. 호남의 지방군을 총동원하여 전라도로 들어오려는 왜적의 침입을 막아낸 것이다. 그리고 호남 각지의 지방관들도 자신의 관할 지역이 아닌 타지역으로 출동하면서 많은 활약을 하였다. 웅치 전투에서 김제군수 정담이나, 이치 전투에서 광주목사 권율은 각각 김제나 광주 지역의 군사를 이끌고 웅치나 이치로 출동하여 호남 방어를 위해 사력을 다하였고, 마침내 일본군의 침입을 물리쳤다. 조선전기에는 평시체제의 지휘관이 전시에 자신이 선발하고 훈련한 군인을 이끌고 전쟁터에 나가지 못하게 되어있었다. 그러나 임진왜란이라는 국가 비상 체제를 맞이하면서 전라도 지방관들은 직접 자기 지역 지방군을 이끌고 나가서 도처에서 활약하였던 것이다. 이것은 조선전기 군사체제 원칙의 붕괴를 의미하였다. 본 논문의 4장에서는 웅치, 이치 전투의 전개와 그 역사적 의미에 대하여 살펴보겠다.[8]

---

7 이광에 대해서는 김경태, 「임진전쟁 초기 이광의 활동과 용인전투에 대한 재고」, 『史叢』 89(2016), 참조.

8 웅치 전투와 이치 전투에 대해서는 전라문화연구소, 『임진왜란 웅치전투와 그 전적지』 (도서출판 선명, 2006)과 충남대학교 사학회, 『충남사학』 12집(2000), 참조.

2. 조선전기 전시체제 운영과 방어실태

조선은 위화도 회군이라는 군사쿠데타를 계기로 건국한 나라로서 역대 국왕들은 군사쿠데타가 일어나는 것을 가장 두려워하였다. 이에 국왕을 비롯한 집권층은 병권의 향방에 대해서는 대단히 민감하였다. 1400년(정종 2) 6월 20일, 당시 세자였던 이방원은 병권의 중요성에 대하여 다음과 같이 말하였다.

> "태상왕께서 병권을 잡았기 때문에, 고려 말에 능히 화가위국(化家爲國) 할 수 있었고, 무인년 남은(南誾)·정도전(鄭道傳)의 난에 이르러서도 우리 형제가 만일 군사를 가지지 않았더라면, 어떻게 사기(事機)에 응하여 변을 제어할 수 있었겠는가? 박포(朴苞)가 회안군(懷安君)을 꾄 것도 또한 병권이 있었기 때문이다."[9]

이방원은 이와 같이 병권이야말로 권력의 원천임을 간파하고 있었다. 태조 이성계가 이씨 집안을 국가로 만든 화가위국(化家爲國)도 병권을 잡고 있었기 때문이었고, 1·2차 왕자의 난 역시 자신과 박포가 무력을 장악하고 있었기 때문에 일어날 수 있었다는 것이다. 이와 같이 권력의 속성을 간파한 이방원은 정권을 잡자마자 국왕의 병권 독점을 공고히 하기 위해 부심하였다. 만약 다른 사람이 병권을 장악하면 또 언제 역성혁명이 일어날지 모르기 때문이다. 이에 이방원은 사병제 혁파 조치를 통해 고려 무신집권 이후 무려 230년 동안 지속되어오던 사병제적 군사지휘체계를 없애고, 공병제적 군사지휘체계를 확립하였

---

9 『定宗實錄』 권4, 정종 2년 6월 20일 (癸丑).

다.[10] 개인이 아니라 국가 기구를 통해 병권이 운용되도록 한 것이다. 이후 다시 그는 세부적으로 장군과 군인 간에, 군인과 군인 간에 사적 관계를 철폐시키기 위해서 끊임없이 노력하였다.[11] 이러한 정책으로 국왕의 병권 독점은 확고해졌고, 국왕 이외에는 그 누구도 병권을 장악해서는 안 된다는 관념이 조선 사회에 깊숙이 뿌리내렸다.

그런데 이러한 사병제 혁파와 공병제 확립, 그리고 장군과 군인 간의 사적 관계 철폐만으로는 국왕의 병권 독점을 확신할 수 없었다. 태조 이성계처럼 지휘관이 전시에 출동한 군대를 거느리고 회군(回軍)하여 현 정부를 전복시킬 가능성이 항상 있기 때문이다. 이에 조선 정부에서는 군대를 평시체제와 전시체제로 구분하고, 평시체제 군대 지휘관과 전시체제 군대 지휘관을 분리하여 운영하였다. 즉 평시체제의 지휘관은 전시에는 자신이 평소 선발하고 훈련한 군대를 지휘할 수 없고, 전시에는 중앙에서 별도로 임명한 지휘관으로 하여금 군대를 통솔하도록 하였다. 이로써 전시체제 지휘관은 전시에 자신이 전혀 알지 못하는 군인들을 데리고 전장에 나서게 되었다.[12] 그리고 또 전시체제 지휘관에는 대체로 국왕이 가장 신임하는 문관이 임명되었다.

군대를 이와 같이 평시체제와 전시체제로 분리하여 운영하는 것은

---

10 태종의 사병제 개혁에 대해서는 金鍾洙, 「朝鮮初期 府兵制의 改編」, 『歷史敎育』 77집 (2001) ; 金鍾洙, 「朝鮮初期 中央軍制의 整備와 私兵制 改革」, 『朝鮮의 政治와 社會』 (집문당, 2002). 참조.

11 김종수, 「조선의 왕권과 숙종초기 도체찰사부」, 『軍史』 98호(2016), 170쪽.

12 『宣祖實錄』 권74, 선조 29년 4월 10일 (丙午). "備邊司啓曰 凡兵家之事 在於將卒相得 平時旣有操練之人 則臨急又以此人用之 然後有益於戰守 否則離散其部伍 換易其所屬 軍心叛渙 雖精鍊之兵 變成烏合之卒 此可慮之大者也" 비변사에서는 이와 같이 전시에 지휘관이 훈련한 군사들은 데리고 출전해야 한다고 주장하였으나 당시 상황은 그렇지 못하였다.

신라와 고려 때에도 있었던 일이다. 신라는 삼국통일 이후 군대를 평시
체제와 전시체제로 구분하여 운영하였다. 일반적으로 통일신라 시기
의 군대라고 인식하고 있는 6정·9서당·10정 등은 전시체제(행군조직)
였다. 이들 군사조직은 평시체제의 중앙군과 지방군이 유사시 재편성
되는 전시체제로서, 7세기 후반에 진행된 군제 개편 작업을 거치면서
새롭게 만들어진 것이다. 즉 신라 군제는 중앙군과 지방군으로 이루어
진 평시체제와 이것이 재편성된 전시체제로 구분되었다.[13] 고려의 군
제 역시 평시체제와 전시체제로 구분되었다. 중앙의 2군 6위와 지방의
주현군은 평시체제이고, 3군(軍) 혹은 5군은 전시체제이다. 고려시기에
는 평시에 2군 6위와 주현군에 소속된 군인들이 전시에 3군(5군)으로
재편성되어 출동하였는데, 이때 3군(5군)의 지휘관은 문신으로 임명하
였다.[14] 고려전기의 명장으로 알려진 강감찬·윤관이나, 묘청의 난을 진
압할 때 최고지휘관이었던 김부식 등은 과거에 급제한 문신이었다. 문
신들은 유학자로서 국왕에 대한 충성심이 무신들보다 월등하였으며,
군인들과의 인적 관계도 적어 반란의 위험이 없었던 것이다. 한편 전란
이 종식되면 "군사는 군부로 흩어지고, 장수는 조정으로 돌아온다.(兵
散於府 將歸於朝)"[15]라는 부병제의 이념에 따라 군사들은 평시 체제로
돌아갔으며 지휘관들은 조정에 복귀하는 것이 원칙이었다.[16]

　　그런데 고려 중기에 무신정권이 수립된 이후 병권이 국왕이 아니라

13　金鍾洙, 「新羅 中代 軍制의 구조」, 『韓國史研究』 126(2004).

14　이에 대해서는 邊太燮, 「高麗朝의 文班과 武班」, 『高麗政治制度史研究』(一潮閣, 1971),
　　참조.

15　『太宗實錄』 24, 태종 12년 7월 25일 (戊申).

16　金鍾洙, 「高麗時期 府兵制의 運營과 그 原則」, 『歷史教育』 73집(2000).

무신 집권자들에 의해 장악되었다. 무신 집권자들은 자신들 마음대로 군인들을 소집·동원하였고, 군대는 이들의 집권 도구로 이용되었다. 이러한 사정은 원간섭기나 고려 말에도 마찬가지였다. 예를 들어, 1303년 (충렬왕 29) 8월에 홍자번과 재상들이 군인들을 거느리고 왕궁을 포위하여 국왕을 협박하면서 폐행(嬖幸) 오기(吳祁)를 내놓을 것을 요구하였고[17], 1379년(우왕 5) 9월에 최영과 경복흥, 이인임 등은 군대를 대대적으로 집결시키고 국왕을 협박하면서 당시 물의를 일으키고 있던 왕의 유모 장씨(張氏)를 내놓을 것을 요구하였다.[18] 군사의 동원이 국왕의 뜻에 반(反)하여 이루어지고 있었던 것이다. 이러한 현상은 사병제적 군사지휘체계로 인한 것이었다.[19] 사병제 하에서는 평시체제와 전시체제가 분리되지 않고 하나로 통합되어 운영되었다. 지휘관들이 평상시 자신들이 훈련시키던 휘하군인들을 전시에 그대로 데리고 출전하였던 것이다. 이성계의 위화도 회군과 정권 장악은 이러한 사병제적 군사지휘체계를 배경으로 나타날 수 있었던 것이다.

조선 건국 이후 정부에서는 사병제를 혁파하고 공병제를 수립하였으며, 군사제도를 평시체제와 전시체제로 나누었다. 평시체제의 군대는 중앙군과 지방군으로 구성되었고, 전시체제에서는 이러한 중앙군과 지방군이 통합되어 출정군으로 편성되었다. 조선전기를 예로 들면, 평상시에는 갑사, 별시위, 파적위, 팽배, 대졸, 번상정병 등 여러 병종의 군인들이 5위에 소속되어 중앙군으로서 각각의 군무를 담당하였고, 또

---

17 『高麗史節要』 22, 忠烈王 29년 8월, 581쪽.

18 『高麗史節要』 31, 禑王 5년 9월, 776쪽.

19 金鍾洙, 「朝鮮初期 府兵制의 改編」, 『歷史敎育』 77집(2001).

각 지방의 진관체제에 속해 있는 군인들은 지방군을 이루어 고유의 임무를 담당하였다. 그런데 유사시에는 이러한 중앙군과 지방군이 통합되어 출정군으로 편성되었고, 이 출정군의 지휘는 봉명사신(奉命使臣)인 체찰사(體察使)가 담당하였다. 즉 조선전기에는 체찰사가 야인 정벌 등 외적을 진압하기 위한 출정군 총사령관 역할을 담당하였다. 체찰사제 형성 이전부터 외적 정벌을 위한 출정군 총지휘는 도통사(都統使)나 도선무처치사(都宣撫處置使) 등 왕명을 받아 중앙에서 파견된 사신들에게 위임되었다.[20] 그런데 세종 대에 체찰사제가 성립된 이후에는 이러한 역할이 체찰사에게 위임되었다. 총사령관으로서 체찰사는 관할 군사에 대한 처결권을 가지고, 군사 활동을 총지휘했다. 그런데 성종 대에는 체찰사에서 도원수(都元帥)가 분리되어 직접 군사들을 지휘하여 출정하는 역할[專征於外]은 도원수가 담당했고, 체찰사는 정벌이 이루어지는 배후에서 전쟁 수행을 위한 군사 업무나 백성을 보살피고 정세를 시찰하는 업무[運籌於內]를 담당하게 되었다.[21] 그리고 1488년(성종 19)에 체찰사의 등급에 대한 규정이 마련되었다.

　　"이조에서 아뢰기를, "조종조(祖宗朝)에서는 명을 받들고 사신으로 나가는 재상은 정1품이면 도체찰사라 부르고, 종1품이면 체찰사라 부르고, 정2품이면 도순찰사라 부르고, 종2품이면 순찰사라 불러 그 직질(職秩)의 높낮이에 따라 달리 불렸는데, 세조 때에 이르러 체찰사라는 칭호를 없애고서 직질을 논하지 않고 다 순찰사라

---

20 『太宗實錄』권19, 태종 10년 6월 1일 (丙申); 『世宗實錄』4, 세종 1년 5월 20일 (甲子).
21 『李忠定公章疏』권3, 「進所論時務册子仍請以韓浚謙爲體察使疏」
　　金順南, 『조선초기 體察使制 연구』(경인문화사, 2007), 182쪽.

불렀으나, 이름이 차등이 없으므로 일의 체모에 적당하지 못하니,
조종조의 전례에 따르소서."하니, 그대로 따랐다."[22]

위 규정에 따라 1488년(성종 19) 이후 체찰사는 정1품이 파견되면 도
체찰사(都體察使), 종1품이 파견되면 체찰사(體察使), 정2품이 파견되
면 도순찰사(都巡察使), 종2품이 파견되면 순찰사(巡察使) 등으로 각기
다르게 부르게 되었다. 그리고 이 규정은 1491년(성종 22)에 제정된
『대전속록(大典續錄)』에 명문화되었다.[23]

이와 같이 조선전기의 군대는 평시체제와 전시체제로 분리하여 운
영되었다. 평상시 5위와 진관체제에 소속되어 있던 군인들은 유사시에
는 출정군으로 재편되어 국왕이 별도로 임명한 체찰사의 지휘를 받았
던 것이다.[24] 이렇게 군대를 평시체제와 전시체제로 분리·운영하는 것
은 앞에서 살펴본 바와 같이 통일신라시기 이후 1000년에 걸쳐 내려오
는 역사적 전통이었다. 그런데 임진왜란 중 영의정 유성룡이 전시에 군
대를 평시체제에서 전시체제로 개편하는 것을 제승방략(制勝方略)이라
고 일컬으면서 오해가 발생하였다. 1594년(선조 27) 3월 영의정 유성룡

---

22 『成宗實錄』 권220, 성종 19년 9월 5일 (乙丑).

23 『大典續錄』 1, 吏典 官職條. "奉命宰相 正一品則都體察使 從一品則體察使 正二品則都巡
   察使 從二品則巡察使 三品則察理使 隨品稱號"

24 국지적인 전투나 임진왜란과 같이 전국에서 동시에 수많은 전투가 진행되는 경우에는
   진관체제가 그대로 이용되기도 하였다. 그러나 진관체제의 군사운용은 道 단위로 이
   루어졌기 때문에 道 이상의 군사 지휘체계는 체찰사의 지휘를 받아야 했다. 이에 대해
   서는 다음 논문 참조.
   서태원, 「壬辰倭亂에서의 地方軍 指揮體系」, 『역사와 실학』 19·20합집(2001).
   張學根, 「制勝方略이 지닌 兵力運用의 價値 - 壬辰倭亂 初期戰鬪를 중심으로 -」, 『軍
   史』 64호(2007).

은 진관법(鎭管法)의 복구를 청하면서 다음과 같이 상계(上啓)하였다.

　　"국초에는 각도의 군병(軍兵)을 모두 진관에 분속시켰다가 위급
　한 상황이 발생할 경우에는 진관이 속읍을 통솔하여 잘 정돈하고
　있으면서 주장(主將)의 호령을 기다렸습니다. … 그런데 지난 을묘
　년 변란 이후 김수문(金秀文)이 전라도에 있으면서 처음 분군법(分
　軍法)을 고쳐 도내의 여러 고을을 순변사(巡邊使)·방어사(防禦使)·조
　방장(助防將)·도원수(都元帥) 및 본도의 병사와 수사에게 나누어 소
　속시키고 이를 제승방략(制勝方略)이라고 하였습니다. … 그리하여
　혹시라도 위급한 사태가 발생할 경우 반드시 원근이 함께 동요하게
　되고 장수가 없는 군사들은 들판에 먼저 모여 천리 밖에서 올 장수
　를 기다려야 할 형편이 되었습니다. 장수가 채 이르기도 전에 적병
　이 먼저 쳐들어올 경우 군사들의 마음이 먼저 동요될 것이니, 이는
　반드시 패배할 방도입니다.[25]"

　윗글에서 유성룡은 유사시 도내 여러 고을의 군인들을 순변사·방어
사·조방장·도원수 등에게 나누어 소속시키는 것을 제승방략이라 부른
다고 하고, 이것은 을묘왜변 이후 제주목사 김수문에 의해 만들어진 것
으로서 전투에서 패배하기 쉬운 전술이라고 주장하였다.[26] 그러나 이

---

25 『宣祖修正實錄』 권25, 선조 24년 10월 1일(癸巳) ; 『宣祖實錄』 권49, 선조 27년 3월 29일 (丁未). 위
　　인용문은 『선조수정실록』에 있는 기록으로서 유성룡의 啓文 내용이 잘 축약되어있
　　다. 그런데 유성룡의 이 啓가 올라간 시기가 『선조수정실록』에는 선조 24년으로 되
　　어 있으나 이것은 오류로 보이고, 『선조실록』에 기재된 선조 27년이 정확하다고 생
　　각한다.
26 유성룡은 정3품 제주목사 김수문이 정2품 도원수, 종2품 순변사·방어사, 정3품 조방장
　　등에게 分軍하는 제승방략을 만들고, 군인들을 소속시켰다고 하였는데, 이것은 조선
　　시기에 있을 수 있는 일이 아니다. 영의정 유성룡의 오해로 보인다.

것은 영의정 유성룡의 오해였다. 평시체제와 전시체제를 구분하지 못한 것이다. 진관체제는 평시체제이고, 유성룡이 말하는 제승방략은 전시체제로서, 이 둘은 전혀 차원이 다른 제도인데, 유성룡은 진관체제가 변하여 제승방략이 되었다고 인식한 것이다. 이러한 유성룡의 오해로 인하여 지금까지 일반인들은 물론이요 대부분의 연구자들도 을묘왜변 이후 진관체제가 변하여 제승방략이 되었다고 잘못 인식하고 있다.27 임진왜란 당시 영의정이자 도체찰사로서 활약한 유성룡의 말은 누구도 의심할 수 없는 권위를 지니고 있지만, 역사적 진실을 찾기 위해서는 유성룡의 말도 의심해야 한다고 생각한다.

임진왜란이 발발했을 때에도 조선 정부는 즉시 평시체제에서 전시체제로 전환하여 재상 중심으로 이루어진 도체찰사 및 도원수를 임명하고28, 또 무장 출신의 도순변사, 순변사, 방어사, 조방장 등을 파견하여 전쟁을 수행하는 비상체제를 갖추었다. 즉 1592년 4월 17일 왜적이 쳐들어왔다는 급보를 받은 정부에서는 이일(李鎰)을 순변사로 임명하여 방어하게 했다. 그런데 이일이 서울에서 군사 3백 명을 이끌고 가려고 병조 선병안(選兵案)을 살펴보았으나 모두 시정잡배들과 아전, 유생들이었다 한다. 이에 이일은 명을 받은 지 3일이 되어도 떠나지 못하다가 부득이 혼자 상주에 내려갔다.29 한편 왜적이 쳐들어왔다는 보고에

---

27 제승방략에 대해서는 許善道, 「「制勝方略」 研究」(上, 下) (『震檀學報』 36·37, 1973· 1974)에 자세하게 분석되어 있다. 그러나 許善道는 유성룡의 말을 그대로 받아들여 을묘왜변 이후 진관체제가 제승방략 체제로 변하였다고 주장하였다. 이 주장은 이후 학계에 지대한 영향을 미치게 된다.

28 『宣祖實錄』 권37, 선조 26년 4월 26일(庚戌) "但分遣宰相 或文官督戰事 則旣有都體察 使·都元帥 隨賊所往 在陣後節次節制"

29 柳成龍, 『懲毖錄』 권1, 선조 25년 4월 17일.

접한 경상감사 김수(金睟)는 도내 열읍에 이문(移文)하여, 각 고을의 수령으로 하여금 소속 군사를 인솔하여 신지(信地)에 주둔하게 하였다. 이에 따라 조령(鳥嶺) 아래 문경 이남의 지방 수령들은 각기 군사를 이끌고 대구에 집결했는데, 이 당시 군사들은 모두 훈련받지 않은 오합지졸로서 순변사만 당도하기를 기다리고 있었다. 그때 왜적의 습격을 받아 대열이 무너지고, 수령들 또한 모두 달아나버린 후에야 비로소 순변사 이일이 상주에 도착하였다. 그러나 그도 또한 왜적의 야습으로 패배하였다.[30] 상주에서 승리한 왜적은 다시 조령을 넘어 도순변사 신립이 있는 충주로 들이닥쳐 이를 패배시키고 곧바로 서울로 진격하였다. 이와 같은 임진왜란 초전에서의 패배는 관군이 없어서가 아니라 평시체제와 전시체제가 분리된 상태에서 평소 전시체제에 대한 훈련이 제대로 이루어지지 않아서 나타난 결과였다.

3. 정여립 사건의 영향과 호남 방어

임진왜란이 일어나기 2년 반 전인 1589년(선조22) 10월 2일, 황해도 관찰사 한준(韓準)의 고변(告變)을 시작으로 정여립 사건(기축옥, 기축옥사)이 일어났다. 이후 호남지역을 중심으로 1,000여 명의 인사가 처형될 정도로 이 사건의 여파는 참혹하였다.[31] 임진왜란 직전에 발생한 이 사건으로 백성들은 정부를 극도로 불신하였고, 또 이 사건은 일본에

---

30 『宣祖修正實錄』 권26, 선조 25년 4월.
31 『桐巢漫錄』 1. (영인본 416쪽) "按獄 亦以輕率 無所寬恕 三歲連延 死者殆千餘"

까지 알려져 일본의 침공을 부추기는 요인이 되기도 하였다. 일본의 승려 겐소(玄蘇)는 임진왜란 전에 조선을 정탐하면서, 조선에서는 기축옥으로 정부를 원망하는 소리가 길에 가득하여 한번 치기만하면 조선은 곧바로 무너진다고 도요토미 히데요시에게 보고하였다고 한다.[32] 정여립 사건은 임진왜란의 발발과 전개 과정에서 매우 큰 영향을 끼쳤던 것이다.

정여립(鄭汝立; 1546~1589)의 본관은 경상도 동래(東萊)이고, 자는 인백(仁伯)이다. 그의 8대조는 고려 말 공민왕대 여진과 왜구를 물리쳤던 대호군 정인(鄭絪)으로 전라도 김제에 정착하였다.(정여립의 조상 무덤은 모악산 아래 제비산 서남쪽 1Km 지점에 있는 현재 김제시 금산면 쌍룡리 용암마을 뒷산에 있었다.) 증조는 정극량(鄭克良), 조부는 정세완(鄭世玩), 부친은 익산군수 정희증(鄭希曾), 모친은 박찬(朴纘)의 딸이다. 정여립은 전주에서 태어났으나, 처가가 김제 봉남면(鳳南面) 화봉리에 있어 장가들어 김제로 이거하였다. 정여립의 거주 지역은 제비산 부근으로 알려져 있다. 후에 그가 전주·진안 등지에서 대규모의 대동계(大同契)를 조직하였던 사실을 보면 이 일대에서 그의 가문적 기반이 상당하였음을 알 수 있다.

정여립이 기상이 있고 총명하며 제자백가서에 통달하였던 점에 대해서는 모든 기록이 일치하지만[33], 역모자라는 편견으로 인해 그의 어

---

32 『星湖僿說』23, 經史門, 玄蘇善偵. "玄蘇之来聘 盖欲覘我虚實 是時新經己丑之獄 黨議滔天 國計民憂 擲在度外 貪賄成俗 怨讀載路 玄蘇已揣 一摑可碎 此不獨秀吉 其實玄蘇義智 慫恿為之也"

33 『燃藜室記述』14, 宣祖朝(己丑鄭汝立之獄). "氣魄盛壯 論議風生 開口則 不問是非 滿座稱歎"(日月錄·朝野記聞·混定錄)
『燃藜室記述』14, 宣祖朝(己丑鄭汝立之獄). "賊臣鄭汝立 博學強記 貫穿經傳 論議高激

린 시절이나 성품에 대해서는 과도한 악평들이 덧붙어져 있다. 가령 어머니가 그를 잉태하였을 때 꿈에 정중부(鄭仲夫)가 나타났다는 기록, 정여립이 7~8세 되던 해 까치 새끼를 잡아 죽인 일이 있는데 여종이 이를 부친에게 고해 꾸지람을 받게 되자 여종의 배를 갈라 죽였다는 기록, 또 나이 15~16세가 되자 아버지가 현감이 되었는데 정여립이 고을 일을 마음대로 처단하여 아전들이 그의 말만 따랐다는 기록 등이 『선조수정실록』, 『연려실기술』 등에 적시되어있다. 그러나 이는 기축옥사를 역모로 바라본 서인 측의 입장이므로 가감하여 이해할 필요가 있다.[34]

정여립은 21세 때인 1567년(명종 22) 진사가 되었고, 1570년(선조 3) 24세가 되던 해 문과에 급제한 후 당시 사림세력의 명사이자 서인의 중핵이던 이이(李珥), 성혼(成渾)의 후원에 힘입어 일세의 이목을 끌었다. 벼슬생활도 순탄하여 1583년(선조 16) 37세 되던 해에 예조좌랑이 되었고, 이듬해인 1584년(선조 17)에는 홍문관 수찬이 되었다. 그런데 홍문관 수찬이 된 후부터는 당시의 집권세력이던 동인계로 선회하여 이이, 성혼, 박순(朴淳) 등 서인의 주요 인사들을 비판하게 된다. 이처럼 동인계로 선회한 원인은 분명치 않지만 정여립이 이조전랑에 천거되었을 때 이이가 이를 저지한 것도 한 계기가 되었을 것으로도 보인다.[35] 근래 정여립은 진보적·혁신적인 정치사상의 실현을 위해서는 동인의

踔厲風發" (涪溪記聞)

34 이희권, 「'반역자 정여립', 조작된 이미지」, 『정여립이여, 그대 정말 모반자였나!』 (신아출판사, 2006), 7~13쪽.

35 『燃藜室記述』 13, 宣祖朝(東人用事). "汝立師事李珥 假托儒名 驟得重望 時議欲引置銓地 珥止之" (李延平行狀, 默齋日記)

길을 택할 수밖에 없었고, 그러기 위해서는 서인이었던 이이와의 관계 단절을 분명하게 할 필요가 있었다는 주장이 제기되었는데, 설득력이 있다고 판단된다.[36]

정여립은 "천하는 일정한 주인이 따로 없다"는 천하공물설(天下公物 說)과 "누구라도 임금으로 섬길 수 있다"는 하사비군론(何事非君論) 등 진보적·혁신적인 사상을 품었던 인물이라고 한다. 천하는 공물(公物)이 기 때문에 어진 이에게 왕위를 전해야 한다는 것은 요·순(堯舜) 전설을 비롯하여 유가 경전에 누누이 나오는 이야기이고, '하사비군(何事非 君)' 역시 『맹자』에서 이윤(伊尹)의 말씀으로 나오는 이야기이다. 유자 (儒者)라면 누구나 다 알고, 외어야 하는 경전의 말씀이다. 그러나 이것 은 어디까지나 경전상의 이야기이고 조선의 현실에 적용하면 안 되는 것이었다. 조선은 이씨의 왕조이고, 왕의 사물(私物)이며[37], 또 '충신은 불사이군(不事二君)'이라는 이념에 철저히 매몰되어 있었다. 이런 상황 에서 정여립은 단지 유가(儒家) 원칙에 충실한 이야기를 했을 뿐이지만 패역무도한 인물로 낙인찍히게 된다.

스승을 배반했다는 이유로 정여립은 서인들로부터 집중 공격을 받 게 되고 임금인 선조로부터도 미움을 사서 벼슬길에서 물러나게 된다. 정여립은 귀향 후 글 읽기와 무술 연마에 주력하였다. 비록 중앙에서 밀려나기는 하였으나 동인 정국 하에서 여전한 명망과 영향력을 지녀 감사나 수령이 다투어 그의 집을 찾았다고 한다. 전라도 일대에서의 그

---

36 이희권, 「제2장. 정여립, 그는 누구인가?」, 앞의 책, 31쪽.

37 정도전은 『조선경국전』 첫 번째 장에 있는 '正寶位'에서 "天子享天下之奉 諸侯享境內 之奉 皆富貴之至也 賢能效其智 豪傑效其力 民庶奔走 各服其役 惟人君之命是從焉 以其 得乎位也 非大寶而何"라고 하면서 조선은 왕을 받들기 위해 존재한다고 밝히고 있다.

의 명망은 더욱 높아갔는데 특히 진안 죽도(竹島)에 서실을 지어놓고 대동계를 조직하여 매달 사회(射會)를 여는 등 세력을 확장해갔다. 대동계를 통해 많은 인재들이 그의 주변에 모여들었음은 1587년(선조 20) 왜선들이 전라도 손죽도에 침범했을 때(丁亥倭變) 대동계 인사들의 주도로 왜구를 물리친 사실에서도 잘 알 수 있다.38 그런데 이때 정여립이 나서서 왜구를 물리친 일이 나중에 기축옥사가 일어나는 빌미가 되었다. 조선왕조에서는 국왕 이외에는 누구도 병권을 가지고 있어서는 안 되었다. 그리고 국왕의 군대인 관병(官兵) 이외에 사병(私兵)을 양성할 수도 없었다. 정여립의 대동계야말로 도적집단을 제외하고 조선에서 그 이전에는 없었던 최초의 사병 형태의 조직으로 판단된다.

정여립의 대동계에 대하여 『연려실기술』에서는 다음과 같이 기술하고 있다.

> "여립이 잡술에 널리 통하여 장차 나라에 변이 일어나게 될 것을 미리 알고, 기회를 타서 난을 일으키려고 전주·금구·태인 등 이웃 고을의 여러 무사들과 공·사천의 노비 등 계급의 상하를 통하여 계(契)를 조직하고, 계 이름을 대동계라고 하여 매월 15일이 되면 그들이 전부 여립의 집에 모여 활쏘기 연습을 하면서, "육예(六藝)는 폐할 수 없다"고 하였다."39

즉 정여립은 임진왜란 같은 큰 변란이 일어나게 될 것을 미리 알고,

---

38 『宣祖修正實錄』권23, 선조 22년 10월 1일 (乙亥). "丁亥倭變 列邑調兵 全州府尹南彦經 踈迂不知所爲 請汝立分軍 汝立當之不辭 一號令間 軍兵皆會 部分調遣 不日而辦 其將領 則汝立皆用大同稧中親密武士 賊退散軍"

39 『燃藜室記述』14, 宣祖朝(己丑鄭汝立之獄), 混定錄.

전주·금구·태인 등 주로 전라북도에 거주하는 무사들과 노비들을 모아 대동계를 조직하여 무술 훈련을 시켰다는 것이다.[40] 당시 임진왜란과 같은 대란이 일어날 것은 이미 감지되고 있었다. 임진왜란 발발 5년 전인 1587년 일본국사(日本國使) 다치바나 아스히로(橘康廣)가 와서, 토요토미 히데요시(豊臣秀吉)가 일본을 통일하였다는 사실과 조선의 기강이 해이해져 곧 멸망할 것이라는 말을 함으로써 일본의 침략이 있을 것임을 암시한 바 있었다.[41] 이에 1588년(선조 21) 3월 조정에서는 하삼도에 왜변이 일어날까 염려된다고 하면서 방어사와 조방장을 설치하는 문제가 논의되었고[42], 1589년(선조 22) 1월에는 전란을 대비하여 능력 있는 무신들을 관직의 고하를 따지지 않고 채용하는 불차채용(不次採用)의 조치가 시행되기도 하였다.[43] 정여립 역시 다가올 대규모의 왜란에 대비하여 대동계를 조직하고 무술 훈련을 시켰으나, 역모에 몰려 진안에서 죽음을 맞게 되었다.

1589년(선조 22) 10월 2일, 황해도관찰사 한준(韓準)의 고변이 들어오자 선조는 즉시 정철(鄭澈)을 우의정, 성혼을 이조참판으로 임명하여 서인정권을 구성하였다. 정철은 1583년(선조 16) 이발의 탄핵을 받고 이듬해에 고향인 전라도에 물러나 있다가 정여립 사건 이후 정언신을 대신해 우의정이 되어 사건의 위관을 맡음으로써 기축옥에 깊이 관여

<hr>

40 위 인용문 중 '기회를 타서 난을 일으키려고'는 서인 기록자(安邦俊)의 주관적인 해석이므로 무시해도 좋다고 생각한다.

41 『宣祖修正實錄』권21, 선조 20년 9월 1일 (丁亥). "遂使康廣 來求通信 書辭甚倨 有天下歸朕一握之語 … 語譯官曰 此國紀綱已毀 幾亡矣"

42 『宣祖實錄』권22, 선조 21년 4월 13일 (丙寅). "備邊司 上敎下三道慮有倭變 預出防禦使先送助防將事 爲公事"

43 『宣祖實錄』권23, 선조 22년 1월 21일 (己巳). "備邊司武臣不次可用"

했다. 정철이 옥사를 가옥하게 다스려 이발(李潑), 이길(李洁), 김우옹(金宇顒), 백유양(白惟讓), 정언신(鄭彦信), 홍종록(洪宗祿), 정언지(鄭彦智), 정창연(鄭昌衍) 등 당시 동인의 명사들이 연루되어 처형 또는 유배 당하였다. 특히 정여립의 적극적인 후원자이자 동인의 영수였던 이발은 정여립의 집에서 자신이 보낸 편지가 발견되어 고문을 받다가 죽었는데 그의 형제·노모·자식까지도 모두 죽임을 당하였다.

같은 해 12월에는 호남 유생 정암수(丁巖壽)를 비롯한 50여인의 상소로 이산해(李山海), 나사침(羅士忱), 나덕명(羅德明), 나덕준(羅德峻), 한효순(韓孝純), 정개청(鄭介淸), 유종지(柳宗智), 김우굉(金宇宏), 윤의중(尹毅中), 김응남(金應男), 유몽정(柳夢井), 조대중(曺大中), 우성전(禹性傳), 남언경 등 30여인이 연루되어 처형되거나 혹은 유배되었다. 동인들은 이를 정철의 사주에 의한 것으로 인식하였다. 정개청 한 사람으로 인해 "50명이 죽었고, 20명이 유배되었으며, 400명이 과거에 나가지 못하는 처지가 되었다."는『동소만록』의 기록과 당시 관학의 유생으로 조금 이름이 있는 자는 모두 금고 되었다는 기록, 그리고 이름 없이 죽어 간 하층민들을 고려하면 피해자는 1천여 명이 훨씬 넘을 것이다.[44] 실제 나주 출신의 김천일은 자기 고향의 실정을 상소하며

> "신이 고향에 있을 때에 굶주린 백성이 아침·저녁 사이에 뿔뿔이 흩어지는 것을 보았고, 또 적변(賊變; 정여립 사건)으로 달마다 소동이 있었는데, 역적을 체포하여 호송하는 군사와 굶주려 쓰러지면서 부르짖으며 원망하는 소리가 도로에 가득하여 귀로 차마 들을

---

44 배동수, 앞의 논문, 145쪽.

수 없었습니다. 그러므로 지난 번 진소(陳疏)하는 내용에 이미 대략을 진달하였습니다. 그 뒤, 잇따라 들건대 남쪽 지방 백성의 소요가 다시 전일보다 더 심하고 연좌되어 갇힌 사람이 열읍(列邑)의 감옥에 가득 차고 체포하는 군졸이 원근의 도로에 충만하다 하였습니다. 이처럼 추운 때를 당하여 사뭇 지식(止息)될 기약이 없으니, 옥중에는 얼어 죽는 원통함이 응당 많을 것이고 노상에는 반드시 굶어죽는 자가 깔리게 될 것입니다. 나라의 근본이 흩어져 무너지는 근심이 곧 이처럼 극심한 지경에 이르렀는데, 역적이 나라에 재앙을 끼치려 했던 계책은 오히려 이미 죽은 뒤에도 행해지고 있으니 더욱 한심합니다."[45]

라고 하면서 정여립 사건의 여파로 황폐해져가는 농촌의 실상을 전하고 있다. 정여립 사건과 관련된 자들을 체포하여 호송하는 군사와 굶주려 쓰러지면서 부르짖으며 원망하는 소리가 도로에 가득하다고 하고 있다. 또 정여립 사건으로 인해 감옥에 죄수가 가득차고, 사람들이 옥중에서 얼어 죽고 노상에서 굶어 죽고 있으니, 김천일은 정여립이 나라에 재앙을 끼치려던 계책이 죽은 뒤에 실현되고 있다고 통탄하고 있다.

1590년(선조 23) 4월 성혼은 "역적이 이미 참주(斬誅)되었는데도 백성들이 난을 기대하는 마음이 없어지지 않아서 정여립은 죽지 않았다느니, 그의 죽음이 아깝다느니, 큰 군사가 일어날 것이라느니, 반역의 진상이 밝혀지지 않았다느니 하는 유언비어가 꼬리를 물어 일어나 떠들썩하다"[46]라고 당시 민심을 전하고 있다. 임진왜란이 일어나기 2년

---

45 『宣祖修正實錄』 권23, 선조 22년 11월 1일 (乙巳).

전부터 벌써 일부 백성들 사이에서는 정여립 사건으로 인해 나라에 변란이 일어나길 기대하는 심리가 생겨나고 있었다. 그리하여 정작 1592년(선조 25) 임진왜란이 일어나자 백성들 사이에서는 정여립이 왕이 될 것이라거나, 정여립이 일본에 가서 군사를 청해 와서 나라를 멸망케 할 것이라는 소문이 파다하게 떠돌고 있었다.[47]

임진왜란이라는 역사상 가장 참혹한 전란을 앞에 두고 오늘날 전라북도 지역은 이미 정여립 사건으로 인해 빈사상태에 있었다. 정여립이 양성한 무사와 공·사천들은 모두 죽음을 당하거나 뿔뿔이 흩어져버렸다. 임진왜란이 일어나자 호남에서도 많은 의병이 일어났지만, 그 대부분은 담양의 고경명, 나주의 김천일 등 오늘날 전남지역의 서인계열 인사들이 주도하였다. 호남에서 동인계열은 기축옥사로 크게 위축되어 있었다. 거기에다가 오늘날 전북지역에는 아예 의병이 일어날 여력 자체가 없었다. 선조는 임진왜란 개전 20일 만에 서울을 내주고 5월 9일 평양에 머물면서 정여립 사건의 연좌제 시행을 더 이상 하지 않겠다는 사문(赦文)을 발표하였다.[48] 2년 6개월 동안 1,000여 명을 처형하고 난 뒤에 북상하는 일본군을 피해 피난 다니면서 어쩔 수 없이 취해진 발표였다.

---

46 『宣祖修正實錄』 권24, 선조 23년 4월 1일 (壬申).

47 『隱峯全書』 6, 記事, 壬辰記事. "十三日 渡海陷釜山 翊朝 進陷東萊 府使宋象賢死之 … 申砬敗死 德馨遂奔還 時訛言騰播 或以爲三輦自嶺東已入都城 或以爲鄭汝立爲王 吉三峯爲政丞 或以爲李德馨爲王 或以爲鄭汝立·吉三峯 入日本 請倭而來 中外洶洶"

48 『瑣尾錄』 1, 逆賊(鄭汝立)緣坐疏放赦. "王若曰 罪通天而難貸 已擧討惡之章 恩特地而並生 肆頒赦辜之令 予推大惠 爾宜自新 頃在逆賊之構兇 幷與孼芽而罹罪 縱攸司之卽爾 在我心而惻然 逆賊法當緣坐外 盡爲疏放 肆推曠蕩之仁 成囿生成之澤 故玆敎示 尙宜知悉 萬曆二十年五月初九日"

4. 웅치·이치 전투의 전개와 그 의미

조선전기 진관체제 하에서 지방 각 진(鎭)은 각자 싸우고 각자 지키는 자전자수(自戰自守)를 원칙으로 하였다. 비록 외적이 침입하거나 내란이 일어나는 등 위급상황이 발생하더라도 각 진(鎭)의 군사지휘관들은 타도(他道)의 군사를 요청하거나 통솔할 수 없었다.[49] 자기 지역은 자기가 책임지고 방어해야 했다. 다른 진관의 군사를 묶어 통솔할 수 있는 사람은 체찰사, 순찰사, 순변사, 방어사 등 유사시 중앙에서 파견되는 군사지휘관뿐이었다. 그런데 이러한 진관체제는 소규모의 적침이 있을 때에나 가능한 방어체제였다. 20만 대군이 밀려들어오는 임진왜란 같은 대규모 전쟁에서 지방 각 진이 자전자수(自戰自守)를 한다는 것은 불가능한 일이었다. 부산진과 동래성 전투의 예와 같이 대규모로 침입하는 적 앞에서 자전자수 한다는 것은 각개격파 당하고 전멸 당할 뿐이었다.

1592년 4월 14일 부산진이 함락되고, 4월 15일 동래성이 함락된 이후 일본군은 파죽지세로 북상하여 상륙 20일 만에 수도 한성을 함락하게 된다. 그런데 경상도 지역에서 전개되고 있는 일본군의 침입 소식을 듣고도 전라도관찰사 겸 순찰사[50] 이광(李洸)은 전혀 움직이지 않았다.

---

49 『成宗實錄』 권216, 성종 19년 5월 10일(癸酉) "設鎭置兵 皆令自守自戰 不必皆藉他鎭之助"

50 『明宗實錄』 권19, 명종 10년 10월 18일 (己卯)."備邊司啓曰 今年倭變起於倉卒 故凡事只倣前例 分遣都巡察使·防禦使 而非但途道不近 下去之際 自不及機會 軍卒不多 而將帥則多 防禦使與兵·水使 號令不一 事多不便 明年間 全羅·慶尙道 雖有事變 請勿別遣巡察·防禦等使 以兩道觀察使 兼巡察使之任"
을묘왜변이 일어난 해에 경상도와 전라도에 한하여 관찰사가 순찰사를 겸할 수 있는 광주목사 정윤우(丁允祐)가 즉시 근왕(勤王)에 나설 것을 역설하고, 도내 사람들이 모두 이광의 행동에 분통해하였지만 이광은 들은 척 만 척 했다고 한다. 이후 국왕으로부터 징병령의 교지를 받고서야 이광은 전라도 각 진관 군사를 통합한 근왕군을 이끌고 서울로 향하여 올라갔다.[51] 그런데 이광은 5월 4일 공주(금강)에서 서울이 함락되었다는 말을 듣고는 이내 회군하였다.[52] 이때에도 여러 수령들이 잘못을 지적했으나 이광은 듣지 않았고, 또 군사들은 해산당하면서 이광은 근왕에 뜻이 없고, 우리들을 수고롭게 하기 위하여 군사 행동을 일으켰다고 원망했다고 한다.[53] 그러나 이광은 왕명이 없이 자신의 관할 구역을 넘어서는 것에 부담을 느낀 듯하다.[54] 이광은 정여립 사건을 몸소 체험하고, 또 이를 처리한 사람이다.[55] 따라서 국왕의 승인을 받지 않은 군사행동은 반역으로 몰릴 위험이 있다는 것을 누구보다도 잘 알고 있었다. 이에 이광은 임진왜란이라는 전시 상황이라 하더라도 왕명이 없이 군사

조치가 취해졌다. 이로 인해 이광은 전시에 군사를 통솔할 수 있었다.

51 『亂中雜錄』1, 壬辰年 6월일. "巡察之在羅州也 人皆望其尅日提兵 入援京師 光州牧使 丁允祐 亦往見巡察 力言勤王之意 而巡察漠然不以爲慮 丁公悶默而退 一道之人 徒自 扼掔憤惋而已 及聞徵兵 有旨 蒼黃失措 盡發一道之軍 使之齊赴礪山 而師期太迫 兼以 霖潦連旬 列邑守令 恐被後至之譴 在道驅迫晝夜兼程 飢渴俱逼 至有自縊於路傍者(『正氣錄』)"

52 『亂中雜錄』1, 壬辰年 5월 4일. "李洸率勤王兵 行到公州 聞賊入京 鳴金退師 六軍潰還" 『壬辰錄』1. "全羅監司李洸 兵潰於錦江 李洸領兵七萬 勤王行到錦江 聞訛言 遽令破陣 諸軍潰散

53 송정현, 「임진왜란 초기 호남의병의 봉기와 활동양상」, 『임진왜란과 전라좌의병』(보고사, 2011), 12쪽.

54 하태규, 「임진왜란 초 호남지방의 실정과 관군의 동원실태」, 『지방사와 지방문화』16권 2호(2013), 48쪽.

55 『宣祖修正實錄』 권24, 선조 23년 3월 1일 (壬寅).

를 징병하거나, 자신의 관할 범위를 넘어 군사를 출동시키려 하지 않았던 것으로 보인다.

이광이 이끄는 근왕군의 공주 회군 소식을 듣고 국왕은 보덕(輔德) 심대(沈岱)를 파견하여 이광을 엄책함과 동시에 즉시 재 기병할 것을 명령하였다. 이에 따라 순찰사 이광은 도내 전역에 제2차 동원령을 내렸다. 그러나 제2차의 관군 동원은 쉽지 않았다. 지난번 공주까지의 행군에 고통을 경험하였던 관군이 이에 응하기를 꺼렸던 것이다. 제2차 동원령에 반대하는 옥과·순창의 관군들은 형대원(邢大元), 조인(趙仁)을 두목으로 삼아 순창의 관사를 불 지르고 감옥을 파괴하기도 하였다.[56] 또 남원, 구례, 순천 등지에서 올라오던 군사 8천여 명도 삼례에서 반란을 일으켰다.[57] 이와 같이 동원된 군사들이 난동을 행하는 상황에서 전라관찰사 이광은 4만 군사는 자신이 지휘하고, 2만은 방어사 곽영(郭嶸)이 지휘하게 하면서 다시 북상하였다. 여기에 경상순찰사 김수(金睟)와 충청순찰사 윤국형(尹國馨)의 군사가 합류하였다.

전라·경상·충청 3도 연합군의 성격을 띠고 6만 대군으로 성군한 제2차 근왕군은 6월초 경기도 용인 경내에까지 북상하였다. 그런데 제2차 근왕군은 국왕의 재 기병 명령에 급조되어 북상한 군대로서, "행군할 즈음에 군사들은 양을 몰아 풀 먹이는 것같이 하여 흩어져 통일성이 없었으며, 앞과 뒤를 서로 알지 못하였다."[58]라고 하듯이 산란무통(散亂

56 『宣祖修正實錄』 권26, 선조 25년 5월 1일 (庚申).

57 『亂中雜錄』 1, 壬辰年 5월 20일.

58 『寄齋史草』 下, 壬辰日錄 3, 임진 8월. "洸又庸怯不知兵 行師之際 有如驅羊就牧 散亂無統 首尾不相知"

無統)하여 전투 능력을 갖추지 못한 상태였다. 게다가 이광은 자신의 관할 구역이 아닌 경기도에서의 전투에 극히 불안해하였던 것으로 보인다. 이에

> "신들이 기병·보병 6만여 인을 거느리고 이달 3일에 수원(水原)에 진을 쳤는데 양천(陽川) 북포(北浦)를 경유하여 군사를 건너려고 합니다. 앞뒤 양쪽에서 들이치는 계책을 조정에서 급속히 지휘해 주소서."[59]

라고 하면서 계속 군대 행진 상황을 보고하면서 조정으로부터의 지휘를 요청하였다. 그러나 북상하는 일본군에 쫓겨 정신없이 피난 가는 조정으로부터 신속한 지휘는 내려오지 않았다. 이러한 상황에서 6만 대군이 겨우 1,500여 명의 적병, 그것도 와키자카 야스하루(脇坂安治) 휘하의 일본 수군과의 접전에서 제대로 전투조차 못한 상태에서 궤멸되고 말았다. 조정에서는 이후 용인전투 패배의 책임을 물어 이광을 파직시키지만, 이광은 자신의 관할 구역을 벗어난 곳에서 제대로 지휘권을 행사할 수 없었을 것이다.[60]

이광은 용인에서 후퇴하여 산졸을 이끌고 6월 15일 경 전주로 돌아왔다.[61] 그런데 이광은 일본군이 서울을 점령한 이후 전국 각지에 군정(軍政: 朝鮮分居政策)을 실시하기로 결정하고, 이를 위해 전라도로 침

---

59 『宣祖實錄』 권27, 선조 25년 6월 21일 (己酉).

60 이광의 용인전투에 대해서는 김경태, 「임진전쟁 초기 이광의 활동과 용인전투에 대한 재고」, 『史叢』 89(2016), 참조.

61 하태규, 「임진왜란 초기 전라도 관군의 동향과 호남방어」, 『韓日關係史研究』 26집 (2007), 157쪽.

공한다는 소식을 듣고는 호남 방어에 적극 나서게 된다. 즉 6월 중순에 고바야카와 다카가게(小早川隆景)가 거느리는 일본군은 경상도 성주, 김산과 충청도 영동 등을 거쳐 무주와 금산 방면으로 진격하며 전라도를 위협하고 있었다. 호남지역이 위기상황에 몰리자, 전라감사 이광은 전라도 관군을 총동원하여 충청도와 경상도의 경계 지역에 배치하여 수비 근무에 나서도록 하였다. 먼저 광주목사 권율, 전라도 조방장 이유의, 남원판관 노종령 등을 남원에 배치하여 경상도로부터 들어오는 적을 막게 하였고, 장수 육십령 지역에는 이계정(李繼鄭)을 배치하여 지키게 하였다.62

그런데 일본군의 본격적인 호남 공격은 옥천 영동 등지로부터 금산 방면으로 시작되었다. 이때의 공격으로 금산군수 권종(權悰)이 전사하고, 방어사 곽영은 금산성으로 후퇴하면서 전라감사 이광에게 구원을 요청하였다. 이에 이광이 군사 8백을 내어 장수를 정해서 금산으로 들여보내 주었다. 그러나 금산의 관군은 왜군을 막지 못하고 6월 23일 금산성이 함락되었다. 금산을 점령한 왜군은 곧바로 무주, 용담, 진안을 점령하고 웅치를 통하여 전주를 공격하고자 하였다. 이에 전라감사 이광은 금산으로부터 전주로 들어오는 길목에 해당하는 웅치와 이치의 요해처에 방어사 곽영, 동복현감 황진, 전주 의병장 황박, 나주판관 이복남, 김제군수 정담 등을 나누어 배치하여 적의 침입에 대비하게 하였다.63 마침내 7월 8일 경 진안의 왜군이 웅치를 공격해오자, 나주판관 이복남, 김제군수 정담 등이 거느리는 관군과 김제민, 황박 등 의병장

62 하태규, 앞의 논문, 2013, 58쪽.
63 하태규, 앞의 논문, 2013, 59~60쪽.

이 거느리는 의병이 사투를 전개하였다. 『난중잡록』에 기재된 웅치 전투 상황은 다음과 같다.

"처음에 도복병장인 나주 판관(羅州判官) 이복남(李福男)이 중봉(中峯)에 진을 치고 황박(黃璞)이 그 위에서 지키며 정담은 그 아래에서 지키는데, 이광(李洸)이 장병을 더 보내어 군의 위세를 도왔다. 이날 동이 틀 무렵에 거의 수천 명에 달하는 왜적의 선봉 부대가 모두 기(旗)를 등에 꽂고 칼을 휘두르며 곧장 우리 진 앞으로 들어오는데 고함 소리가 하늘에 잇닿고 쏘는 탄환이 비 오듯 하였다. 이복남 등이 결사적으로 먼저 나와 활을 쏘아 낱낱이 명중시키며 군사들이 모두 죽음을 걸고 싸우니 적병이 점점 퇴각하였다. 아침 해가 동으로 올라와, 뒤의 적이 산과 골짜기를 덮으며 크게 몰려오는데 그 수효를 헤아릴 수 없었다. 산중턱을 육박하여 여러 부대로 나누어 들어와 싸우는데 흰 칼날이 어울려 번쩍이고 나는 탄환이 우박 쏟듯 하였다. 뒤를 이어 응원하는 적이 얼마 안 있다가 또 와서 합세하여 치열한 싸움을 벌이니, 형세가 바람 앞에 불과 같았다. 황박은 화살도 떨어지고 힘도 다 되어 무너져 나주 진중으로 들어갔다. 적병이 승세를 타고 충돌하여 고갯마루로 오르니 나주의 진 역시 무너졌다. 정담이 말하기를, "차라리 적 한 놈이라도 더 죽이고 죽을지언정, 한 걸음도 후퇴하여 살 수는 없다." 하고, 용감히 적과 더불어 육박전을 벌이다 죽었다. 이복남 등은 싸우면서 후퇴하여 안덕원(安德院)에 전주 동쪽 10리 길에 군사를 주둔하였다."[64]

---

64 『亂中雜錄』1, 壬辰年 7월 8일.

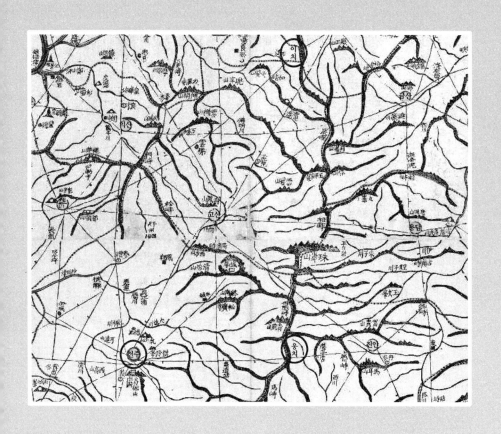

그림 1 대동여지도
전주와 웅치 · 이치 부분

웅치 전투 이후 금산에 주둔한 왜군은 이치를 통하여 호남을 다시 공격하려 하였다. 이때 웅치와 안덕원 전투에서 패퇴한 일본군이 금산으로 퇴각한 것으로 보인다. 한편 웅치 전투가 전개될 때 전라도 도절제사로서 남원에서 수비를 담당하고 있던 광주목사 권율이 웅치로 가다가 이광의 명령으로 다시 이치에 가서 동복현감 황진과 함께 일본군의 침입에 대비하였다. 8월 17일 해 뜰 무렵에 왜군 400여 명이 동복현감 황진이 진치고 있던 이치를 공격해 왔다.[65] 동복현감 황진이 이에 대항하여 분전하다가 막판에 탄환을 맞고 쓰러지자 도절제사인 광주목사 권율이 독전하여 왜군을 격퇴하였다. 이때의 상황에 대하여는 『재조번방지』가 자세하다. 여기에서는 이치 전투에 대하여 다음과 같이 기술하고 있다.

"(권율은) 곧 군대를 이현(梨峴)으로 이주하였다. 이때 영남의 적세는 매우 창궐하여 곧장 전라도를 공격하여 군병을 나누어 쳐들어왔다. 권율은 적세가 심히 성하다는 말을 듣고 영(嶺)에 의지하여 진을 굳건히 하고 군사를 엄밀히 단속하여 대기하고 있었다. 하루는 잿마루에서 적과 만나자 군사를 풀어서 급히 공격하였다. 동복현감(同福縣監) 황진(黃進)은 용맹이 삼군(三軍)에 으뜸이었는데, 돌격전을 벌이다가 적의 탄환에 맞아 후퇴하니 온 군사가 기세가 꺾여 투지가 없이 칼을 감추고 머리를 싸고 슬슬 달아나므로 군중이 흉흉하였다. 저녁때 왜적은 우리 군사가 지친 틈을 타서 우리의 성채 안으로 뛰어 들어왔다. 권율이 칼을 빼어 크게 호통을 치며 직접 화살과 돌을 무릅쓰고 독전하니, 사졸들이 모두 용감하게 달려나가 성위에 뛰어올라 힘껏 막아내는데, 모두가 일당백(一當百)으

65 하태규, 앞의 논문, 2013, 64쪽.

로 싸웠다. 이에 부르짖는 소리는 천지를 진동하고 화살과 돌은 빗발치듯 하니 적이 감당하지 못하고 드디어 갑옷을 벗어버리고 시체를 끌고 달아났는데, 땅에 버려진 군수 물품과 병장기가 낭자하였고 피는 흘러 길을 덮었다. 왜적이 다시 호남을 엿보지 못하였기 때문에 호남을 근본으로 삼아 국가의 보장(保障)이 되었다."[66]

이상과 같이 전라도 경계에 위치한 웅치, 이치에서 전투가 전개되어 왜적을 격퇴하였다. 이후 정유재란 전까지 왜적은 다시는 호남에 침입하지 못하였으며, 이에 호남은 임진왜란 중 국가의 보장(保障)이 될 수 있었다.

사실 웅치 전투에서의 김제군수 정담, 나주판관 이복남의 활약, 이치 전투에서의 동복현감 황진, 광주목사 권율의 활약은 조선전기 군사체제 운영의 원칙과는 상반되는 것이었다. 조선전기 군사체제는 평시체제와 전시체제로 구분되었는데, 평시체제의 지휘관이 전시에 자신이 평소 선발하고 훈련한 군인을 지휘·통솔할 수 없도록 하였다. 군사 쿠데타를 방지하기 위해서이다. 전시에는 국왕이 가장 신임하는 대신이 전시체제 지휘관에 임명되었는데, 이 전시체제 지휘관이 평시체제 하에 각 지역에서 훈련된 군인들을 통솔하여 전장에 나서도록 되어있었다.[67]

그런데 20만 왜군의 기습공격을 받으면서 조선전기의 군사체제는 급속히 붕괴되었다. 평시체제 하에 있던 부산진과 동래성은 대규모의

---

66 『再造藩邦志』 2.

67 『宣祖實錄』 권74, 선조 29년 4월 10일 (丙午). "備邊司啓曰 凡兵家之事 在於將卒相得 平時旣有操練之人 則臨急又以此人用之 然後有益於戰守 否則離散其部伍 換易其所屬 軍心叛渙 雖精鍊之兵 變成烏合之卒 此可慮之大者也"

적 앞에서 자전자수(自戰自守)를 고수하였으나 하루사이에 각개 격파 당하고 전멸 당하였다. 전시체제에 입각하여 중앙에서 파견된 순변사 이일과 도순변사 신립도 상주와 충주에서 모두 격파 당하였다. 상주 패전 소식이 전해지면서 조정에서는 우의정 이양원은 경성도검찰사(京城都檢察使), 박충간을 도성검찰사(都城檢察使), 이성중을 수호사(守護使), 변언수를 유도대장(留都大將)으로 삼아 도성을 수비하게 하고, 김명원을 도원수에, 신각을 부원수에 임명하여 한강을 지키게 하였다.68 그러나 왜군의 거침없는 북상 앞에서 서울과 한강 방어는 모두 실패하였다. 이와 같이 평시체제와 전시체제가 모두 붕괴된 상태에서 북상하는 왜군을 피하여 정신없이 피난가고 있는 조정이 할 수 있는 일이란 별로 없었다. 다시 전시체제 상의 지휘관을 편성하여 내려 보낼 수도 없었다. 평시체제와 전시체제를 따질 것 없이 아무튼 각 지역에서 알아서 왜적을 퇴치하기를 바랄 수밖에 없었다.

이와 같이 임진왜란 초기, 평시체제와 전시체제의 구분이 무시되고, 정부로부터 아무런 지휘나 간섭이 없는 상황에서 전라도의 지방관과 관군들은 스스로 전라도를 방어하고자 최선을 다했다. 군인들은 자신을 선발하고 훈련시킨 지방관 휘하에서 지휘관을 신뢰하면서 평소 훈련받은 기량을 그대로 발휘하여 전쟁에서 승리할 수 있었다. 이러한 군인 각자의 자율성과 책임감, 지휘관과 군인간의 친밀감, 향토애 등이 뭉쳐 웅치, 이치 전투에서 빛나는 승리를 거둘 수 있었던 것으로 생각된다. 조선후기에는 이러한 임진왜란의 경험을 받아들여 지휘관과 군인을 분리시키는 조선전기의 장졸분리(將卒分離) 군사체제를 폐기하고

---

68 『宣祖實錄』 권26, 선조 25년 4월 17일 (丙午).

장졸일치(將卒一致) 군사체제로 나아가게 된다.[69] 그리고 평시체제와 전시체제를 일치시키는 방향으로 군제를 개편하게 된다. 즉 조선전기에 유사시에만 파견되던 체찰사, 순찰사, 방어사 등이 상설직으로 바뀌었고, 또 유사시 즉시 전쟁에 나갈 수 있는 군영이 설립된다.[70] 웅치·이치 전투는 바로 이러한 조선후기 장졸일치 군사체제의 등장을 알리는 첫 번째 전투였다.

5. 맺음말

지금까지 임진왜란 초기 방어실태와 웅치·이치 전투의 역사적 의의에 대하여 알아보기 위해, 조선전기 전시체제의 운영, 정여립 사건의 영향과 호남 방어 그리고 웅치·이치 전투의 전개와 그 의미에 대하여 구체적으로 살펴보았다. 지금까지 논의된 내용을 요약하면 다음과 같다.

조선은 위화도 회군이라는 군사 쿠데타를 계기로 성립한 나라이다. 이에 조선전기 역대 국왕들은 군사 문제에 대단히 민감하였다. 특히 태종은 병권이야말로 권력의 원천이라고 생각하고 국왕의 병권 독점을 확고히 하기 위해 사병제를 혁파하고 공병제를 확립하였으며, 장군과 군인 간의 사적 관계를 철폐하였다. 그리고 이후 조선 정부에서는 군대

---

69 조선후기 將卒一致 군사체제에 대해서는 김종수, 「훈련도감 설치 및 운영의 동아시아적 특성」, 『장서각』 33집(2015) 참조.

70 조선후기 평시체제와 전시체제의 일치에 대해서는 김종수, 「조선 숙종대 경기지역 군사체제의 정비」, 『軍事硏究』 143집(육군군사연구소, 2017) 참조.

를 평시체제와 전시체제로 구분하여, 평시체제의 지휘관은 전시에는 자신이 평소 선발하고 훈련한 군대를 통솔할 수 없고, 중앙에서 별도로 임명한 지휘관으로 하여금 그 군대를 통솔하도록 하였다. 이에 전시체제 지휘관은 전시에 자신이 전혀 알지 못하는 군대를 데리고 전장에 나서게 되었다. 그런데 이러한 전시체제를 유성룡이 '제승방략'이라고 잘못 칭하면서 오해가 발생하였다. 즉 그는 진관체제가 변하여 제승방략이 되어 임진왜란 초기에 패배하였다고 말하였는데 이것은 오해였다. 진관체제는 평시체제로서 제승방략이라고 잘못 칭한 전시체제와는 차원이 다른 것이기 때문이다. 이러한 오해가 바로잡혀야 조선전기 군사체제에 대한 올바른 이해가 가능할 것이라고 생각한다.

임진왜란이 일어나기 2년 6개월 전에 오늘날 전라북도 지역에서는 정여립 사건이 일어나 1천여 명의 인사들이 처형되었다. 정여립은 임진왜란과 같은 큰 변란이 일어날 것을 예견하고 대동계를 조직하여 사람들에게 군사 훈련을 시켰다. 1587년 왜적들이 손죽도에 침입해왔을 때에는 대동계 사람들이 주동이 되어 이들을 물리친 사실도 있었다. 그러나 조선은 국왕이외에는 누구도 병권을 가질 수 없는 사회였다. 또 국왕의 군대인 관병 이외에는 어떠한 사병을 양성할 수도 없었다. 이에 정여립은 사병을 양성하여 역모를 꾀하였다는 누명을 쓰고 죽었다. 정여립이 죽자 그와 관련된 인사 천여 명이 처형되었다. 정여립 사건은 일본의 승려 겐소가 조선에서는 이 사건으로 정부를 원망하는 소리가 길에 가득하여 한번 치기만하면 조선은 곧바로 무너진다고 일본에 보고할 만큼 조선 사회에 부정적인 영향을 주었다. 이에 임진왜란이 발발했을 때 다른 지역에서는 수많은 의병이 봉기했지만, 전라북도 지역에서는 의병의 활동이 미미하였다.

임진왜란이 발발하여 경상도 지역에서 일본군이 파죽지세로 북상하고 있을 때, 전라감사인 이광은 많은 사람들이 근왕(勤王)에 나설 것을 역설하였지만 전혀 움직이지 않았다. 이후 국왕의 징병령 교지를 받고서야 전라도 군사를 데리고 서울로 향하였다. 그런데 이광은 공주(금강)까지 갔다가 서울이 함락되었다는 말을 듣고 회군하였다. 공주 이상의 지역을 넘어서는 것에 대한 국왕의 승인이 없었기 때문이다. 이후 이광은 국왕이 파견한 심대(沈岱)의 재기병 명령에 접하고 다시 군대를 동원하여 서울로 향하였다. 6만의 군대를 이끌고 용인까지 간 이광은 작전 방향에 대하여 계속 정부의 지휘를 요구하였지만, 정부의 지휘가 신속히 내려오지 않으면서 결국 소수의 일본군 병력에 패배하고 말았다. 이광은 정여립 사건을 몸소 체험하면서 국왕의 승인을 받지 않은 군사행동은 반역으로 몰릴 위험이 있다는 것을 누구보다도 잘 알고 있었다. 이에 이광은 임진왜란이라는 전시 상황이라 하더라도 왕명이 없이 군사를 징병하거나, 자신의 관할 범위를 넘어 군사를 출동시키려 하지 않았던 것으로 보인다.

이후 이광은 용인에서 후퇴하여 군졸을 이끌고 전주로 돌아왔는데, 일본군이 전라도로 침공한다는 소식을 듣고는 이전과는 전혀 다른 모습을 보였다. 즉 이광은 전라도의 지방관을 총동원하여 일본군의 침입을 막아내는 활약을 하였다. 6월 중순에 일본군은 무주와 금산 방면으로 들어와 전라도를 위협하고 있었다. 호남지역이 위기상황에 몰리자, 이광은 전라도 관군을 총동원하여 충청도와 경상도의 경계 지역에 배치하여 왜적의 침입에 대비하도록 하였다. 그리고 김제군수 정담, 나주판관 이복남 등을 웅치에, 이후 동복현감 황진, 광주목사 권율 등을 이치에 배치하여 일본군의 침입에 막도록 하였다. 이에 전라도의 지방관과 관군들은 자신들의 관할 지역을 방어하고자 최선을 다했다. 또 군인들은 자신을 선발하고 훈련시킨 지방관 휘하에서 그 지휘관에게 평소 훈련받은 기량을 전쟁터에서 그대로 발휘하였다. 이러한 자율성과 책임감, 지휘관과 군인간의 친밀감과 명확한 지휘체계, 향토애 등이 한데 뭉쳐 웅치, 이치 전투의 빛나는 승리를 가져왔다고 생각한다. 조선후기에는 이러한 임진왜란의 경험을 받아들여 지휘관과 군인을 분리시키는 조선전기의 장졸분리 군사체제를 폐기하고 지휘관과 군인을 고정시키는 장졸일치 군사체제로 나아가게 된다.

『전북사학』51호, 2017. 10 수록

6장.

임진왜란 초기
웅치전투와
두정란 장군, 그리고
후대의 기억

1. 머리말

군산시 옥구읍 오곡리 신장마을 뒷산 기슭에는 임진왜란 초기 웅치 전투에서 전사한 두정란 장군의 묘소가 있다. 산소 앞에 있는 묘비의 후면에 "(두정란 장군은: 필자 주) 임진왜란이 일어나자 의병을 일으켜 군인을 모아 곧바로 웅치로 달려가 왜적을 방어하였다. (공은) 화살을 뽑아 활시위를 당김에 한발도 빗나가지 않으니 적의 시체가 산을 이루었다. 백마 탄 적의 괴수를 화살로 쏘아 명중시켰고, 화살이 다하고 손가락이 짓물러 마침내 전장에서 죽으니 초혼하여 합장하였다."[1]라고 쓰여 있어서 두정란 장군이 웅치전투에서 격렬한 전투 중 장렬하게 전사하였다는 것을 곧바로 알 수 있다. 그런데 오늘날 일반인들이 쉽게 접할 수 있는 『군산시사』나 『한국향토문화전자대전』 등에 수록된 두

---

1 杜廷蘭 將軍 墓碑 後面. "當龍蛇變 倡義募軍 直赴熊峙 防賊要□ 抽矢引弓 一不虛發 賊尸 如山 射□賊魁 乘白馬者 矢盡指沒 終至戰亡 招魂合葬"

정란 장군과 관련된 내용은 이 묘비명과는 전혀 다르게 쓰여 있다. 즉 "두정란 장군이 조헌 의병대장과 합류하여 금산에서 왜적과 싸우다가 전사하였다."라고 기록하고 있다.[2] 이와 같이 두정란 장군의 묘비 비문과 오늘날 알려진 사실이 전혀 다르게 되어있어 일반인들에게 많은 혼란을 주고 있다.

이러한 혼란이 일어난 원인으로는 첫째, 종래에는 임진왜란 초기에 전라도를 방어하기 위해 전개된 전투에 대한 이해가 부족하지 않았나 하는 생각이 든다. 임진왜란 발발 초기인 1592년 7월과 8월에 전라도 변경 지역에서는 제1차 금산전투, 웅치전투, 이치전투, 제2차 금산전투 등이 거의 동시에 금산과 웅치, 금산과 이치 등지에서 전개되었다. 이 각각의 전투는 다른 인물들이 참전한 다른 종류의 전투인데, 후대의 사람들이 이것을 혼동하여 웅치 전투에서 전사한 두정란 장군을 금산 전투에서 전사한 것과 동일한 것으로 파악하여 위와 같은 결과가 나타난 것으로 보인다. 이에 본 논문 2장에서는 제1차 금산전투[3], 웅치전투[4],

---

2 군산시사편찬위원회, 『群山市史 下』, 「제13편 인물」, 제1장 忠節·愛國, 12. 杜廷蘭, 2000, 1288쪽. 『한국향토문화전자대전 http://www.grandculture.net』, 두정란.
  "두정란의 호(號)는 수의당(守義堂)이며, 중봉 조헌(趙憲)의 문인이다. ... 1592년(선조 25) 7월~8월, 고바야카와 다카카게[小早川隆景]가 이끄는 일본군이 전라도로 진출하기 위해 금산성(錦山城)을 점령하고 세력을 크게 떨치고 있을 때에 권율 장군과 함께 이치(梨峙)에서 일본군을 물리쳤다. 뒤에 스승 조헌과 합류하여, 일본군이 점령하고 있는 금산성을 탈환하기 위해 힘껏 싸우다가 참전한 모든 병사와 함께 전사하였다. 이 때 훈련원(訓練院) 봉사(奉事)를 거쳐 부장(副將)을 지낸 동생 두정협(杜廷莢)도 함께 전사하였는데, 전사한 조헌 등의 의병 무덤을 '금산 칠백 의총(錦山七百義塚)'이라고 한다."

3 趙湲來, 「임란초기 두차례의 금산전투와 그 전략적 의의」, 『충남사학』 12집, 2000.

4 하태규, 「壬亂에 있어 熊峙戰의 位相에 대하여」, 『全羅文化論叢』 4, 1989.
  하태규, 「熊峙戰迹地의 위치에 대한 再論」, 『전북사학』 30호, 2007.
  하태규, 「임진왜란 초기 전라도관군의 동향과 호남방어」, 『한일관계사연구』 26, 2007.
  하태규, 「웅치·이치 전적지의 범위와 관리 현황」, 『전북사학』 51호, 2017.

이치전투[5], 제2차 금산전투에 대하여 각각 간략히 소개하고자 한다. 이와 같이 각 전투를 각각 나누어 기술하고 여기에 참여한 인물을 소개하면, 이후 웅치전투에서 전사한 두정란 장군을 금산 전투에서 전사하였다는 등의 혼동은 없을 것으로 본다.

둘째, 후손들이나 후대의 문인들이 두정란 장군의 행적을 과장하고 변조하여 혼란이 일어난 것으로 보인다. 두정란 장군은 위 묘비명에 기재된 바와 같이 웅치전투 중에 전사한 후 초혼(招魂)하여 부인과 합장하였다. 장군의 집에서는 웅치전투에 출전한 것을 알았으나 웅치전투에서 천여 명의 무명용사와 함께 전사하여 그 시신을 찾을 수 없기 때문에 부인이 죽은 후 초혼하여 부인과 함께 합장한 것이다. 당시 김제군수 정담은 갑옷에 이름이라도 썼지만[6], 두정란 장군은 이름조차 남기지 않고 조국과 고향을 지키기 위해 '화살이 다하고 손가락이 짓물러' 전장에서 산화(散華)하였다. 이 얼마나 거룩하고 숭고한 행위인가! 그런데 후손과 후대의 문인들은 두정란 장군이 무명용사인 것에 만족하지 못하고 계속 두정란 장군의 생애를 과장하고 변조하였다. 그리하여 두정란 장군은 '호(號)가 수의당이고(守義堂)이며, 중봉 조헌(趙憲)의 문인'이며 '학문으로 세상에 이름을 드러내었다.'라고 하는 설명까지 나타나게 되었다. 무인(武人)이었던 두정란 장군이 문인(文人)으로까지 변조된 것이다. 본 논문 3장에서는 이러한 과장과 변조의 과정을 추적할

김종수, 「임진왜란 초기 방어실태와 웅치·이치 전투」, 『전북사학』 51호, 2017.

5 곽호제, 「임진왜란기 이치대첩의 의의와 재검토」, 『충남사학』 12집, 2000.

6 趙慶男, 『亂中雜錄』 1, 壬辰年 7월 8일. "噫 郡人往求郡守之屍處 於積骸中得衣間所書姓名 以辨其眞 其死戰之志 平日所定也"

그림 1 두정란 장군 묘소
(군산시 옥구읍 오곡리 소재)

것이다. 원 사료인 묘비명에 충실하지 않고 그 뒤에 쓰인 후손들이나 문인들의 글을 비판 없이 받아들이고 여기에 또 다시 후대에 새로운 사실을 첨가하면서 혼란이 계속 증폭되어왔다. 이를 통해 원 사료에 근거하고 원 사료에 충실한 것이 올바른 역사인식에 얼마나 중요한지 다시한 번 느끼게 된다.

이 논문은 이와 같이 임진왜란 초기 웅치전투에서 전사한 두정란 장군과 오늘날 그에 대해 알려진 사실의 오해를 해소하기 위해 기획되었다. 그리하여 웅치전투를 비롯한 임진왜란 초기 전라도를 방어하기 위한 각 전투들을 살펴보고, 또 오늘날 잘못 알려진 사실이 정착하기까지의 과정을 살펴보겠다. 이로써 두정란 장군에 대해 올바로 이해하고, 앞으로 더 이상의 오해가 재생산되지 않기를 바란다. 한편 두정란 장군과 같이 전라북도에는 웅치전투에 참전한 수많은 무명용사들이 있다. 일찍이 하태규 교수가 『호남절의록(湖南節義錄)』 등을 통해 웅치전투에 참여한 인물에 대해 조사한 적이 있지만7, 전북 지역에는 아직까지 많은 수의 무명용사들이 발굴되지 않고 있는 것으로 보인다. 진안 출신 김정8, 김수을 비롯하여 오매당(寤寐堂) 김만서 후손 중 많은 사람들이 웅치전투에 참전하여 무명용사로 전사하였다는 이야기가 진안 지역에서도 전해 내려오고 있다. 이러한 전북 각 지역에 있는 무명용사들을 발굴하고 그들의 숭고한 뜻을 재조명하는 것이 이 땅에 사는 후손들이

---

7 하태규, 「壬亂에 있어 熊峙戰의 位相에 대하여」, 『全羅文化論叢』 4, 1989, 10~14쪽.

8 김정(金精)(?-1592). 임란 의병. 호는 죽곡(竹谷). 본관은 사천(泗川). 진안(鎭安) 출생. 고조는 병조판서(兵曹判書) 오매당(寤寐堂) 만서(晩緒). 형 김수(金粹)와 더불어 대곡(大谷) 성운의 문하에서 수학하였다. 1592년 임진왜란이 일어나자 형 김수와 더불어 가동과 의병을 모아 금산을 거쳐 전주를 공략하려던 왜군을 맞아 웅치에서 싸우다 순절하였다.

할 일이라고 생각한다.

2. 임진왜란 초기 웅치, 이치, 금산전투의 전개

조선전기의 군사체제는 중앙군과 지방군으로 크게 나뉘는데, 중앙군은 5위 체제로 이루어졌고, 지방군은 진관체제로 운영되었다. 그런데 지방군의 운영체제인 진관체제에서 각 지방에 설치된 군사조직인 진(鎭)은 개별 진들이 각자 싸우고 스스로 지키는 '자전자수(自戰自守)'를 원칙으로 하였다. 비록 내란이 일어나거나 외적이 침입하는 등 위급한 상황이 발생하더라도 각 진(鎭)의 군사지휘관들은 다른 도(道)의 군사를 요청하거나 통솔할 수 없었다.[9] 자기 지역은 자기가 책임지고 방어해야 했다. 다른 진관의 군사를 묶어 통솔할 수 있는 사람은 유사시 중앙에서 파견되는 체찰사, 순찰사, 순변사, 방어사 등뿐이었다. 이것은 조선전기 중앙 정부가 지방에서 지방군이 동원되어 일어나는 반란을 사전에 방지하고자하는 목적에서 취해진 조처였다. 그런데 이러한 진관체제는 소규모 외적의 침입이 있을 때에나 가능한 방어체제였다. 20만 대군이 밀려들어오는 임진왜란 같은 대규모 전쟁에서 지방 각 진이 각자 싸우고 스스로 지키는 '자전자수(自戰自守)'를 한다는 것은 도저히 불가능한 일이었다. 부산진과 동래성 전투의 예와 같이 대규모로 침입하는 왜적 앞에서 '자전자수'하는 진(鎭)들은 각개격파 되고 전멸당할 뿐이었다.

---

9 『成宗實錄』 216, 성종 19년 5월 10일(癸酉) "設鎭置兵 皆令自守自戰 不必皆藉他鎭之助"

1592년 4월 14일 부산진이 함락되고, 4월 15일 동래성이 함락된 이후 일본군은 파죽지세로 북상하여 상륙 20일 만에 수도 한양을 함락시키게 된다. 그런데 경상도 지역에서 전개되고 있는 일본군의 침입 소식을 듣고도 전라도관찰사 겸 순찰사10 이광(李洸)은 전혀 움직이려 하지 않았다. 광주목사 정윤우(丁允祐)가 군사를 모아 즉시 한양으로 올라가 근왕(勤王)에 나설 것을 역설하였고, 도내 사람들이 모두 즉시 군사를 모아 근왕(勤王)에 나서지 않는 이광의 행동에 불만스러워했지만 이광은 들은 척도 안했다고 한다. 이후 국왕으로부터 징병의 교지를 받고서야 이광은 전라도 각 진관 군사를 모아 근왕 군을 형성하여 수도 한양을 향하여 올라갔다.11

그런데 이광은 5월 4일 공주에서 서울이 함락되었다는 말을 듣고는 이내 회군하였다.12 이때에도 여러 수령들이 만류하였으나 이광은 듣지 않았고, 또 군인들은 해산하면서 이광은 근왕에는 뜻이 없고, 단지 군인들을 고생시키려 출전했다고 원망하면서 해산했다고 한다.13 그러

---

10 『明宗實錄』19, 명종 10년 10월 18일 (己卯) "備邊司啓曰 今年倭變起於倉卒 故凡事只做前例 分遣都巡察使·防禦使 而非但途道不近 下去之際 自不及機會 軍卒不多 而將帥則多 防禦使與兵·水使 號令不一 事多不便 明年間 全羅·慶尙道 雖有事變 請勿別遣巡察·防禦等使 以兩道觀察使 兼巡察使之任"
   을묘왜변이 일어난 해에 경상도와 전라도에 한하여 관찰사가 순찰사를 겸할 수 있는 조치가 취해졌다. 이로 인해 이광은 전시에 군사를 통솔할 수 있었다.

11 『亂中雜錄』1, 壬辰年 6월일. "巡察之在羅州也 人皆望其尅日提兵 入援京師 光州牧使 丁允祐 亦往見巡察 力言勤王之意 而巡察漠然不以爲慮 丁公悶默而退 一道之人 徒自扼腕憤惋而已 及聞徵兵 有旨 蒼黃失措 盡發一道之軍 使之齊赴礪山 而師期太迫 兼以霖潦連旬 列邑守令 恐被後至之譴 在道驅迫晝夜兼程 飢渴俱逼 至有自縊於路傍者(『正氣錄』)"

12 『亂中雜錄』1, 壬辰年 5월 4일. "李洸率勤王兵 行到公州 聞賊入京 鳴金退師 六軍潰還" 『壬辰錄』1. "全羅監司李洸 兵潰於錦江 李洸領兵七萬 勤王行到錦江 聞訛言 遽令破陣 諸軍潰散

나 이광이 공주에서 회군한 것은 왕명이 없이 자신의 관할 구역을 넘어서는 것에 부담을 느낀 듯하다.[14] 이광은 임진왜란이 발발하기 2년 전에 일어난 정여립 사건을 몸소 체험하고, 또 이를 처리한 사람이다.[15] 정여립은 스스로 대동계(大同契)를 조직하여 1587년 손죽도에서 일어난 소규모 왜변(倭變)을 물리친 적이 있는데[16], 이러한 국왕의 승인을 받지 않은 군사행동은 언제든지 반역으로 몰릴 위험이 있다는 것을 정확히 인지하고 있었다.[17] 이에 이광은 임진왜란이라는 전시 상황이라 하더라도 왕명이 없이 군사를 징병하거나, 자신의 관할 범위를 넘어 군사를 출동시키려 하지 않았다.

이광이 이끄는 근왕 군의 공주 회군 소식을 듣고 국왕은 보덕(輔德) 심대(沈岱)를 파견하여 이광을 책망하고, 즉시 재 기병하라고 명령하였다. 이에 따라 순찰사 이광은 도내 전역에 제2차 동원령을 내렸다. 그러나 제2차 군사 동원은 쉽지 않았다. 지난번 공주까지의 행군에 온갖 고생을 경험하였던 관군들이 이에 응하기를 꺼렸던 것이다. 제2차 동원령에 반대하는 옥과·순창의 관군들은 형대원(邢大元), 조인(趙仁)을 두목으로 삼아 순창의 관사에 불을 지르고 감옥을 부수기도 하였다.[18] 또

13 송정현,「임진왜란 초기 호남의병의 봉기와 활동양상」,『임진왜란과 전라좌의병』, 보고사, 2011, 12쪽.

14 하태규,「임진왜란 초 호남지방의 실정과 관군의 동원실태」,『지방사와 지방문화』16권 2호, 2013, 48쪽.

15 『宣祖修正實錄』24, 선조 23년 3월 1일 (壬寅).

16 김덕진,「1587년 損竹島 倭變과 壬辰倭亂」,『동북아역사논총』29, 2010.

17 정여립 사건이 임진왜란에 미친 영향에 대해서는 졸고,「임진왜란 초기 방어실태와 웅치·이치 전투」,『전북사학』51호, 2017.에 자세하다.

18 『宣祖修正實錄』26, 선조 25년 5월 1일 (庚申).

남원, 구례, 순천 등지에서 징집된 군사 8천명도 삼례에서 반란을 일으켰다.[19] 이와 같이 군사들이 난동을 부리는 상황에서 전라감사 이광은 다시 군사 6만 명을 모아 4만의 군사는 자신이 지휘하고, 2만은 방어사 곽영(郭嶸)이 지휘하게 하면서 다시 북상하였다. 여기에 경상순찰사 김수(金睟)와 충청순찰사 윤국형(尹國馨)의 일부 군사도 합류하였다.

전라·경상·충청 3도 연합군의 성격을 띠고 6만 대군으로 성군한 제2차 근왕군은 6월초 경기도 용인 경내에까지 북상하였다. 그런데 제2차 근왕군은 국왕의 재 기병 명령에 급조되어 북상한 군대로서, "행군할 즈음에 군사들은 양을 몰아 풀을 먹이는 것같이 흩어져 규율이 없었으며, 앞과 뒤를 서로 알지 못하였다."[20]라고 하듯이 산란무통(散亂無統)하여 제대로 된 전투 능력을 갖추지 못한 상태였다. 거기에다가 이광은 자신의 관할 구역에서 벗어난 경기도에서 진행되고 있는 전투 상황에 극히 불안해하였던 것으로 보인다. 이에

> 신들이 기병·보병 6만여 인을 거느리고 이달 3일에 수원(水原)에 진을 쳤는데 양천(陽川) 북포(北浦)를 경유하여 군사를 건너려고 합니다. 앞뒤 양쪽에서 들이치는 계책을 조정에서 급속히 지휘해 주소서.[21]

라고 하면서 계속 전쟁 진행 상황을 보고하면서 조정으로부터의 지휘

---

19 『亂中雜錄』1, 壬辰年 5월 20일.

20 『寄齋史草』下, 壬辰日錄 3, 임진 8월.

21 『宣祖實錄』27, 선조 25년 6월 21일 (己酉). "臣等率騎步及六萬餘人 以本月初三日 陣于 水原, 欲由陽川北浦濟師矣 腹背挾攻之策 請自朝廷急速指揮"

를 요청하였다. 그러나 밀려오는 일본군에 쫓겨 정신없이 북쪽으로 피
난 가는 조정에서 신속한 지휘는 내려오지 않았다. 이러한 상황에서 6
만 대군이 겨우 1,500여 명의 적병, 그것도 와키자카 야스하루(脇坂安
治) 휘하의 일본 수군과의 접전에서 전투다운 전투조차 하지 못한 상태
에서 궤멸되고 말았다. 조정에서는 이러한 용인전투 패배의 책임을 물
어 이광을 파직시키지만, 이광은 자신의 관할 구역을 벗어난 곳에서 제
대로 지휘권을 행사할 수 없었을 것이다.[22]

　이광은 용인에서 후퇴하여 관군을 이끌고 6월 15일 경 전주로 돌아
왔다.[23] 그런데 이때 이광은 일본군이 서울을 점령한 이후 전국 각지에
군정(軍政: 朝鮮分居政策)을 실시하기로 결정하고 이를 위해 전라도로
침공해 들어온다는 소식을 듣고는 호남 방어에 적극 나서게 된다.[24] 즉
6월 중순에 전라도 지역을 담당한 고바야카와 다카가게(小早川隆景)가
거느리는 일본군은 경상도 성주, 김산과 충청도 영동 등을 거쳐 무주와
금산 방면으로 진격하며 전라도로 침입하려 하고 있었다. 이처럼 호남
지역이 위기에 처하게 되자, 전라관찰사 이광은 전라도 관군을 총동원
하여 충청도와 경상도의 접경 지역에 배치하여 왜적의 침입에 맞서도
록 하였다. 먼저 광주목사 권율, 전라도 조방장 이유의, 남원판관 노종

22　이광의 용인전투에 대해서는 김경태, 「임진전쟁 초기 이광의 활동과 용인전투에 대한
　　재고」, 『史叢』 89, 2016, 참조.

23　하태규, 「임진왜란 초기 전라도 관군의 동향과 호남방어」, 『韓日關係史研究』 26집,
　　2007, 157쪽.

24　1592년 5월 일본군은 서울을 점령한 이후 총병력 16만을 8도에 분산 점령하게 하고,
　　각 도별 책임자로 하여금 점령지의 민정과 수세(收稅)를 담당하게 하였다. 각 도별 책
　　임 장수는 다음과 같다.
　　함경도 - 加籐淸正, 평안도 - 小西行長, 황해도 - 黑田長政, 강원도 - 毛利吉成, 경기
　　도 - 宇喜多秀家, 충정도 - 福田正則, 경상도 - 毛利輝元, 전라도 - 小早川隆景

령 등을 남원에 배치하여 경상도 지역에서 들어오는 적을 막게 하고, 호남과 영남을 연결하는 고개인 육십령 지역에는 이계정(李繼鄭)을 배치하여 왜침을 막도록 하였다.[25]

1) 제1차 금산전투

일본군의 본격적인 호남 공격은 옥천, 영동 등지를 거쳐 금산 방면에서부터 시작되었다. 이때의 일본군 공격으로 금산군수 권종(權悰)이 전사하고, 방어사 곽영(郭嶸)은 금산성으로 후퇴하면서 전라감사 이광에게 구원을 요청하였다. 이에 이광이 군사 8백을 내어 장수(將帥)를 정해서 금산으로 들여보내 주었다. 그러나 금산의 관군은 왜군을 막지 못하고 6월 23일 금산성이 함락되고 방어사 곽영 군대는 고산으로 후퇴하였다. 5월 담양에서 호남의병을 결성하여 북상하고 있던 고경명(高敬命)은 금산성 함락 소식을 듣고 방어사 곽영에게 전령(傳令)하여 금산의 적을 함께 치자고 약속하였다. 그리고 7월 9일 고경명 의병 부대는 방어사 군대와 합하여 좌·우익을 이룬 가운데 금산성 밖 10리 지점에 진을 친 다음 공성 작전을 개시하였다.

7월 10일 이른 아침 고경명 의병부대는 방어사 군대와 더불어 적진을 공격하기 시작하였는데 관군은 북문을, 의병은 서문을 향하여 쳐들어갔다. 이때 일본군은 관군 쪽이 취약함을 알고 그쪽을 향하여 집중 공격해오자, 선봉장이었던 영암군수 김성헌(金成憲)이 말을 타고 먼저

---

25 하태규, 앞의 논문, 2013, 58쪽.

달아남으로써 일시에 관군이 무너지고 말았다. 이때 고경명 군은 관군이 무너진 것을 보고 의병만이라도 적에 대항하고자 하였으나 이미 의병 군대도 따라서 무너지기 시작하였다. 이 같은 와중에 고경명이 일본군에 둘러싸여 위급에 처하게 되자 종사관 안영과 유팽로, 고경명의 아들 등이 고경명을 구하고자 하였으나 뜻을 이루지 못하고 모두 현장에서 전사하였다. 이와 같이 고경명의 부자는 물론 의병 지도층의 핵심 인사들이 거의 전사한 가운데 제1차 금산전투는 끝났다.[26]

2) 웅치전투

금산을 점령한 고바야카와 다카가게(小早川隆景)는 일부 군사를 금산성에 잔류시키고 고경명 군대 등을 방어하게 하고는 나머지 군사를 이끌고 곧바로 무주, 용담, 진안을 점령하고 웅치를 통하여 전주를 공격하고자 하였다. 이 고바야카와(小早川隆景)가 금산성에 남겨 놓은 일본군에 맞서 위에서 살펴본 고경명 의병의 제1차 금산전투가 전개되었던 것이다. 한편 고바야카와가 직접 일본군을 이끌고 전주를 공격해오자 이에 맞서 전라감사 이광은 금산으로부터 전주로 들어오는 길목에 해당하는 웅치와 이치의 요해처에 동복현감 황진, 전주 의병장 황박, 나주판관 이복남, 김제군수 정담 등을 나누어 배치하여 적침에 대비하게 하였다.[27]

---

26 금산전투에 대해서는 조원래, 「壬亂初期 두 차례의 금산전투와 그 戰略的 의의」, 『충남사학』 12집, 2000 참조.

27 하태규, 앞의 논문, 2013, 59~60쪽.

마침내 7월 8일 경 진안의 일본군이 웅치를 공격해오자, 나주판관 이복남, 김제군수 정담(鄭湛) 등이 거느리는 관군과 김제민, 황박 등 의병장이 거느리는 의병들은 일본군과 사투를 전개하였다. 『난중잡록』에 기재된 웅치 전투 상황은 다음과 같다.

처음에 도복병장(都伏兵將)인 나주 판관(羅州判官) 이복남(李福男)이 중봉(中峯)에 진을 치고, 황박(黃璞)이 그 위에서 지키며 정담은 그 아래에서 지키는데, 이광(李洸)이 장병을 더 보내어 군의 위세를 도왔다. 이날 동이 틀 무렵 수천 명에 달하는 왜군의 선봉 부대가 모두 등에 기(旗)를 꽂고 칼을 휘두르며 곧장 우리 진 앞으로 쳐들어오는데 고함 소리가 하늘에 닿고 쏘는 탄환이 비 오듯 하였다. 이복남 등이 결사적으로 먼저 나와 활을 쏘아 낱낱이 명중시키며 군사들이 모두 죽음을 걸고 싸우니 적병이 점점 퇴각하였다. 아침 해가 동으로 올라와, 뒤의 적이 산과 골짜기를 덮으며 크게 몰려오는데 그 수효를 헤아릴 수 없었다. 산중턱을 육박하여 여러 부대로 나누어 들어와 싸우는데 흰 칼날이 어울려 번쩍이고 나는 탄환이 우박 쏟듯 하였다. 뒤를 이어 응원하는 적이 얼마 안 있다가 또 와서 합세하여 치열한 싸움을 벌이니, 형세가 바람 앞에 불과 같았다. 황박은 화살도 떨어지고 힘도 다 되어 무너져 나주 진중으로 들어갔다. 적병이 승세를 타고 충돌하여 고갯마루로 오르니 나주의 진 역시 무너졌다. 정담이 말하기를, "차라리 적 한 놈이라도 더 죽이고 죽을지언정, 한 걸음도 후퇴하여 살 수는 없다." 하고, 용감히 적과 더불어 육박전을 벌이다 죽었다. 이복남 등은 싸우면서 후퇴하여 안덕원(安德院)에 전주 동쪽 10리 길에 군사를 주둔하였다.[28]

---

28 趙慶男, 『亂中雜錄』 1, 壬辰年 7월 8일.

이와 같이 웅치전투는 7월 8일 하루 동안 치열하게 전개되어 김제군수 정담 이하 수백 명의 무명용사들이 장렬히 전사한 전투이다. 이후 웅치 고개를 넘어 안덕원까지 갔다가 후퇴한 일본군들은 돌아갈 때 우리 군사들의 시체를 거두어 길옆에 큰 무덤을 몇 개 만들어 묻고, 그 위에 말뚝을 세워 "조선국의 충성스런 넋을 조상하노라(弔朝鮮國忠肝義膽)."[29]라고 썼다고 한다. 일본군으로서는 적이지만 조선의 군사들이 힘써 싸운 것을 높이 평가한 것이었다. 백사 이항복은 웅치 전투에 대하여 다음과 같이 평가하였다.

> 웅치의 싸움은 변란이 처음 일어날 때에 있었으므로, 적(賊)의 기세는 한창 정예하였고, 우리 군사는 단약(單弱)한데다 또 건장한 군졸도 없어서 군정(軍情)이 흉흉하여 믿고 의지하기가 어려웠다. 그런데도 능히 죽을 힘을 다하여 혈전(血戰)을 벌여서 천 명도 채 안 되는 단약한 군졸로 열 배나 많은 사나운 적군을 막아 내어 끝까지 호남(湖南)을 보존시켜 국가의 근본으로 만들었으니, 이것이 바로 어려웠던 이유이다.[30]

웅치 전투는 천 명도 안 되는 단약한 군졸로 열 배나 많은 일본군을 막아내어 호남을 지킨 전투라는 것이다. 당시 김제군수 정담은 갑옷 상·하의와 투구에 성명을 새기고는 "내가 죽으면 이것으로 나인 줄 알 것이다."라고 하였다고 한다.[31] 이미 김제에서 출발할 때부터 죽음을

---

29 柳成龍, 『懲毖錄』卷1, 壬辰年 7月

30 李恒福, 『白沙先生別集』卷4,「論亂後諸將功蹟」

31 尹愭,『無名子集』, 詩稿, 2책. "鄭公乃金堤郡守鄭湛也 當壬辰倭變 率郡人樹柵熊峙 以與賊戰 … 刻姓名於衣裳甲冑曰 我死庶以此知爲我也"

각오하였다고 한다. 실제 웅치 전투 이후 수많은 군인들의 시체가 뒤엉 킨 속에서 갑옷에 새겨진 이름을 보고 정담을 찾아내었다고 한다.[32] 그 러나 수백 명의 무명용사들은 아무런 이름도 남기지 않고 조국과 고향 을 지키기 위해 순국하였다. 본 연구에서 살펴보려는 두정란 장군도 이 러한 무명용사 중의 한 명이었다.

3) 이치전투

웅치 전투 이후 금산으로 후퇴하여 있던 일본군은 한 달여 만에 이치 방면을 통하여 호남을 다시 공격하려 하였다. 즉 웅치와 안덕원 전투에 서 패퇴한 일본군이 금산으로 퇴각한 이후 재차 호남을 노리고 침입하 려 한 것이다. 이때 전라도 도절제사로서 남원에서 수비를 담당하고 있 던 광주목사 권율이 전라감사 이광의 명령으로 이치로 가서 동복현감 황진과 함께 일본군의 침입에 대비하였다. 오희문이 지은 『쇄미록』에 따르면 이치전투는 8월 17일에 전개되었고, 제2차 금산전투는 8월 18 일에 있었던 것 같다.[33] (『연려실기술』에서는 제2차 금산전투가 8월 27일 있었다고 기술됨.)

---

32 趙慶男, 『亂中雜錄』1, 壬辰年 7월 8일. "噫 郡人往求郡守之屍處 於積骸中得衣間所書 姓名 以辨其眞 其死戰之志 平日所定也"

33 吳希文, 『瑣尾錄』, 임진년 8월 22일. "且聞 今月十七日 倭賊四百餘名 日出時 潛來直衝 珍山梨峴同福 縣監黃進所陣處 我軍□□□□ 射矢如雨 賊乃不敢突入 退遁錦山 還入 珍山 □□大槪賊死者十餘名 中傷者不知其數 黃進親射卽斃者六七人 中箭者亦多 黃進 額上亦達鐵丸 不至重傷 又十八日 忠淸義僧二千餘名 及趙憲義軍一千八百餘名 不告本 道官軍 輕進賊窟 賊分出四門 圍立義軍 義軍力戰 賊死者五十餘名 傷者亦無數 而義軍死 者 不知其幾"

8월 17일 해 뜰 무렵에 왜군 400여 명이 동복현감 황진이 진치고 있던 이치를 공격해 왔다.[34] 동복현감 황진이 이에 대항하여 싸우다가 막판에 탄환에 맞고 쓰러지자 도절제사인 광주목사 권율이 군인을 독려하여 왜군을 격퇴하였다. 이때의 상황에 대하여는 『재조번방지』가 자세하다. 여기에서는 이치 전투에 대하여 다음과 같이 기술하고 있다.

(권율은) 곧 군대를 이현(梨峴)으로 이주하였다. 이때 영남의 적세는 매우 창궐하여 곧장 전라도를 공격하여 군병을 나누어 쳐들어왔다. 권율은 적세가 심히 성하다는 말을 듣고 영(嶺)을 의지하여 진을 굳건히 하고 군사를 엄밀히 단속하여 대기하고 있었다. 하루는 잿마루에서 적과 만나자 군사를 풀어서 급히 공격하였다. 동복현감(同福縣監) 황진(黃進)은 용맹이 삼군(三軍)에 으뜸이었는데, 돌격전을 벌이다가 적의 탄환에 맞아 후퇴하니 온 군사가 기세가 꺾여 투지가 없이 칼을 감추고 머리를 싸고 슬슬 달아나므로 군중이 흉흉하였다. 저녁때 왜적은 우리 군사가 지친 틈을 타서 우리의 성채 안으로 뛰어 들어왔다. 권율이 칼을 빼어 크게 호통을 치며 직접 화살과 돌을 무릅쓰고 독전하니, 사졸들이 모두 용감하게 달려나가 성위에 뛰어올라 힘껏 막아내는데, 모두가 일당백(一當百)으로 싸웠다. 이에 부르짖는 소리는 천지를 진동하고 화살과 돌은 빗발치듯 하니 적이 감당하지 못하고 드디어 갑옷을 벗어버리고 시체를 끌고 달아났는데, 땅에 버려진 군수 물품과 병장기가 낭자하였고 피는 흘러 길을 덮었다. 왜적이 다시 호남을 엿보지 못하였기 때문에 호남을 근본으로 삼아 국가의 보장(保障)이 되었다.[35]

---

34 하태규, 앞의 논문, 2013, 64쪽.
35 『再造藩邦志』 2.

이와 같이 이치전투는 웅치에서 패퇴한 일본군과 금산에 잔류하고 있던 일본군이 합류하여 호남 지배를 위하여 재침한 것을 격퇴한 전투이다.

4) 제2차 금산전투

이치전투가 전개되고 있을 때 금산에는 조헌과 7백 명의 의병이 금산성을 공격하고 있었다. 조헌은 도절제사 권율과 더불어 8월 18일을 기하여 금산을 향해 협공할 것을 약속한 일이 있었다.(『연려실기술』에서는 8월 27일이라고 되어 있음) 그런데 권율이 (이치에서 일본군과 대적하고 있어: 필자의 추정) 기일을 변경하자는 글을 보냈는데, 조헌이 미쳐 이 글을 받아보지 못한 채 급히 금산성 공격에 나선 것이다. 8월 17일 금산군 10리 밖까지 진군한 의병은 18일 새벽 일본군의 기습 공격을 받아 제2차 금산전투가 시작되었다. 제2차 금산전투의 대체적인 전황은 다음과 같다.

> (18일) 새벽 적이 밀어닥쳐왔을 때 영규는 진영 짜는 일을 대강 끝냈고, 조헌의 군사는 들판 한 가운데에서 적과 백병전으로 싸웠는데 살상한 수효가 상호 비슷하였다. 적의 대군이 계속 몰려오는데 조헌의 군사가 잠시 물러나 영규의 진으로 옮겨 들어가는 순간에 적병이 뒤에서 밀어닥치니 우리 군사들이 큰 혼란에 빠져들었다. 그런 중에도 맨손으로 치며 싸웠으나 적세는 좀처럼 꺾이지 않았다. 얼마 후 조헌이 난병 속에서 죽음을 당하니, 어떤 사람이 영규에게 말하기를 "조헌 의병장은 죽고 더욱 많은 적병이 몰려오니 물러나는 것이 좋겠습니다."라고 하였다. 영규가 이에 크게 말하기

를, "죽으면 죽지 어찌 혼자 살아남을 수 있겠는가?"하고, 종일 적
군을 무찌르며 싸우다가 죽었다. 그리하여 의병들이 모두 다 싸우
다 죽었을 뿐 감히 달아나 산 사람이 없었다. 적도 또한 이날 밤에
경상도로 향하여 달아났으니 이후 감히 호남지방을 침범하지 못하
였다.[36]

조헌은 제1차 금산전투에서 고경명이 패하여 죽었다는 소식을 들었
을 때, "금산의 적은 복심(腹心)의 병이다."[37]라고 하면서 고경명의 원
수를 갚기 위해 하루빨리 일본군을 물리쳐야 한다고 생각하고 제2차
금산전투를 전개하였다. 원래 목표는 금산성을 공략하는 것이었으나,
작전을 개시하기도 전에 야영지에서 적의 기습공격을 받았다. 그러나
제2차 금산전투는 의병 측의 일방적인 패전은 아니었다. 일본군도 많
은 희생자를 냄으로써 군세가 크게 꺾여 잔병을 거두어 환진(還陣)하였
다. 이때 적병의 곡성(哭聲)이 들판에 진동한 가운데 쌓인 시체를 태우
는데 불길이 3일 동안 꺼지지 않았다고 한다.[38]

위와 같이 이치와 금산성을 중심으로 관군·의병과 일본군이 이치전
투와 제2차 금산전투를 전개하고 있을 때 조정에서는 전라감사를 이광
에서 권율로 교체하였다. 용인전투의 책임을 물어 이광을 파직하고 권
율을 새로이 전라감사에 임명한 것이다. 이에 권율은 전주에서 군사
4~5만을 거느리고 서울로 올라갔다. 권율이 이치를 떠난 뒤 금산에서

---

36 『寄齋史草』下,「壬辰日錄」3.

37 위와 같음, "趙憲聞高敬命敗死 曰錦山之賊 腹心之疾 移書靈圭 遂進次其境 期明日共
擊之"

38 『重峯先生文集』附錄 卷2, 狀錄, 行狀. "雖衆寡不敵 全軍盡歿 而賊死亦過當 勢逐大挫
收餘兵還陣 哭聲振野 連屍三日猶不盡 乃積而焚之"

는 8월 27일과 28일 해남현감 변응정(邊應井)이 왜군을 공격하다 전사하게 된다. 27일에 전라도의 여러 장수가 금산의 일본군을 치다가 선봉이 무너져 퇴각하였고, 이어 28일 금산 전투에서 해남현감 변응정과 어득준(魚得浚), 전 봉사 황환(黃環), 의병장 소행진(蘇行震), 전 봉사 최호(崔湖) 등 다섯 장수가 일시에 죽음을 당하였다.[39] 웅치전투 이후 금산성에서 수세에 몰려 있던 왜군은 이치 공격에 실패한 후 금산성에 머무르면서 전라도와 충청도의 관군과 의병의 공격을 받으며 버티다가 전황이 바뀌면서, 9월 17일 경상도로 철수하게 된다. 이로써 극도로 불리했던 초기 전황 속에서 전라도는 지켜질 수 있었던 것이다.

3. 두정란 장군의 웅치전투 참전과 후대의 기억

임진왜란 초 웅치전투에 참여하여 장렬하게 전사한 두정란 장군은 무과에 급제하고 마도(馬島) 만호(萬戶)를 역임한 무인이었다. 대부분의 무인이 그렇듯이 두정란 장군도 자신에 대한 기록을 남기지 않았다. 우리나라에서 무인으로서 직접 자신의 기록을 남기는 것은 매우 드문 일이다.[40] 이순신 장군 등 몇몇 무인만이 예외적으로 직접 자신의 기록을 남겼다. 이순신 장군은 『난중일기』를 직접 기록하여 남겼기 때문에

---

39 박인호, 「임진왜란의 경험과 역사정리작업」, 『한국사학사학보』 26, 2012, 210쪽. "신석겸은 변응정이 7월 웅령(웅치) 전투에서 전사한 것이 아니라 8월의 금산 전투에서 조헌이 패배한 후 원병을 가서 금산에서 전투하다가 사망한 것으로 보았다."
40 무인이 쓴 기록은 이순신 장군의 『난중일기』, 조선후기 무관 노상추의 일기, 박계숙과 박취문의 『부북일기(赴北日記)』 등 극히 소수만 남아있다.

그림 2 두정란 장군 묘비 후면

오늘날 그에 대한 선양사업과 연구가 대대적으로 이루어지고 있다. 그런데 두정란 장군은 평소 아무런 기록도 남기지 않았다.

왜적이 침입해 올 때 조국과 고향을 지키고자 웅치로 가서 그곳에서 장렬히 전사하였고, 전투 직후 일본군이 군인들의 시신을 한데 모아 큰 무덤을 만들어 묻어버렸기 때문에 시신조차 찾을 수 없었다. 김제군수 정담은 갑옷에 이름이라도 썼지만 두정란 장군은 이름조차 쓰지 않았다. '임을 위한 행진곡'이라는 노래에서 나오는 가사 그대로 '사랑도 이름도 명예도 남김없이' 왜적과 싸우다 불꽃처럼 산화(散華)하신 분이다. 따라서 그에 대해 알 수 있는 정보가 거의 없다. 현재 두정란 장군에 대한 가장 이른 시기의 기록은 1831년에 세워진 다음과 같은 묘비명이다.

어모장군 행마도만호 두정란과 배 의인 파평 윤씨의 묘[41]
공의 선조는 두릉인이다. 평장사 경승의 9세손이며, 강령현감 사순의 장자이다. 무과에 급제하여 만호를 지낸 후 고향으로 돌아와 한가로이 지내다가 임진왜란이 일어나자 의병을 일으켜 군인을 모아 곧바로 웅치로 달려가 왜적을 방어하였다. (공은) 화살을 뽑아 활시위를 당김에 한발도 빗나가지 않으니 적의 시체가 산을 이루었다. 백마 탄 적의 괴수를 화살로 쏘아 명중시켰고, 화살이 다하고 손가락이 짓물러 마침내 전장에서 죽으니 초혼하여 합장하였다. 이

---

41 禦侮將軍行馬島萬戶杜陵杜公廷蘭 配宜人坡平尹氏之墓
公先杜陵人也 平章事景升九世孫也 康翎縣監思順長子也 登武科行萬戶 阪臥田里 當龍蛇變 倡義募軍 直赴熊峙 防賊要□ 抽矢引弓 一不虛發 賊尸如山 射□賊魁 乘白馬者 矢盡指沒 終至戰亡 招魂合葬 後三乙酉(주: 1825) 呈官營 禮曹未蒙褒典□□□□ 長子汝慶次子汝賢三子汝良
道光十一年辛卯(주: 1831)三月日枡立 六世孫萬善 六世孫萬修 (九世承宗孫興祿)

후 1825년에 관영에 보고하였으나 예조에서 포전(褒典)을 받아들이지 않았다. 장자는 여경이고, 차자는 여현이며, 3자는 여랑이다.

도광 11년(1831) 신묘년에 창립하였다. 6세손 만선, 6세손 만수.

(9세 승종손 홍록)

이 묘비명에서 두정란 장군은 무과에 급제하여 만호를 지냈는데, 임진왜란이 일어나자 군인을 모아 곧바로 웅치로 달려가 적과 싸우다 죽어 시신을 찾을 수 없어서, 이후 고향 옥구에서 초혼(招魂)하여 부인과 합장하였다고 기록하고 있다. 두정란 장군이 사망한 날짜는 웅치전투가 전개되었던 1592년 7월 8일인데, 부인과 합장하였다고 하니, 윤씨 부인이 이후 얼마를 더 사셨다고 가정한다면, 대략 17세기 초 무렵에 무덤이 만들어진 것으로 보인다. 그런데 무덤을 만들 때 비석은 만들지 않았는지 1831년에야 비석을 만들어 이 사실을 기록하고 있다. 즉 무덤이 만들어진 이후 200여 년이 지나서 묘비명이 창립(刱立)되었기 때문에 이 묘비명의 내용 역시 불확실한 측면이 있다.

묘비명 맨 앞에 쓰인 제목에서 어모장군(禦侮將軍)은 정3품 당하관이고, 만호(萬戶)는 종4품 무관직이므로 행수법(行守法)에 의거하여 마도만호 앞에 행(行)을 쓰는 것은 맞다. 그런데 정3품 당하관 부인의 외명부 관계(官階)는 숙인(淑人)인데, 부인 파평 윤씨 앞에 6품관 부인의 칭호에 해당하는 의인(宜人)이라는 관계(官階)가 붙어있어 조금 이상하다.[42] 200여 년 동안 전해 내려오면서 기억 상 약간의 착오가 있었던 것

---

42 『經國大典』, 吏典, 外命婦, 文武官妻. "正·從一品 貞敬夫人, 正·從二品 貞夫人, 正三品 堂上官 淑夫人 堂下官 淑人, 正·從四品 令人, 正·從五品 恭人, 正·從六品 宜仁, 正·從七品 安人, 正·從八品 端人, 正·從九品 孺人"

같다. 그러나 두정란 장군 본인에 대한 내용은 비교적 단순하기 때문에 두씨 집안에서 구전(口傳)으로 충분히 전해 내려올 수 있을 내용으로 생각되고, 또 어느 정도 믿을 수 있는 기록이라고 본다. 그런데 두씨 집안에서는 1825년(순조 25) 전라관영에 두정란 장군의 이러한 사실을 보고하고 포전(褒典)을 요구하여 이 건(件)이 예조에까지 올라갔으나, 예조에서는 시기가 오래되고 근거가 박약하다고 보았는지 포전(褒典)을 내리지는 않았다고 묘비명은 기록하고 있다.

그런데 이 묘비명의 내용은 후대로 갈수록 계속 변조(變造)되고 과장되어, 오늘날 두정란 장군에 대하여 이 묘비명과 전혀 다른 형태의 설(說)들이 유포되고 있다. 변조의 시작은 묘비명이 세워진 지 60년이 지난 1898년에 발행된 『두릉두씨(杜陵杜氏) 세보(世譜)』의 「만호공(萬戶公) 충행록(忠行錄)」이다. 그 내용은 다음과 같다.[43]

> 만호공 휘(諱) 정란은 현감공의 장자이다. 어려서부터 용력이 있어 무직(武職)인 만호에 임명되었다. 고향인 향리로 돌아와서 일찍이 말하기를 대장부로서 처세하는데 충효가 우선이라고 하였다. 선조 조에 들어와 임진왜란을 당하자 (주위 사람들에게) 의기(義氣)로 격려(激勵)하여 군병(軍兵)을 초모하여 곧장 웅치의 왜적이 있는 곳

---

43 『杜陵杜氏 世譜』, 忠行錄, (1898). "萬戶公 諱廷蘭 縣監公長子也 少有勇力 以武職 任萬戶 歸臥田里 嘗曰 丈夫處世 當以忠孝爲先也 逮至宣廟朝 壬辰燹火之變 激勵義氣 招募 軍兵 直赴熊峙倭賊之所 與金堤郡守鄭湛 助防將白光彦 海南縣監邊應井 約以同心討賊 結柵峽路 以防敵陣 公引弓抽矢 一不虛發 積尸如山 賊魁一人 乘白馬 直立紅旗前輩 率 其軍 敢犯陣前 公又以單騎 直向賊魁 射中其胸 墜馬而死 左衝右突 射殺數百級 矢盡指 裂 氣力將盡 賊兵自山上大至 公冒白刃 張空券[拳] 與鄭白諸公 俱爲殉節 名載功臣錄 墓 在沃溝多只山支坐原"
戊戌(주: 1898) 四月 下澣 後孫秉奎 謹識

으로 달려갔다. 김제군수 정담, 조방장 백광언, 해남현감 변응정 등과 함께 합심하여 왜적을 토벌할 것을 결의하고, 산의 협로(峽路)에 목책을 설치하여 적을 방어하였다. 공은 활을 당기어 화살을 쏘는데 한발도 빗나가지 않으니 적의 시체가 산처럼 쌓였다. 적의 우두머리 1인이 백마를 타고 홍기(紅旗)를 들고 앞장서서 그 군대를 이끌고 감히 우리 진 앞에 이르렀다. 이에 공(公)이 홀로 말을 타고 적의 우두머리를 향하여 돌진하여 화살을 쏘아 그 가슴의 중앙에 맞혀, 적장이 말에서 떨어져 죽고 그 군인들이 좌충우돌하자 적병 수백 급을 사살하였다. 화살이 다 떨어지고 손가락이 찢어져 기력이 다할 때 적병이 산 위에서 대규모로 나타났다. 공(公)은 (적들의) 흰 칼날을 무릅쓰고 주먹을 휘두르며 분전하였다. 이윽고 정담, 백광언 등 여러 장군들과 함께 순절하였다. 이름이 공신록에 올라갔고, 묘소는 옥구 다지산 해좌에 모셔져 있다. 무술(1898년) 4월 하순에 후손 병규가 씀.

이 「만호공 충행록」에는 1831년의 묘비명에 기록되지 않은 다수의 새로운 사실들이 첨가되어 있다. '대장부로서 처세하는데 충효가 우선'이라고 말했다는 등, 또 웅치에서 김제군수 정담, 조방장 백광언, 해남현감 변응정과 왜적을 토벌할 것을 결의했다는 등의 사실이 첨가된 것이다. 그런데 사실 이러한 것들은 근거 없는 기록이다. '대장부로서 처세하는데 충효가 우선'이라고 말했다는 것은 그럴 개연성이 있지만, 조방장 백광언, 해남현감 변응정과 함께 왜적을 토벌할 것을 결의했다는 것은 전혀 사실이 아니다. 조방장 백광언은 7월 8일 웅치전투가 발발하기 10여일 전인 6월 28일 용인전투에서 전사하였다.[44] 그리고 해남현

---

44 『宣祖實錄』 27권, 선조 25년 6월 28일 丙辰. "上命贈白光彦·李之詩職 以死於戰也"

감 변응정은 웅치전투에는 참가하지 않은 것으로 보이고, 앞에서 살펴본 바와 같이 8월 27일 금산전투에 참전하여 전사하였다.[45] 웅치전투에서는 김제군수 정담, 나주판관 이복남, 의병장 황박 등이 참여하였고, 전쟁이 치열해지자 이복남과 황박은 안덕원으로 후퇴하였으나 김제군수 정담은 웅치를 끝까지 사수하고 무명(無名)의 수많은 용사(勇士)들과 함께 장렬히 전사하였다. 따라서 「만호공 충행록」에서 함께 왜적을 토벌할 것을 결의한 인물은 김제군수 정담만 사실이고 나머지 인물들은 사실이 아니다. 즉 "조방장 백광언, 해남현감 변응정과 함께 왜적을 토벌할 것을 결의했다", "백광언 등 여러 장군과 함께 순절하였다." 등의 구절은 전혀 사실이 아니다.

1898년 「만호공 충행록」에 근거 없이 새로운 사실들이 첨가되어 두 정란 장군을 진실 그대로 이해하는 데 혼동을 일으켰는데, 이 내용들은 다시 아무런 비판 없이 다른 책에 그대로 전재(轉載)되었고, 다른 책에서는 또 다시 새로운 내용들이 근거 없이 계속 첨가되었다. 1924년에 옥구향교에서 유생들이 모여서 『옥구군지』를 편찬하였는데, 절의(節義) 조에서는 두정란 장군에 대하여 다음과 같이 서술하였다.

---

45 『懲毖錄』에는 해남현감 변응정이 7월 8일 웅치전투에 참가하여 전사하였다고 하는데, 이것은 유성룡의 착오인 것으로 보인다. 변응정은 8월 27일 금산전투에 참가하여 전사하게 된다.
　『宣祖修正實錄』26권, 선조 25년 8월 1일 戊子. "海南縣監邊應井追至擊倭 死之 應井初與趙憲約共攻錦山 旣而與官軍皆後期 聞憲敗死 歎曰 奈何與義將約而背之 不俱死乎 卽提兵獨進至城下 格鬪而死 應井父協爲大將 有威望 先倭難卒 應井慷慨有志操 出身未久 以死殉國 朝野惜之"
　『宣祖實錄』31권, 선조 25년 10월 27일 癸丑. "備邊司啓曰 全羅監司權慄狀啓 鄭運則已爲褒贈矣 海南縣監邊應井 力戰而死云 依例追贈 何如 上從之"

두룽인이며, 현감 사순의 아들로서 무과에 급제하여 만호를 지냈다. 임진왜란을 당하자 (주위의 사람들에게) 의기(義氣)를 격려하였다. 김제군수 정담, 조방장 백광언, 해남현감 변응정, 제봉 고경명, 중봉 조헌과 같이 바로 웅치로 달려가서 마음을 같이하여 힘껏 싸웠다. 기력이 다하여 웅치에서 순절하였다. 초혼하여 장례를 지냈고, 단서철권이 있다.[46]

위 서술에서 조방장 백광언, 해남현감 변응정이 웅치전투에 참가하지 않았다는 것은 앞에서 설명하였다. 여기에서 새로이 첨가된 제봉 고경명, 중봉 조헌 역시 웅치전투에 참가하지 않았다. 제봉 고경명은 앞에서 살펴본 바와 같이 제1차 금산전투에서 전사하였고, 중봉 조헌은 제2차 금산전투에서 전사하였다.[47] 옥구향교 유생들이 사실 관계를 정확히 파악하지 못하고, 임진왜란 초기 전투에서 전사한 유명한 사람들을 모두 모아서 뭉뚱그려 함께 서술하여, 후대의 사람들에게 또 다시 혼란을 일으키는 사태를 초래하게 된다. 즉 이 서술을 바탕으로 후에 두정란 장군이 전사한 장소가 웅치에서 금산으로 바뀌게 되는 일이 발생하였다. 또 서술 맨 끝에 "단서철권이 있다."고 했는데, 단서철권(丹書鐵券)은 공신을 표창하던 문권을 이르는 말이다. 그런데 1831년 묘지명에서 쓰여 있는 것처럼 두씨 집안에서 1825년(순조 25) 전라관영에 두정란 장군의 웅치 활약 사실을 보고하고 포전(褒典)을 요구하였으나, 예조에서는 포전(褒典)을 내리지는 않았다. 따라서 단서철권은

---

46 『沃溝郡誌』 권2, 節義, 杜廷蘭, 옥구향교 출간, 1924. "杜陵人 縣監思順子 武科行萬戶 當其壬辰 激勵義氣 與金堤郡守鄭湛 助防將白光彥 海南縣監邊應井 霽峯高敬命 重峯趙憲 卽赴熊峙 同心戮戰 勢窮力盡 殉節于熊峙 招魂而葬 有丹書鐵券"

47 趙湲來, 「壬亂初期 두 차례의 금산전투와 그 戰略的 의의」, 『忠南史學』 12집, 2000.

받지 못하였는데, 여기에서 "단서철권이 있다."고 서술한 것 역시 사실이 아니다.

1924년 옥구향교에서 편찬한『옥구군지』에서 두정란 장군이 제봉 고경명, 중봉 조헌과 같이 싸웠다고 서술하니까, 그 후 두정란 장군이 전사한 장소는 웅치가 아닌 고경명, 조헌이 전사한 금산으로 변하였다. 즉 1925년에 편찬한『두릉두씨 세보』에서는

> 선조 21년(1588) 정해에 무과에 급제하고[48], 어모장군 마도만호를 지냈다. 임진왜란을 당하여 의기를 격려하였다. 웅치에 곧바로 달려가 김제군수 정담, 조방장 백광언, 해남현감 변응정, 제봉 고경명, 중봉 조헌과 마음을 같이하고 힘껏 싸웠다. 화살이 떨어지고 힘이 다하여 금산에서 순절하였다. 옥구 구읍면 구다범 앞산 신장리 후록 건좌에 초혼하여 장례를 치렀다. 부인은 의인 파평 윤씨로 몽룡의 딸이며 6월 4일 졸하였다. 묘는 부부를 함께 합장하였고, 표갈(表碣)이 있다.[49]

라 하여, 두정란 장군이 금산에서 순절하였다고 쓰고 있다. 1831년의 묘비명을 확인하지 않고, 1924년에 편찬된『옥구군지』에서 고경명, 조헌과 싸웠다는 내용만을 그대로 받아들여 쓴 결과 전사한 장소가 바뀌게 것이다.

---

48 선조 21년은 1588년 戊子年이고, 丁亥는 1587년이다. 연도에 혼동이 있음.

49 『杜陵杜氏 世譜』, 十五世 子 廷蘭 條. 1925. "宣廟二十一年(주: 1588 戊子) 丁亥(주: 1587) 登武科 禦侮將軍 行馬島萬戶 當百六之運 激勵義氣 直到熊峙 與金堤郡守鄭湛 助防將白光彦 海南縣監邊應井 霽峰高敬命 重峯趙憲 同心戮力 赴戰 矢盡力窮 殉節于錦山 招魂而葬 于沃溝舊邑面 五谷里 舊多凡前山 新長里後麓 乾坐 配宜人坡平尹氏 夢龍女 六月四日卒 墓同原合封 有表碣"

1914년『옥구군지』와 1925년 『두룽두씨 세보』에서 두정란 장군이 제공 고경명, 중봉 조헌과 함께 싸워 금산에서 순절하였다고 하니까, 두정란 장군은 1932년에 편찬된『금곡지』와 1934년에 편찬된『금곡지 명현록』에 이름이 오르게 된다. 임진왜란 때 금산 지역(특히 이치 전투)에서 왜군과 맞서 싸운 권율 장군과 그 휘하 장수를 기리기 위해 1886년(고종 23)에 금곡사(金谷祠)를 건립하였다. 그리고 권율 장군과 휘하 장수의 공적을 드러내고 기념하기 위해 1932년에『금곡지』를 편찬하고[50], 1934년에는『금곡지 명현록』을 편찬하였는데, 이『금곡지』와『금곡지 명현록』에 두정란 장군의 이름이 오르게 된 것이다. 다음은 『금곡지 명현록』에 나오는 두정란 장군에 대한 서술 내용이다.

> 호는 수의당(守義堂)이고, 두룽인이다. 송나라 병부상서 경녕의 후손이며, 평장사 경승의 9세손이고, 비인현감 사순의 장자이다. 공(公)은 기량이 크고 풍채가 좋고 의기가 당당하였으며, 용모가 바르고 엄숙하였다. 젊은 나이에 중봉 조헌 선생의 문하에서 학문을 닦아, 학문으로 세상에 이름을 드러내었다. 일찍이 말하기를, 장부의 처세는 도덕과 충효로써 세상을 깨우쳐야 하는 것이라고 말하였다. 운운. 임진왜란이 일어났을 때 의기로써 격려하고 군병을 모집하여 금산에 가서 중봉 조헌선생을 따르고, 제봉 고경명, 조방장 백

---

50 『금곡지』에 나오는 두정란 장군에 대한 내용은 다음과 같다.
『金谷誌』1932, "杜廷蘭 字 號守義堂 杜陵人 尙書慶寧后 壁上功臣景升九世孫 庇仁縣監思順長子 素有勇力 以武出身 官萬戶 退臥田廬 嘗曰丈夫處世 當以忠孝爲本 逮至龍蛇之變 激勵義氣 招募軍兵 與金堤郡守鄭湛 助防將白光彦 兵使杜起文 縣監邊應井 從權元帥 同心討賊 結柵峽路 以防賊兵 公引弓抽矢 一不虛發 積屍如山 血流成渠 魁酋乘白馬 率軍犯陣前 公以單騎出陣 射中其胸 落馬而死 左右衝突 射殺數百級 矢盡指裂 氣力將盡 賊兵自峙上大至 親冒矢石 張空弩 長呼仰天歎 奄爲殉節 賜錄券 其弟副將廷莢 招魂歸葬 于沃溝郡 定面 多只山 負乾之原 享玉山書院"

광언, 병사 두기문, 해남현감 변응정과 함께 왜적을 토벌하였다. 산의 협로에 목책을 설치하여 적을 방어하였다. 공(公)은 활을 당기어 화살을 쏘는데 한발도 빗나가지 않았다. 적장이 백마를 타고 우리 진 앞을 범하므로, 공은 혼자 말을 타고 출진하여 화살을 쏘아 그의 가슴 중앙에 맞히자 적장이 말에 떨어져 죽고 이어 수백 급을 사살하였다. 화살이 다 떨어지고 손가락이 짓무를 때 적병이 대거 다가오자 공은 화살과 돌이 쏟아지는 가운데에서도 서서 태연자약한 모습으로 병졸을 지휘하였는데 그 기세가 풍뢰(風雷)와 같았다. 마침내 적이 다가오자 하늘에 대고 함성을 지르고 이윽고 순절하였다. 녹권을 받았다. 그 아우 부장 정협이 옥구군 정면 다지산 건좌에 초혼장을 지냈다. 옥산서원에 배향되었다.[51]

위『금곡지 명현록』에서 두정란 장군은 '수의당'이라는 호가 새로 생기고, 중봉 조헌 선생의 문하에서 학문을 닦아, 학문으로 세상에 이름을 드러낸 문인으로 변하였다. 무과에 급제하고 어모장군 마도만호를 지낸 이력은 없어지고, 중봉 조헌 선생을 따른 문인 의병으로 변질된 것이다.

이렇게 하여 두정란 장군은 중봉 조헌의 문인으로 금산에서 전사하였다는 것이 통설이 되었다. 그리고 이러한 내용은 오늘날 군산의 역사

---

51 『金谷誌名賢錄』, 弘文社, 1934. "杜廷蘭 號守義堂 杜陵人 尚書慶寧后 平章事景升九世孫 庇仁縣監思順長子 公器宇軒昂 儀容正肅 早年受業于重峯先生趙憲門 以學問著世 嘗曰丈夫處世 當以道德忠孝 爲警世之析 可也 云云 逮至龍蛇之變 激勵義氣 招集軍兵 赴至錦山 從重峯趙先生 與霽峰高敬命 助防將白光彦 兵使杜起文 縣監邊應井 同心討賊 結柵峽路 以防敵兵 公引弓抽矢 一不虛發 賊將乘白馬 犯陣前 公以單騎出陣 射中其胸 落馬而死 追殺數百級 矢盡指裂 敵兵大至 立於矢石所 神色自若 指揮兵卒 勢如風雷 終爲敵所迫 仰天一號 奄爲殉節 賜錄券 其弟副將廷莢 招魂歸葬于沃溝郡 定面 多只山 負乾之原 享玉山書院"

와 문화를 집대성한 『디지털군산문화대전』에서 그대로 전재(轉載)되었다. 다음은 『디지털군산문화대전』의 두정란 장군에 대한 설명이다.

> 두정란의 호(號)는 수의당(守義堂)이며, 중봉 조헌(趙憲)의 문인이다. 1587년(선조 20) 무과에 급제하여 만호(萬戶)를 역임하였다. 임진왜란이 일어나자 나라를 위한 충정을 불태우며, 주변 사람들에게 일본군과 맞서 싸울 것을 호소하였다.
>
> 1592년(선조 25) 7월~8월, 고바야카와 다카카게[小早川隆景]가 이끄는 일본군이 전라도로 진출하기 위해 금산성(錦山城)을 점령하고 세력을 크게 떨치고 있을 때에 권율 장군과 함께 이치(梨峙)에서 일본군을 물리쳤다. 뒤에 스승 조헌과 합류하여, 일본군이 점령하고 있는 금산성을 탈환하기 위해 힘껏 싸우다가 참전한 모든 병사와 함께 전사하였다. 이때 훈련원(訓鍊院) 봉사(奉事)를 거쳐 부장(副將)을 지낸 동생 두정협(杜廷莢)도 함께 전사하였는데, 전사한 조헌 등의 의병 무덤을 '금산 칠백의총(錦山七百義塚)'이라고 한다.
>
> 이후 후손들이 초혼(招魂)의 장례를 전라북도 옥구읍 오곡리에서 지내고 장군석을 세웠다. 1924년에 간행된 『옥구군지(沃溝郡誌)』 절의(節義) 조(條)에 수록되어 있다.

이와 같이 오늘날 우리나라 사람들이 누구나 쉽게 인터넷에서 검색할수 있는 『디지털군산문화대전』에서의 두정란 장군에 대한 설명은 원래의 '1831년 묘비명'과는 전혀 다른 내용으로 이루어졌다. '호가 수의당이며, 중봉 조헌의 문인이다.'라는 내용은 원래의 묘비명에는 없는 내용이다. 그리고 '이치'에서 일본군을 물리치고 '금산성'에서 전사하였다는 내용도 사실이 아니다. 두정란 장군은 '웅치'전투에서 전사하였기 때문에 그 후에 벌어진 이치 전투와 금산성 전투에 갈 수 없었기 때문이다.

지금까지 두정란 장군에 대한 설명이 어떻게 과장되고 어떻게 변질되어왔는지 살펴보았다. 역사에서 가장 중요한 것은 사료이다. "사료가 없으면 역사도 없다."라는 말이 있듯이 사료는 역사의 구성에서 근본이 되는 것으로, 사료가 정확하지 않으면 올바른 역사라 할 수 없는 것이다. 두정란 장군에 대하여 가장 중요한 사료는 '1831년 묘비명'이라 할 수 있다. 지금으로서는 이것이 가장 오래된 것이고, 믿을 수 있는 사료인 것이다. 그런데 1898년에 발행된 『두릉두씨 세보』의 「만호공 충행록」, 1924년에 옥구향교에서 편찬한 『옥구군지』, 1925년에 편찬한 『두릉두씨 세보』, 1934년에 발행된 『금곡지명현록』 등에서는 '1831년 묘비명'을 주목하지 않고, 앞에서 편찬·발행된 서적만을 참조하고 또 이에 덧붙여 과장한 결과 오늘날에는 원래 두정란 장군의 실상과는 전혀 다른 설명이 횡행하고 있는 실정이다.

4. 맺음말

16세기 말에 일어난 임진왜란은 조선과 명, 일본이 참전한 국제 전쟁이었다. 또 이를 기점으로 조선시대를 전기와 후기로 나눌 수 있듯이, 임진왜란은 한국사에서도 획기적인 사건이었다. 당시 사람들에게도 임진왜란은 '동국(東國) 개벽 이래 일찍이 없었던 큰 변란'으로 인식될 정도로 충격적인 사건이었다. 그런데 이와 같은 임진왜란에 대한 기억이 오늘날과 같은 인식으로 형성된 것이 어떠한 과정을 통하여 이루어졌는지에 대해서는 불분명한 점이 많다. 심지어 임진왜란에 관한 역사적 사실로 정착된 기술도 당시의 실상과 동떨어진 경우가 많다. 예를 들어, 임진왜란이 일어나기 10년 전 율곡 이이가 '10만 양병설'을 주장하였으나 유성룡의 반대로 이루어지지 못해 임진왜란 당시 국가적인 어려움을 겪었다는 인식도 역사적 사실에 기초한 것이 아니다. 율곡 후손의 부정확한 말이 『선조수정실록』에 그대로 전재(轉載)되면서 오늘날 사실처럼 인식되고 있는 것이다.[52] '10만 양병'이라는 말은 조선시대와 같은 군사 체제에서는 도저히 불가능한 일로서, 율곡과 같이 국가의 군사 사무를 알고 있는 사람이 제기할 수 있는 내용이 아니다.

이와 같이 임진왜란에 대한 기억은 부정확한 것이 많다. 본 연구에서 살펴본 바와 같이 웅치전투에서 전사한 두정란 장군에 대한 오늘날의 기억도 매우 부정확한 것으로 보인다. 군산시 옥구읍에 있는 두정란 장군 묘소의 묘비에는 두정란 장군이 웅치전투에서 전사하였다고 분명하게 기록하고 있다. 웅치전투는 유성룡이 『징비록』에서 "전라도 한도가 이로 말미암아 보존되었다."[53]라고 기록할 정도로 전라도의 운명을 가른 큰 전투였다. 여기에 두정란은 무명용사로 참전하여 장렬하게 전사하였다. 그런데 『군산시사』나 『한국향토문화전자대전』 등에는 "두정란 장군이 조헌 의병대장과 합류하여 금산에서 왜적과 싸우다가 전사하였다."라고 되어있다. 두정란 장군의 묘비 비문과 오늘날 알려진 사실이 전혀 다르게 쓰여 있어, 혼란을 불러일으키고 있는 것이다.

이러한 혼란의 원인으로 첫째, 임진왜란 초기 전라도를 방어하기 위해 전개된 전투에 대한 이해가 부정확하였던 것으로 보인다. 임진왜란

---

52 이재호, 「宣祖修正實錄 記事의 疑點에 대한 辨析 ― 특히 李栗谷의 十萬養兵論과 柳西厓의 養兵不可論에 대하여」, 『대동문화연구』 19, 대동문화연구소, 1986.

53 柳成龍, 『懲毖錄』 1권. "時賊精銳 多死於熊嶺 氣已索 … 由是 全羅一道獨全"

발발 초기인 1592년 7월과 8월에 전라도 변경 지역에서 4번의 큰 전투와 여러 번의 작은 전투가 전개되었다. 웅치전투는 7월 8일 전개되어 김제군수 정담 이하 수백 명의 무명용사들이 전사하였다. 두정란 장군도 이러한 무명용사 중의 한 명이었던 것으로 보인다. 제1차 금산전투는 7월 10일 전개되어 고경명 등이 전사하였다. 이치전투는 8월 17일 전개되었고, 제2차 금산전투는 8월 18일 전개되었는데 조헌과 영규 등이 전사하였다. 그리고 8월 28일 금산전투에서 해남현감 변응정이 전사하였다. 이와 같이 임진왜란 초기 전라도 방어 전투는 수차례 전개되었다. 그런데 두정란 장군의 후손들과 지역 문인들이 이러한 사실을 이해하지 못하고 "김제군수 정담, 조방장 백광언, 해남현감 변응정 등과 함께 싸우다 죽었다."는 등의 부정확한 서술을 하고 이것이 다시 후대에 답습되면서 심각한 오해가 발생하였다. 본론에서 지적하였듯이 김제군수 정담은 웅치전투에서 전사하였고, 조방장 백광언은 용인전투에서 전사하였고, 해남현감 변응정은 8월 28일 금산전투에서 전사하였다. 이 세 사람은 전투한 지역이 모두 다르고, 전사한 장소도 모두 다르다. 후손과 지역 문인들은 이러한 사실을 정확히 인지하지 못하고 막연하게 임진왜란 당시 전사한 유명한 사람들을 함께 뭉뚱그려 서술한 것으로 보인다.

둘째, 후손들이나 지역의 문인들이 두정란 장군의 행적을 과장하고 변조하여 혼란이 일어난 것으로 보인다. 두정란 장군의 묘비에 "무과에 급제하여 만호를 지냈다."고 쓰여 있듯이 두정란 장군은 무인이었다. 그리고 웅치전투에 무명용사로 참전하여 장렬하게 전사하였다. 그런데 조선 사회는 문인을 우대한 사회로서 후손이나 지역의 문인들은 가문의 어른이자 자신들이 존경하는 두정란 장군이 무인인 것이 불만인

듯 "젊은 나이에 중봉 조헌 선생의 문하에서 학문을 닦아, 학문으로 세상에 이름을 드러내었다."라고 하여 그를 문인으로 변조하였다. 그리고 조헌 선생이 금산전투에서 전사하였으니, 두정란 장군도 함께 금산전투에서 전사하였을 것이라고 인식하여 두정란 장군이 금산에서 전사하였다라고 서술하였다. 이러한 인식이 후대로 답습되면서 혼란이 야기되었다.

후손들이나 지역민들은 조상이나 지역의 인물들에 대하여 자신들이 기억하고 싶은 내용을 만들어내서 이것을 사실인양 후대에 전하는 경향이 있다. 본고에서 살펴보았듯이 두정란 장군에 대한 기록이 묘비에 쓰인 내용과 오늘날 알려진 사실이 전혀 다른 것은 후손들이나 지역민들이 정확한 사실을 잘 모르고, 자신들이 기억하고 싶은 과거를 만들어서 후대에 전했기 때문으로 보인다. 우리나라 지역 사회의 각 가문에서 전해 내려오는 역사 기록에도 이러한 것들이 상당히 많으리라 생각된다. 지역 연구자들은 이러한 점에 특히 유의하여 가문이나 지역에서 전해 내려오는 이야기를 그대로 믿지 말고, 정확한 사료에 입각하여 지역의 인물이나 역사적 실체에 접근하여야 한다고 생각한다.

『임진왜란 의병장 두정란 장군의 재인식 심포지엄』, 2020. 12. 발표문

7장.

조선후기 고군산
유배지와 유배인

1. 머리말

고군산군도는 군산 남쪽 약 50km 해상에 위치한 여러 섬들로 이루어졌다. 오늘날 행정구역상 군산시 옥도면에 속하는 고군산군도는 선유도, 무녀도, 장자도, 야미도, 신시도, 관리도, 대장도, 횡경도, 방축도, 명도, 말도 등 10여 개의 유인도와 20여 개의 무인도로 이루어진 무리 섬이다. 흔히 선유도로 통칭되는 고군산군도는 고려와 조선전기에는 군산도(群山島)라고 불렸다. 현존하는 군산도가 소개된 최초의 기록은 고려 인종 원년(1123)에 송나라 사신으로 왔던 서긍(徐兢)이 지은 『선화봉사고려도경(宣和奉使高麗圖經)』인데, 서긍은 이 책에서 '군산도'라는 제목을 특별히 설정하여 이 섬에 대한 자세한 기록을 남기고 있다.

군산도라는 명칭은 이후 『고려사』에서도 다수 등장하고 있으며, 『조선왕조실록』 곳곳에서 나오고 있다. 반면 '고군산(古群山)'라는 명칭은 조선전기의 『실록』에서는 전혀 나오지 않는다. '고군산'이라는 명칭이

최초로 사료에 등장하는 것은 이순신 장군의『난중일기』에서이다. 즉
『난중일기』 정유년(1597) 9월 21일자 일기를 보면 "아침 일찍 출발하
여 고군산도에 도착했다"[1]라고 쓰여 있다. 이를 통해 군산도는 조선중
기 이후 간혹 '고군산도'라고도 칭해졌음을 알 수 있다. 그런데 임진왜
란 이후에도『조선왕조실록』과 같은 관찬 사료에서는 한동안 '군산도'
라는 명칭만 나오고 있다.『조선왕조실록』에서 '고군산'이라는 명칭이
최초로 나오는 것은 인조 5년(1627)의 기사이다.[2] 인조 2년(1624) 군산
도에 수군 진(鎭)을 설치하였는데, 이 진을 옥구현 북쪽 진포에 이미 설
치되어있던 군산진(群山鎭)[3]과 구별하고자 '고군산진'이라고 부른 것으
로 보인다. 동일한 권역에 이렇게 수군 진을 유사한 이름으로 두 개나
설치하는 것은 유례가 없는 일인데, 이것은 군산 지역의 경제적, 군사
적 중요성을 고려하였기 때문으로 판단된다. 이렇게 고군산진이 설치
된 이후 군산도는『조선왕조실록』뿐만 아니라 기타 여러 사료에서도
주로 '고군산'으로 칭해지게 된다.[4]

 고군산의 선유도 북쪽 끝에는 높이 152m의 우뚝 솟은 2개의 바위산
이 있는데 이 산을 망주봉(望主峰)이라 부른다. 이 바위산이 망주봉이
라 불리게 된 연유에 대해서는, 옛날 고군산으로 유배 온 한 선비가 이
바위산에 올라가서 한양 쪽을 바라보며 임금을 그리워하여 망주봉이라

---

1 『李忠武公全書』권8, 난중일기 4, 丁酉(1597) 9月 21日 (한국문집총간 55, 297쪽) "二十
 一日己酉 晴 早發到古羣山島 湖南巡察 聞吾到來 乘船急向沃溝云"

2 『仁祖實錄』권17, 인조 5년 11월 17일(庚辰). "古群山, 亦皆極目膏壤"

3 『世宗實錄』卷151, 地理志, 全羅道. "群山 在沃溝縣北鎭浦 (領中船四艘, 別船四艘, 軍四
 百六十一名, 梢工四名)"

4 拙稿,「군산도와 고군산진의 역사」,『전북사학』37호, 2010. 참조.

그림 1 고군산 선유도 망주봉

칭해졌다는 전설이 선유도에서 전해 내려오고 있다. 이 전설에서도 엿볼 수 있듯이 조선시대에 고군산은 유배지로 이용되기도 하였다. 그런데 고군산에 유배 온 사람 중에는 정치적 사건에 연루되어 들어온 경우가 많았다. 이들 대부분은 범죄인이라기보다 실세(失勢)한 학자·정치인이며, 중앙의 세련된 문화를 몸에 익힌 양반 가족들이었다. 따라서 유배인들은 고군산 원주민에게 학문과 사상, 의례와 절차, 생활 개선 등에 이르기까지 다양한 양반 사족 문화를 전수하였을 것으로 생각된다. 또 고군산 유배인 중에서는 이곳에서 가정을 꾸려 후손을 남긴 사람도 많았을 것이다. 제주도의 경우 성씨분포를 볼 때 인구 중 태반이 유배인의 자손이라고 볼 정도라고 한다.5 따라서 고군산 주민 가운데에도 유배인의 자손이 상당수에 달할 것으로 보인다. "장자도에 가서 인물자랑 하지마라."라는 풍설도 이러한 유배인 자손과 관련되어 나온 말이 아닐까하는 생각도 든다.

최근 들어 역사학계에서는 한국의 도서해양문화에 대한 연구방법으로 섬 주민과 유배인의 교류 문제가 새롭게 주목받고 있다.6 지방자치

---

5 장선영, 「조선시기 流刑와 絕島定配의 推移」, 『지방사와 지방문화』 4권 2호, 2001, 170쪽.
6 대표적인 연구 성과는 다음과 같다.
   장선영, 앞의 논문, 2001.
   고석규, 조희룡의 임자도 유배생활에 대하여 , 『도서문화』 24, 2004.
   강봉룡, 임자도 又峰 趙熙龍 적거지의 관광자원화 방안 , 『도서문화』 24, 2004.
   이옥희, 유배인의 기록을 통해 본 진도 지역의 민속문화 , 『남도민속연구』 19, 2009.
   최성환, 유배인 김약행의 <遊大黑記>를 통해 본 조선후기 대흑산도 , 『한국민족문화』 36, 2010.
   김경옥, 『艱貞日錄』을 통해본 金櫶(1805~1866)의 임자도 유배생활 , 『도서문화』 37, 2011.
   최성환, 조선후기 추자도 유배인의 추이와 생활양상 , 『도서문화』 37, 2011.

단체의 경우도 섬 유배인과 관련된 유적들을 복원하여 지역문화를 홍보하기 위한 문화자원으로 활용하기 시작하는 추세이다. 제주도와 강진에서 추사 김정희와 다산 정약용의 유배지를 문화자원으로 활용한 것은 이미 오래전의 일이지만, 2010년 11월 경남 남해군에서는 국내 최초로 '남해유배문학관'을 개관하였다. 또 전남의 섬 유배지인 신안군의 경우 흑산도 사리마을 정약전 유배지에 유배문화공원을 조성하였고, 임자도에서는 조희룡 유배지에 적거(謫居) 건물 등을 복원하여 공원화하는 사업을 추진하고 있다.[7]

고군산에도 많은 유배인들이 적거(謫居)하였다. 『조선왕조실록』, 『승정원일기』, 『일성록』 등 각종 사료에서 확인되는 인물만 해도 100여 명에 달하였다. 이외에 확인되지 않는 사람들은 훨씬 더 많았을 것으로 생각된다. 이들 유배인들은 주로 왕족이나 양반층, 혹은 양인들이었고, 5살 먹은 어린아이부터 85세의 노인에 이르기까지 다양한 연령층으로 구성되었다. 근대시기에는 당대 최고의 문장가 이건창(李建昌)이 고군산에 유배 와서 주옥같은 문학 작품을 남기기도 하였다. 군산도 하루빨리 섬 유배인과 관련된 자료를 발굴하여 지역문화를 홍보하기 위한 문화자원으로 활용하여야 하지 않을까하는 생각이 든다. 본 발표문은 이러한 고군산 유배 문화를 살펴보는 첫 번째 작업으로서 고군산의 유배지 형성 배경, 고군산 유배인들과 그들이 남긴 문화유산을 살펴보려한다.

---

7 최성환, 「조선후기 추자도 유배인의 추이와 생활양상」, 『도서문화』 38집, 2011, 152쪽.

2. 고군산의 유배지 지정

유배형은 '귀양'이라는 용어로 더 잘 알려진 조선시대 형벌 중의 하나이다. 조선시대 형벌은 대명률(大明律)에 의거하여 집행하였는데[8], 태(笞)·장(杖)·도(徒)·유(流)·사(死)의 오형(五刑)으로 이루어졌다. 이 가운데 태형과 장형은 신체형에 해당하며 비교적 작은 죄를 범한 죄수에게 가하는 형벌이고, 사형은 죄가 매우 무거운 범죄인에게 가하는 극형으로 죄질에 따라 교(絞)와 참(斬)으로 구분하여 집행하였다. 도형과 유형은 모두 자유형으로서 도형은 힘들고 괴로운 일을 시키는 노역형의 성격을 띠고, 유형은 추방형의 성격을 띤다. 유형(流刑), 즉 유배형은 도형보다 무거운 죄를 범한 자에게 차마 사형을 시키지는 못하고 먼 지방에 보내어 죽을 때까지 고향으로 돌아오지 못하게 하는 형벌이다.[9] 원래 유배형은 사형에 버금가는 가혹한 형벌이었다. 그러나 조선후기에 유배형은 잦은 이배(移配)와 해배(解配) 등으로 형벌성이 약화된 측면도 있었다.

육지와 떨어져있는 섬은 죄인을 유배보내기에 알맞은 장소였다. 그러나 유배인들이 보내진 섬은 제한적이었고, 시대적 상황에 따라 많은 변화가 있었다. 조선전기만 하더라도 유배지로 활용되는 섬은 매우 적었다. 1612년(광해군 4)의 『광해군일기』 기사를 보면 "우리나라의 절도(絶島)로 제주·정의·대정·진도·거제·남해 등 6개의 고을이 있다."[10]는

---

8 『經國大典』권5, 刑典, 用律. "用大明律"
9 『大明律直解』卷首, 五刑之義. "流者 謂人犯重罪 不忍刑殺 流去遠方 終身不得回鄉"
10 『光海君日記』권58, 광해군 4년 10월 12일(壬申). "禁府啓曰 我國絶島 濟州·旌義·大靜·珍島·巨濟·南海等六邑"

내용이 등장한다. 이를 토대도 광해군 시기까지는 제주도·진도·거제도·남해 지역이 주로 섬 유배지로 활용되고 있었음을 알 수 있다. 그런데 1787년(정조 11)에 편찬된『전률통보(典律通補』에 기록된 유배지를 보면『광해군일기』의 기사에서 밝히고 있는 것보다 훨씬 많은 섬이 등장하고 있다. 그 대상지를 보면 다음과 같다.[11]

> 경기 : 자연도(紫燕島), 주문도(注文島), 장봉도(長峯島), 교동(喬桐)
> 해서 : 백령도(白翎島), 추도(楸島)
> 호남 : 고금도(古今島), 신지도(薪智島), 가리포 흑산도(加里浦 黑山島), 지도(知島), 추자도(楸子島), 고군산(古群山), 금갑도(金甲島), 남도포 방답(南桃浦 防踏), 위도(蝟島), 임자도(荏子島), 나로도(羅老島), 녹도(鹿島), 여도(呂島), 발포 사도(鉢浦 蛇島), 진도(珍島)
> 제주 : 제주(濟州), 대정(大靜), 정의(旌義)
> 영남 : 거제(巨濟), 남해(南海)

이와 같이 광해군 대에 6개였던 섬 유배지가『전률통보』가 편찬된 정조 대에 이르면 26개로 증가하고 있었다. 이것은 후술하는 바와 같이 조선후기 당쟁의 격화에 따른 정치범의 증가에 기인한 것으로 보인다.

조선후기에는 섬 유배지에 대한 구체적인 조치도 빈번히 취해지고 있었다. 1728년(영조 4)에는 관수(官守)가 없는 외딴 섬에는 죄인을 배정하지 못하도록 하였다.[12] 이것은 이전부터 시행되어오던 관례를 명문화한 것으로 보이는데, 죄인을 통제할 수 있는 국가의 힘이 미치고

---

11 『典律通補』권5, 「推斷」.
12 『新補受敎輯錄』권5, 刑典 「推斷」. "無官守之島 罪人勿爲編配(雍正戊申承前)"

있는 지역이라야 섬 유배지로 지정될 수 있다는 것이다. 따라서 조선후기에 고군산이 유배지로 지정된 것은 후술하는 바와 같이 1624년(인조 2) 고군산진(古群山鎭) 설립 이후의 일이었다. 한편 열악한 지역에는 죄인을 배정하지 못하도록 하고 있다. 1726년(영조 2)에는 국왕의 특교(特敎)가 없으면 흑산도나 극변(極邊)과 같은 극악한 곳은 유배지로 정하지 말라고 하고, 만약 이를 어길 경우 해당 당상관은 엄히 견책한다고 하였다.13 즉 육지와 비교적 가깝고 어느 정도 생활여건이 갖추어져 있는 곳에 유배인을 배정하라는 것이다. 이후 재해가 심한 지역에 대한 유배인 배정 제한 조치가 계속 취해졌다.14 이것은 유배인에 대한 기본적인 생계는 유배지 고을에서 해결해주어야 했으므로15, 섬 주민에게 기대어 살 수밖에 없는 유배인들에게 최소한의 생활 조건을 보장해 주기 위한 조치였다. 따라서 조선후기에는 고군산과 같이 육지와 비교적 가깝고 경제적 여건이 좋은 곳에 유배인이 많이 배정하려 하였다.

앞에서 말한 바와 같이 고군산이 유배지로 지정된 것은 1624년(인조 2) 고군산진이 설립된 이후부터였다.16 유배인들을 통제할 수 있는 군인이 주둔하고 있어야 유배지로 지정될 수 있었던 것이다. 그런데 군산도에는 이미 고려 때에 군인들이 머무르는 진(鎭)이 설치된 적이 있었다. 1123년(고려 인종 원년)에 송나라 사신으로 고려에 온 서긍은 『선

---

13 『新補受敎輯錄』권5, 刑典「推斷」. "特敎外 勿以黑山島定配所 極邊亦有當地 特敎外 若擇極惡地而定配 則當該堂上 必有重譴 奉承傳施行(雍正丙午承傳)"

14 『大典會通』권5, 刑典「推斷」. "年分尤甚邑勿配"

15 심재우, 「조선전기 유배형과 유배생활」, 『국사관논총』 92, 2000, 210쪽.

16 고군산진의 설립 경위에 대해서는 拙稿, 「군산도와 고군산진의 역사」, 『전북사학』 37호, 2010.에 자세하다.

화봉사고려도경』에서 자신을 포함한 사신단들이 군산도 근처로 오자
"여섯 척의 고려 배가 와서 맞아 주었는데 갑옷으로 무장한 군사들이
징을 울리고 호각을 불면서 호위해 주었다. … 배가 섬으로 들어가자
해안을 따라 깃발을 잡고 늘어서있는 자들이 1백여 명이나 되었다."[17]
라고 증언하고 있다. 당시 군산도에는 수백 명의 무장한 군인들이 주둔
하고 있는 군산진이 설립되어 있었던 것이다.

고려 때의 군산진은 14세기 후반에 폐쇄된 것으로 보인다.[18] 14세기
에 들어와 고려는 극심한 왜구의 침략에 시달리게 된다. 특히 1380년
(우왕 6) 8월 왜구들은 500척에 이르는 대선단을 거느리고 임피에 있는
진성창(鎭城倉)을 노략질하기 위해 진포로 쳐들어 왔는데, 왜구의 수가
무려 10,000명 이상에 달하는 것으로 추정되고 있다. 이러한 왜구의 대
함대를 도원수 심덕부, 상원수 나세, 부원수 최무선이 이끄는 고려 함
대가 함포 사격을 통해 궤멸시키니, 이것이 진포대첩이다.[19] 그런데 진
포대첩으로 왜구는 격퇴 당하였으나 이들이 진포에 들어올 때 그 길목
에 있던 군산도는 막대한 피해를 입었을 것으로 추정된다. 왜구들은 지
나가는 곳마다 불을 지르고 사람을 죽여 그들이 한번 지나가면 시체가
산과 들판을 덮게 되었다고 할 정도로 잔인하기 이를 데 없었다.[20] 따라

---

17 『宣和奉使高麗圖經』36권, 海道 3, 群山島. "六舟來迓 載戈甲 鳴鐃歔角 爲衛 … 入島
　　沿岸 秉旗幟列植者 百餘人"

18 『湖南鎭誌』에서는 옛날에 鎭의 터가 망주봉 뒤에 있었는데 해랑적의 침입을 받아 廢
　　鎭되었다고 적고 있다. (『湖南鎭誌』, 「古群山鎭誌與事例幷錄成冊」(서울대 奎 12188)
　　"昔者 鎭垈在望主峯之後 爲海狼賊所侵 仍爲廢鎭 天啓甲子復設 置召募別將 有防牌船")

19 진포대첩에 대해서는 拙稿, 「鎭浦大捷의 歷史的 意義」, 『全羅文化硏究』 12집, 2000.
　　참조.

20 『太祖實錄』권1, 總序, 辛禑 6년 8월. "倭賊五百艘 維舶於鎭浦 入寇下三道 屠燒沿海州
　　郡殆盡 殺虜人民 不可勝數 屍蔽山野 轉穀于其舶 米棄地厚尺 斫所俘子女山積 所過波血

서 진포대첩으로 왜구들이 격퇴당하기 직전에 500척에 달하는 왜구의 대선단이 거쳐 간 군산도에는 아무 것도 남아있지 않게 되었을 것이다. 군산진은 물론이고 망주봉 근처에 있었던 군산정, 오룡묘, 자복사, 숭산행궁 등 각종 시설들도 모두 파괴되었을 것으로 보인다. 이후 1408년(세종 8) 이전에 옥구 북쪽 진포에 군산진이 설치되어 해방(海防)과 조운 업무를 담당하고 있었지만[21], 조선전기 동안 군산도에는 아무런 군사시설도 설치되어 있지 않았다.

임진왜란 이후 군산 지역의 군사적, 경제적 중요성은 계속 부각되어 갔다. 이 당시 군사적으로 중요한 문제는 서해상에서 등장하는 황당선(荒唐船)과 해적을 방비하는 일이었다. 중국 어선, 상선으로서 불법적으로 서해에 침범하는 배를 황당선이라 하였는데, 이들은 16세기 중반부터 서해에 출몰하여 민간인에게 많은 피해를 입히고 있었다. 이들은 물고기를 마구 잡아가고, 비밀 무역에 종사하기도 하였다. 소득이 적거나 식량이 떨어지면 해안에 상륙하여 노략질을 하고, 우리나라의 배를 습격하는 해적 떼로 변하기도 하였다. 1608년(광해군 즉위년)에 군산도 부근에 나타난 수적선(水賊船) 5, 6척은 부안 지방을 도적질하고, 우리나라 상선을 약탈하였으며[22], 또 1609년(광해군 원년)에는 진포에 있는 군산진 만호(萬戶)가 해적에게 피살되기도 하였다.[23] 특히 이때 군산진

掠得二三歲女兒 剃髮剖腹淨洗 兼奠米酒祭天 三道沿海之地 蕭然一空 自有倭患 未有如此之比"

21 『世宗實錄』 권151, 地理志, 全羅道. "群山 在沃溝縣北 鎭浦【領中船四艘 別船四艘 軍四百六十一名 梢工四名】"

22 『光海君日記』 권8, 광해군 즉위년 9월 9일(癸巳). "群山島水賊船五六隻 作賊扶安境 我國商船一隻 掠奪而去 全羅水使安衛以聞"

23 『光海君日記』 권12, 광해군 1년 1월 27일(庚戌). "傳曰 邊將爲海賊所殺 國家之辱大矣

만호가 해적에게 피살되자 국왕은 '국가의 큰 치욕이다'라고 말할 정도였다. 군산 지역의 해방(海防) 문제가 국가의 중대 문제로 부각된 것이다. 한편 군산진은 군산창(群山倉)과 성당창(聖堂倉)을 관할하면서 조선 최대의 조창(漕倉) 관할 관청으로서 막중한 조운 업무도 처리해야 했다.

이에 군산진 하나만으로 해방과 조운의 업무를 모두 처리하기가 어렵다는 인식이 나타났다. 그래서 진포의 군산진은 조운만 전담하게 하고, 군산 지역에 수군 진을 하나 더 설치하여 해방을 전담하게 하는 조치가 취해졌다. 이에 따라 1624년(인조 2)에 군산도에 별장(別將)을 파견하여 진을 설치하였다.

　· 본진(本鎭)은 천계(天啓) 갑자년(甲子:1624년, 인조 2)에 소모별장(召募別將)을 설치하였는데, 이때는 단지 방패선(防牌船) 1척만이 있었다.24

　· 인조 2년에 옛 진(鎭)에 별장(別將)을 두어 고군산이라 칭하였다.25

이와 같이 1624년(인조 2)에 군산도에 별장을 파견하고, 진(鎭)의 이름을 기존 진포에 설치된 군산진과 구별하고자 '고군산진'이라고 칭하였다. 이후 조선후기 동안 고군산진의 중요성은 계속 강조되었고, 군비(軍備)가 강화되었다. 병자호란 직후인 1636년(인조 15)에는 고군산에

別爲規畫捕勦事 言于備邊司 時 群山浦萬戶見殺"

24 『輿地圖書』, 補遺篇 (全羅道), 萬頃, 古群山鎭誌. "本鎭 天啓甲子 設置召募別將 只有防牌船一隻"

25 『大東地志』, 萬頃, 古群山島鎭. "仁祖二年 置別將於舊鎭 稱古群山"

배치된 방패선을 전선(戰船)으로 바꾸었고[26], 그 이듬해에는 새로 마련
한 전선의 사부(射夫)·포수(砲手)·격군(格軍:櫓軍)을 육지의 속오군으로
채워주었다.[27] 전선은 조선후기 수군의 주력함으로서 흔히 판옥선이라
고도 부르는데, 전선 1척에는 사부, 포수, 격군으로 이루어진 수군이
164명 승선하였다.[28] 이러한 수군 정원을 속오군으로 채워준 것이다.
이로써 고군산진은 전선과 수군을 갖춘 강력한 수군 진이 되었다. 이후
1675년(숙종 1)에는 고군산진의 장관으로 종3품 수군 첨절제사(僉節制
使)를 파견하였다.[29] 진포의 군산진이 첨절제사 진으로 승격된 것이
1710년(숙종 36) 때이니, 나중에 생긴 고군산진이 원래부터 있던 군산
진보다 더 빨리 첨절제사 진으로 승격된 것이다.[30] 이것은 고군산진의
해방 임무의 중요성 때문에 취해진 조처로 보인다.

　1746년(영조 22)에 편찬된 『속대전(續大典)』에는 고군산진에 전선
(戰船) 1척, 병선(兵船) 1척, 사후선(伺候船) 2척이 배치되었다.[31] 그런데
1808년(순조 8)에 편찬된 『만기요람(萬機要覽)』에서는 고군산진에 전
선(戰船) 6척, 병선(兵船) 6척, 방선(防船) 2척, 사후선(伺候船) 10척이
배치되었다고 기재되어 있다.[32] 당시 전라우수영이 전선을 2척 보유한

---

26 『湖南鎭誌』, 「古群山鎭誌與事例幷錄成册」(서울대 奎12188)
27 『承政院日記』 권63, 인조 16년 2월 5일(己亥).
28 『肅宗實錄』 권40, 숙종 30년 12월 28일(甲午).
29 『湖南鎭誌』, 「古群山鎭誌與事例幷錄成册」(서울대 奎12188)
30 군산진은 조선초기 이래 18세기 초까지 만호(종4품) 진영으로 있다가 숙종 36년(1710)
　　에 첨사(종3품) 진으로 승격되었다. (『群山鎭地圖』 古蹟, "康熙 四十九年(숙종 36년,
　　1710)庚寅 五月日 以萬戶陞號僉使 兼管漕運")
31 『續大典』 4, 兵典, 諸道兵船.
32 『萬機要覽』 軍政篇 4, 舟師, 全羅右水營. "古群山 戰船六 兵船六 防船二 伺候船十"

데 반해 고군산은 전선이 6척으로서, 우수영보다 무려 3배 이상이나 많은 전력을 구비하고 있었다. 고군산진은 이때 조선 전 수군 진영을 통틀어 최대의 군선을 보유하고 있었다. 이것은 이 무렵 이양선이 서해에 빈번하게 출몰하는 등 국가적 위기를 맞아 취해진 조처로 생각된다.

앞에서 말한 바와 같이 『만기요람』에 고군산진의 군선이 '전선 6 병선6 방선 2 사후선 10'이라고 기재되어 있는데, 전선의 승선 인원이 164명, 병선이 17명, 방선이 31명, 사후선이 5명이므로, 당시 고군산에 있던 수군 병력은 총 1,198명[(6×164)+(6×17)+(2×31)+(10×5)]이나 된다. 그다지 넓지 않은 고군산 지역에 1,000명이상의 군인이 주둔하고 있었다는 것은 비정상적이라는 생각도 든다. 그런데 <그림 2>에서 보는 바와 같이 『동아일보』1928년 6월 26일자 '도서순례:고군산열도(島嶼巡禮:古群山列島)'특집 기사에는 선유도의 원로 송노인(宋老人)의 말이라고 하면서.

수군영(水軍營)의 무긔로는 군함 삼십여 척이 잇으니 그 이름만 보아도 굉장하야 전병선(戰兵船), 귀선(龜船), 루선(樓船), 사후선(司候船) 등이 잇고 군사가 천여 명으로 본수군(本守軍), 파수(破手), 사부(射夫), 군관(軍官), 무사(武士), 도부수(刀斧手), 능로수(能櫓手), 긔수(旗手) 등이 잇서 삼국지에 잇는 적벽대전 광경을 련상케합니다.[33]

라고 하여 고군산에 실제 1,000여 명의 군인이 주둔하고 있었다는 현지 주민의 목격담을 전하고 있다. 이로보아 19세기 초중 엽에 고군산진에 1,000명 이상의 군인이 주둔한 것은 사실로 보인다.

---

33 『東亞日報』, 1928년 6월 26일자 '島嶼巡禮:古群山列島' 특집 기사

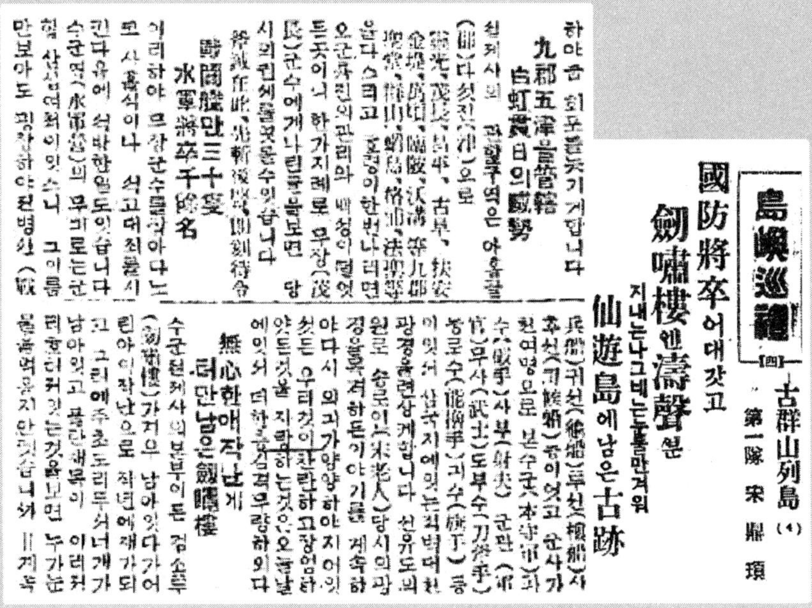

島嶼巡禮 [四]

古群山列島

第一隊 宋鎭禹

國防將卒어대갓고
劍嘯樓엔濤聲뿐
仙遊島에남은古跡
지내든나그네는늣길만겨워

九郡五津皆管轄
白虹貫日의威勢

그림 2 『동아일보』
1928년 6월 26일 자 '도서순례' 특집기사

이러한 수군들은 전라도 각처에 거주하는 수군 직역 소지자들로 채워졌다. 즉 수군 군역은 원래 보인(保人)의 도움을 받는 호수(戶首) 군인들이 '분번입방(分番入防)'이라 하여 번(番)을 나누어 돌아가면서 입역(立役)하도록 되어 있었다.[34] 그러나 조선후기에는 군인들이 직접 입역하는 대신, 이들에게 돈[番布]을 거두어 진(鎭) 소재지의 주민들을 고립(雇立)하는 것이 일반적이었다.[35] 따라서 1,000명 이상의 군인이 주둔하게 되어 있는 고군산진에는 엄청나게 많은 돈이 몰려들어왔다. 또 고군산진 부근의 주민들도 돈을 받고 수군 역에 종사하게 되면서 타 지역의 사람들보다 훨씬 풍요로운 생활을 누린 것으로 보인다. 1864년에 편찬된 김정호의 『대동지지(大東地志)』에서는 고군산 주민들의 경제적 상태를 다음과 같이 말하고 있다.

　　주민들은 모두 부유하고 집과 의복, 음식의 호사스럽고 사치스러움이 성읍(城邑)보다 훨씬 더하다.(居民多富厚 其屋宅衣食之豪侈 尤於城邑)[36]

조선후기 고군산 주민은 『여지도서-보유편』, 고군산진지(古群山鎭

---

34 『續大典』 4, 兵典, 留防, "統·水營·各鎭水軍 分番入防"

35 『備邊司謄錄』, 숙종 31년 6월 12일. "祖宗朝 設置水軍時 … 而其後法制漸弛 元軍則不入防 直爲收布 以各營各鎭下所居之人雇立 稱爲給代 與京中騎兵雇立之規無異 烏合之輩 常時代立者 何足爲緩急之用乎".
水軍 1명이 부담하는 군포는 숙종조까지는 3필이었으나, 17~18세기의 양역균일화 정책의 추진으로 중간에 2필로 감액되었고, 다시 영조대 균역법에 의해 1필로 감액되었다. 그런데 수군 營鎭에서 徵斂하는 군포가 그대로 모두 公用에 쓰이지 않고, 鎭將에 의하여 횡령되는 부분도 적지 않았다.(金玉根, 『朝鮮王朝財政史硏究』, 一潮閣, 1987, 121쪽)

36 『大東地志』, 萬頃 古群山島鎭 (亞細亞文化社 刊, 1976, 254쪽)

誌)의 기록에 의하면 총 1,544명(남자 948, 여자 596)이 등록되어 있었 는데, 남자들은 어업에 종사하면서도 한편으로 돈을 받고 수군 진에서 근무를 하여 부유한 생활을 할 수 있었던 것으로 보인다. 고군산 주민 의 부유함을 상징적으로 보여주는 사건이 영조 때 있었다. 1762년(영 조 38) 고군산의 무사 김상건(金尙健)이 흉년에 굶주리는 백성들을 구 제하는데 쓰라고 하면서 쌀 1,300석(石)을 국가에 납부한 것이다.[37] 당 시 1석(石)은 15두(斗)이므로 1,300석은 쌀 1,950가마에 해당하는 막대 한 양이었다. 국왕은 김상건의 기부 행위에 감격하여 그가 비록 상을 바라고 한 일은 아니지만 첨사(僉使)나 오위장(五衛將)에 임명하라고 명하였다. 이와 같이 조선후기 고군산은 흉년에 쌀 2,600가마를 국가에 기부하는 사람이 나올 만큼 부유한 섬이었다.

유배인에 대한 기본적인 생계는 유배지 고을에서 해결해주어야 했 다.[38] 즉 유배인이 고을에 자리 잡고 생계를 이어가게 하는 것은 유배지 고을의 책무였다. 따라서 유배인이 늘어나면 늘어날수록 그 지방의 재 정은 축나게 된다. 1538년(중종 33) 전라도 관찰사 김정국(金正國)은 진 도(珍島)의 사정을 다음과 같이 보고하고 있다.

---

37 『承政院日記』, 영조 38년 11월 28일(丙戌). "(左議政) 洪鳳漢曰 臣聞安集使言 古群山武 士金尙健 誦傳敎而慷慨流涕 以一千三百石正穀 納官請爲賑資云 故守令只受千石 而三 百石還給矣 當此歉歲 千石穀納官請賑 甚是奇事 且誦傳敎流涕云者 出於忠義之心 渠雖 不出於希賞之意 而在朝家激勵之道 似當有褒賞之典 昔朱子 南康賑政 亦以此等褒賞事 屢箚陳請矣 上曰 今聞古群山武士折衝金尙健 以千包穀納官 請以賑民 而慷慨之由 卽誦 下敎而流涕者 其狀 安集使親聽云 噫 其宜勸一人 而聳百人 況旣有南康 朱夫子所請故事 令該曹僉使中若有窠 今日內口傳備擬 或無窠 五衛將中 在京人作窠 卽爲備擬"

38 沈載祐, 「조선전기 유배형과 유배생활」, 『國史館論叢』 92, 2000, 210쪽.

진도군은 절도(絶島)이고 토지가 좁은데다 산이 많고 들녘이 적어서 경작할 만한 땅이 없으므로, 백성들의 생활이 넉넉하지 못합니다. 그런데 전라도 및 경기·서울·충청도 등지에서 죄를 짓고 노복이 된 사람들을 해마다 들여보내고 있어서 순행하여 점고해보니 거의 300명이나 되었습니다. 이에 그치지 않고 뒤에 오는 사람이 끊이지 않는데다, 모두가 빈손으로 들어와 원주민들에게 얻어먹으니, 원주민들은 자신들의 먹을 것을 나누어 먹지 않을 수 없게 되어 주객(主客)이 모두 피폐합니다.[39]

즉 경제 사정이 어려운 진도에 유배인들이 계속 늘어나면서 원주민들이 피폐해진다는 것이다. 이에 조선후기에는 재해가 심한 지역에 유배인을 배정하지 말라는 조치가 계속 취해졌다.[40] 생활 여건이 어느 정도 갖추어져 있는 지역에 유배인을 배정하라는 것이다. 앞에서 본 바와 같이 조선후기 최대의 수군 진영을 갖춘 고군산은 막대한 군인들의 번포(番布) 수입으로 타 지역보다 부유한 생활을 하고 있었다. 따라서 조선후기 고군산은 수많은 유배인을 받아들여도 이들을 먹여 살릴 수 있을 만큼 넉넉한 곳이었다.

조선후기에는 당쟁, 환국으로 인해 수많은 유배인들이 발생하고 있었다. 고군산에 유배 온 적이 있는 이건창은 그의 명저『당의통략』에서 중국에도 붕당은 있었으나 "온 나라 사람들이 전부 붕당에 참여해 둘이나 셋, 넷으로 나뉘어 200여 년 동안을 지내오도록 … 다시 합하지 못하는 나라는 오직 조선뿐이다."[41]라고 말할 정도였다. 숙종 즉위 이후

---

39 『中宗實錄』 권88, 중종 33년 9월 30일(更子).

40 『大典會通』 권5, 刑典 "推斷". "年分尤甚邑勿配", 『秋官志』 권7, 考律部, 徒流, 災邑編配.

의 환국만 보더라도 1674년(숙종 즉위년) 남인이 집권하는 갑인환국, 1680년(숙종 6) 서인이 집권하는 경신환국, 1689년(숙종 15) 다시 남인이 집권하는 기사환국, 1694년(숙종 20) 다시 서인이 집권하는 갑술환국 등이 일어났다. 경종 때인 1721년·1722년에는 노론 대신들이 죽임을 당하는 신임옥사가 일어났으며, 영조대인 1727년 정미환국, 1728년 무신란(戊申亂), 1755년 을해옥사 등 수많은 옥사와 환국이 거듭해서 일어났다. 이러한 환국과 옥사에 직접 연루된 사람들은 물론이고 그 가족들까지 연좌제에 따라 사형되거나 유배되었다. 이와 같이 조선후기에 들어와 대량 발생하는 유배인들을 수용하기에 군인이 다수 주둔하고, 재정이 풍부한 고군산은 최적지였던 것이다. 이에 조선후기에 고군산에는 많은 유배인들이 몰려들어왔고, 그들과 함께 양반 문화, 사족 문화도 유입되었을 것으로 보인다.

3. 고군산의 유배인과 그 문화

조선후기에 고군산으로 유배 온 사람은 어떤 사람인지, 또 몇 명이나 왔는지 구체적으로 알 수 있는 사료는 없다. 이에 『조선왕조실록』, 『승정원일기』, 『일성록』 등 조선시대 관찬사서(官撰史書) 여기저기에서 고군산 유배인으로 확인되는 사람을 찾아 정리한 것이 <표 1>이다. 이 표에 의하면 고군산 유배인은 103명이지만, 이외에도 이름이 확인

41 『黨議通略』, 原論. "若夫擧一國之衆 而分而爲二爲三爲四 歷二百餘年之久 而不復合於 邪正逆順之分 亦卒無能明言而定論者 惟我朝爲然"

되지 않는 고군산 유배인은 훨씬 더 많을 것으로 추측된다. 『호남진지』,
「고군산진지여사례병록성책」에는 다음과 같은 내용이 수록되어 있다.

> 망주봉의 남쪽에 유배객 교리(校理) 이징명(李徵明)이 아들 덕수
> (德壽)와 동생 징하(徵夏)와 더불어 돌에 이름을 새겨 넣었다.[42]

　　『호남진지』에는 교리 이징명(1648:인조 26~1699:숙종 25)이 고군
산에 귀양 와서 아들, 동생과 함께 망주봉 돌 위에다 이름을 새겨 넣었
다고 하지만, 『조선왕조실록』이나 『승정원일기』 등 관찬사료에서 이징
명이 고군산에 유배되었다는 사실을 확인할 수 없다.

　　또 <표 1>에서 보는 바와 같이 『조선왕조실록』에 고군산 유배인으
로 이름이 명확히 확인되는 첫 번째 사람은 1701년(숙종 27)에 유배 온
권중경(權重經)이다. 『숙종실록』, 숙종 27년 12월 4일자 기사에 "죄인
권중경을 사형을 감해주어 옥구현 고군산에 안치시켰다."[43]라는 내용
이 실려 있다. 이와 같이 권중경이 이름이 확인되는 첫 번째 고군산 유
배인이지만, 권중경 이전에도 고군산으로 유배 온 사람들은 많았다.
『승정원일기』, 숙종 29년(1703) 2월 16일자 기사에는

> 승정원에서 계하기를, … 엎드려 전라감사의 계를 보건데 고군
> 산에 정배된 죄인으로 도망한 사람이 무려 19명에 이른다고 하니
> 극히 놀랄만합니다.[44]

---

42 『湖南鎭誌』, 「古群山鎭誌與事例幷錄成册」(서울대 奎 12188) "(望主峯) … 峯之南 謫客
　　李校理徵明 與其子德壽及其弟徵夏 刻石題名"
43 『肅宗實錄』 권35, 숙종 27년 12月 4日(丙辰). "罪人權重經 減死安置于沃溝縣古羣山"

라고 하여, 1703년(숙종 29)에 고군산에서 19명의 유배인들이 도망간 일이 있었음을 알려주고 있다. 도망간 사람이 19명이니 고군산에 남아 있는 유배인은 그보다 훨씬 많았을 것이다. 그러나 이들이 언제 고군산 으로 유배 왔는지, 고군산에는 몇 명의 유배인이 있었는지를 구체적으로 알 수는 없다.

따라서 <표 1>만으로는 고군산 유배인의 전모를 파악할 수는 없다.[45] 단지 이를 통해 고군산에 유배 온 사람들에 대한 개략적인 특징과 추세만은 살펴볼 수 있을 것으로 본다. <표 1>에서 보는 바와 같이 고군산 유배인으로 확인되는 사람은 1701년(숙종 27)에 유배 온 권중경 부터 1907년(광무 11)에 유배 온 김호락(金浩洛)까지 207년 동안 모두 103명에 달하고 있다. 이들은 1754년의 권똥이(權屍伊), 1777년의 사노(私奴) 명세(命世)나, 1778년의 산묘(山猫)를 제외하고는 거의 대부분 이 양반 신분으로 판단되고, 1789년의 희천군 살옥죄인 서필수(徐必守) 를 제외하고는 대부분이 정치적 이유로 고군산에 유배된 것으로 보인다. 즉 고군산 유배인들은 대부분 양반 신분으로서 정치적 이유로 귀양 온 것으로 판단된다.

이들 고군산 유배인들의 사연과 특징을 간략히 살펴보면 다음과 같다. 우선 앞에서 소개한 권중경(1658:효종9~1728:영조4)에 대해서는 성호 이익(李瀷)이 「이조참의권공묘지명(吏曹參議權公墓誌銘)」을 써서 그의 풍모를 알려주고 있다. 권중경은 할아버지가 영의정까지 지낸 권대운(權大運)으로서 남인 정승 집안 출신이었다. 그는 이조참의로 있

44 『承政院日記』, 숙종 29년 2월 16일(辛卯)
45 개인 문집이나 전승되는 이야기를 통해 더 많은 유배인을 찾을 수 있을 것으로 본다.

을 때 장희빈의 위호 복구를 요청하다가 국왕의 분노를 사 귀양 왔는데, 1701년에 고군산으로 유배되었다가 2년 후인 1703년에는 다시 평안도 삼화부 광량도로 이배(移配)되었다. 즉 고군산에는 대략 2년간 머물렀다. 고군산으로 유배될 때 "친지들이 울면서 위로하지 않는 자가 없었으나 공(公)은 아무런 기색이 없이 담담하였고, 바다를 건너 올 때 폭풍이 불어 배가 거의 전복되려하자 배안의 사람들이 모두 울고불고 하였으나, 공은 홀로 단정히 앉아 움직이지 않았다."[46]고 한다. 그 후 권중경은 1721년(경종 1) 장희빈의 아들인 경종이 즉위하자 전라도 관찰사로 기용되었으나, 1728년(영조 4) 척질(戚姪) 이인좌(李麟佐)가 난을 일으키자 자살하였다.

고군산에는 이인좌의 난, 즉 무신란(戊申亂)에 연좌되어 유배 온 사람들이 많은 것이 특징이다. 영조 때 귀양 온 18명 중에서 1754년(영조 30)의 권똥이나 1757년(영조 33) 덕산 현감으로서 금주 기간 중 술을 마셔 귀양 온 정동명을 제외하고 16명이 모두 무신란에 연좌(緣坐)되어 귀양 온 사람들이다. 무신란은 1728년(영조 4)에 노론이 지지하는 영조의 즉위에 위협을 느낀 남인·소론 일부 세력이 영조와 노론을 제거하고 소현세자의 증손인 밀풍군(密豊君) 탄(坦)을 왕으로 추대하기 위해 일으킨 난이다. 이 반란은 전국적인 내란의 성격을 띠고 있던 만큼, 실제 거병 지역과 반란 주도인물에 따라 경상도에서는 정희량(鄭希亮)의 난, 전라도는 박필현(朴弼顯)의 난, 충청도는 이인좌(李麟佐)의 난 등으로 불리고 있다.[47] 『영조실록』에 무신란의 역적으로 기록된 사람은 총

---

46 『星湖先生全集』권63, 墓誌銘, 吏曹參議權公墓誌銘. "配萬頃縣古羣山 親知無不涕洏來 唁 公則無幾微色 及渡海颶作舟幾覆 舟中人皆號泣 公獨端坐不爲動"

642명인데, 이중 62명이 극형에 처해지고 재산 몰수와 더불어 그 일가 친족이 연좌제에 따라 처벌받았다.[48] 이러한 무신란 주도층의 일가 친족 일부가 고군산으로 귀양 온 것이다. 1728년 6월 23일에 둘째 아들 호손(5살)과 함께 귀양 온 민당효(閔堂孝)는 우의정 민암(閔黯)의 증손으로서 무신란을 주도한 민관효의 친척으로 연좌되어 고군산으로 귀양 왔다.[49] 그 이듬해에는 맏아들 상손(10살)도 고군산으로 들어와서 합류하였다. 또 1729년 7월 22일에 귀양 온 85세의 이필(李瀰)은 경상도에서 포수들을 이끌고 기병한 이태발(李泰發)의 부친으로서[50], 아들의 죄에 연좌되어 사형에 처해져야 했지만 80살이 넘었기 때문에 사형되지는 않고 '절도정배율'에 따라 고군산으로 귀양 오게 되었다.[51]

또 1745년(영조 21) 10월 20일에는 경종의 비 단의왕후(端懿王后)의 동생으로 경종의 임종과 염습과정을 지켜보고 경종 독살설을 유포한 자로 지목된 심유현(沈維賢)의 처 강애(降愛)가 관비(官婢)가 되어 고군산에 있었음이 확인된다. 그리고 1746년(영조 22)에는 무신란 주도층 이유익(李有翼)의 동생 이유필(李有弼)이 체포되어 처형되고, 이유필의 전처 소생으로 12살 미순(美順)이 고군산으로 와서 비(婢)가 되었다. 조

---

47 유한선, 「영조 4년 戊申亂과 전라도 의병 -『湖南節義錄』분석을 중심으로」, 『전북사학』39, 2011.

48 고수연, 「1728년 湖西地域 戊申亂의 叛亂軍 성격」, 『역사와 실학』44,

49 『英祖實錄』권17, 영조 4년 4월 15일(乙未). "掌令姜必愼啓曰 麟佐·觀孝 絪功以上 竝請島配 而聖批以法外持難 第其强近中凶孼者 不可置蕈黻下 閔黯·閔宗道子孫 一體島配 上從之"

50 『英祖實錄』권22, 영조 5년 4월 25일(己亥). "李泰發 卽嶺南賊 自以爲 率砲手 殺高靈縣監兪彦哲於領付時設計者也"

51 『大典會通』권5, 刑典 「推斷」. "逆賊父年八十者 減律絕島定配"

선은 일반적으로 『대명률』의 형법을 따랐는데, 모반·대역죄를 범한 자는 수범(首犯)과 종범(從犯)을 구분하지 않고 모두 능지처사(陵遲處死)에 처하고, 일족도 연좌제에 따라 처형되었다. 즉 범인의 16세 이상 부자(父子)는 교형(絞刑)에 처하고, 15세 이하의 자(子), 모녀(母女)·처첩(妻妾)·조손(祖孫)·형제(兄弟)·자매(姉妹) 및 아들의 처첩 등은 노비로 삼았다.52 이와 같은 대명률에 따라 강애나 미순이 고군산에서 노비가 된 것이다. 한편 1755·1756년에는 무신란에서 왕으로 추대된 밀풍군 탄(坦)의 조카 이이석, 이순석, 이유석이 고군산에 위리안치(圍籬安置)되었다. 무신란이 일어난 지 무려 28년이 지났는데도 주도층의 친척들을 찾아 연좌제에 처하는 영조 정권의 끈질긴 면모를 확인할 수 있다.

정조 대에 들어와서도 정치적 사건으로 인한 유배는 계속되었다. 1777년(정조 원년) 7월 24일에는 국왕을 시해하고 은전군을 추대하려 하였다는 '홍상범 자객사건'에 연루되어 해남현감 홍리해(洪履海)가 처형되고 그 딸 10살 홍개가 고군산으로 유배되었다. 그리고 1778·1779년에는 환관들과 음모하여 역모를 꾀하였다는 시파(時派)의 무고로 국문을 받다가 장살(杖殺)된 삼도수군통제사 장지항(張志恒) 사건과 연루되어 산묘, 청오대, 명임, 삼주, 황대유 등이 고군산으로 유배되었다. 정조 때 유배된 사람으로 특이한 경우가 서명점(徐命漸)이다. 서명점은 고군산 첨절제사였는데 1794년 4월 조세선 10척이 침몰되자 곤장을 맞고 고군산의 일반 병사로 충군(充軍)되었다.53 이후 순조 때에도 가덕

---

52 『大明律直解』 권18, 刑律, 盜賊, 謀反大逆.

53 『正祖實錄』 권39, 정조 18년 4월 27일(癸未). "備邊司啓言 全羅監司李書九狀啓 漕稅船
十隻 到古羣山三島前洋 遭風致敗 合米一萬一千一百九十五石 大豆一千八百五十一石
… 古羣山僉使徐命漸 亦令道伯嚴棍 卽其地充軍"

도 첨사 김창인, 선전관 오홍겸, 액정서 관속 등 여러 사람들이 고군산으로 유배되고 있다.

고종 때 특히 그 후반기에 많은 유배인들이 고군산으로 들어왔다. 1896년(고종 33) 6월 6일에는 당대 최고의 문장가인 영재(寧齋) 이건창(李建昌)이 유배되어 왔다. 뒤에 다시 살펴보겠지만, 이건창은 갑오경장 이후 해주 관찰사로 취임하라는 고종의 강요를 거부하다가 고군산으로 귀양 왔다. 친일파 정권에 참여하지 않겠다는 신념에 따른 것으로 보인다. 1897년(고종 34) 1월에는 백성들이 주는 돈을 받았다고 해서 평양부 진위대 중대장 민영재, 천응성, 유근석이 귀양 왔고, 1899년에는 수구파 인물인 심상훈이 귀양 왔다. 심상훈은 1896년 아관파천 이후 탁지부대신으로 재직하였으나 악화(惡貨)인 백동화(白銅貨)를 주조하여 유통질서에 혼란을 초래하게 하였다는 이유로 독립협회로부터 탄핵의 대상이 되었다. 또 1899년에는 함녕전(咸寧殿)에 황의수라는 인물이 난입한 죄로 경무청 장관 원우상이 유배 왔고, 또 봉상사 제조 민경호, 군부대신 민영기 등 정계 거물들이 고군산으로 귀양 왔다. 민영기는 후에 일제로부터 남작의 작위를 받은 대표적인 친일파 인물이다. 한편 1905년 을사조약 이후에는 많은 의병들이 체포되어 고군산으로 귀양 왔는데, 확인되는 사람만 20명이나 된다.

이상과 같이 조선후기부터 근대에 이르기까지 수많은 사람들이 고군산으로 유배 왔다. 관찬사서에서 확인되는 인물만 100여 명이다. 이들 대부분은 양반 출신으로서 대체로 정치적 이유로 유배 왔다. 이 같은 정치적 유배인은 부인을 데려올 수 없었기 때문에 유배지에서 소실을 얻거나, 유배지 주민과 결혼하여 정착하기도 하였다. 순조 때 강진에 유배되었던 정약용은 소실을 들여 딸을 두었고, 형 정약전도 흑산도에서 소실을 두어 아들을 낳았다고 한다.[54] 고군산으로 유배 온 사람들 중에도 고군산 원주민과 결혼을 하여 정착한 사람들도 상당수에 달할 것이라고 추측되지만 확인되지는 않고 있다. 한편 이들 양반 출신의 유배인들은 고군산에 귀양 와서 많은 글을 남겼을 것으로 추측된다. 그런데 현재 고군산에 관한 글을 남긴 것으로 확인되는 사람은 이건창(李建昌)뿐이다. 앞으로 각종 문집을 통해 더 많은 사람을 찾는 것이 과제로 남아있다.

이건창(1852~1898)은 10세에 사서삼경을 통독하고 15세에 문과에 합격하였다. 즉 우리나라에서 가장 어린 나이에 문과에 합격한 천재적인 인물이었다. 그는 강직한 성품 탓으로 많은 정적이 두었고, 또 구한말의 어지러운 정치 상황 속에서 관직에 나아가는 것을 좋아하지도 않았다. 1895년 단발령이 내려지자 강화도 보문사에 은거하다가, 1896년에 해주 관찰사로 임명되지만 3차례나 상소를 올려 이를 거절하였다. 마침내 고종이 "해주관찰사를 갈 것이냐 아니면 고군산으로 귀양을 갈 것이냐를 택일하라"라고 강요하자, 이건창은 고군산으로의 귀양길을 택하였다. 그는 후에 특지(特旨)로 2개월 만에 고군산 유배에서 해제되지만, 그 기간 동안 고군산에 머물면서 주옥같은 시(詩)를 남겼다. 그의 고군산에 관한 시는 『명미당집(明美堂集)』 권6, 「벽성기행(碧城紀行)」에 실려 있는데, <검소루(劍嘯樓)>, <장구(瘴颶)>, <노오편(老烏篇)> 등 8편의 한시가 있다.

고군산에 관한 그의 한시를 살펴보면, 우선 <검소루(劍嘯樓)>라는 시는 이건창이 고군산진 수군첨절제사영의 본부 역할을 하였던 검소

---

54 전웅, 『유배, 권력의 뒤안길』, 청아출판사, 2011, 54쪽.

루에 올라 쓴 시로 보인다.[55] 고군산진은 1895년 이른바 을미개혁 때 해체되었기 때문에, 이건창이 귀양 온 1896년에는 고군산에 수군첨절 제사가 파견되지 않았다. 이 시에서는 절제사가 오지 않는 누각의 쓸쓸 함, 고군산의 절경을 잘 표현하고 있다.

> 劍嘯樓 舊節制使官衙　검소루(구 절제사 관아)
>
> 十二聯峯蔽北望
> 열두 개의 잇따른 봉우리가 북쪽을 가로막아서
>
> 登高聊復趁新涼
> 높은 곳에 올라가니 마음이 즐겁고 시원하구나.
>
> 天連蜃閣雲多態
> 하늘은 신기루와 이어지고 구름은 다양한 모습이며
>
> 地近龍祠雨有香
> 땅은 용신 사당과 가깝고 비는 향기롭다.
>
> 制使不來樓寂寂
> 절제사가 오지 않으니 누각은 적적한데
>
> 流人相顧海茫茫
> 유배 온 사람들이 서로 바라보니 바다는 망망하다.
>
> 隨身短鋏彈何用
> 몸에 지닌 세총통의 탄알을 무엇에 쓰겠는가

---

55 『동아일보』 1928년 6월 26일자 '島嶼巡禮:古群山列島' 특집 기사에는 "수군절제사의 본부이든 검소루(劍嘯樓)가 겨우 남아잇다가 어린아이 작난으로 작년에 재가 되고 그 터에 주초도리 두서너개가 남아잇고 불탄 재목이 이러저리 흐터저 잇는 것을 보면 누가 눈물을 먹음지 안켓습니까"라고 하여 검소루가 1927년에 소실되었다고 전하고 있다.

萬里西風一嘯長
만 리에서 불어오는 서풍이 길게 한번 운다.

危樓極目旅魂驚
위태로운 누각의 용머리 끝이 나그네의 넋을 놀게 하고
獵獵西風秋已生
불어오는 서풍에 가을이 이미 오네.
天際雲從何郡起
하늘 끝의 구름은 어느 고을에서 일어났는가
樹頭蟬是故鄕聲
나무 꼭대기의 매미소리가 바로 고향의 소리네.
瘴深薏苡應無力
더위가 깊어지니 율무와 질경이는 기운이 없고
坐久桄榔尙有情
오래 앉아있는 광랑나무가 오히려 정이 가는구나.
記取淸閑堂外樹
청한당의 바깥에 있는 나무를 기록하려 하는데
紅霞初嚲夕陽明
붉은 노을이 지면서 석양이 밝게 비추네.

한편 '장구(瘴颶)'라는 한시는 "고군산에는 무엇이 있는가?"라고 자문(自問)하면서, "그 안에는 장기(瘴氣)와 구풍(颶風)이 많다."라고 자답(自答)하는 형식으로 이루어졌다. 고군산에서의 자신의 심정과 한치 앞을 내다볼 수 없는 구한말 정세를 고군산의 기후에 빗대어 표현한 작품이라고 생각된다.

瘴颶 二首 장기(瘴氣)와 구풍(颶風)

古羣山何有
고군산에는 무엇이 있는가

其中多烟瘴
그 안에는 장기(瘴氣)가 많다.

非烟亦非霧
연기도 아니고 또 안개도 아닌 것이

春夏尤昏漲
봄, 여름에는 더욱 어둡고 넘쳐난다.

寧惟錯昏曉
저녁과 새벽이 섞이더니

遂不辨穹壤
드디어 하늘과 땅을 분별할 수 없다.

居人動相失
사람들은 서로 어디로 가야할지 모르고

可親不可望
친하고 싶어도 바라볼 수가 없다.

清風斷急雨
맑은 바람은 갑자기 끊어지고 비가 몰아치고

日頭紅暫放
붉은 해가 머리를 내밀어 잠시 비춘다.

雲陰復曀曀
검은 구름이 다시 몰려오는데

似恐呈萬象
마치 만물상을 드러내는 것 같다.

衣黴曝未乾

곰팡이 핀 옷을 햇볕에 쬐어도 마르지 않고

膚垢爬更癢

때 낀 살갗을 긁어도 다시 가렵다.

沈疴日增瞖

마음은 꽉 막혀 나날이 더욱 눈을 흐리게 하고

白晝迷魍魎

환한 대낮에도 도깨비에 홀려 헤매고 있다.

因憶家居時

집에 있을 때를 생각하노라니

窻牖長晃朗

창은 오랫동안 환하게 비추고 있다.

虛擲萬金寶

헛되이 만금이나 되는 보배를 던져서

汨沒隨波浪

물결 속에 가라앉혔구나.

何必瘴海中

하필이면 더운 바다 가운데서

四顧始惘惘

사방을 둘러보니 비로소 망망해진다.

古羣山何有

고군산에는 무엇이 있는가

其中多颶風

그 안에는 구풍(颶風)이 많다.

但知海上來
단지 바다 위에서 오는 것만을 알뿐

不辨西與東
서쪽에서 오는지 동쪽에서 오는지 알 수 없다.

波濤助其勢
파도는 그 기세를 도와서

入夜轉洶洶
밤이 들도록 물결이 더욱 세차다.

天地忽相拍
하늘과 땅이 갑자기 서로 부딪치니

誰暇問雌雄
누가 이기고 졌는지 물을 겨를도 없다.

小屋如小舟
작은 집은 마치 작은 배와 같아서

一墮百丈洪
한번 파도에 부딪치면 백 장이나 물결이 일어난다.

窓紙作龍吟
창호지는 용의 울음을 울고

屋瓦墮飛蓬
지붕 기와는 떨어져 날아다닌다.

拔屋猶自可
집이 뽑히는 것은 오히려 괜찮으나

但愁船不通
단지 배가 오지 않는 것이 걱정이다.

十日纔一船
열흘 만에 겨우 배 한척이 오니

百里千里同

백리나 천리나 마찬가지다.

緬思秦漢主

멀리 진나라와 한나라의 임금을 생각하니

力可迴蒼穹

힘은 가히 하늘을 돌릴만해도

三山不能到

삼신산(三神山)에는 도달할 수 없었으니

相待如夢中

서로 대하는 것이 꿈속에 있는 것 같다.

微生復何說

미천한 인생이 다시 무슨 말을 하겠는가

緘辭托豐隆

입을 봉하고 천둥소리에 맡겨둔다.

한편 이건창은 고군산에 있는 늙은 까마귀를 보면서 '노오편(老烏篇)'이라는 걸작 한시를 지었다.[56] 여기에서 이건창은 늙은 까마귀의 탐욕과 함께 그 시끄러운 울음소리를 비판한다. 그러자 고군산의 늙은 까마귀는 시끄럽게 우는 것은 자신의 천성이고 서울의 까마귀들은 점잖고 옷을 잘 입었지만 국록만 축낼 뿐 잘하는 것이 무엇이 있냐고 반문한다. 그 내용은 다음과 같다.[57]

---

56 '盧烏篇'에 대해서는 우현정, 「寧齋 李建昌의 장편 한시에 관한 일고찰」, 고려대 교육대학원 석사 학위 논문, 2006.과 송희준, 『조선의 마지막 문장』, 글항아리, 2008.에 그 내용이 소개되어있다. 노오편의 해석은 이 글들을 참조했다.

57 『明美堂集』권6, 「碧城紀行」, 老烏篇. "海上山中多老烏 炭作全身鐵作咮 皷吻張翮攫羣鳥 搏裂啖飽雌與雛 羣鳥滅盡烏族大 恃强憑力增頑驕 見人咫尺不知避 食時例入人家廚

늙은 까마귀

바닷가 산에는 늙은 까마귀가 많아
온몸은 숯처럼 까맣고 주둥이는 쇠처럼 굳다.
부리를 두드리고 깃을 펴서 뭇 새들을 움켜쥐고
나약한 암컷과 새끼를 잡아 찢어 실컷 먹으니.
뭇 새들은 다 없어지고 까마귀 떼만 남아
강한 힘을 믿고 더욱 완악하고 거칠다.
지척의 사이에서 사람을 보고도 피할 줄 모르고
밥을 먹을 때는 예사로 사람의 주방에 들어온다.
솥과 그릇에 날개를 부딪치며 밥을 빼앗아가니
떠돌이 도적이 관병한테 죽는 것을 두려워하지 않는 격이다.
해안에 비린내 바람 불 때 물고기 그물에 들어가니
먹다 버린 비늘과 썩은 지느러미가 진흙길을 메운다.
이 또한 하늘의 녹이라 여겨 마구 취하니
네가 이 땅에 머무는 것은 참 좋은 계책이구나.
단지 네가 먹을 것 구하여 먹으면 그만인 걸
어찌하여 부리는 닫지 않고 늘 까악 울어대는가?
아침에 시끄럽고 낮에 고함지르고 저녁에 다시 깍깍 대고
밤중에 들으니 더욱 해괴하구나.

触翻鼎器攘飯去 流賊不畏官兵誅 浦岸風腥網魚入 委鱗敗鬐塡泥塗 此又天祿取無禁 汝居此地眞良圖 但汝求食便已 嘴何不閉長鳴鳴 朝噪晝喊夕復叫 中夜聞之尤可吁 天生萬物皆有口 非汝獨有人所無 人於語默亦有節 凶德無如昏叫呶 鳳凰何時不爲瑞 猶待朝陽鳴岡梧 春鶯秋蟬俱可喜 各分一候天機殊 汝試自思還自聽 汝聲未必爲人娛 汝貌已醜聲盆惡 終身不輟寧非愚 我有秦氏蘇合彈 亦有后羿五石弧 不彈不射且諭汝 汝若復譁吾將屠 烏聞此言頗悶默 請對以臆來座隅 天生萬物良各異 鳳凰自鳴烏自呼 鳳凰不自以爲美 烏又安知其惡乎 怪君兩耳太分別 豈以好瑟因廢竽 彼巧言者聖所誠 偏聽適足生姦諛 我言雖逆君勿慍 知君遠來自京都 不見御史府中柏 烏噤無聲守枯株 不見上林苑裏樹 棲烏颺彩徒蹡趨 此烏雖好竟何盆 太倉竊食米如珠 我生分福不及此 自啄自鳴當何辜 君如厭我當速去 勉佐治理回唐虞 勿如天寶亂離日 長安達官走避胡"

하늘이 낸 생물 모두 입이 있으니

너 홀로 사람이 없는 걸 가진 건 아니다.

사람은 말하고 침묵할 때 절도가 있어

흉덕(凶德)은 저녁때 시끄럽게 떠듦만 한 것이 없다.

봉황이 어느 때인들 상서롭지 않겠냐마는

그런데도 아침을 기다려 언덕의 오동나무에서 운다.

봄 앵무새와 가을 매미 소리가 즐거운 것은

각기 계절을 나누어 천기를 다르게 표현하기 때문이다.

네가 한번 스스로 생각해보고 스스로 들어보아라.

네 소리는 반드시 남의 즐거움이 되지 않을게다.

네 모습이 이미 추한데 소리까지 더욱 추악하거늘

죽을 때까지 멈추지 않다니 어찌 어리석지 않으냐.

내가 진씨의 소합탄이 있고

또한 후예의 오석 활도 있으나

탄알을 쏘지 않고 활을 당기지 않고 네를 깨우치려 하니

네가 만약 다시 시끄럽게 한다면 내가 장차 도륙하리라

까마귀가 이 말을 듣고 근심하여 조용히 있더니

청컨대 자기 생각을 말하겠다며 모퉁이에 앉는다.

하늘이 만물을 낳음에 참으로 각기 다르니

봉황새는 스스로 울고 까마귀도 스스로 부르짖는다.

봉황도 스스로 그것을 아름답다 여기지 않듯

까마귀가 어찌 그것이 추악하다고 알랴.

괴이하게도 그대의 두 귀는 분별이 너무 심하니

어찌 비파소리 좋다고 피리소리 그만두랴.

저 말 꾸미는 자들은 성인이 경계하는 바이니

편벽되게 듣는 데서 간사함과 아첨이 생겨나는 법이다.

내말이 비록 거슬려도 그대는 성내지 마라

그대 멀리 서울에서 온 줄 안다.

어사부 안에 있는 잣나무를 보지 못했는가?

까마귀가 입을 닫고 소리도 없이 마른 나무를 지키고 있는 모습을.

상림원 안에 있는 나무를 보지 못했는가?

그곳의 까마귀가 고운 빛깔 옷을 휘날리며 임금에게 달려가는 모습을.

이런 까마귀가 비록 좋다고 하나 결국 무슨 이익이 있겠는가?

국가 창고에서 구슬 같이 귀한 쌀을 훔쳐 먹을 뿐인데.

내가 태어나 받은 복이 이에 미치지 못하니

스스로 모이 쪼고 스스로 우는 것이 무슨 허물인가?

그대가 나를 싫다고 여기면 마땅히 속히 서울로 가서

힘써 임금을 보좌하여 태평성대나 만들어라.

당나라 천보 연간에 난리가 나서

장안 관리들이 오랑캐 땅으로 달아나는 모습을 또 만들지 않게.

　이와 같이 이건창은 2개월이라는 짧은 고군산의 유배기간 속에서 <검소루>, <장구>, <노오편)> 등 주옥같은 문학 작품을 남겼다. 유배지라는 극한적인 상황이 그로 하여금 더욱 시 창작에 몰두하도록 하였던 것으로 보인다. 실제 굴원(屈原), 이백(李白), 유종원(柳宗元), 한유(韓愈), 소식(蘇軾) 등과 같은 중국의 문인들도 모두 유배지에서 대량의 문학 작품을 창작하였다고 한다. 만약 이들이 유배되지 않았더라면 그와 같은 작품을 만들어낼 수도 없었을 것이라는 말도 나온다. 그래서 중국에서는 "천하의 재자(才子)들은 반이 유배인이다.(天下才子半流人)."[58]라고도 한다. 유배라는 죽음과 같은 고통을 극복하고 찬란한 문

---

58 李興盛, 『中國流人史』, 黑龍江人民出版社, 1996, 3쪽.

화적 업적을 이룬 것이다. 고군산에도 이건창 이외에 수많은 양반 문인들이 유배 와서 많은 문학 작품을 창작하였을 것으로 추측된다. 앞으로 이와 같은 작품을 더욱 발굴하는 것이 과제이다

4. 맺음말

조선시대의 형벌은 태(笞)·장(杖)·도(徒)·유(流)·사(死)의 5형(刑)으로 이루어졌다. 이중 유형(流刑) 즉 유배형은 도형(徒刑)보다 무거운 죄를 지은 자를 차마 사형시키지는 못하고 먼 지방에 보내어 죽을 때까지 고향으로 돌아가지 못하게 하는 형벌이다. 조선후기에 유배형은 잦은 이배(移配)와 해배(解配)로 형벌성이 약화된 측면도 있었으나, 원래 사형에 버금가는 가혹한 형벌이었다.

육지와 떨어져 있는 섬은 죄인을 유배시키기에 알맞은 장소였다. 그러나 유배인들이 갈 수 있는 섬은 제한적이었고, 시대적 상황에 따라 변화가 있었다. 조선전기까지 유배지로 활용되는 섬은 소수였다. 광해군 시기까지 제주도·진도·거제도·남해 등 4개의 섬만이 섬 유배지로 활용되고 있었다. 그러나 조선후기에 이르면 섬 유배지가 26개로 증가하였다. 이것은 조선후기 당쟁의 격화에 따른 정치범의 증가에 기인한 것으로 보인다. 고군산이 유배지로 이용되기 시작한 것도 1624년(인조 2) 고군산진 설립 이후부터였다.

섬 중에서도 열악한 지역에는 죄인을 배정하지 못하였다. 유배인에 대한 기본적인 생계는 유배지 고을에서 해결해주어야 했으므로, 유배인에게 최소한의 생활 조건을 보장해 주기 위한 조치였다. 그런데 고군

산에는 임진왜란 이후부터 증가하는 서해의 황당선과 해적선을 방비하기 위해 1624년에 수군 진(鎭)이 설립되었다. 고군산진은 설립 이후 확장을 거듭하여, 1808년(순조 8)에 편찬된 『만기요람』에서는 전선 6척, 병선 6척, 방선 2척, 사후선 10척이 배치되었다고 기재되어 있다. 당시 전라우수영이 전선을 2척 보유한데 반해 고군산진은 6척의 전선을 보유하여 고군산진이 전라우수영보다 무려 3배 이상이나 많은 전력을 구비하고 있었다. 19세기 초에 고군산진은 조선 전 수군 진영을 통틀어 최대의 군선을 보유하고 있었던 것이다. 이같이 고군산진이 조선 후기 최대의 수군 진으로 발전하면서 고군산은 『대동지지』에서 "주민들은 모두 부유하고 집과 의복, 음식의 호사스럽고 사치스러움이 성읍보다 훨씬 더하다."라고 기록될 만큼 풍요로운 생활을 누렸다. 섬 주민들이 돈을 받고 수군 역을 대신 지거나, 군인들을 상대로 음식업이나 숙박업에 종사하면서 풍요로운 생활을 누린 것으로 보인다. 1762년(영조 38)에는 고군산의 주민 김상건이 흉년에 굶주리는 백성들을 구제하는데 쓰라고 쌀 1,950 가마를 국가에 기부하여 국왕 영조를 감격시키기도 할 만큼 고군산은 부유한 섬이었다. 따라서 조선후기에 고군산에는 많은 유배인들이 들어왔고, 고군산은 이들을 모두 수용할 수 있을 만큼 경제적으로 여유가 있는 곳이었다.

조선후기에 고군산에 어떤 사람들이 유배 왔는지를 구체적으로 알려주는 사료는 없다. 단지 『조선왕조실록』, 『승정원일기』, 『일성록』 등 조선시대 관찬사서(官撰史書)에서 고군산 유배인을 찾아보면 103명이 확인된다. 물론 이들은 전체 고군산 유배인의 극히 일부로서 이보다 훨씬 더 많은 사람들이 고군산에 유배 왔을 것으로 추정되지만, 이들을 통해 고군산 유배인들에 대한 개략적인 특징을 살펴볼 수는 있다고 생각된다. 우선 고군산에 유배 온 사람들은 대부분 양반 신분으로서 정치적 이유 때문에 유배 왔음을 확인할 수 있다. 그리고 정치적 이유 중에서도 영조 대에는 주로 무신란(이인좌의 난)에 연루되어 온 사람들이 많은 것이 특징이다. 영조 때 고군산으로 유배 온 사람들은 모두 18명으로 확인되는데, 이중 16명이 무신란에 연루되어 유배 왔다. 영조 대 이후에도 많은 사람들이 정치적 이유로 고군산에 유배 왔으며 1905년 을사조약 이후에는 많은 의병들이 체포되어 유배오기도 하였다.

　고군산으로 유배 온 사람들 중에도 고군산 주민과 결혼을 하여 정착한 사람들도 상당수에 달할 것이라고 추측되지만 아직 그 사례가 확인되지는 않고 있다. 한편 이들 양반 출신의 유배인들은 고군산에 귀양와서 많은 글을 남겼을 것으로 생각되지만, 현재 고군산에 관한 글을 남긴 것으로 확인되는 사람은 이건창(李建昌)뿐이다. 앞으로 각종 문집을 통해 더 많은 사람을 찾는 것이 과제로 남아있다.

표 1　고군산 유배인 명단

유배가 확인된 날짜	이름	전거	비고
1701년(숙종27) 12월 4일	權重經	『肅宗實錄』	갑술환국으로 유배됨, 『星湖集』에 묘지명이 있음.
1703년(숙종29) 2월 16일	19명	『承政院日記』	
1720년(경종즉위년) 7월 29일	庚萬根	『承政院日記』	
1728년(영조4) 6월 21일	安燡	『承政院日記』	戊申亂과 관련.
1728년(영조4) 6월 23일	閔堂孝, 次子 好孫	『承政院日記』	好孫 5세, 戊申亂과 관련.
1729년(영조5) 4월 30일	相孫, 好孫	『承政院日記』	相孫 10세, 好孫 6세
1729년(영조5) 7월 22일	李弼	『承政院日記』	李弼 85세(李泰發의 부), 戊申亂과 관련
1730년(영조6) 9월 20일	尹懋敎	『承政院日記』	漢城主簿(종6품)

1736년(영조12) 3월 18일	李徵	『承政院日記』	
1740년(영조16) 3월 2일	權攝	『承政院日記』	충청도관찰사 權詹의 子, 戊申亂과 관련
1745년(영조21) 10월 20일	李世緝, 降愛	『承政院日記』	강애(담양부사 沈維賢의 처), 戊申亂과 관련
1746년(영조22) 1월 24일	李美順	『承政院日記』	李有弼의 딸, 12세, 고군산 婢로 만듦. 戊申亂과 관련
1753년(영조29) 12월 11일	柳顯之	『承政院日記』	戊申亂과 관련
1754년(영조30) 5월 13일	權昆伊	『承政院日記』	
1755년(영조31) 5월 23일	李頤錫	『承政院日記』	密豊君 李坦의 조카, 戊申亂과 관련.
1755년(영조31) 6월 9일	李順錫, 李儒錫	『承政院日記』	〃
1757년(영조33) 3월 15일	鄭東明	『承政院日記』	덕산 현감, 禁酒 기간 중 술을 마심.
1765년(영조41)	韓柱岳	『順菴集』	韓洵의 子, 戊申亂 관련으로 억울하게 죽은 父의 伸寃을 요구하다가 유배됨.
1777년(정조원년) 2월 16일	私奴 命世	『承政院日記』	科場 攔入
1777년(정조원년) 8월 24일	洪介	『承政院日記』	해남현감 洪履海의 딸, 10세.
1778년(정조2) 7월 24일	山猫	『承政院日記』	牌頭弓人 李時煒의 奴로 추정.
1779년(정조3) 5월 22일	靑五大	『承政院日記』	閔德泰의 姪. 삼도수군통제사 張志恒 사건과 연루.
1782년(정조6) 12월 3일	明任, 山猫, 三柱, 黃大有	『承政院日記』	삼도수군통제사 張志恒 사건과 연루. (山猫는 1778년과 중복)
1783년(정조7) 1월 26일	宋煥周	『承政院日記』	이조판서 宋德相의 子.
1783년(정조7) 6월 20일	李善得	『承政院日記』	海恩君 李爌의 子
1784년(정조8) 8월 3일	繼鵬	『承政院日記』	
1788년(정조12) 10월 22일	順得	『承政院日記』	
1789년(정조13) 윤5월 13일	徐必守	『承政院日記』	熙川郡 殺獄罪人
1795년(정조19) 2월 6일	徐命漸	『承政院日記』	古群山鎭 僉使, 現地 充軍
1811년(순조11) 1월 24일	朴行儉	『承政院日記』	승정원 서리
1811년(순조11) 3월 27일	金昌仁	『承政院日記』	加德 僉使

1817년(순종17) 4월 14일	吳興謙	『承政院日記』	宣傳官.
1819년(순조19) 8월 24일	黃志敬, 張元植, 宣弘燁, 崔完喆, 朴英禧	『承政院日記』	掖庭署 官屬
1830년(순조30) 8월 7일	孫英黙	『日省錄』	殯宮守僕
1865년(고종2) 3월 13일	金雲天	『承政院日記』	船主
1896년(고종33) 8월 4일	李建昌, 金商悳	『承政院日記』	이건창은 海州觀察使職을 거절하다가 유배됨.
1896년(고종33) 9월 17일	李世鎭, 尹履炳, 金弘濟	『日省錄』	校正郎廳
1897년(고종34) 1월 20일	閔泳宰, 千應聖, 柳根石	『高宗實錄』	平壤府 鎭衛隊 中隊長
1899년(고종36) 3월 24일	沈相薰	『高宗實錄』	度支部 大臣
1899년(고종36) 7월 15일	元禹常	『高宗實錄』	警務使(경무청 장관)
1899년(고종36) 11월 10일	曹喜永, 李文求, 李泌久	『日省錄』	閔京鎬와 連名하여 상소
1899년(고종36) 11월 22일	閔京鎬	『高宗實錄』	奉常司提調
1899년(고종36) 12월 6일	閔泳綺	『高宗實錄』	軍部 大臣
1900년(고종37) 2월 9일	朴喜宅	『高宗實錄』	김옥균과 연결
1900년(광무4) 5월 17일	李海元, 趙東潤	『高宗實錄』	이해원은 尉官, 조동윤은 檢查總長
1900년(광무4) 9월 10일	李會源, 朴啓煥	『高宗實錄』	李埈鎔(고종의 조카)과 서신왕래
1900년(광무4) 9월 30일	李愚萬, 李海昌, 金台濟, 金德漢	『高宗實錄』	秘書郎, 강화도 정족산성 사고의 실록 분실.
1901년(광무5) 1월 18일	李奭鍾	『日省錄』	弘文館 修撰
1901년(광무5) 1월 29일	金奎弼	『高宗實錄』	내부협판 閔景植의 측근
1901년(광무5) 4월 23일	吳聖根	『高宗實錄』	산릉도감 相地官
1901년(광무5) 5월 6일	姜簪	『日省錄』	
1901년(광무5) 9월 3일	金永振	『日省錄』	警務官, 박영효와 연결
1902년(광무6) 8월 12일	徐永俊	『日省錄』	
1902년(광무6) 8월 23일	尹致運	『日省錄』	
1905년(광무9) 8월 30일	閔丙奭	『日省錄』	궁내부장관, 후에 일제로부터 子爵의 작위를 받음
1906년(광무10) 9월 16일	金商悳 崔相夏	『日省錄』	義兵에 참가
1906년(광무10) 11월 5일	李思聖 李漢龜 李春京	『日省錄』	義兵에 참가
1907년(광무11) 2월 6일	曹秉周, 金德元, 劉乞伊,	『日省錄』	鎭撫使 군인, 義兵에 참가

	金先弓, 徐石根, 林斗坤, 李千用, 金能伯, 咸基洙, 金光老		
1907년(광무11) 3월 6일	咸基洙, 李千用	『日省錄』	
1907년(광무11) 4월 28일	李鍾台, 李商鉉	『日省錄』	이종태(侍從院副卿), 이상현(무과 출신)
1907년(광무11) 5월 9일	金浩洛	『日省錄』	
計 : 61회	103명		

『도서문화』 제40집, 2012.12 수록

8장.

군산 개항의
역사적 의의

1. 머리말

1999년, 군산은 개항 100주년을 맞게 되었다. 군산 개항 이후 우리나라는 일제의 식민지로 전락하였고, 이후 군산은 우리나라 최고의 곡창지대인 호남평야에서 생산된 쌀을 일본으로 반출하는 수탈의 전진 기지로 기능하였고, 또 일본산 자본주의 상품의 유입 항으로 변모하였다. 즉 일제시기에 우리나라는 일제의 원료·식량 공급지와 상품 시장으로 전락하였는데, 그 식민 정책의 거점으로서 군산이 성장하였던 것이다. 이에 오늘날 군산 시민 중에서 과연 개항 백주년이 우리가 기념할 만한 것인가라고 의문을 가지는 사람도 많은 듯하다. 그러나 자랑스러운 역사만이 우리가 기념해야 할 것이 아니라, 아픈 역사 역시 우리는 반드시 기억해야 한다.

그림 1 군산개항 100주년기념 우표

한편 군산의 개항은 일제의 강압에 의하여 이루어진 타율적인 개항
이라는 것이 오늘날 군산시민을 비롯한 일반인들 사이에 널리 유포된
통설이다. 이러한 인식 역시 개항 백주년 기념에 대하여 부정적인 생각
을 갖게 하고 있다. 그러나 군산의 개항이 일제에 의한 타율적인 개항
이라는 것은 이후에 전개된 역사의 결과만을 보고 내린 예단(豫斷)으로
서 구체적 사실에 입각한 이해는 아니었다. 군산의 개항이 결정된 시기
는 대한제국 시기로서, 이 기간은 오늘날 열강간의 잠정적 세력 균형
상태에서 전제군주가 주도하는 근대적 국가로 발돋움하려는 시기로
이해되고 있다.[1] 이러한 오늘날의 연구 상황에 비추어, 군산 개항의 경
위에 대해서도 통설로만 만족할 것이 아니라 당시 사료를 가지고 구체
적으로 살펴볼 필요가 있다.

군산 개항의 역사적 의의를 밝히는 본 논문은 우선 개항 이전의 군산
의 역사를 개략적으로 살펴보고, 군산 개항의 경위에 대하여 구체적으
로 검토하려 한다. 그리고 군산 개항이 우리 근대 사회(주로 1910년까
지)에 미친 영향에 대하여도 아울러 살펴보겠다. 100년 전 군산 개항의
경위와 그 영향에 대한 고찰은 세계화, 개방화를 지향하는 오늘날 우리
에게도 많은 역사적 교훈을 줄 것으로 생각한다.

2. 개항 이전 군산의 역사

군산 지역은 북으로 금강, 남으로 만경강 사이에 자리하고 있으며,

---

1 도면회, 「정치사적 측면에서 본 대한제국의 역사적 성격」, 『역사와 현실』 제19호, 한국
  역사연구회, 1996.

동쪽으로 익산 지역과 접하고 서쪽으로 바다에 면하고 있는 지역과 서해상의 섬들을 포괄하고 있다. 이 지역은 농수산 자원이 풍부하여 일찍부터 원시 어로민과 농경민이 거주하면서 선사문화를 발달시켰다. 이에 군산 지역 각처에는 신석기 시대의 조개무지, 원삼국시대의 각종 토기와 철기 유물 등이 발굴되고 있다.[2]

군산 지역은 그 후 삼국시대에 들어와 삼국 간 치열한 영토 확장전이 전개되었을 때 백제가 수도를 웅진(공주)과 사비(부여)로 옮기면서 정치적으로 중요한 위치를 차지하게 되었다. 금강 하구에 위치한 이 지역은 백제와 신라, 당, 일본 등 각국이 자신의 세력을 유지·확장하기 위해서는 반드시 확보하여야 하는 요지였던 것이다. 이에 따라 군산 지역(白江口, 伎伐浦 등으로 칭하였음)은 660년 나당 연합군의 백제 침공 때 당나라의 13만 대군이 백제의 사비성을 공격하기 위해 최초로 상륙하여 백제군민과 전투를 벌였고, 백제 멸망 이후에는 백제 부흥군과 일본의 구원병이 당군과 격전을 벌였으나 패퇴하여 백제 부흥의 꿈이 무산되었으며, 문무왕 16년(676) 신라의 대당 전쟁 시 신라군이 당의 수군을 섬멸하여 우리나라 남부 지역에서 당의 세력을 완전히 축출하여 삼국 통일을 완수한 곳이기도 하였다. 즉 군산은 백제 멸망의 비운과 부흥군의 좌절을 맛본 곳이며, 신라에 의한 삼국 통일의 환희를 누렸던 곳이다.[3]

또한 군산은 우리나라 최초로 화약무기를 사용하여 왜적을 소탕한

---

2 『群山市史』, 歷史篇(上), 「第1章 錦江流域의 先史遺蹟」 참조.
3 沈正輔, 「白江의 位置에 대하여」, 『韓國上古史學報』 2, 1989.
　김중규, 『잊혀진 百濟 사라진 江 ─ 기벌포(백강)를 찾아서』, 신아출판사, 1998.

장소이기도 하였다. 고려 말 국내의 정치, 경제, 사회적 혼란 속에서 밀어닥친 왜구의 침략은 40여 년에 걸쳐 고려 사회에 막대한 인적, 물적 피해를 입혔다. 우왕 6년(1380) 여름에는

　　왜적들이 배 5백 척을 진포에 매어 두고, 하삼도로 들어와 침구 (侵寇)하여 연해의 주·군(州郡)을 도륙하고 불살라서 거의 다 없애 버리고, 인민을 죽이고 사로잡은 것도 이루 다 헤아릴 수 없었다. 시체가 산과 들판을 덮게 되고, 곡식을 그 배에 운반하느라고 쌀이 땅에 버려진 것이 두껍기가 한 자 정도이며, 포로로 잡힌 자녀를 베어 죽인 것이 산더미처럼 많이 쌓여서 지나간 곳마다 피바다를 이루었다. 2, 3세 되는 계집아이를 사로잡아 머리를 깎고 배를 갈라 쌀술을 함께 넣고 하늘에 제사지내니, 삼도 연해 지방이 쓸쓸하게 텅 비게 되었다. 왜적의 침구 이후로 이와 같은 일은 일찍이 없었다.[4]

라 하여 왜선 500여 척이 진포, 즉 군산 지역에 침투하여 삼남 연해 지방을 황폐화시키기도 하였다. 이 무렵 군산 지역(진포)에서 최무선이 왜구를 맞이하여 대첩을 거두게 된다. 『태조실록』의 태조 4년 최무선 졸기에는

　　가을에 왜선 3백여 척이 전라도 진포에 침입했을 때 조정에서 최무선의 화약을 시험해 보고자 하여, 최무선을 부원수(副元帥)에 임명하고 도원수(都元帥) 심덕부(沈德符)·상원수(上元帥) 나세(羅世)와 함께 배를 타고 화구(火具)를 싣고 바로 진포에 이르렀다. 왜구가 화약이 있는 줄을 모르고 배를 한곳에 집결시켜 힘을 다하여 싸우

4 『太祖實錄』 1, 總書, 辛禑 6년 8월, 1책, 7쪽.

려고 하였으므로, 무선이 화포를 발사하여 그 배를 다 태워버렸다. 배를 잃은 왜구는 육지에 올라와서 전라도와 경상도까지 노략질하고 도로 운봉(雲峯)에 모였는데, 이때 태조가 병마도원수(兵馬都元帥)로서 여러 장수들과 함께 왜구를 한 놈도 빠짐없이 섬멸하였다.[5]

라 하여, 우왕 6년 가을에 최무선이 진포(군산 지역)에서 화포를 이용하여 왜선을 섬멸하였다고 기록되어 있다. 이와 같이 군산은 우리나라 최초로 과학과 기술력으로 왜구를 물리친 진포대첩의 현장이다.

한편 군산에는 고려와 조선시기에 조창(漕倉)이 설치되어 있었다. 남부 지방의 세곡(稅穀)을 해로를 통하여 수도에 실어 나르던 조운제도는 고려 말 왜구의 노략질로 말미암아 조운이 불통함으로써 고려 왕조가 멸망했다고 할 정도로 국가 재정상 비중이 크고 중요한 제도였다. 고려는 건국 초에 한강 연안과 남부 해안에 12개의 조창(그 중 6창이 지금의 전라도 지역에 있었다.)을 설치하여 인근 각 고을의 전세를 거두어 보관하고 이듬해 봄에 경창까지 운반하도록 하였으며, 조선 역시 그 제도를 운용하였던 것이다. 이러한 고려와 조선의 조운 제도에서 군산을 끼고 있는 금강 하류는 중요한 비중을 차지하고 있었다.

고려시대에는 금강 하류에 진성창(鎭城倉: 옥구군 나포면 서포리)이 설치되어 있었는데, 그 창성(倉城)은 둘레가 십리나 될 정도로 규모가 컸다고 한다. 조선초에는 고려말 왜구로 인하여 폐했던 조운제도를 다시 실시하면서 용안현 금두포(金頭浦: 익산군 용안면 용두리)에 덕성창(德城倉)을 설치하였는데, 덕성창은 지금의 고창군을 제외한 전북 지방과 전남의 구례군 등 26개 고을의 전세를 보관하였다. 그후 덕성창은

5 『太祖實錄』 7, 太祖 4년 4월 壬午, 1책 77쪽.

세종 10년(1428)에 금강의 수로가 토사로 막히자 함열현 서쪽의 피포(皮浦: 익산군 웅포면 고창리)로 옮겼다가, 성종 13년(1482)에는 다시 용안의 옛 자리로 옮기면서 득성창(得城倉)으로 개명되었다.6 득성창은 금강의 수로가 또 다시 변동됨에 따라 조정에서 이전 논의가 분분하였는데, 결국 중종 7년(1512) 전라도 관찰사 남곤(南袞)의 건의에 따라 군산포로 옮겨 군산창(群山倉)이 되었다.7 한편 중종 25년 이후 여산군에 나암창(羅巖倉: 익산군 망성면 나암포)이 신설되어 군산창 관할의 고을들을 분속시켰는데 나암창은 효종 년간(1649~1659)에 물길이 막혀 함열현으로 이전하여 성당창(聖堂倉: 익산군 성당면 성당리)이 되었다. 조선후기에 성당창은 남원, 운봉, 진산, 금산, 용담, 고산, 익산, 함열 등 8읍, 군산창은 옥구, 전주, 진안, 장수, 금구, 태인, 임실 등 7읍의 전세와 대동미를 수납하였고, 나머지 고을들은 독자적으로 해창(海倉)을 두고 있었다.8 한편 군산에는 효종 8년(1657)에 우의정 김육의 제안으로 대동법이 실시되면서 이를 관리하는 선혜청의 지청인 호남청(湖南廳)이 설치되기도 하였다.9

---

6 『新增東國輿地勝覽』 권34, 龍安縣, 倉庫, 得成倉. "在金頭浦 舊稱德城倉 因水道堙塞 移于咸悅縣 成宗十三年 還移於此 改今名."

7 『中宗實錄』 16, 中宗 7년 9월 戊戌, 14책 615쪽. "全羅道觀察使南袞 親審漕稅納倉移排便否 馳啓曰 得城倉移於群山浦 榮山倉合於法聖倉 令道內各官 從附近分屬納稅 則陸輸之路 不甚絶遠 民不至怨苦 散料之費 敗船之虞 比於前日 十減五六 不爲無益 便宜之策 請廣議處之"

8 『大東地誌』 11, 沃溝縣, 倉庫, 群山倉. 咸悅縣, 倉庫, 聖堂倉. 崔洛弼, 「群山港 開港과 地域社會經濟의 構造的 關係에 대한 硏究」, 『全羅文化硏究』 3집, 179쪽. 재인용.

9 『群山開港史』, 4쪽에서는 『孝宗實錄』, 群山記에 '群山湖南廳所在 菈海嵋山丘岡連亘 貢米之倉稟聯擔 在於其麓 群書之勝地 湖南第一也'라 하는 기록이 있다고 하는데, 현재 효종실록에서는 찾을 수 없다.

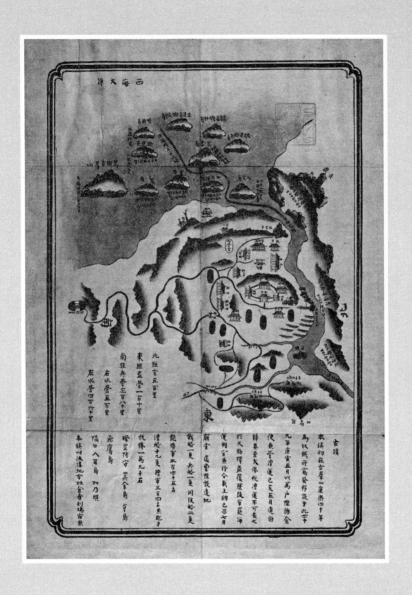

그림 2 1872년 군산진 지도

군산에는 이와 같이 조창이 설치되어 조운선이 운항하였을 뿐 아니라, 상선의 내왕 역시 빈번하였다. 조선후기에 이르러 군산 일대에서는 "백강이하 진강일대는 모두 선리(船利)가 통하였다. (白馬以下鎭江一帶皆通船利)"[10]라 하듯이 상품 유통이 활발히 이루어지고 있었다. 당시 금강 유역의 여러 포구들은 상품 유통의 중심지로 성장하고 있었는데, 특히 강경은 조선후기 3대 시장의 하나로 손꼽혔다. 강경은 배후에 넓은 곡창지대가 있었고, 인근 어장의 어선들이 내왕하여, 개시일(開市日)인 4·9일에는 하루 평균 출시인원이 약 7,000인에 달하였고, 추석이나 설전에는 15,000인 이상이나 되었다.[11] 이때 상선의 내왕이 모두 금강을 통해서 행해졌고, 그 하구에 군산이 위치하고 있어, 군산 역시 상업 항구로 기능하고 있었다. 이러한 사실은 당시 군산에 개장되었던 京場場市의 규모를 통해 확인할 수 있다. 『조선총독부조사자료』제8집, 『조선의 시장(朝鮮の市場)』에서는 경장장시에 대하여

> 400년 전에 창설되었고, 30년 전까지 서천방면으로 가는 도선장
> (渡船場)이 있었으며, 인구는 500여 명이다. 수급 구역(需給區域)은
> 옥구군(沃溝郡), 군산부(群山府), 서천군(舒川郡)의 대부분 이외에
> 강경(江景), 전주(全州), 태인(泰仁) 등까지 걸쳐있었으며, 시일(市
> 日)에는 매우 은성(殷盛)하였고 거래도 오늘날의 십수 배였다. 군산
> 이 개항된 이후 군산부내에 신시(신시)가 창설되자 해마다 쇄미(衰
> 微)의 길을 걷고 있다.

---

10 『擇里志』, 卜居總論, 生利條.
11 『通商彙纂』146호, 「군산개항이 강경에 미치는 영향」(1899.9.4) ; 이헌주, 「개항기 군산항의 유통권 변동과 무역구조」, 『史學硏究』55·56합집, 1998. 572쪽 재인용.

라고 기록하고 있다.[12] 군산에는 조운선과 더불어 상선이 내왕하여 활발한 상업 활동이 이루어지고 있었던 것이다. 그런데 군산은 조선후기 이래 점진적으로 진행되는 조세의 금납화 경향으로 점차 조운의 기능이 축소되다가, 1894년 갑오개혁의 '지세의 금납제' 조치로 인해 조운의 기능이 정지되면서 그 세(勢)가 쇠퇴하였다. 이에 개항 당시에는 군산의 옛 모습을 찾아보기 어렵게 되었다.[13]

이와 같이 군산은 금강 하구 수륙 교통의 요지에 위치하고 있어, 고대로부터 선사문화가 발달하였고, 삼국 통일기에는 한·중·일 삼국이 접전을 벌였으며, 고려말에는 진포대첩의 현장이었고, 조선시대에는 조운과 상업이 발달하였다. 즉 군산은 개항 이전부터 우리 역사에서 정치, 경제적으로 중요한 지역이었다. 이러한 군산의 지정학적 위치로 인해 세계 자본주의 체제에 문호 개방이 강요되었던 근대 시기로 들어오면서 일찍부터 그 개항이 거론되었다.

---

12 경장장시가 열렸던 팔마산 기슭의 京場里는 1932년의 행정구역확장으로 군산부에 편입되었으며, 옛날의 장시는 없어지고 말았다. (孫禎睦, 『韓國開港期 都市變化過程研究』, 一志社, 1982. 302쪽에서 재인용)

13 『群山府史』에서는 "開港 當時의 群山은 4·5개의 小丘陵 허리에 몇몇 朝鮮人 陋屋이 點在하고, 內地人(일본인: 필자주)의 거주자는 겨우 70여명에 불과하며, 평지에는 갈대와 마름풀만이 무성하여 부질없는 새들이 노니는 들녘이었고 저녁노을 蒼然하여 어두움이 짙어지면 漁火가 明滅하는 가운데 몇 줄기의 밥 짓는 연기만이 보이는 오로지 滿目蕭條한 한 寒漁村에 지나지 않았다.(1쪽)"라고 기록하고 있다. 이것은 개항이후 일본인이 거주하면서 흥성하고 있는 군산을 염두에 두고 개항전의 상황을 과장하여 서술한 것으로 생각된다.

3. 군산 개항의 경위

근대시기에 들어와 군산항의 개항이 처음으로 거론된 것은 고종 14
년(1877) 9월 10일 일본의 대리공사 화방의질(花房義質)이 부임해 왔을
때부터였다.[14] 1876년의 강화도 조약에 따라 부산에 이어 원산이 개항
되자, 일본 측은 계속해서 서해안의 항구를 개항시키기 위해 조선 정부
에 압력을 넣어왔다. 일본은 자신들의 자본주의 발전에 필요한 값싼 식
량과 원료를 안정적으로 확보하기 위하여 국내 최대의 쌀 생산지를 배후
로 한 서해안 지역의 개방에 무엇보다 관심이 있었던 것이다. 따라서 이
무렵 인천과 군산, 남양, 당진, 면천, 서산, 아산만(둔포), 해미, 결성, 진
강, 진도, 목포 등이 추가 개항 후보지로 거론되었다. 그러나 군산을 비
롯한 서해안에 있는 제 항구들은 수도와 거리가 멀고 항만 사정이 나쁘
다는 이유로 제외되었고, 결국 1881년 인천항이 개항지로 결정되었다.[15]

1889년경 경성주재 일본대리공사 근등진서(近藤眞鋤)는 일본 정부
의 지시를 받아 조선정부에 전라도 연안에 개항장을 설치해 줄 것을 다
시 요청하였다.[16] 그러나 당시는 조선정부에 대한 청국의 영향력이 매
우 강한 시기여서 일본의 요구는 받아들여지지 않았다. 그러다가 1894
년 7월 23일 일본군의 궁궐 침입과 함께 친청 민씨 정권이 붕괴하고 친
일 개화파 정권이 들어섰으며, 27일에는 일본군이 청일전쟁을 도발함
으로써 정세가 급변하게 되었다. 일본 측은 8월 20일 개화파 정부에 강

---

14 『備邊司謄錄』 258, 고종 14년 10월 12일; 10월 18일조.

15 孫禎睦, 앞의 책. 126쪽.

16 『木浦府史』 36쪽.

요하다시피 하여 밀약으로서 이른바 '잠정합동조관(暫定合同條款)'이라는 것을 체결케 하였다.

7개 항목으로 구성된 '잠정합동조관'은 2항에서 철도의 이권을, 3항에서 전신(電信)의 이권을 조선정부가 일본에 허여(許與)한다고 규정한 데 이어, 제4항에서는 "장래 양국(兩國)의 교의(交誼)를 더욱 친밀히 하고 또 무역을 장려하기 위하여 조선정부는 전라도 연해의 땅에 통상구안(通商口岸) 한 곳을 개항할 것이다."라고 규정함으로써 전라도 연안의 통상항 개항을 명문화시켰다.[17] 청일전쟁이 승리로 굳어지자 1894년 일본공사 정상향(井上馨)은 개항장 물색을 목적으로 '전라도 연안 곧 고부(古阜)·목포(木浦) 등지를 시찰'하기 위한 호조(護照)·관문(關文)을 조선정부에 청구하여 허가를 받아내고[18], 이에 따라 1895년 1월 6일 서울 영사 내전정퇴(內田定槌)가 인천을 출발하여 약 보름동안의 일정으로 각지를 둘러본 후 목포를 최적지로 선정하였다.[19] 이때 비록 군산과 인접한 고부가 개항장으로 선정되지는 않았지만, 이 시기에 일본은 전라북도의 곡창지대를 겨냥한 개항장 설치를 검토하였던 것이다. 또한 이보다 이른 시기인 1893년의 영사관보고에는 금강의 "강류(江流)를 자세하게 탐색하여 군창(群倉) 혹은 그 상류에서 기선(汽船)을 정박할 포구를 발견하여 개시(開市)한다면, 금강 유역 및 전라도 일부의 상업상에 커다란 편리를 낳을 것"[20]이라 하여 이 지역의 개항에 관심을 보이고 있다.

---

17 『高宗實錄』 32, 高宗 31년 7월 20일조.

18 『舊韓國外交文書』 제3권, 日案 3, 고종 31년 12월 4일. 同 5일.

19 孫禎睦, 앞의 책, 273쪽.

20 『通商彙纂』 제1호 부속, 「京畿道及忠淸道地方商況幷＝農況視察報告」 (1893,10.21)

이처럼 일찍부터 일본이 군산 개항에 관심을 보이는 가운데, 정작 군산의 개항은 대한제국 정부의 독자적 결정으로 단행되었다. 1896년 2월 고종은 아관파천을 하면서 러시아에 의존하는 정치를 하고자 하였으나, 국내정치 세력의 환궁 요구와 러시아의 지원이 기대에 훨씬 못 미치자, 1897년 2월 경운궁으로 환궁하였다. 그해 10월에 고종은 제국주의 열강간의 세력균형과 유생들의 자주의식 고조 및 고종의 황제로의 희망을 바탕으로 대한제국을 건립하게 되었다. 즉 1897년 10월 12일 고종은 환구단에 나아가 황제로 즉위하는 의식을 가지고, 이어서 국호를 '대한(大韓)'으로 정함으로써 대한제국이 자주독립국가임을 내외에 천명하였다. 대한제국을 공포한 뒤, 고종은 나름대로 부국강병할 방법을 강구하였다. 먼저 황실 재정을 맡고 있던 궁내부의 재정을 확충해 갔고, 황제권을 강화하기 위해 군사제도와 경찰제도의 재편에 예산을 집행하였다. 또한 대한제국 정부는 호구조사와 토지조사의 실시, 근대적 화폐제도의 모색, 우체·전신사업의 실시, 전차·전기사업의 실시, 서북철도의 부설, 서울의 신도시 건설, 산업진흥정책 등 개혁정책을 실시해갔다.[21]

이러한 정세 속에서 군산의 개항도 이루어지게 되었다. 즉 대한제국 정부는 1898년 5월 26일 군산, 마산, 성진의 개항을 결정하였다. 그 과정을 자세히 살펴보면, 광무 2년(1898) 5월 26일 외부대신 조병직(趙秉稷)은 의정부참정 박정양(朴定陽)에게 <그림 3>과 같은 건의서를 제출하였다.

21 서영희, 「광무정권의 형성과 개혁정책 추진」, 『역사와현실』 26호, 역사비평사, 1997. 12.

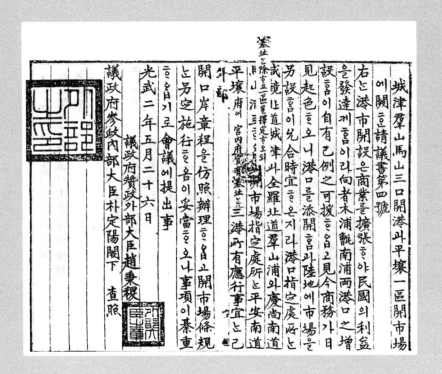

그림 3 『의정부래거문』(규 17793),
광무(1898) 2년 5월 26일 기안.

城津·群山·馬山三口開港과 平壤一區開市場에 關혼 請議書 第四號

右는 港市開設은 商業을 擴張ㅎ야 民國의 利益을 發達케홈이라

向者 木浦·甑南浦兩港口之增設홈이 自有已例之可援ㅎ읍고 見今商

務가 日見起色ㅎ오니 港口를 添開홈과 陸地에 市場을 另設홈이 允

合時宜ㅎ온지라 港口指定處所는 咸鏡北道 城津과 全羅北道 群山浦

와 慶尙南道 馬山浦로 ㅎ읍고 開市場指定處所는 平安南道 平壤府

에 宮內府官有基址는 除ㅎ고 一區를 擇定ㅎ오듸 三港所有應行事宜

는 已開口岸章程을 仿照辦理ㅎ읍고 開市場條規는 另定施行ㅎ옴

이 妥當ㅎ오나 事項이 縶重ㅎ읍기로 會議에 提出事

光武 二年 五月 二十六日[22]

즉, 항시(港市) 개설(開設)은 상업을 확장하여 민국(民國)의 이익을
발달케 하니 군산 등 3항을 개항하자는 것이다. 이러한 건의서를 접수
한 의정부는 당일 즉시 회의를 가졌는데, 개항에 대하여 찬성 7표, 반대
3표가 나왔고, "다수(多數)에 따라 시행하라."라는 고종 황제의 재가를
얻어 성진, 군산, 마산 등의 개항이 결정되었다.[23] 다음날인 27일 의정
부 참정 박정양은 외부대신 조병직에게 3항의 개항이 결정되었음을 지
령(指令)으로 통보하였다.[24] 그리고 5월 29일 외부대신 조병직은 이러

---

22 『議政府來去文』(奎 17793), 光武 2年 5月 26日 起案.

23 『高宗實錄』 37, 光武 2년 5월 26일, 下册, 40쪽. "議政府因外部請 議城津·群山·馬山三口
開港 及平壤府宮內府官有基址外一區 開市場事 經政府會議 可標爲七 否標爲三 伏候聖
裁 制曰 從標題多數施行 又以東萊絕影島各國租界劃定事 經議上奏 制曰可"

24 『議政府來去文』(奎 17793), 光武 2년 5월 27일, 指令第二十八號.
貴部에서 請議혼 城津群山·馬山三口開港及平壤府에 宮內府官有基址는 除ㅎ고 一區
를 擇定ㅎ야 開市場ㅎ는 事로 本府會議에 可라혼 標題가 七이오 否라혼 標題가 三
이온듸 上奏ㅎ와 奉旨從標題多數施行ㅎ라ㅎ시엿기 玆에 指令홈
光武二年五月二十七日 議政府參政 朴定陽
議政府贊政外部大臣 趙秉稷 閣下

한 개항 결정 사실을 각국 사신에게 통보하였다.[25] 대한제국 정부의 독자적인 개항 논의와 선언 형식으로 군산의 개항이 이루어졌던 것이다.

이와 같이 대한제국 외부(外部)의 청원과 의정부의 결정에 의해 군산 개항은 이루어졌다. 이것은 당시 국내적, 국제적 여러 요인에 의해서 취해진 조치였다. 우선 이 시기의 개항은 대한제국 성립 이후 고종의 생존 전략인 제국주의 열강간의 세력 균형 정책의 일환으로 이루어진 것으로 보인다. 고종은 이 당시 청국에서 전개되고 있는 제국주의 열강의 대규모적인 조차지(租借地: 각 조차지는 특정 1국이 독점) 획득 움직임이 조선에 파급되는 것을 강하게 우려하였다.[26] 그 때문에 고종은 선수를 쳐서 열강이 소망한다고 예상되는 항만을 개방하고, 그곳을 특정 1국의 독점적 조차지 내지 특별거류지로 하지 않고 각국 공동거류지로 함으로써 상호 견제의 메커니즘을 만들려고 한 것이다. 이러한 고종의 뜻을 받아서 조선정부 내부에서 개항 정책을 추진한 것은 친일파 및 친미파로 불리는 관료들이었다. 특히 여러 항(港)·시(市)의 개방에 노력한 것은 외부협판(外部協辦) 유기환(兪箕煥)이었는데, 유기환은 외부대신 조병직을 움직일 수 있는 지위에 있었다.[27] 이러한 상황 속에서 외부에서는 의정부에 군산 등의 개항을 청원한 것으로 보인다.

다음으로 독립협회 계열 관리와 지식인들의 개항 정책 추진도 군산

---

25 『舊韓國外交文書』제4권, 日案 4, 광무 2년 5월 29일.

26 『駐韓日本公使館記錄』12, 機密本省往信, 明治 31年(1898) 7月 8日. (24)機密第 號. 新開三港一市ニ關スル件. "… 輓近淸國ニ於ケル露獨佛英ノ港灣占領ノ一事大ナル刺戟ヲ與ヘタル儀ニ外ナラス候曾テ支那問題屢々際當局者中本官ヲ訪ヒ支那問題落着後其餘勢韓國ニ及ハサルヤ將タ又及フモノトスレハ之ヲ豫防策如何"

27 모리야마 시게노리 지음, 김세민 옮김, 『近代韓日關係史硏究』, 玄音社, 1994. 85쪽.

개항에 일정한 영향을 미친 것으로 보인다. 앞에서 언급한 유기환 역시 독립협회 위원으로 활동하였다.[28] 당시 독립협회에 속한 사람들은 자유무역주의를 주장하고 있었다. 우리나라의 공업이 미숙한 상황에서 개항장의 수가 증가한다는 것은 국내 수공업의 몰락이 촉진되어간다는 것을 의미하였다. 그럼에도 불구하고 이들은 개항장의 수가 증가되어 가는 것을 찬성하고 있었다. 즉 독립신문에서는

> 만국과 교제 ᄒ야 내게 유여ᄒ 물건을 팔아 타국 물건으로 내 부족 ᄒ것을 보죠 ᄒᄂ 고로 각국과 무역이 셩 ᄒ쇼록 인민이 편리 ᄒ을 누리고 국가이 부강 ᄒ은 영국과 기외 셔양 졔국을 보와도 황연히 알지라 대한이 기항 통샹 ᄒ도 ᄯ한 이 리치를 ᄯ라서 ᄒ인즉 기항 ᄒ이 필경 리가 만코 ᄒ가 젹은것은 동셔 고금 ᄉ긔를 보아도 알지라 본릭 잇ᄂ 다섯 항구 외에 ᄯ 셰 항구를 년 일노 ᄒ야 혹 국가에 유ᄒ 무익 ᄒ가 염녀 ᄒᄂ 사름이 잇기로 대강 우건을 말ᄒ노라[29]

라 하고는 군산, 마산, 성진 등의 개항에 따른 이로움을 다음과 같이 다섯 가지로 열거하였다.

> 쳣지ᄂ 외국 물죵이 들어오더릭도 압뎨로 파ᄂ 것이 아닌즉 대한 사름이 주긔의게 리롭지 아니 ᄒ면 살 리치가 만무 ᄒ니 무명 옷 ᄒ벌 ᄒ여 입을 돈으로 셔양목 옷 두벌이나 ᄒ벌 반이나 ᄒ여 입ᄂ것이 득칙이라 그리 ᄒ면 대한 무명 ᄡᄂ 사름은 결단이라 ᄒ

28 愼鏞廈, 「獨立協會의 創立과 組織」, 『獨立協會硏究』, 一潮閣, 1976. 91쪽.
29 『독립신문』, 제3권 66호, 광무 2년 6월 9일. '논설'

니 그는 과연 민망호나 다시 싱각 호면 무명 짜는 사름은 불과 몃 천명 혹 몃 만명이오 양목 입어서 리보는 사름은 천빅 만명이오 다 른 장식도 여기 방추라 그 싱이 호는 사름 몃믄 위 호야 여러 사 름의 리익을 도라 보지 아니 호고 길가에 사는 빅셩 몃 빅명믄 위 호야 도로를 슈리 호여 만민의 위싱도 말것이오 망건 쟝수 탕건 쟝수 갓 쟝수 몃 만명을 위호야 젼국 쳔빅 만명이 머리를 결박 호 고 위싱을 히롭게 호여야 올코 교군군 물군 몃 쳔명을 위 호야 화 륜션 화륜거를 타고 수무를 신속히 타쳠도 말아야 홀것이오 역군 몃 쳔명을 위 호야 젼신 우편 갓흔 국가에 대리되는 통신 긔계로 쓰지 말아야 올코 냥반 몃 쳔명의 각샤 셔리 수령 각집 구죵 별비 각읍 아젼 몃 만명을 위 호야 졍부를 일신 호게 죠지흔 일도 그르 다 홀지니 타국 물건을 싸셔 젼국 인민 즁슈의 유무익믄 볼것이오 몃 빅명 혹 몃 만명 싱이에 히되는 말은 아니 홀것이오 둘지는 항 구가 갓가오면 그 근쳐 빅셩들이 쓰고 남는 물건은 곳 슈츌호야 즙 가를 밧고 팔아 탐관 오라나 어스나 불항당의게 쌧기는것 보다 낫 고 쏘 금년에 팔아 리를 보는 물건은 릭년에 더 힘써 홀터이니 뎐 디가 긔쳑이 될 것이오 셋지는 외국 사름의 쟈본이 만히 들어 와 셔 유의 유식지 민의게 싱이가 싱길것이오 넷지는 대한이 잘 되고 볼 디경이면 항구를 만히 렬어도 무방 홀것이요 잘 되지 못 호고 지 금 모양으로 빅셩의 피를 글거셔 헛되히 써 바리고 협잡군의 츙복 이나 식히고 법관이 비픠 호야 비리 호숑믄 호면 다시 긔항은 말 고 이왕 렬엇던 항구들을 다 닷어 걸고 외국 사름을 다 쫏추 내여 도 필경 타국의 병탄 홀바이 될것이니 차라리 즈쥬 권리로 녀는 것 이 이 다음에 청국 갓치 주리 틀녀 가면서 쌧기는 것 보다 나흐며 다셧지는 나라에 흉년이 들면 타국 곡식을 각쳐에 수입 호기가 편 호고 (하략)[30]

---

30 위와 동일함.

즉 개항의 이로움은 첫째, 외국 물건이 들어와도 강제로 파는 것이 아니고, 우리 나라 사람들이 자기 이익을 고려하여 살터이니 우리에게 이익은 많고 해는 적으며, 둘째, 백성들이 쓰고 남은 물건을 수출하여 돈을 버는 것이 그대로 두어 탐관오리나 어사, 불한당 등에게 빼앗기는 것보다 훨씬 나으며, 셋째, 외국 자본이 들어오면 우리 나라 사람들의 일자리가 생길 것이고, 넷째, 만일 국가가 잘못될 경우 스스로 개항하는 것이 청국처럼 강제로 개항 당하는 것보다 나으며, 다섯째, 흉년이 들 경우 곡물 수입에 편리하다는 것이다.

이러한 인식하에 독립협회는 개항장을 확대할 것을 주장하였다. 반면 당시 조병식(趙秉式) 등 친러파는 러시아의 의향에 따라 개항장의 확대를 반대하고 있었다. 그러나 이 시기 친러파의 영향력은 지극히 낮았다. 1897년부터 98년에 걸쳐서 개항장의 확대 정책을 추구하는 독립협회는 이를 반대하는 친러파를 격렬하게 공격하였고, 당시 독립협회의 정국 영향력은 매우 강한 편이었다.[31] 군산의 개항은 이러한 독립협회의 활동을 배경으로 실현될 수 있었던 것으로 보인다.

한편 군산이 개항하게 된 데에는 대한제국 정부의 재정 문제와 해관 총세무사 브라운(J. McLeavy Brown)의 영향력도 크게 작용하였다. 당시 대한제국 정부는 재정적으로 많은 어려움을 겪고 있어서 개항장의 확대에 따른 관세 수입의 증가에 큰 관심이 있었다. 이러한 상황에서 해관 총세무사 겸 재정고문인 브라운의 개항에 대한 권고는 개항장 확대에 일정한 영향을 끼쳤다. 브라운의 개항장 확대 권고는 해관세 수입의 증가와 러시아 세력의 저지라는 두 가지 목표에서 제기된 것이었다.

---

31 모리야마 시게노리, 앞의 책, 87쪽.

브라운은 비록 한국의 총세무사였지만 모국인 영국의 정치·경제적 이익 추구에 더 치중하였다. 즉 해관(海關)을 기반으로 러시아프랑스의 세력 저지, 일본과의 우호 협력 등 정치적인 성격을 강하게 띤 활동을 주로 하였다.[32] 그래서 그는 러시아의 남하와 그에 따른 한국에 대한 지배권의 강화를 막기 위해 개항장의 수를 증가시키려 하였고, 일본 구화폐의 무제한 통용을 허가하였으며, 러시아가 절영도에 석탄 기지를 요구하자 그것을 조계지로 묶어 봉쇄해버렸다.[33] 특히 브라운을 비롯한 영국 측에서는 군산과 같이 이미 일본상인이 거주하는 항시(港市)를 열어서, 일본을 한층 조선에 진출시키고, 그것에 의해서 러시아를 견제하려고 하였다.[34] 이러한 브라운의 활동 역시 군산 개항에 영향을 끼쳤던 것이다. 그러나 개항장 확대와 관세수입 증대를 통해 국가 재정을 충실히 하려는 정부의 목적은 거의 달성되지 못하였다. 당시 관세수입의 지출에서 가장 많은 비중을 점하는 부분이 대외차관의 원리금 상환이었다. 그런데 당시 차관들이 '구차관(舊借款) 상환을 위한 신차관(新借款)의 도입과 소모'라는 악순환의 연속이었으므로 개항장의 확대에 따라 증대된 관세 수입도 거의 차관 상환에 소모될 뿐이었다.[35]

이상에서 열거한 바와 같이 1898년 5월 26일 대한제국 정부에서 군산 등 3항의 개항을 결정한 것은 고종 황제의 세력 균형 정책, 독립협회의 자유무역주의에 따른 개항 정책 주장, 정부의 재정 문제와 총세무사

---

32 金賢淑, 「韓末 顧問官 J. McLeavy Brown에 대한 硏究」, 『韓國史硏究』 66, 1989.

33 주진오, 「독립협회의 경제체제개혁 구상과 그 성격」, 『韓國民族主義論Ⅲ』, 창작과비평사, 1985. 109쪽.

34 모리야마 시게노리, 앞의 책, 88쪽.

35 金順德, 「1876~1905년 關稅政策과 關稅의 운용」, 『韓國史論』 15, 1986. 328쪽.

브라운의 권고 등이 어우러져 이루어진 것이었다. 이러한 한국 정부의 급박한 개항 결정에 대하여 일본 측에서는 놀라움을 표시하였고 일부에서는 반대의 의견도 개진되었다. 우선 반대 의견은 목포 주재 일본영사 구수삼랑(久水三郎)이 주한일본공사 가등증웅(加藤增雄)에게 보낸 군산개항 결정 철회요청이 그것인데, 목포가 개항된 지 얼마 되지 않았는데 가까운 거리의 군산이 개항되면 목포의 발전과 목포의 일본 상인들에게 피해를 줄 수 있다는 이유로 개항에 반대하였다.[36] 한편 1898년 7월 8일 가등(加藤) 공사는 일본외무대신에게 보고하는 기밀문서에서 다음과 같이 한국정부의 개항 결정에 대하여 놀라움을 피력하였다.

> 韓國 政府에서 馬山浦, 群山浦의 開港을 通告해왔습니다. 그런데 本官은 이 일이 너무도 輕率히 처리되는 것에 놀라서 開港의 일은 본래 不可한 것이 아니지만 馬山浦, 群山浦 兩港은 그 附近에 釜山, 木浦가 존재하는 이상, 새로 이것을 연다고 갑자기 막대한 利益을 볼 수 있는 일이 아니고, 오히려 稅關의 설치는 監理 派遣 등 때문에 다만 韓國 政府의 부담을 늘릴 뿐 아니라 稅關의 新設은 곧 英人의 勢力을 더욱 强大하게 하는 결과만을 가져오므로 右 二港의 開放에 대해서는 順序있고 適切히 熟考를 하여야 할 것을 當局者에 勸告해 두었습니다. …(중략)… 어찌되었든 이 開港은 우리에게 있어서 有益無害한 일이라고 생각하므로, 더욱 商業 및 殖民의 發達

---

36 『駐韓日本公使館記錄』 13, 機密第七號, 群山港 開港中止 要請 件. 明治 31年(1898) 7月 8日. 실제 이러한 久水 영사의 염려대로 군산 개항은 목포 상권의 잠식을 가져와 목포항 무역을 크게 위축시키는 결과를 초래하였다.(『독립신문』 4권 82호, 광무 3년 4월 15일. "(항민이거) 목포는 쟉년에 긔항을 ᄒ엿시되 항구가 흥왕치 못 ᄒ다 ᄒ더니 지금 군산포에다가 쏘 새로 긔항 ᄒ다는 말을 듯고 안민 六百여호가 목포셔 군산으로 이거ᄒ다는 말이 잇다더라.")

을 힘쓰도록 希望하는 바입니다. 또한 以上 各港市 開放 實施의 期
日은 未定에 속하지만 금년 12월경에는 준비 조정해야 할 것으로
傳聞했습니다.[37]

즉 위에서 가등(加藤) 공사는 한국의 개항 결정은 전혀 의외로서 세
관의 설치에 따른 경제적 부담과 영국인(브라운을 뜻하는 것으로 보임)
의 세력 확대 등을 고려하여 한국 정부에게 신중히 처리할 것을 권고하
였다고 하고는, 결국 이 개항은 자신들에게는 유익무해(有益無害)한 것
으로 상업과 식민의 발달에 호기라고 보고하였다. 일찍부터 군산항의
개항에 관심이 있었던 일본 정부로서는 한국의 갑작스런 개항 결정에
대하여 놀라움과 반가움을 동시에 표시한 것이다.

1898년 5월 26일 군산 개항이 결정되었지만, 개항실시 날짜라든가,
세관의 설치, 항만 시설의 정비 등 개항에 관한 구체적인 후속 조치는
전혀 취해지지 않았다. 이것은 이듬해인 1899년에 들어서도 마찬가지
였다. 이에 그해 3월 들어 각국 공사들은 일제히 한국 정부에게 개항의
후속 조치 취할 것을 요구하였다. 이 시기 일본의 가등(加藤) 공사가 한
국 외부대신 박제순(朴齊純)에게 보낸 공문에 의하면

忠淸(全羅의 誤字:필자)道 群山浦, 慶尙道 馬山浦, 咸鏡道 城津浦
及 平安道 平壤에 三港一市를, 通商次로 公開하기를 決定之意로, 客
年에 貴照會 第三十五號로 知照爾來, 及 今日垂一個年에 尙未實施는
本使之甚所遺憾이오, 抑該開港·開市一事는 貴政府에서 內外貿易發
達을 催促하는 一大美擧이오미, 內外商民이 其速辦을 均所熱望하

---

37 『駐韓日本公使館記錄』12, 明治 31年 7月 8日, 「新開三港一市ニ關スル件」

야, 豫約開市, 而久間不開, 則內外人間에 幾多흔 疑惑·紛擾를 生흘 터이오니, 貴政府에서 從準備事勢ᄒ야 隨速實施之處를 措辦ᄒ시기 를 不堪企望ᄒ야 玆仍照會ᄒ나이다.[38]

라 하여, 개항이 결정된 지 거의 일 년 동안 실제적인 개항 조치가 취해 지지 않아 유감이라고 하면서 약속한 개항이 오랫동안 실시되지 않는 다면 내외에 의혹과 분요(紛擾)가 생길 터이니 조속히 개항을 추진하라 고 하고 있다. 이와 같은 각국 공사들의 요청에 의해 1899년 3월 20일 의정부에서는 5월 1일을 개항 일자로 결정하였고, 다음날 외부대신 박 제순은 이것을 각국 공사에 통고하였다.[39] 그 후 한국 정부에서는 해안 을 측량하고[40], 감리서 관제를 마련하였으며[41], 조계 장정을 제정하는 등[42] 개항에 필요한 실무적인 업무들을 추진하였다.

이와 같이 외국 공사들의 요구에 따라 개항 일자를 확정하고 개항 업 무를 추진하였으나, 정부 내에서는 개항 실시에 대하여 많은 반대가 있 었던 것으로 보인다. 그해 4월 13일자의 독립신문에서는

---

38 『舊韓國外交文書』, 제4권, 日案 4, 1899년 3월 6일, 「5009, 三港一市의開辦催促」

39 『總關去函』(奎 17832), 光武 3년 3월 21일. "城津群山·馬山 三浦開港 暨平壤府鎭市 擬 開章程示明事 歷經函商在案 連接各國公使領事照會 三港一市 實施日期 同聲催辦 玆由 政府議定于本年五月一日 一同開辦 除將此聲照 各公領事外 相應函佈尚望 貴總稅務司 查照 迅將口岸鎭市應行章程艸繕送到以便會同 各公領事印押施行可也 此致順頌"

40 『독립신문』 4권 73호, 광무 3년 4월 5일. "(군산포 칙량) 군산포에 항구를 방장 열터인 디 물이 엿허셔 빈가 잘 출입을 못 흘뿐더러 또 위험흔 곳이 잇는 고로 미리 칙량 ᄒ 야 표를 세우려 흔다더라"

41 『독립신문』 4권 86호, 광무 3년 4월 20일. (항시뎡디)

42 『舊韓國外交文書』 4권, 日案 4, 光武 3년 4월 25일, 「5084, 三港各國租界章程에對한意 見打診」

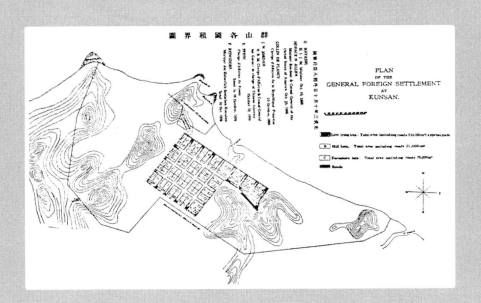

그림 4 군산각국조계도

(즁츄원 공론) 五月 一일 브터 젼라도 군산포와 경샹도 무산포와 함경도 셩진포에 기항ㅎ며 평양군에 기시 ㅎ고 각기 감리셔를 둘 터인디 지금 국고에 직정이 경괄ㅎ다니 무엇으로 그 경비를 다 무 련 홀ᄂᆞᆫ지 슈세가 실노 싹 ᄒᆞ지라 기항과 기시가 비록 죳키ᄂᆞᆫ 조 ᄒᆞ나 별노 시급 하잘것은 업스니 아즉 두엇다가 국고 직정이 조곰 더 폐이기를 기다려셔 ᄒᆞᄂᆞᆫ 것이 국계와 민정에 유익 홀듯 ᄒᆞ다고 즁츄원에셔 공론이 만ᄒᆞ다더라[43]

라 하여, 중추원에서 재정 결핍을 이유로 개항 실시에 대하여 반대하고 있음을 전하고 있다. 이러한 중추원의 반대에도 불구하고 결국 군산은 예정대로 1899년 5월 1일 개항되었다.

개항과 동시에 한국 정부는 감리서(監理署), 경무서(警務署), 재판소 (裁判所), 세관(稅關), 우체사(郵遞司), 전신사(電信司) 등을 설치하였다. 특히 5월 4일에는 '각항시장감리서관제급규칙(各港市場監理署官制及 規則)'을 제정 공포하고 군산포에 옥구감리서(沃溝監理署)를 두어 개항 장에서 일어나는 모든 일에 대하여 권한을 위임받아 사무를 집행하도 록 하였다.[44] 한편 일본 정부는 5월 26일 목포영사관 분관을, 11월에는 목포 일본우편국 군산출장소를 설치하여 업무를 처리하도록 하였다.[45] 또 6월 2일에는 한성에서 한국 외부대신과 일본, 프랑스, 영국, 러시아, 독일 각국 사신 간에 '각국조계장정(各國租界章程)'이 체결되었고, 10 월 11일에는 한국 외부대신과 각국 사신 간에 각국 '공동조계계획(共同

43 『독립신문』 4권 80호, 광무 3년 4월 13일.
44 『高宗實錄』, 광무 3년 5월 4일. 칙령 제15호.
45 『群山府史』, 10쪽.

租界計劃)'이 승인되었는데, 이때 정해진 군산의 각국 조계의 총면적은 572,000㎡(약 17만 3,300여 평)이었고, 그중 산지(山地)를 뺀 주거용지는 336,669㎡(약 10만 2,000여 평)이었다.[46] 그런데 당시 군산의 조계 상태는 이름만 각국 조계(各國租界)였지 실제로 거류민은 극소수의 중국인 이외에 대다수가 일본인이었고, 설치된 외국영사관도 일본영사 관뿐이었기 때문에 일본전관조계(日本專管租界)나 다를 바가 없었다. 한편 1905년 을사조약 이후 일제는 한국 정부에 압력을 가하여 강안매축공사와 고정 잔교 시설 등에 당시 화폐로 약 8만 6천원을 투자하게 하였다. 이로써 군산은 근대적 항만 시설을 갖추게 되었다.[47]

　이상에서 살펴본 바와 같이 군산의 개항은 고종 황제의 세력 균형 정책, 독립협회의 자유무역론에 입각한 개항 주장, 총세무사 브라운의 권고 등을 배경으로 하여 대한제국 정부의 독자적인 결정에 의해 단행된 것이었다. 그러나 군산의 개항은 개항이후 전개될 사태에 대해서까지 충분한 대비를 취한 후 이루어진 것은 아니었다. 이에 군산 개항 이후 군산 지역에서는 쌀의 대외 유출의 심화, 유통권의 변동과 조선 상인의 몰락, 일본인의 토지 침탈 등의 현상이 전개되었다. 즉 군산 개항으로 호남 지방의 일본 경제에의 종속적 구조가 심화되어 갔던 것이다.

---

46 孫禎睦, 앞의 책, 303쪽.
47 군산시, 『群山市史』, 1991. 401쪽.

그림 5 군산 세관 사진

그림 6 개항기 군산사진
(장미동 일대)

그림 7 1900년 각국의
조계지역 정비전경

4. 군산 개항의 영향

일반적으로 개항이 그 주변 지역에 미치는 영향에는 상반되는 두 가지 종류가 있다. 하나는 개항장이 주변지역의 발전에 필요한 자본, 기술, 정보를 유입시켜 주는 개발 거점의 역할을 하는 긍정적인 영향이고, 또 다른 하나는 오히려 주변지역의 발전요인을 외부로 역출(逆出)시키는 부정적인 영향이다. 전자의 경우 개항은 주변지역의 발전을 촉진하는 기능을 하지만, 후자의 경우 개항은 주변지역의 경제 발전을 가로막는 기능을 한다. 군산항의 개항은 후자의 측면이 강하였다. 군산 개항 이후 그 주변지역은 일제의 수탈지로 전락하여 상대적 정체를 면치 못하였던 것이다. 군산 개항이 당시 사회에 미친 영향을 구체적으로 살펴보면 다음과 같다.

첫째, 군산 개항 이후 우리나라 최고의 곡창지대인 전북지역 쌀의 대외 유출이 심화되었다. 개항 이전부터 이 지역의 쌀이 인천 또는 부산항으로 수집되어 일본으로 이출되고 있었으나, 군산 개항과 직통 항로의 개설 이후 대일 유출량이 급격히 증가하였던 것이다. 군산의 무역에서 쌀은 1899－1910년의 12년간의 총수출 액에서 80%이상을 차지할 정도로 비중이 컸다. 쌀의 수출액은 풍흉과 시국의 영향을 받았지만, 급격한 증가추세를 나타내 1900년도를 기준으로 1903년은 15배, 1907년은 34.2배, 1910년에는 44.6배로 증가하였다.[48] 1909년 군산항의 미곡 수출량은 우리나라 전체 미곡 수출량의 32.4%에 달할 정도였다.[49]

---

48 朴錦姬, 「大韓帝國期 群山港의 貿易構造에 관한 硏究」, 이대 석사학위논문, 1991. 24쪽.
49 1909년 우리나라의 쌀 총수출액은 5,530,557원이었는데, 이중 군산항의 수출액은 1,791,034원으로서 군산항의 쌀 수출액이 총수출액의 32.4%를 점하고 있었다.(『朝鮮

이와 같이 급격히 대량의 쌀이 유출된 것은 한국과 일본의 미가 차이 때문이었다. 개항 직후부터 1904년 사이의 한국과 일본(大阪)의 미가 차이는 평균 2.37원이었는데, 이로 인하여 일본 미곡수출상들은 수출 비용을 제하고도 이윤을 남길 수 있었던 것이다.[50] 이에 막대한 양의 쌀이 군산항을 통해 일본으로 이출되었는데, 이 당시의 상황을 『군산개항사(群山開港史)』에서는 다음과 같이 표현하고 있다.

> 附近을 展望할 때 稅關의 屋上에도 海濱에도 道路에도 눈길이 가는 곳에는 도처에 300가마, 500가마, 1,000가마씩 山積되어 20만에 달하는 쌀가마니가 排列되어 整列하였으니 …(중략)… 噫! 壯하다 群山의 쌀이여 (하략)[51]

쌀은 주곡으로서 사회적 안정을 좌우하는 가장 핵심적인 품목이었다. 군산 개항 이후 이러한 쌀의 상품화와 대외 유출이 심해지면서 당시 사회는 심각한 갈등에 직면하였다. 우선 절대적으로 부족한 곡물류가 해외로 이출되면서 국내의 식량 사정에 큰 위협을 주었다. 그리고 쌀의 상품화가 확대되고 쌀값이 높아지면서 상이한 계층에 속한 농민들 사이에 갈등과 대립이 심화되었다. 부농에게는 자신의 부를 더욱 축적할 수 있는 기회였지만 빈농에게는 전통적인 생존 경제의 틀 자체가 해제되는 비극이었다. 특히 식량을 시장에서 매입해야 했던 도시민과 빈농층에게 쌀값의 등귀와 곡물 부족 현상은 생존의 위기를 심화시키는 것이었다.

總督府統計年報』, 1909 ; 朴錦姬, 앞의 논문, p.25 <표>에서 재인용)

50 하원호, 『한국근대경제사연구』, 신서원, 1997. 261쪽.

51 『群山開港史』, 13쪽.

그림 8 군산항에서 쌀을 수출하는 모습

둘째, 군산항의 개항은 금강 유역의 재래시장 구조에 일대 변동을 초래하였다. 종래 금강 연안에서는 강경을 중심으로 한 유통권이 형성되어 있었다. 강경 시장은 원산(元山)의 명태시(明太市), 대구(大邱)의 영시(令市)와 더불어 조선의 3대시장의 하나로 불릴 만큼 상품유통이 활발한 곳이었다.[52] 그러나 군산항 개항 이후 점차 각 지방의 상인들은 강경을 거치지 않고 직접 군산과 거래하기 시작하였고, 아울러 금강 하류 연안 일대는 군산을 중심으로 해서 상품 유통이 이루어지고 있었다. 뿐만 아니라 강경의 고객지였던 全州가 육로를 이용하거나 혹은 전주천 부근의 3·4리까지 약 300석 내외의 적재 선박을 이용해 군산과 상거래를 하였다. 따라서 고래(古來)로부터 강경을 중심으로 굳게 형성되었던 상품유통권이 군산항 개항 이후 군산을 중심으로 한 새로운 상품유통권으로 재편되는 경향을 보인다.

군산 개항은 금강 지역 유통망의 변동뿐만 아니라 이 지역상인들 간의 상권경쟁에도 새로운 변화를 가져왔다. 청·일상 간의 상권 경쟁에서 일본 상인이 승리하게 되었으며, 한국 상인이 급격히 몰락하였던 것이다. 군산이 개항된 직후 금강 지역에서 청국 상인 우위의 상황은 변화가 없었다. 그러나 점차 일본 행상이 증가하여 강경에서는 1902년 12월말 현재 일상이 약 110명에 달하여 약 60명의 청상을 제압하고 있다고 한다.[53] 이후 1906년에 이르면 금강 지역에서 일상들이 완전히 청상을 누르고 상권을 장악하게 된다. 이것은 무엇보다도 러일전쟁 이후 일

---

52 保高正記, 『群山開港史』, 6쪽.
53 『通商彙纂』 제31호, 「群山 1903年 貿易年報」 (1904년) ; 김경태, 「대한제국기의 상권 자주성회복운동」, 『한국근대경제사연구』, 창비, 1994. 351쪽 재인용.

본의 정치 군사적 침략과 지원 때문이었지만, 그 이외에도 일본과의 직통항로 개설, 일본 제일은행 출장소의 설치를 통한 금융상의 이점(利點), 일본 대자본의 진출 등을 원인으로 들 수 있다.[54]

한편 군산 개항 직후 청·일상의 내지 침투가 가속화하면서 점차 상품 유통에서 객주의 개입을 배제시켜 나갔다. 객주는 18세기 이후 지방의 향시(鄉市)와 포구를 중심으로 크게 성장한 개항기의 대표적 상인이었다. 이들은 본래 일반 상인들의 상품 거래를 주선하고 구전(口錢)을 받는 일종의 중간 상인이었으나, 당시에는 이러한 위탁 판매는 물론 도매업과 상품 거래를 독점하는 도고(都賈) 등의 방법을 통하여 자본을 축적하였다. 특히 개항 초기에는 외국상인들이 국내사정을 잘 알고 있지 못했을 뿐만 아니라 내지통상이 완전히 허용되지는 않았기 때문에 그들의 상업 활동은 일차적으로 객주에게 의존하지 않을 수 없었다. 그러나 객주의 성장도 곧 한계에 부딪치게 되었다. 점차 조선의 상거래 관행에 익숙해진 외국 상인들은 무역에게 객주의 간여를 가능한 한 배제하고, 내지의 상인들과 직접 거래함으로써 상업 이윤을 확대하고자 하였기 때문이었다.

本浦가 處在於群港江景 兩浦至近 來往之路ᄒ야 外國商船도 每見
來泊隣各浦而物貨賣買를 任意爲之ᄒ오니 大抵不通商港口에 外人
之無難貿遷이 本非章程뿐더러 有損於商民與各浦旅閣主人輩ᄒ야
本浦旅閣도 亦被損害ᄒ야 果難之保ᄒ오니 海倉旅閣을 特付於宮內
付ᄒ시고 該旅閣主人 崔文範으로 差定ᄒ시고 本浦隣浦에 外商出入
을 派員査檢케 ᄒ시믈 伏望 云云[55]

---

54 이헌주, 앞의 논문, 53~54쪽.

위 사료에 의하면 군산과 강경 사이에 위치한 해창포의 여각주인(객주)들이 외국 상인들이 빈번하게 출입하면서 임의로 자행하는 물자교역에 심각한 타격을 입어 궁내부에 투탁함으로써 국가권력의 힘을 배경으로 외상들의 상권 침탈에 대항하려 하였음을 알 수 있다. 그러나 이와 같이 밀려오는 외상의 상권 침탈에 대한 한국 상인의 대응은 지극히 제한적일 수 밖에 없었다. 그것은 외국 상인에 비하여 자본이 열세였다는 점, 외국 상인들과는 달리 가혹한 봉건적 수탈에 시달려야 했다는 점, 그리고 대한제국 정부의 정책적 지원이 부재하였다는 점 등의 조건이 한국 상인의 대응을 기본적으로 제약하였기 때문이다.[56]

그럼에도 불구하고 군산 지역의 한상(韓商)들은 다음 사료에서 보는 바와 같이 외상(外商)들의 활동과 상권 침탈에 자발적으로 단체를 조직하여 대응하려 하고 있었다.

請願人等이 自來以本港의 客主名色으로 資業이옵더니 今當開港之際ᄒ야 外人之租畫과 富商之占居의 所居基址ᄂ 皆爲見奪이옵고 本人등은 寓歸邊隅ᄒ야 方在新接이온바 或以資本之窘絀로 所謂家役을 中途而弊者過半이오며 且於外人交接之道와 富商欺弄之際에 自有鉏鋙之歎이오며 前日所謂有文券等說과 都賈權利之弊와 府郡侵漁之端이 不無後慮이옵기 仁川之信商社와 東萊之同領社를 效ᄒ야 本港에도 特設一社로되 號를 順興社라 稱ᄒ고 社員이 合力鳩財ᄒ야 有無相資ᄒ야 凡於有事에 自社中으로 從公議妥安ᄒ야 不欲讓利見侮於外商之意로 農商工部에 請願ᄒ와 (하략)[57]

55 『沃溝港案』, 訓令 제79호. 「咸悅郡海倉浦旅閣主人李載榮等請願書」
56 이헌주, 앞의 논문, 55~57쪽.
57 「訴狀」(3) 請願書, 光武 3년 9월 일, (奎 18001).

위 사료는 1899년 9월에 농상공부(農商工部)에 제출된 군산항 객주 김이제(金伊濟), 정인식(鄭寅植), 김공제(金恭濟), 곽규영(郭奎榮), 조중 필(趙重弼), 정문칠(鄭文七) 등의 청원서로서, 이를 통해 군산항의 객주 들이 외상들에게 그들의 상업상의 이익을 모두 빼앗기고 있음을 한탄 하여 그들의 상권을 옹호하고, 또 외상들에 대항하기 위하여 객주회사 인 '순흥사(順興社)'를 설립하고 있음을 알 수 있다. 군산항에는 이외에 도 1900년에 조직된 영흥사(永興社)와 1903년에 조직된 창성사(昌盛 社) 등의 객주회와 한흥사(韓興社) 등의 거간 조직, 그리고 1908년에 조 직된 여신상사(輿紳商社) 등이 있었다.[58] 그러나 을사조약 이후 일제 통 감부가 설치되어 한국 내정의 실권을 장악하였고, 특히 목하전종태랑 (目賀田種太郞)이 한국 정부의 재정고문으로 취임하면서 한국내의 재 정금융활동을 통제하기 위한 각종 정책을 단행하였다. 그중 하나가 상 업회의소(商業會議所)의 설립이다. 당시 객주회를 위시한 전국의 한국 상인 단체를 장악하기 위하여 기존의 일본인 단체를 통합하면서 새로 이 상업회의소가 설립되었던 것이다. 따라서 군산에서도 1907년에 군 산 상업회의소가 설립되어 군산항에서의 일상들의 상권 장악에 힘을 기울였다.

셋째, 군산 개항 이후 군산 지역은 일본인의 토지 침탈의 유리한 표 적이 되었다. 이는 무엇보다 드넓은 평야 지대를 배후지로 하여 저렴한 가격으로 토지를 구입할 수 있었기 때문이었다. 또한 군산 지역은 토지 의 비옥도도 높아 다음 <표 1>과 같이 일본의 1/10도 안 되는 가격의

---

58 朴錦姬, 앞의 논문, 1991. 60~62쪽.

논이 4배가 넘는 높은 토지 이윤율을 보장해주었다.

표 1 군산 지역과 일본의 답(畓) 매매가격, 순이익, 토지이윤율 비교

	매매가격(圓)	순이익(圓)	토지이윤율(%)
조선	14.50	3.75	25.86
일본	194.00	10.16	6.27

자료 : 淺田喬二, 『日本帝國主義と舊植民地地主制』 1968, p.75.
비고 : ① 순수익은 소작료 환산금에서 공조공과(公租公課) 및 관리비를 공제한 것.
    ② 조사 연도는 조선은 1903년, 일본은 1909년임.
    ③ 일본은 북해도를 제외한 보통 답(畓)의 평균.

위 표에서 보는 바와 같이 저렴한 지가와 높은 토지이윤율로 인해 군산 지역은 일본인의 토지 침탈이 집중되었다. 군산 지역에서 일본인으로서 최초로 농업 경영을 목적으로 토지매수에 나선 것은 1903년경의 궁기가태랑(宮崎佳太郎)이라고 알려져 있다.[59] 그러나 1901년경 이미 일본인이 매수한 토지가 4천여 정보(町步)였고, 매수토지의 대부분이 논이었다는 것으로 보아 더 이른 시기부터 토지 침탈이 이루어졌던 것으로 보인다.[60]

러일전쟁을 계기로 조선에 대한 일본의 지배권이 공고하게 되자 대규모의 일본 농업 이민자들은 군산일대 토지에 대한 침탈을 본격적으로 추진하였다. 당시 군산 지역에서는 봉건적 토지제도의 모순과 봉건 정부의 가혹한 조세 수탈, 잦은 한해와 수리시설의 황폐화 등으로 농민

---

59 三輪 規·松岡琢磨, 『富之群山』, 1907, 145쪽.

60 이헌주, 「개항기 군산항의 유통권 변동과 무역구조」, 『史學研究』 55·56합집, 1998. 593쪽.

층이 몰락하고 경제적 궁핍화가 가중되고 있었다.[61] 이러한 농민들의 열악한 경제적 조건을 이용하여 일본인들은 상대적으로 좋은 조건을 제시하여 토지매각을 유혹하였으며, 정부나 지방의 수령들은 이것이 불법임에도 불구하고 금하지 못하는 형편이었다.[62] 이에 1904년 5월 옥구감리(沃溝監理) 정항조(鄭恒朝)는 외부대신 이하영에게

港之各國租界十里外地段을 不得讓賣於外人이 旣載定章이온바 本監理莅任以後에 隣境物議를 探探ᄒ온즉 駐港日人이 締結內地莠 民ᄒ야 無論田畓ᄒ고 越境潛買가 愈往愈甚ᄒ와 另行痛禁之意로 訓飭附近各郡ᄒ옵고 且與該領事로 屢經詰辦이오되 其所飭禁이 苦 無其效이온즉 若失今未戢이오면 買之無已에 地亦有盡이옵기 玆에 報告ᄒ오니 (중략)[63]

라고 보고하고 있다. 개항장에서 10리밖의 땅은 외국인에게 매도할 수 없는 데, 일본인들의 불법적인 잠매(潛買)가 극심하여 유한(有限)한 땅이 모두 그들에게 넘어가게 되었으니 정부 차원에서 조치를 취해달라는 것이다.

개항장 10리 이내로 제한되어 있던 외국인의 토지거래는 1906년 '토지가옥증명규칙(土地家屋證明規則)' 및 그 '시행세칙(施行細則)'의 반포로 사실상 전국 모든 지역에서 합법적으로 이루어질 수 있게 되었다. 이후 일본인의 토지투자와 농업경영자의 수는 급격히 확대되었다.

---

61 金容燮,「高宗朝王室의 均田收賭問題」,『增補版 韓國近代農業史硏究』, 一潮閣, 1984.

62 金允植,『續陰晴史』, 광무 8년 4월 6일. "近日日本人 往往買我國田土 此時價倍厚 民多 賣之 政府不問 守令不能禁 甚可憂也"

63 『沃溝報牒』4, 報告 제28호, 光武 8년 5월 20일.

1909년 12월 말 일본인 농업경영자들의 각 지방별 토지소유현황과 그 성격을 살펴보면 다음 <표 2>와 같다.

표 2 일본인 농업경영자의 지방별 토지소유 현황(1909년 12월말)　　　　(단위 : 町, 圓)

구분\지방	경영자수	소유지면적			1인평균 소유면적	투자액	생산품가액
		기간지	미간지	계			
부산	225	6,597.7	4,226.7	10,824.4	48.1	2,938,643	212,898
마산	13	796.0	927.0	1,723.0	123.5	174,951	15,410
군산	66	18,398.5	1,298.2	19,696.7	298.4	2,249,389	213,130
목포	105	10,939.5	2,117.9	13,057.4	124.4	1,845,594	156,287
경성	112	2,924.8	1,284.6	4,209.4	37.6	1,018,229	191,685
인천	38	654.2	93.9	748.1	19.7	289,815	1,075
평양	17	7,528.9	1,580.1	9,109.0	535.8	673,590	93,547
진남포	19	1,209.8	498.0	1,707.8	89.9	131,711	12,298
원산	46	118.8	196.6	315.4	16.6	116,030	23,623
대구	87	768.7	59.2	827.9	9.5	219,098	45,419
신의주	9	19.8	1.4	21.2	2.4	1,590	850
청진	13	18.0	10.0	28.0	2.1	11,270	14,925
총계	750	49,974.7	12,293.6	62,268.3	83.0	9,669,910	981,149

자료 : 『第四次統監府統計年報』, 509쪽.
　　　洪淳權, 『韓末 湖南地域 義兵運動史硏究』, 서울대출판부, 1994. 55쪽. 재인용

<표 2>에 의하면 1909년 12월말 현재 일본인 농업경영자 총수 783명 가운데 750명을 대상으로 조사한 일본인 소유의 총 토지면적은 62,268.3정보, 이 가운데 기간지가 49,974.7정보(약 80.3%), 미간지가 12,293.6정보(약19.7%)이다. 지방별로 보면 경영자 수에서는 부산 지방이 225명(30%)으로 가장 많고, 군산 지역은 66명(8.8%)을 차지하고

있다. 그러나 이들 일본인의 지방별 소유 토지 면적은 군산 지방이 19,696.7정보(약31.6%)로 가장 많고, 목포 지방이 13,057.4정보(약 21%)로 그 다음을 차지한다. 전국에 있는 일본인 소유의 토지 가운데 절반이 호남지역에 집중되어 있고, 특히 군산이 최대였던 것이다. 또 군산 지역의 일본인 소유 토지는 기간지의 구성 비율이 약 93.4%에 달하여, 농민 소유의 양전(良田)이 대대적으로 침탈되었음을 짐작할 수 있다.

한편 일본인 농업경영자의 1인 평균 소유면적을 보면, 군산 지역은 298.4정보로 전국 평균 83.0정보를 훨씬 상회하며, 농업지대로서 유사한 조건을 지닌 부산 지방의 48.1정보보다 압도적으로 많다. 이는 군산 지역에서 일본인들의 토지구매가 집중적으로 이루어졌으며, 일본인 대지주의 농업경영이 일찍부터 정착되고 있음을 보여준다. 이상과 같이 개항 이후 군산지역에서의 일본인들의 토지침탈은 다른 어느 지역보다 일찍 시작되었고, 또 1910년 '합방' 직전에 이르기까지 다른 어느 지역과도 비교가 되지 않을 만큼 극심하게 진행되었다.

이상에서 살핀 바와 같이 군산 개항 이후 쌀의 대외 유출이 심화되었고, 금강 유역의 재래 유통 구조가 변동하였으며, 일본인의 토지 침탈이 본격화하였다. 군산 개항은 대한 제국 정부가 열강간의 세력 균형을 통하여 국가의 독립을 유지하고, 자유 무역을 통하여 국가 경제 발달을 꾀하며, 관세 수입의 증진을 통하여 국가 재정을 충실히 하려고 단행한 것이지만, 그 결과는 대한제국 정부의 기대와는 정반대로 나타났다. 군산 개항 이후 국가의 독립을 상실하게 되었고, 국가 경제가 외세에 종속되었으며, 국가 재정에도 아무런 보탬이 되지 못하였다. 이것은 제국주의 세력에 대한 충분한 대비를 하지 않은 채 개방화 정책을 취한 결과였다.

5. 맺음말

지금까지 개항 이전 군산의 역사와 군산 개항의 경위, 그리고 군산 개항의 영향에 대하여 살펴보았다. 이것을 요약하면 다음과 같다. 군산 지역은 일찍부터 농수산 자원이 풍부하여 원시 어로민과 농경민이 거주하면서, 선사문화를 발달시켰다. 삼국시대에 들어와서는 백제의 수도가 웅진과 사비로 옮겨지면서 정치적으로 중요한 비중을 차지하였다. 이에 660년 나당 연합군의 백제 침공 때 당나라 13만 대군이 백제의 사비성을 공격하기 위해 최초로 상륙하여 백제의 군민과 전투를 벌인 곳이 이곳이다. 백제 멸망 이후 이 지역에서는 백제 부흥군과 일본의 구원병이 당군과 격전을 벌였으며, 676년 신라의 대당 전쟁 시에는 신라군이 당군을 섬멸하여 당의 세력을 완전히 축출하였다. 또한 군산은 고려말 왜구의 침략 시 우리나라 최초로 화약무기를 사용하여 왜적을 소탕한 장소이기도 하였다.

군산은 수륙교통의 편리함으로 인하여 고려와 조선시기에는 조운의 중심지였다. 고려시기 금강하류에는 진성창(鎭城倉)이 있었으며, 조선 초에는 덕성창(德城倉: 得城倉)이 설치되었고 중종 7년(1512)에는 군산창(群山倉)이 설치되어 조운을 담당하였다. 군산은 이와 같이 조운의 중심지였을 뿐만 아니라 상업도 발달하였다. 16세기 무렵에 설치된 경장장시(京場場市)에서는 수많은 상선이 내왕하면서 활발한 상업 활동을 전개하였다. 그러나 군산은 조선후기 이래 조세의 금납화 경향으로 인하여 조운의 기능이 축소되고, 1894년 갑오개혁의 지세의 금납화 조치로 인하여 조운의 기능이 정지되면서 그 세력이 급격히 쇠퇴하였다. 이에 개항 당시에는 군산의 옛 모습을 찾아보기 어렵게 되었다.

1876년 강화도 조약 이후 일본은 자신들의 자본주의 발전에 필요한 값싼 식량과 원료를 안정적으로 확보하기 위하여 국내 최대의 쌀 생산지를 배후로 한 서해안 지역의 개방에 관심을 집중시켰고, 이러한 가운데 군산의 개항도 거론되었다. 그러나 정작 군산의 개항은 대한제국 정부의 독자적 결정으로 이루어졌다. 대한제국 정부가 군산 개항을 결정하게 된 것은 대략 다음의 세 가지 이유에서였다. 첫째, 대한제국 성립 이후 고종의 생존 전략인 제국주의 열강간의 세력 균형 정책의 일환으로 군산 개항이 이루어졌다. 고종은 이 당시 청국에서 전개되고 있는 제국주의 열강의 대규모 조차지 획득 움직임이 조선에 파급되는 것을 강하게 우려하였다. 그 때문에 고종은 선수를 쳐서 열강이 소망한다고 예상되는 항만을 개방하고, 그곳을 특정 1국의 독점적 조차지 내지 특별거류지로 하지 않고 각국 공동거류지로 함으로써 상호 견제의 메카니즘을 만들려고 한 곳이다. 이에 군산은 개항 후 각국 공동거류지가 설정되었다.

둘째, 독립협회 계열 인사들의 자유무역주의 주장도 군산 개항의 배경이 되었다. 독립신문에서는 군산 개항의 이로움을 다섯 가지로 열거하였는데, 1) 외국 물건이 들어와도 강제로 파는 것이 아니고, 우리나라 사람들이 자기 이익을 고려하여 살터이니 우리에게 이익은 많고 해는

적으며, 2) 백성들이 쓰고 남은 물건을 수출하여 돈을 버는 것은 좋은 일이며, 3) 외국 자본이 들어오면 우리나라 사람들의 일자리가 생길 것이고, 4) 만일 국가가 잘못될 경우 스스로 개항하는 것이 청국처럼 강제로 개항 당하는 것보다 나으며, 5) 흉년이 들 경우 곡물 수입에 편리하다는 것이다. 이러한 인식 하에 독립협회는 개항장을 확대할 것을 주장하였고, 당시 독립협회의 정국 영향력은 매우 강한 편이었다.

셋째, 군산이 개항하게 된 데에는 대한제국 정부의 재정 문제와 해관 총세무사 브라운의 영향력도 크게 작용하였다. 당시 대한제국 정부는 재정적으로 많은 어려움을 겪고 있어서 개항장의 확대에 따른 관세 수입의 증가에 큰 관심이 있었다. 이러한 상황에서 브라운의 개항에 대한 권고는 개항장 확대에 일정한 영향을 끼쳤다. 브라운의 개항장 확대 권고는 해관세 수입의 증가와 러시아 세력의 저지라는 두가지 목표에서 제기된 것이었다. 그러나 개항장 확대와 관세수입 증대를 통해 국가 재정을 충실히 하려는 정부의 목적은 거의 달성되지 못하였다. 당시 관세 수입의 지출에서 가장 많은 비중을 점하는 부분이 대외차관의 원리금 상환이었다. 그런데 당시 차관들이 '구차관(舊借款) 상환을 위한 신차관(新借款)의 도입과 소모'라는 악순환의 연속이었으므로 개항장의 확대에 따라 증대된 관세 수입도 거의 차관 상환에 소모될 뿐이었다. 그리고 브라운의 러시아 세력 저지 노력은 고종의 세력 균형 정책에 차질을 가져와 일본 세력의 침투를 방치하는 결과를 가져왔다.

이상과 같이 고종 황제의 세력 균형 정책, 독립협회의 자유무역주의에 따른 개항 정책 주장, 정부의 재정 문제와 총세무사 브라운의 권고 등이 어우러져 1898년 5월 26일 군산, 마산, 성진 3항의 개항이 대한제국 의정부에서 다수결로 결정되었고, 고종 황제는 즉시 이를 재가하였다. 그리고 1899년 3월 20일 의정부에서는 5월 1일을 개항 일자로 결정하였다. 1899년 5월 1일 군산은 의정부의 결정에 따라 개항되었고, 개항과 동시에 한국 정부는 군산에 감리서(監理署), 경무서(警務署), 재판소(裁判所), 세관(稅關), 우체사(郵遞司), 전신사(電信司) 등을 설치하였다. 특히 5월 4일에는 군산항에 옥구감리서(沃溝監理署)를 두어 개항장에서 일어나는 모든 일에 대하여 권한을 위임받아 사무를 집행하도록 하였다. 그리고 각국 공동조계를 설정하고, 1905년에는 8만 6천원을 투자하여 강안매축공사와 고정잔교시설 등 근대적 항만 시설을 갖추었다.

군산 개항은 대한제국 정부가 열강간의 세력 균형을 통하여 국가의 독립을 유지하고, 자유 무역을 통하여 국가 경제 발달을 꾀하며, 관세수입의 증진을 통하여 국가 재정을 충실히 하려고 단행한 것이지만, 개항 이후 나타난 결과는 대한제국 정부의 기대와는 정반대였다. 군산 개항 이후 쌀의 대외 유출이 심화되었고, 조선 상인이 몰락하였으며, 일본인의 토지 침탈이 대대적으로 전개되었던 것이다. 이것은 국내의 산업을 보호하는 조치를 취하지 않고, 제국주의 세력에 대한 대비를 하지 않은 채 개방화 정책을 선택한 결과였다.

올해로 군산은 개항 100주년을 맞게 되었다. 100년 전과 지금의 국제적 상황은 별반 달라진 것이 없다. 오히려 오늘날에는 그 당시보다 더욱 치열한 무역 전쟁, 자본의 전쟁이 전개되고 있다. 그리고 국내외에서는 100년 전과 똑같이 자유무역주의와 개방화 주장이 강력히 제기되고 있다. 100년 전 군산 개항 이후에는 국권 상실이라는 민족적 비극을 겪었다. 오늘 우리는 세계화, 개방화 시대를 맞이하여 100년 전의 전철을 밟지 않기 위해서는 무엇을 어떻게 해야 할 것인가? 이것을 진지하게 생각하고자 오늘 우리가 모였으며, 이것이 군산 개항 100주년을 기념하는 진정한 이유이다.

『해륙의 도시, 군산의 과거와 미래』, 선인, 2009.

9장.

연재 송병선의
생애와 순국

1. 머리말

전북 군산시 임피면 술산리 꽃달메산에는 연재 송병선 선생의 묘소가 있다. 송병선은 1905년 을사늑약 체결에 항거하며 자결한 유학자이다. 그의 자결은 일제에 대항하고 전 국민에게 항일의지를 일깨우는 계기가 되었다는 평가를 받는다. 특히 을사늑약 당시 민족정신을 환기하는 수많은 죽음이 있었지만 유림사회에서는 단지 송병선 한 사람만이 순국하였다는 평가가 있을 정도로 그의 순국은 특별한 의미를 부여받았다.[1] 그래서 대한제국 시기를 다루는 당대인의 역사서와 전기(傳記)에서는 모두 송병선의 죽음을 비중 있게 다루고 있다. 박은식의『한국통사』, 정교의『대한계년사』, 황현의『매천야록』, 송상도의『기려수필』

---

1 『太極學報』제24호, 1908년 9월 24일, 論說. "甲乙 以來로 政界가 日下ㅎ야 今日 無限ㅎ 危禍가 眉睫에 迫在ㅎ엿스되 如何ㅎ 獻爲가 儒門에서는 絶無ㅎ며 忠臣義士의 血이 在在繼續ㅎ야 民族의 精神을 喚起ㅎ는 許多 偉勳이 發表ㅎ얏스나 儒門에는 宋淵齋 一人을 只見ㅎ엿스며..."

등이 모두 그의 순국을 기록하고 있고, 또 이기(李沂)는 그의 저서『해학유서』에 송병선의 전기를 특별히 수록하고 있다.[2] 그리고 광복 이후 1962년 대한민국 정부는 그에게 건국훈장을 수여하였다.

1970·80년대까지 송병선의 묘소는 비교적 관리가 잘 되었다고 한다. 동네 사람들이 자발적으로 나서서 잔디를 깎고 묘소를 가다듬고, 혹시 아이들이 묘소에서 뛰어놀면 "산소에 계신 분이 어떤 분 인줄 알고 여기에서 시끄럽게 뛰어노느냐"하면서 혼을 내주곤 했다는 것이다.[3] 이후 동네 어른들이 점차 세상을 떠나고 송병선에 대해 아는 사람은 드물게 되었다. 임피 술산리에서조차 송병선에 대해서 아는 사람은 거의 없게 되면서 묘소는 방치되었다. 한편 군산시에서는 근래 이른바 '군산 근대문화도시 사업'이라는 이름하에 수백억의 돈을 들여 일제 은행, 상사 건물과 일본 집을 복원·복구하면서[4], 순국선열이자 독립유공자인 송병선의 묘역에는 관심조차 두지 않았다. 묘소는 황폐화되고, 넓은 묘역에는 밭들이 차츰 들어차게 되었다. 그러자 최근 송병선의 후손들이 묘지 관리의 어려움을 들어 군산시에 묘소를 국립 현충원으로 이장하겠다는 의사를 밝히기까지 하였다.[5] 이러한 상황에서 송병선에 대한 군산 시민들의 이해가 절실하다고 생각하였다. 또 송병선의 생애와 순국 과

---

2 『韓國痛史』, 제3편 38장, 「侍從武官閔泳煥等自殺殉國」;『大韓季年史』 권7, 光武 9년 12월, 「前參判宋秉璿自殺」;『梅泉野錄』 권5, 光武 9년 12월 30일 戊辰, 「前大司憲宋秉璿仰藥卒」;『騎驢隨筆』, 「宋秉璿乙巳條約反對殉死」;『海鶴遺書』 권9, 「宋秉璿傳」

3 이진원 군산문화원장의 증언.

4 김종수, 「식민지 미화 투어리즘 - 군산 근대문화도시 사업」,『내일을 여는 역사』 71·72, 2018년 여름·가을 통권.

5 『군산미래신문』, 2017년 11월 8일자 기사. "구한말 대학자 송병선의 묘를 지켜라 - 후손들 최근 이장 뜻 비쳐"

정에 대해서도 재조명할 필요가 있어 본 논문을 집필하게 되었다.

지금까지 송병선의 학문과 사상에 대한 연구는 어느 정도 이루어진 편이다. 송병선의 생애와 사상에 대한 연구가 있었고6, 그의 학문을 기호학계의 호락분열에 대한 반성과 극복으로 해석한 연구7, 또 송병선의 위정척사운동과 언론활동, 교유관계, 문인집단 등을 실증적으로 분석한 연구8, 송병선이 저술한『동감강목』의 여진관계 기사와 사학사적 의미에 대하여 고찰한 연구9, 그리고 송병선의 한시 작품에 대해 작품 분석을 가한 연구10 등이 있다. 최근에는 송병선의 기행문[遊記]에 관한 연구11도 다수 나왔다. 본 논문에서는 송병선의 생애에 대하여 좀 더 자세히 알아보기 위하여 지금까지 주목받지 않았던 개인적인 생활 모습에 대하여 살펴보고, 그의 순국 과정과 공임(恭任)의 순사(殉死)에 대해서도 알아보고자 한다. 특히 공임의 순사와 배장(陪葬)은 조선시대에 그 유례가 없는 것으로서 특기할 필요가 있다고 생각하였다. 관광객을

---

6 최근덕,「淵齋·心石齋의 殉國과 그 意義」,『송병선·송병순의 생애와 사상』, 한남대 충청학연구소, 2005 ; 노관범,「淵齋 宋秉璿(1836~1905)의 생애와 사상」, 앞의 책

7 盧官汎,「19세기 후반 湖西山林의 位相과 '正學'運動」,『韓國史論』38, 서울대 국사학과, 1997.

8 朴慶穆,「淵齋 宋秉璿의 衛正斥邪運動」,『湖西史學』27, 1999.
　박경목,「연재 송병선의 학맥과 민족운동」,『대동문화연구』39, 2001.
　김상기,「淵齋學派의 사상과 민족운동」,『한국독립운동사연구』59, 2017.

9 黃鍾東,「東鑑綱目의 女眞關係記事에 對하여」,『大丘史學』12·13합집, 1977.
　김경수,「東鑑綱目의 史學史的 考察」,『한국사학사학보』3, 2001.

10 이영휘·송기섭,「연재 송병선의 학맥과 작품세계」,『어문연구』43, 2003.

11 이병찬,「연재 송병선의 유기문학 연구」,『어문연구』68, 2011.
　김순영,「연재 송병선의 호남지역 명산(名山) 인식에 대한 연구」,『어문논총』31, 2017.
　이철성,「연재 송병선의 황산주유와 문화경관 인식」,『한국사학보』70, 2018.

그림 1 연재 송병선 무덤
(군산 임피면 술산리)

오른쪽 후면 상석이 있는 무덤이
연재 송병선과 부인 이씨의 합장 무덤이고,
왼쪽 앞면에 있는 무덤이 공임의 무덤이다.

洲齋先生六十六歲眞像

그림 2 연재 송병선 선생

유치한다는 명분으로 일제 강점기 건물을 지어대고 일제 식민지시기를 미화하며, 일본 옷을 입고 웃으며 사진 찍는 부박(浮薄)한 군산의 현실 속에서 망국의 상황에 절망하며 순국하여 군산 땅에 묻힌 송병선의 생애와 순국 과정을 재조명하는 것도 의미 있는 일이라 생각하였다.

2. 연재 송병선의 생애

연재 송병선은 1836년(헌종 2) 8월 24일 충남 회덕현 석남리에서 아버지 송면수와 어머니 완산 이씨 사이에서 4남 1녀 중 장남으로 태어났다. 본관은 은진이다. 은진 송씨는 고려 말 송명의(宋明誼)가 회덕에 정착한 이래 점차 재지사족으로 성장하여, 중종 때에는 송구수(宋龜壽), 송인수(宋麟壽) 형제를 배출하였고, 효종 대에는 송구수의 증손 송시열(宋時烈)이 서인의 영수로 주목을 받으면서 조선후기 대표적인 명문사족으로 부상하였다. 송병선은 바로 송시열의 9대손에 해당한다. 『연재집』연보에 의하면 "어머니 이씨 부인이 호랑이가 품속으로 들어오는 꿈을 꾸고 선생을 낳으셨다"라고 적고 있다. 어릴 적 자(字)가 '구범(九範)'인데 '구(九)'는 선생이 송시열의 9세손이고 '범(範)'은 호랑이(범)과 음이 같아 아버지가 원대한 기대를 가지고 그렇게 지었다고 한다.[12] 이후 송병선은 송시열의 9세손이자 '노론종가'[13]의 장남이라는 막중한 명

---

12 『淵齋集』卷50, 附錄, 年譜. "母李夫人夢虎入懷 而生先生 骨格俊秀 逈異凡兒 考參判公 奇愛之 小字九範 蓋先生爲文正公九世孫 而範與虎音義相近 故用是命之 以遠大期望焉"

13 『海鶴遺書』권9, 宋秉璿傳. "宋秉璿 字華玉 號淵齋 其先恩津人 贈吏曹參判勉洙子也 自 文正(時烈)之後 世爲老論宗家"

성의 무게를 짊어지고 평생 부끄럽지 않은 삶을 살기 위해 노력한다.[14]

송병선은 큰아버지 송달수(宋達洙)에게서 9세 때 소학을 배우면서 가학을 익혀 나갔다.[15] 송달수는 어려서부터 학문에 전력하여 송치규(宋穉圭)의 적전(嫡傳) 제자가 됨으로써, 그를 이어 철종대 대표적인 호서 산림으로 입신한 인물이다. 큰아버지 송달수가 사망한 이후에는 작은아버지 송근수(宋近洙)와 외삼촌 이세연(李世淵)의 가르침을 받으면서 더욱 학문에 매진하였다. 송근수는 1848년 문과에 급제하여 대사헌, 이조판서, 좌의정 등을 역임한 인물로 재직기간 동안 재야유림의 의견을 중앙정계에 적극 실현하기 위해 노력하였다. 1882년 좌의정 재임 시에는 정부의 조미수호통상조약 체결에 반대하여 사직소를 올려 정부의 개화정책에 반대하였다.[16] 한편 그는 『송자대전수차(宋子大全隨箚)』 등을 편찬하여 송달수에 이어 가학인 송시열의 학문과 사상을 더욱 선양하고 발전시켰다. 이와 같은 정치적 입지와 학문적 성취로 인해 송근수는 19세기 후반 가문 전체를 영도하는 위치에까지 이르게 된다. 청소년기 송병선의 학문적 성장은 이러한 큰아버지와 작은아버지의 활약에 크게 의지하는 바였다.

송병선은 18세 때(1853) 19살의 완산 이씨와 혼인하였다. 이씨 부인은 충문공 이이명(李頤命)의 후손으로서 현감 이병식(李秉植)의 딸이다. 그러나 결혼한 지 5년 만에 이씨 부인이 사망하자 이듬해에 청주 한씨와 재혼하게 된다. 그런데 송병선은 첫째부인인 이씨를 매우 사랑했

---

14 『靑巴日記』 6面, 宋哲憲錄. "先生正色曰 … 吾平生所戰兢 在於無忝先德 四字"
15 『淵齋集』 卷50, 附錄, 年譜. "甲辰(先生九歲) 受讀小學于伯父守宗齋先生 先生才魯 所受之書 雖終日勤讀 猶未能成誦 刻苦著工 暫不浪遊 見者稱之"
16 『高宗實錄』 19, 高宗 19년 3월 29일 乙卯.

던 것 같다. 이씨 부인이 죽자 "어떻게 나를 버리고 갈 수 있느냐"고 통곡하면서 제문을 짓고[17], 후에 다시 행장(行狀)을 쓰면서 그리움을 나타내고 있다. 이씨 부인은 아무리 미천한 사람일지라도 집에 온 사람에게는 꼭 밥을 차려주고 "내 집에 온 사람이 밥을 안 먹고 가면 마음이 하루 종일 불편하다"라고 말할 정도로 인자하고 사랑스러운 사람이라는 것이다.[18] 송병선은 1858년 10월 이씨 부인이 죽자 일단 회덕현 초동에 장례를 지냈다가, 29년이 지난 후 연재 나이 52세 때인 1887년 3월, 자신이 전국을 유람하던 중 최고의 명당이라고 생각한 임피현 남쪽 술산으로 이장하였다.[19] 그리고 송병선은 평상시 자식과 문인들에게 자신이 죽으면 이씨 부인과 합장해달라고 말했던 것 같다. 문인들은 송병선이 순국한 지 15년째 되던 해인 1920년 4월, 송병선의 유해를 유명(遺命)에 따라 임피 술산으로 이장하여 이씨 부인과 합장하고는 「경신면례일기」라는 기록을 남겼다.[20] 죽어서라도 이씨 부인과 함께 있으려한 송병선의 사랑을 느낄 수 있다.

반면 송병선은 둘째 부인인 한씨와는 금슬이 그리 좋지 않았던 것 같다. 『매천야록』에서는 청주 한씨에 대하여

---

17 『淵齋集』卷30, 祭文, 「祭亡室李氏文」. "夫秉璿因奠 哭告于亡室李氏之靈筵曰 嗚呼 君何忍舍我而逝耶"

18 『淵齋集』卷45, 行狀, 「亡室李氏行狀」. "至村婦野嫗 及門者 必飮食遣之 曰來我家 無所食 則於心終不釋然"

19 위와 같음. "以是年十一月 返葬于懷德草洞城峙下 後二十九年丁亥三月二十日 移窆于臨陂縣南戌山田中里負庚原"

20 『靑巴日記』, 庚申緬禮日記, 56면. "庚申(1920) 4月 6日辛巳 奉緬禮于臨陂戌山 合窆於元配贈貞敬夫人李氏之阡 遵遺命也" 「경신면례일기」에는 戌山으로 移葬하게 된 과정과 執事 分定, 移葬 중에 소요된 인원과 비용 등이 자세히 기록되어 있다.

송병선이 서울로 올라간 후 오랫동안 아무 소식이 없자 동생 송
병순이 이상하게 생각하며 초조해 하였다. 그러자 한씨 부인이 "대
감이 어떻게 살아 돌아와 우리 집안의 명성을 저버릴 수 있겠습니
까?"라고 말하였다. 송병순이 밖에 나와 말하기를 "형수님을 한 집
안에서 모신 지가 30년이 넘었는데 평소에 이렇게 위엄 있게 말하
는 것을 들어본 적이 없다."라고 하였고, 혹자는 "송병선의 죽음을
한씨가 바라는 것 같다."라고 말하였다.21

라고 적고 있다. 뒤에서 살펴보는 바와 같이 송병선이 순국한 후 집안
노비인 공임은 그의 뒤를 따라 순사(殉死)할 정도로 애통해 하였는데,
정작 평생을 함께 산 한씨 부인은 자신의 남편이 가문의 명성을 위해
마땅히 죽어야 하지 않겠냐며 쌀쌀한 모습을 보이고 있다. 이를 통해
송병선과 한씨 부인 사이에 금슬이 좋지 않았음을 추측할 수 있다. 송
병선과 한씨 부인의 사이에는 평생 자식이 하나도 없었다. 이에 송병선
은 동생 송병순의 장남 철헌(哲憲)을 자신의 아들로 입적하여 후사를
잇게 한다.22 이러한 가정 형편 속에서 송병선은 늘 첫째 부인 이씨를
그리워하고, 죽은 후라도 임피현 술산에 있는 이씨 무덤에서 함께 있기
를 원했던 것은 아닌가하는 생각이 든다.

송병선은 26세 때인 1861년(철종 12) 괴산 향시(鄕試)에 응시하였는
데, 향시 시험장에 가보니 문 앞에 금줄을 쳐 놓아 선비들이 몸을 굽히
고 들어가야 하고, 또 서리들이 늘어서서 이름을 부르며 본인여부를 확
인하는 것을 보면서 "국가가 선비를 대함이 이와 같으니 뜻있는 선비는

---

21 『梅泉野錄』卷5, 光武 9年乙巳 11, 宋秉璿.
22 『淵齋集』卷50, 附錄, 年譜. "戊寅(先生 43歲) 9月 取仲弟之長子哲憲 立嗣"

결코 과장에 들어가지 못하겠구나."라고 탄식하고는 과거 응시에 흥미를 잃는다.23 이후 1865년 만동묘 철폐령이 내려지자 과거 공부를 완전히 단념하고 가학(家學)의 발전과 산수 유람에 관심을 가지게 된다. 송병선의 산수 유람은 평생에 걸쳐 계속 되었다.24 물론 송병선의 산수 유람은 단순히 유람 자체를 즐긴 것이 아니라 호연지기(浩然之氣)를 기르고 옛 성인의 발자취를 찾는데 그 의미를 두고 있었다. 그리고 가는 곳마다 꼼꼼하고 수려한 문장으로 기행문을 작성하여, 오늘날 조선후기의 대표적인 유기(遊記; 기행문) 작가로 손꼽히고 있다.25 송병선은 다음과 같이 산수(山水) 유람의 유용성을 말하고 있다.

산수 유람에 이르러, 예로부터 도학문장이 여기에서 비롯되지 않은 것이 없습니다. 호연지기를 기르고 문장력을 늘리는 데에는 여러 방법이 있습니다만, … 삼사 년 동안 지역의 명승을 둘러보고 봉래(금강산)를 보는 소원을 그럭저럭 이루고 돌아와 글을 써보니 가득히 얻음이 있는 것 같습니다.26

이와 같이 송병선은 산수 유람이 호연지기와 문장력을 기르는데 도움이 된다고 주장하였다. 송병선의 산수 유람은 25세(1860) 때 계룡산을 오르는 것부터 시작하여27, 본격적으로 산수 유람을 진행하고 기행

---

23 위와 같음. "三月 赴禮圍 門設禁繩 去地尺餘 士皆屈身而入 書吏羅立 呼名點之 先生歎曰 國家待士如是 有志之士 決不可入此場也"

24 『淵齋集』 卷26, 記, 「棲碧亭記」. "余癖於山水"

25 이병찬, 「연재 송병선의 유기문학 연구」, 『語文硏究』 68, 2011.

26 『淵齋集』 卷6, 書, 與元玉田(己巳九月四日).

27 『淵齋集』 卷50, 附錄, 年譜. "庚申(先生二十五歲) 閏三月(乙未) 丙申登覽鷄龍山"

문을 작성하는 것은 31세(1866)때 부터이다.『연재집』에 수록된 기행
문은 이때부터 시기 순서로 수록되고 있다.[28] 즉 1866년 4월 송병선은
배를 타고 검담서원, 보만정, 창강서원, 부산서원을 참배하였다. 이곳
은 모두 김장생, 김집, 송시열, 송준길과 연결되는 곳이었다. 그리고 다
시 성삼문묘, 김장생 묘역, 돈암서원, 김집 사당 등을 찾아 추모의 일정
을 보내고 돌아와 기행문인「유황산급제명승기(遊黃山及諸名勝記)」를
작성하였다.[29] 그리고 나서 1866년 8월 다시 금오산을 향해 출발하였
는데 가는 길에 한천서원, 야은 길재의 옛집, 채미정, 경모각, 매강서원
을 방문하고, 오는 길에 무주로 가서 단풍을 즐기고는 돌아와「유금오
산기(遊金烏山記)」를 썼다.

1867년(32세) 9월에는 종제 송병찬(宋秉瓚)이 송화현 지방관으로 나
가있는 것을 기회로 송화를 방문한 후 구월산, 장수산을 유람하고 황주
를 거쳐 평양에 가서 기자궁(箕子宮) 유지(遺址)와 정전(井田) 구적(舊
蹟)을 살펴보고 송화로 돌아왔다. 그리고 다시 해주를 거쳐 송도로 간
후 송양서원과 선죽교, 박연폭포를 찾아보고, 석담에 가서 율곡선생
묘, 소현서원을 배알한 후 돌아와 장편의 기행문인「서유기(西遊記)」를
작성하였다.[30] 이 중 평양을 방문하고 쓴 글을 보면

28 연재의 산수 유람에 관해서는 이병찬, 앞의 논문을 참조함.

29 이철성,「淵齋 宋秉瓚의 黃山舟遊와 문화경관 인식 – 遊黃山及諸名勝記를 중심으로」,
　　『韓國史學報』70, 2018.

30 『淵齋集』卷19, 雜著,「西遊記」. 自懷鄕至松禾記, 自松禾至九月山記, 自九月山至壽
　　山記, 自長壽山歷黃州至平壤記, 自平壤還松禾記, 觀長淵諸勝復還松禾記, 發松禾歷石
　　潭至海州記, 自海州歷延安至松都記, 自松都歷天磨至聖居山記, 自聖居山至交河記, 自
　　交河歷京城還鄕記

연광정(練光亭)에 올라보니 강 밖 먼 산은 긴 숲의 밖에 드리워 에워싸고 있어 아름답고 빼어난 수많은 경치를 다 서술하지 못할 정도였다. 고려 김황원의 시에 "긴 성 한쪽으로 늠실늠실 강물이 흐르고 넓은 들 동쪽 머리에 점점이 산이로다."라고 하였으니 또한 그림에서 나온듯한 실제의 경치가 아니겠는가?[31]

라고 연광정 경치의 빼어남을 표현하고 있다. 송병선은 도학뿐만 아니라 문학에도 많은 관심을 가지고 있었고, 또 문학적 감수성도 매우 뛰어났음을 알 수 있다.

1868년(33세) 3월에는 작은아버지를 모시고 금강산 유람을 다녀온 후 장편의 기행문인 「동유기(東遊記)」를 작성하였다.[32] 1869년(34세) 2월에는 호남으로 유람을 떠나 지리산, 장성의 하서선생 묘, 덕유산 등을 유람하고 돌아와 「지리산북록기」, 「변산기」, 「덕유산기」 등을 작성하고, 1872년(37세) 9월에는 영남 황악산의 안연대, 가야산의 고운(孤雲) 유적, 촉석루 등을 둘러보고 와서 「황악산기」, 「수도산기」, 「가야산기」 등의 기행문을 집필하였다.[33] 1879년에는 지리산에 올라 「두류산기」를 쓰고, 1882년(47세) 5월에는 순천의 금오도를 방문한 후 「유승평기」를 작성하였는데, 임오군란의 소식을 듣고 제대로 머물지도 못하고 황급히 돌아온 정황을 기록하고 있다.[34] 1891년(56세) 3월에는 경

---

31 『淵齋集』 卷19, 雜著, 「西遊記」, 自長壽山歷黃州至平壤記. "上練光亭 江外遠山 控圍於 長林之外 明媚嫩秀 千萬勝狀 不可備述 高麗金黃元詩 長城一面溶溶水 大野東頭點點山 亦未眞畫出實景也"

32 『淵齋集』 卷20, 雜著, 「東遊記」.

33 『淵齋集』 卷21, 雜著. 「智異山北麓記」, 「瑞石山記」, 「赤壁記」, 「白巖山記」, 「兜率山記」, 「邊山記」, 「德裕山記」, 「黃岳山記」, 「修道山記」, 「伽倻山記」, 「丹晉諸名勝記」, 「錦山記」, 「頭流山記」

상좌도 지역을 유람하고 「유교남기」를 작성하고, 1898년(63세) 3월에는 영암의 월출산, 장흥의 천관산 등을 유람한 후 「유월출, 천관산기」를 작성하였다. 1899년(64세) 3월에는 안음을 유람하고 「유안음산수기」를 쓰고, 1902년(67세)에는 화양동에 가서 만동묘를 참배하고 유람하고 돌아와 「유화양동제명승기」를 작성하였다.[35] 이렇듯 연재의 산수 유람과 기행문 작성은 만년에까지 계속 이루어지고 있었다.

송병선은 나이가 들면서 차츰 산수 유람보다는 강회(講會)·향음례(鄕飮禮) 활동의 빈도수를 늘려나갔다. 『연보』에 의하면 송병선은 <표 1>과 같이 총 25차례의 강회·향음례에 참여하고 있었다. <표 1>을 보면 50세 이전까지 주로 옥천에서 강회 활동을 하였음을 알 수 있다. 중요한 활동으로는 1878년(43세) 4월 옥천의 용문서당에서 작은아버지인 입재(立齋) 송근수를 모시고 여러 선비들과 강회와 상읍례를 행하고, 1882년 4월에는 옥천향교 명륜당에서 향음례를 행하고, 『맹자』호변장(好辯章)[36]을 강론하였다. 1883년 4월에는 옥천의 이지당에서 작은아버지와 박성양(朴性陽), 김용혁(金龍赫) 등이 참석한 자리에서 『소학』·『대학』 및 『맹자』를 강론하였고, 1884년에는 옥천향교의 명륜당과 이헌, 역락재 등지에서 강회를 열었다.

---

34 『淵齋集』卷21, 雜著,「遊昇平記」. "昇平之金鰲島 素多産鹿 余爲服其靈血 嘗與鄭戚兄 士秀氏 海冣 有約 乃以壬午五月二日丁亥發行 過全州 略約遊覽 … 行到谷城地 得聞軍 卒作變 京城洶洶 揖別一行 蒼黃馳歸 時値霖雨 水漲涉危 戊寅 始到家 追記所歷如此"

35 『淵齋集』卷22, 雜著.「遊嶠南記」,「遊月出 天冠山記」,「遊安陰山水記」,「遊華陽諸名勝記」

36 『孟子』, 滕文公章句下. "公都子曰 外人皆稱夫子好辯 敢問何也 孟子曰 予豈好辯哉 予不 得已也…"

표 1 연재 송병선의 강회(講會)·향음례(鄕飮禮) 활동 현황

나이	년	월	장소	위치	비고
29세	1864	1	杞菊亭	懷德	會權公鍾哲 鄭公混 論經禮
32세	1867	5	二止堂	沃川 覺新里	會講于二止堂 … 講論經
43세	1878	4	龍門書堂	沃川	立齋先生 與多士約會 行相揖禮
43세	1878	4	二止堂	沃川 覺新里	行鄕飮禮于二止堂
47세	1882	4	明倫堂	沃川鄕校	入校宮 行鄕飮禮于明倫堂 講孟子好辯章
48세	1883	4	二止堂	沃川 覺新里	陪叔父先生 會講于二止堂 … 講小大學及孟子
49세	1884	2	明倫堂	沃川鄕校	行鄕飮禮于明倫堂 受諸生講
49세	1884	2	梨軒		行士相見禮 … 行禮畢 仍設講座 講小學
49세	1884	3	亦樂齋	壞山	參亦樂齋講會 … 望日 命諸生 行相揖禮 講大學
54세	1889	8	杞菊亭	懷德	會講于杞菊亭
57세	1892	4	氷玉亭	永同	金·張兩家設講請之 故往臨焉
58세	1893	4	楓川堂	永山	會講于永山之楓川堂
62세	1897	4	棲碧亭	茂朱	時茂朱倅趙秉瑜 會一鄕諸士 設講 請先生當座
63세	1898	7	龍門書堂	沃川	往龍門會講
63세	1898	9	龍江書堂	錦山	與仲弟 往錦山 受講于龍江書堂
65세	1900	3	杞菊亭	懷德	與族親 會講于杞菊亭
66세	1901	4	樂英堂	臨陂	先生作省楸之行 時霞石與崔勉菴盃鉉 亦來 仍設此會
66세	1901	4	風玉軒	舒川	登風玉軒 行鄕飮禮
66세	1901	9	屛山書齋	居昌	星居兩邑儒生 設講會敦請 故先生到居昌之屛山
66세	1901	9	老江書院	星州	鄕飮禮
67세	1902	3	陽秋門外	萬東廟	行鄕飮禮于陽秋門外 … 會士百餘人
67세	1902	3	鶴泉亭	聞慶	講大學
67세	1902	3	上江亭	聞慶	行相揖禮
69세	1904	7	洗心臺	知禮	講大學
70세	1905	3	考巖書堂	井邑	講孟子 遠近會士 多至六七百 觀者稱衰世盛事

<전거>『연재집』권50~52, 부록, 연보.

그런데 송병선은 50대 후반에 이르면 충북, 충남, 경북, 전북 등지로 활동 영역을 넓혀나간다. 1892년 4월에는 충북 영동의 빙옥정에서 설강(設講)하였고, 1893년 4월에는 충북 영동군 용산면에 있는 풍천당에서 강회를 하였다. 송병선은 1886년(51세) 무주에 서벽정을 건립하고 매년 봄, 가을로 선비들을 모아 강학하였는데[37], 1897년 4월 전북 무주군수 조병유(趙秉瑜)가 고을 선비들을 모두 모아놓고 초청하자 여기에서 강론하였다. 1898년에는 옥천의 용문서당과 금산의 용강서당에서 강회를 하였다. 그리고 1901년에는 임피의 낙영당, 서천의 풍옥헌, 거창의 병산서원, 성주의 노강서원 등지에서 강회와 향음례를 하였다. 특히 임피의 낙영당 강회에서는 면암 최익현(崔益鉉)도 참석하였는데,『면암선생문집』연보에는 다음과 같이 이때의 상황을 기록하고 있다.

(낙영)당이 호남 임피에 있는데, (면암) 선생은 연재 송병선을 일찍부터 한번 만나고 싶어 하였다. 이때에 이르러 송병선이 기일을 정해, 많은 선비를 모아서 거기에서 강회를 베풀면서 판서 이용원(李容元)을 통해 (면암) 선생을 초청하였다. 선생은 기별을 듣고 바로 길을 떠났다. … 옥구에 가서 자천대를 보고 낙영당 모임에 참석하였다. 의관을 성대하게 갖추고 현송(絃誦)이 낭랑하게 울려 퍼졌으니 말세에 거의 보기 드문 일이다.[38]

---

37 『淵齋集』卷51, 附錄, 年譜. "丙戌(先生 51歲) 6月 棲碧亭成"
38 『勉菴先生文集』권3, 附錄, 年譜, 辛丑(1901, 광무5) 선생 69세.

그림 3 군산 임피면
낙영당

이와 같이 낙영당 강회는 많은 선비들이 의관을 갖추고 거문고 소리가 울리는 가운데 성대하게 진행된 것으로 보인다. 이후 송병선은 1902년 3월 화양 만동묘 양추문 밖에서 향음례를 행하였는데 이때 모인 선비가 100여 인에 달하였다고 한다. 1904년 7월에는 경상북도 지례에 있는 세심대에서 『대학』을 강론하고, 1905년 3월 정읍의 고암서당에서 강회할 때에는 원근에서 모인 선비가 600~700명에 달하였다고 한다.

송병선은 산수 유람과 강회를 통해 각처에 수많은 문인, 제자를 양성하였다. 송병선의 문인 명단이 기록된 『계산연원록(溪山淵源錄)』에는 총 1,100명의 인물이 기록되어 있는데, 생년과 본관, 출신지, 처음 선생과 대면한 일자까지 기재되어 있다.[39] 이들의 지역별 분포를 보면 충청, 전라, 경상도 지역이 중심이지만, 경기(3명), 강원(12명), 함경(75명), 황해(27명), 평안도(6명) 등 전국적으로 분포되어있다. 특이한 것은 충청도(81명)보다 전라도(572명)와 경상도(318명)가 더 많은 점이다. 충청도에는 영동(41명)과 옥천(13명) 지역이 많다. 전라도에는 무주(40명), 장흥(44명), 무안(35명), 남원(31명), 임피(27명), 광산(20명), 나주(21명), 고창(21명) 등지에 20명 이상의 문인 명단이 있다. 경상도에는 거창(47명), 삼가(42명), 지례(20명) 등이있다. 이러한 문인의 지역별 분포는 그의 산수 유람과 강회 활동 시 맺은 인연과 연관이 있어 보인다. 즉 송병선은 비록 출신은 충청도이지만 전라도 지역에서 유람과 강회 활동을 가장 많이 하고 또 많은 제자를 두었음을 알 수 있다.

---

39 김상기, 「淵齋學派의 사상과 민족운동」, 『한국독립운동사연구』 59, 2017.

3. 연재 송병선의 위정척사운동

앞에서 살펴본 바와 같이 송병선은 전국 각처에 문인 제자를 두어 연재학파(淵齋學派)를 형성하고 위정척사세력을 키워나갔다. 송병선의 위정척사사상이 구체적으로 드러난 것은 만동묘 철폐사건 이후의 시기이다. 1865년 4월, 당시 집권자인 대원군은 만동묘 철폐령을 내렸다.[40] 만동묘는 유림의 상징이자 조선후기의 대표적인 사우(祠宇)로서 이것의 철폐는 유림의 기반을 흔드는 사건이었다. 이에 유림들은 서원 철폐령 취소를 수차례 건의하였다. 송병선은 자신의 정신적 지주인 만동묘에 철폐령이 내려지자 출세에 대한 뜻을 버리고 아예 과거에 응시하지 않기로 결심하였다.[41] 그리고 성리학과 가학을 지키고자하는 위정 의식을 더욱 확고히 하였다. 그는 그해 5월, 작은 아버지가 진행하고 있는 『송자대전수차』 편찬에 참여하고, 또 윤5월에는 『동감강목』의 편찬을 시작한다. 그리고 1866년에는 세상에 대한 미련을 버린다는 의미로 옥천의 오산(梧山)으로 이거하여 학문 연구에 몰두하였다. 그런데 8년 후인 1874년, 만동묘 제향이 부활되자 송병선은 "의리가 조금 퍼졌다"며 다시 회덕 옛집으로 돌아왔다.[42]

송병선은 1870년(35세)에 「벽사설(闢邪說)」을 저술하여 위정척사사상을 이론적으로 체계화하였다.[43] 여기에서 그는 '양묵(楊墨)의 학(學)'

---

40 『高宗實錄』 2권, 고종 2년 3월 29일 甲子 "萬東廟祭享 從今停撤"

41 『淵齋集』 卷50, 附錄, 年譜, 乙丑 4월. "聞萬東廟撤享之命 痛歎不已 … 先生聞此報 不勝慨恨 仍無意於世 更不赴擧"

42 『淵齋集』 卷50, 附錄, 年譜, 甲戌(先生 39세) 10월. "還移于石南舊第 春 上命復萬東廟享祀 又致侑于尤菴文正公廟 先生以爲義理少伸 乃還舊第"

을 비롯하여 불교, 천주교 등의 허실을 지적하고 이를 이단으로 배척하면서 성리학이야말로 우리가 수호해야 할 이념체계라고 강조하였다. 그리고 1872년에는 송시열의 유문(遺文)을 최대한 수집하여『송서습유(宋書拾遺)』를 편찬하고, 1874년에는『근사속록(近思續錄)』을 저술하였다.『근사속록』은 주자가 엮은『근사록(近思錄)』의 체제에 따라 조광조, 이황, 이이, 김장생, 송시열 등의 학설과 유훈을 채록하여 조선 성리학의 정통성을 체계화한 것이다. 그는 이 책의 서문에서 "다섯 선생의 글을 읽고 큰 뜻을 품어 오랫동안 천여 가지의 글을 모아 … 한 책을 만드니 무릇 스스로 처신함과 다른 사람을 다스리는 방법, 이단을 판별하고 성현이 하신 일을 볼 수 있을 것이다."[44]라고 하여, 이 책을 통해 척사와 위정의 방법을 분명히 제시하고자 하였다.

1876년 1월, 조선 정부가 일본과 강화도 조약을 체결하자, 송병선은 "하늘이 우리나라를 망하게 하고 이 예의의 가르침을 무너뜨리려 하는구나!"라고 탄식하였다.[45] 그리고 그해 7월 작은아버지 송근수에게 다음과 같은 '척화의(斥和議)' 편지를 보냈다.

　　　저들은 반드시 군대로 위협하여 그들이 원하는 대로 할 것입니
　　다. 또 그들이 원하는 대로 해준다면 이에 그치지 않고 우리나라를
　　그들의 종으로 만들려 할 것입니다. 만약 이렇게 되면 수천 리 강토

43 『淵齋集』卷50, 附錄, 年譜, 庚午(先生 35세) 9월. "著闢邪說 時洋學大熾 故先生憂道而著之"
44 『淵齋集』卷23, 序,「近思續錄序」
45 『淵齋集』卷50, 附錄, 年譜, 丙子(先生 41세) 正月. "朝廷與倭議和 … 天欲喪我邦 壞此禮義之敎乎"

는 이 짐승 같은 자들에 의해 짓밟혀 나라는 나라꼴이 되지 못할 것
이니, 어찌 한심하고 통곡하지 않을 수 있겠습니까?[46]

즉 송병선은 강화도 조약이 체결될 당시 조선의 어두운 미래를 정확
히 예견하고 있었다. 송병선은 1876년 12월 동생 송병순과 함께 회덕
현감 안영식의 천거로 경학이 되었고[47], 이듬해인 1877년에는 경연관,
서연관이 되었다. 이어 시강원 자의(諮議), 진선(進善)과 사헌부 지평(持
平), 장령(掌令), 집의(執義) 등을 거쳐 1880년 8월에는 성균관 좨주(祭
酒)가 되었다. 최고의 산림 직에 오른 것이다. 그러나 그에게 주어진 관
직은 허명에 불과하였다. 정부는 이러한 관직을 실제로 주어 송병선을
중용(重用)하려는 의사는 없었다. 이기(李沂)는 『해학유서』에서 이에
대하여 다음과 같이 말하였다.

> 순종과 익종 대 이래 사대부 중에 조금이나마 학식이 있는 자가
> 있으면 훈척들이 그가 정계에 진출하여 자기와 대립할까 두려워하
> 여 문득 지평(持平), 장령(掌令) 등의 관직을 수여하는데, 이를 일러
> 남대(南臺)라고 한다. 다시 경연(經筵), 좨주(祭酒) 등의 관작을 더
> 얹어주어 산림(山林)이라고도 한다. 이에 나라 사람들이 모두 스승
> 으로 대우하는데, 대개 허명(虛名)을 주어 실권(實權)을 뺏고자 함
> 이다. 그 중에 혹 정계에 나온다 해도 뭇 사람을 만족시킬 수 없어
> 낭패하여 돌아가게 되니 차라리 지방에 머물러 존경을 받고 정계에
> 나가지 않는 편이 훨씬 더 낫다. 백 년 동안 이러한 습속이 관례가

---

46 『淵齋集』卷5, 書, 上叔父 (丙子 7월 8일)

47 『淵齋集』卷50, 附錄, 年譜, 丙子(先生 41세) 十二月. "被鄕薦 上命諸道臣 薦林下經學之
士 本倅安榮植 以克紹庭訓 深賾經義 薦先生 沃川倅薦仲氏 兄弟俱入經學薦 誠稀事也"

되어버렸으니 공의 현명함으로도 또한 하루 동안이라도 조정에 서
지 못하였다.[48]

즉 송병선은 성균관 좨주가 되어 최고의 산림 직에 올랐으나, 조정에
나가서 자신의 의견을 개진할 수는 없었다. 정부가 송병선에게 요구한
것은 허명(虛名)을 받는 대신 집권층과 대립하지 말라는 것으로 보인
다. 그러나 송병선은 "아무런 벼슬 없는 선비라도 국가와 백성의 안녕
과 관련된 일이라면 어찌 침묵할 수 있겠는가?"[49]라는 입장이었다. 그
래서 1876년 조선정부가 일본과의 수호조약을 체결하는 상황에서 당
시 성균관 좨주 임헌회(任憲晦)가 산림으로서 한 마디 정부에 건의한
사실이 없었던 것을 극히 비판적으로 인식하고 있었다.[50]

송병선은 산림 직에 오르자마자 적극적으로 정부에 시정의 개선을
요구하였다. 1880년 김홍집에 의해 '친(親)중국, 결(結)일본, 연(聯)미국'
을 골자로 하는 황준헌(黃遵憲)의 『조선책략(朝鮮策略)』이 유포되고,
1881년 신사유람단이 일본에 파견되는 등 개화정책이 시행되자, 그는
국정운영에 대한 건의와 함께 강력한 척사론을 펼쳤다. 1881년 10월에
올린 「소명(召命)을 사양하고 아울러 그동안 품은 생각을 아뢰는 상소」
에서 그는 근래 외국의 선박이 출입하고 통상을 체결하는 등 위급한 지
경에 이르렀다고 하면서 안민(安民)과 연병(練兵)에 힘쓸 것을 주장하
였다.[51] 이후에 쓴 「의소(擬疏)」에서는 구체적으로 3가지 대책을 개진

---

48 『海鶴遺書』 권9, 宋秉璿傳.
49 『淵齋集』 卷17, 雜著, 「隨聞雜識」. "事有關於朝廷得失 生民休戚 雖韋布之士 豈容含默"
50 노관범, 앞의 논문, 2005, 41쪽.
51 『淵齋集』 卷4, 疏, 「辭召命兼陳懷疏」 辛巳 10월 4일.

하고 있다. 첫째는 궁궐을 엄하게 단속하여 간신배들의 출입을 끊을 것, 둘째 무위영(武衛營)을 없애고 진무(鎭撫)를 설치하여 변방을 수비할 것, 셋째, 묘원(廟院)을 복원하여 사림을 위로할 것 등을 주장하였다. 그가 주장하는 궁궐의 단속과 묘원의 복원은 유림의 기반을 확보하기 위함이고, 진무의 설치는 국방력을 강화하기 위함이었다. 전자는 성리학적 정통성을 회복하기 위한 위정(衛正)의 표현이었고, 후자는 외침에 대응하기 위한 척사(斥邪)의 방략이었다.[52]

그리고 1881년 11월 송병선은 송시열이 올렸던 예에 따라 장문의 '신사봉사(辛巳封事) 8조목'을 올렸다.[53] 여기에서는 다음과 같이 성학, 언론, 세자 보좌, 상벌, 재정, 인사, 세제(稅制), 척화 등에 관한 사항을 언급하였다.

1. 성학(聖學)에 힘써서 심지(心志)를 바르게 해야 합니다.(懋聖學 以正心志)
2. 언로(言路)를 열어서 과실을 들어야 합니다.(開言路 聞過失)
3. 세자를 잘 보좌하여 나라의 근본을 굳건히 해야 합니다.(輔元良 固國本)
4. 상과 벌을 분명하게 하여 기강을 세워야 합니다.(信賞罰 立紀綱)
5. 검소한 덕을 밝혀서 재용을 절약해야 합니다.(昭儉德 節財用)
6. 관직을 무겁게 하여 백성의 마음을 안정시켜야 합니다.(重名器 定民志)
7. 공물의 진상을 정지하여 일의 근본을 보존해야 합니다.(停進貢 保事體)

---

52 박경목, 앞의 논문, 1999, 78쪽.
53 『淵齋集』 卷3, 封事, 「辛巳封事」 11월 21일.

8. 왜(倭)와의 화의를 배척하고 사교(邪教)를 단절해야 합니다.
(斥倭和 絶邪教)

위 1조에서의 성학(聖學)은 성리학을 뜻하는 것으로 성리학을 굳건히 하여 위기 극복의 토대로 삼자는 것이다. 그리고 8조에서는 왜와의 화의를 배척하고 사교를 물리칠 것을 주장하였다. 2조에서 7조까지는 각각 구체적인 방법을 제시하였다. 즉 위 신사봉사는 송병선의 위정척사사상을 총 집약한 상소였다. 이 '신사봉사'에 대해 중암(重菴) 김평묵(金平默)은 '연재 송좨주(병선)가 세전에 올린 8조항의 상소문을 읽고'라는 시에서 다음과 같이 평하고 있다.

　　봉황(연재 송병선을 가르킴)이 대궐에서 크게 울었다는 소식을 들었네.
　　땅과 하늘처럼 영원히 변치 않는 진리를 붙들고 있네.
　　효종대 대로(大老; 송시열을 뜻함)의 여운이 아직 남아있네.
　　만나서 다함없는 정을 나누지 못해 아쉽네.54

위 시에서 중암 김평묵은 송병선이 하늘과 땅과 같이 변치 않는 진리인 성리학을 수호하면서 송시열의 유풍(遺風)을 잘 간직하고 있다고 칭송하고, 한번 만나보기를 고대한다고 노래하고 있다. 즉 송병선은 성균관 좨주가 되자 그 지위에 걸맞게 정부에 개혁을 요구하는 '신사봉사'를 올리는 등 최선의 노력을 다 하였다.

---

54 『重菴先生文集』 卷3, 詩, 「讀淵齋宋祭酒秉璿 歲前八事疏」. "聞道朝陽一鳳鳴 扶持地緯與天經 寧陵大老留餘韻 秋水蒹葭不盡情"

1882년 임오군란과 1884년 갑신정변 등으로 혼란해진 국내 상황 속에서 1884년 6월 복식 규정을 전면적으로 변경한 갑신변복령(甲申變服令)이 반포되었다. 이것은 민영익이 미국과 유럽을 방문하고 돌아온 후 고종에게 건의한 것으로, 군복·관복·사복의 복식 간소화라는 방향으로 추진되었다. 그러나 이에 대해 유학자나 개화파 모두 반대하였다. 유학자들은 조선 중화의 전통을 지키고 상하귀천의 구분을 위해 전통 복식을 고수할 것을 주장하였고, 개화파들은 아예 조선의 옷을 버리고 양복을 도입하자고 주장하였다.[55] 갑신변복령에 대해 가장 강경하게 반대한 사람은 유학자 중에서도 송근수와 송병선이었다. 송병선은 1884년 6월 「대사헌을 사양하고 아울러 의제(衣制)를 바꾸지 말 것을 청하는 상소」를 올려 변복령의 부당함을 다음과 같이 주장하였다.

> 옷차림이 비록 지엽적인 것이라 하더라도 또한 국조의 법제와 관련된 것으로 매우 중차대한 것임을 전하는 생각해보셨습니까? 우리나라의 공복과 사복의 제도는 비록 삼대(三代)에 부합하지는 않지만, 실로 이것은 명나라의 제도로서 어찌 선왕의 법복(法服)이 아니겠습니까? 돌아보건대 지금 온 세상이 오랑캐의 복장을 하고 있는데 오직 우리나라만 옛 전통을 지키고 있습니다. 세상에 우리나라가 중시되고 있는 것도 이 때문이며 후세에 할 말이 있는 것도 이 때문입니다.[56]

이러한 송병선의 상소문에 대하여 고종은 조선의 의제(衣制)는 고제

---

55 이현아, 「1884년 甲申衣制改革 연구」, 단국대학교 석사학위논문, 2016.
56 『淵齋集』 卷4, 疏, 「辭大司憲仍請勿改衣制疏」 甲申 6월 19일.

(古制)가 아니고, 법도의 문란함을 쇄신하기 위해 의제 변통이 필요하며, 고금을 절충해 간편함을 추구하는 방식으로 의제를 변통하겠다고 답했다. 이에 대하여 송병선은 조선의 의제가 고제가 아니라면 지금의 신제(新制)는 과연 고제인지 반문하였고, 법도의 문란함을 쇄신하려면 의제를 변통할 것이 아니라 기강과 상벌을 공정히 해서 추락한 법전을 올바로 거행함이 옳다고 응수했으며, 매사에 간편함만을 추구하면 구차해질 것이라고 경계하였다. 특히 그는 '시배(時輩)'들이 '현실적'이라는 명목으로 고종을 오도하고 국정을 독단하고 있으며, 변복령은 이들의 숨은 밀계의 일부분에 지나지 않는 것이라고 비판하였다.[57] 그러나 고종은 이러한 주장을 외면하고 비답내리기를 거부하였다. 이에 송병선은 낙심하여 변복령에 대하여 울분을 터트리는 시[58]를 남기고 옥천의 원계(遠溪)로 이사하여 세상에 대한 뜻을 접었다.[59]

송병선은 옥천 원계로 이거하였으나 위정척사를 위하여 국가에 거는 한 가닥 기대를 완전히 버리지는 않았다. 1896년 서울에 천주교 성당이 건립되자, 그는 「소명을 사양하고 아울러 서양인들의 교주당 설립을 금지해 줄 것을 청하는 상소」를 올렸다.[60] 여기에서 그는 서양인들의 방자한 행위가 날로 심해지고, 사교(邪敎)가 나라를 금수의 지경으로까지 빠뜨리는 것을 경고하면서, 주자학을 통해 이들을 물리치고 국가를 안정시킬 것을 호소하였다. 그러나 이것 역시 아무런 실효가 없자 그는 더 이상 현실 정치에 관여하지 않기로 하였다. 대신 『무계만집

---

57 『淵齋集』卷4, 疏, 「再疏」甲申 7월 11일.
58 『淵齋集』卷2, 詩, 「聞衣制變改之令 吟七絕述懷」.
59 『淵齋集』卷51, 附錄, 年譜, 甲申 (先生 49세) "先生自是有入山獻靖 謝絕世事之意"
60 『淵齋集』卷4, 疏, 「辭召命 仍請禁洋人設敎主堂疏」丙戌 5월 19일.

(武溪謾輯)』편찬에 전념하는 등 학문적 성취에 몰두하였다. 이후 갑오경장, 을미사변, 아관파천 등의 소용돌이를 거쳐 우여곡절 끝에 대한제국이 출범하였으나 그는 여전히 자정(自靖)을 고수하였다. 전통과 문물이 모두 파괴된 지금을 암흑기로 보고 더 이상 말해봤자 소용이 없다고 느낀 것이다. 그는 지금과 같은 난세에는 "우리 뜻을 지키고 우리 책을 읽으며 우리 사람과 사귀고 우리 도를 행하며 우리 옷을 입고 우리 관을 쓰며 우리 법언(法言)을 말하고 우리 성현을 존경하며 우리 천명을 다하여 천추를 기다리자."[61]라고 하면서, 먼 훗날을 기약하고 자정하자고 할 뿐이었다.

4. 연재 송병선의 순국과 공임의 순사(殉死)

1905년 음력 10월 21일 (양력 11월 17일) 한국의 외교권 일체를 일본에 위임하고 통감부를 설치하는 것을 골자로 하는 을사늑약이 친일관료와 일본정부 사이에서 체결되었다. 이에 유생들은 상소를 올려 늑약의 파기와 국권 회복을 도모하는 운동을 격렬하게 전개하였다. 또 시종무관(侍從武官) 민영환(閔泳煥), 전참판 홍만식(洪萬植), 궁내부 특진관 조병세(趙秉世), 평양진위대 상등병(上等兵) 김봉학(金奉學) 등은 죽음으로써 이에 저항하였다.[62]

10월 28일, 송병선은 을사늑약의 소식을 듣고 며칠 동안 식음을 전

---

61 『淵齋集』卷18, 雜著, 「警世說」. "守吾志 讀吾書 交吾人 行吾道 衣吾衣 冠吾冠 語吾法言 尊吾聖賢 順吾天命 以竢千秋而已"
62 『續東鑑綱目』, 고종 9년 (乙巳) 11월 ; 『靑巴日記』 3面, 金鍱錄.

폐하였다. 이후 '나라가 망하고, 도가 망하는 [國亡道亡]' 현실 속에서 고종에게 늑약의 폐기와 오적의 처단을 요구하는 마지막 상소문을 쓰기로 하였다.[63] 송병선은 앞에서 살펴본 바와 같이 갑신변복령과 천주교 교당의 설립 이후 자정(自靖)하고 현실 정치에 관여하지 않았다. 1895년 단발령 이후에는 조정의 자문에 일체 응답조차하지 않고 있었다. 그러나 을사늑약의 소식을 듣고는 "나라가 망하고 도가 망하는 이때에 어찌 자정만 할 수 있겠는가?"라고 하면서 죽을 각오를 하고 마지막으로 상소를 올리기로 한 것이다.[64]

11월 6일 송병선은 「청토흉역소(請討凶逆疏)」, 즉 을사5적과 같이 흉역한 무리를 목 벨 것을 요구하는 상소문을 올렸다. 여기에서 그는 "고금(古今) 천하에 죽지 않는 사람 없고 망하지 않는 나라가 없으니, 원수에게 머리를 숙여 요행히 살아남는 것을 꾀하는 것보다 군신 상하가 마음을 합하고 힘을 모아 사직을 위해 목숨을 바치는 것이 차라리 부끄러움이 없을 것"[65]이라고 하면서, 고종 황제에게 죽기를 각오하고 을사늑약을 거부할 것을 요구하였다. 이에 대하여 조정에서 아무런 회답이 없자 11월 20일 「재소(再疏)」를 올렸다. 여기에서 그는

---

63 『靑巴日記』, 4面, 宋廷憲錄. "十月晦日 往遠溪 先生自聞 勒約之報 全廢食飮者 已數日矣 因謂余曰 我一息苟存 忍見此無前大變乎 今日所處一死之外 更無他道 神州陸沈 一線陽脈 在於我國 國亡則道亦 隨之以亡 而人類亦亡 不若溘然無知之爲愈也 自近年以來 國憂日深 變怪百出 我效古人獻靖之義 忍愼含痛而未嘗有一次陳疏 今當國亡道亡之日 乃不得不破戒出言"

64 『靑巴日記』, 5면, 鄭爽采錄. "先生曰 吾自甲乙以後 效古人獻靖之義 凡於典禮 世變含默無言矣 今之所謂僞約 是國亡道亡之地盡頭也 不得不破戒出言"

65 『淵齋集』 卷4, 疏, 「請討凶逆疏」 乙巳 11월 6일.

아아! 난신적자(亂臣賊子)가 나라와 인민을 망치는 일이 어느 때 없겠냐마는 유사 이래 어찌 박제순, 이지용, 이근택, 이완용, 권중현 같이 극악한 놈들이 또 있겠습니까? 대저 삼천리강토는 조종(朝宗)의 토지요, 백 천만 백성은 조종의 적자(赤子)입니다. 비록 폐하라 하더라도 마음대로 이것을 다른 사람에게 넘길 수 없는데, 하물며 폐하의 신하인 자들이 감히 적에게 이것을 넘겨 우리 오백년 종사를 엎어버릴 수 있단 말입니까?[66]

라 하면서 5적의 처단과 늑약의 파기를 재차 요구하였다. 그러자 결국 고종으로부터 비답이 내려왔다. "목하(目下) 위급한 형세가 의기(欹器: 엎어지려는 그릇)나 누선(漏船: 물새는 배)에 비할 바가 아니니 경의 숙덕(宿德)과 충애로서 어찌 강경하지 않을 수 있겠는가"라는 위로의 말과 함께 한번 만나보고 싶다는 의례적인 인사가 전해왔다.[67]

고종의 의례적인 소명(召命)이 있자 송병선은 이 기회에 직접 고종을 면대하여 간언하기로 결심하였다. 송병선은 상경 차비를 하면서 아들 철헌에게 "이번에 가면 죽어서 돌아올 것이다."라고 자신의 결심을 말하고 자신이 죽은 후 집필 중인 『패동연원록(浿東淵源錄)』, 『동감강목(東鑑綱目)』 등을 정리해줄 것을 당부하였다.[68] 그리고 송병선은 1905년 12월 12일(양력 1906년 1월 7일)에 상경하여, 이레만인 12월 19일에 서울에 도착해 동대문 밖 자지동(紫芝洞)에 숙소를 정하였다. 그리

---

66 『淵齋集』 卷4, 「再疏」 乙巳 11월 20일.

67 『淵齋集』 卷52, 附錄, 年譜, 乙巳 11월 己丑.

68 『青巴日記』, 5면, 宋哲憲錄. "先生曰 余以草野之臣 素無經濟之才 當今日尤不知所以爲計 然國有大變 且承召命 不可晏然在家 將西行 謂哲憲曰今番之行 可謂生行死歸 吾身後事 汝須謹愼措處也 浿東淵源錄 東鑑綱目等書 吾平生積功所在 與大卿致章諸君善爲修潤 俾遂吾未了之志也"

고 12월 24일에 승정원에 청대소(請對疏)를 올렸다. 비서승(秘書丞) 조
남승이 고종에게 연재의 청대소를 올리자 고종은

> 이 유현(儒賢)이 여러 해 동안 불러도 올라오지 않았는데, 나이
> 70세가 넘어 이렇게 왔으니 반드시 고집하는 바가 있을 것이다. 그
> 말하고자 하는 바는 생각건대 5적을 벌하라는 것과 조약을 폐기하
> 라는 것 두 가지일 텐데 짐이 비록 그 말을 들어주고 싶어도 형세
> 상 들어줄 수가 없다. 이 유현이 만약에 과도한 거조(擧措)가 있게
> 되면 장차 어떻게 한단 말인가[69]

라고 말하고, "만약 그러면 부득불 유배를 보내야 된다."고 말하고는 숙
종 대에 우암 송시열을 유배시킨 기사를 찾아오라고 명하였다.[70] 그리
고 그날 밤 9시쯤[亥時] 송병선은 고종을 면대하였다.

중화전에서 고종을 알현한 후 송병선은 우선 고종과 동궁의 건강을
물었다.[71] 그러고 나서 "(을사늑약 때 체결한) 반폭짜리 종이로 앉아서
나라를 잃어버릴 수 있겠습니까? 이것은 천지개벽 이래 27사(史)에도
없는 사상 초유의 변괴입니다"라고 말하고, 속히 조칙을 내려 역적을
처단할 것을 주장하였다.[72] 이에 고종은 자신도 협박을 받아 자유가 없
으며, 송병선의 주장을 들어주고 싶어도 들어줄 수가 없다고 대답하였
다. 이러한 고종의 소극적인 대답에 송병선의 비판은 준엄하였다. "그

---

69 『淵齋集』 卷52, 附錄, 年譜, 乙巳 12월 壬戌.

70 『靑巴日記』, 22면, 宋廷憲錄. "若如是則 不得不譴配以彌防 仍又覓肅廟朝 竄配尤菴故事
　　而入"

71 『承政院日記』 3190책, 고종 42년 12월 24일.

72 『淵齋集』 卷52, 附錄, 年譜, 乙巳 12월 癸亥.

렇다면 지엄한 왕명은 어디에다 쓰려는 것입니까? 폐하는 역적들과 아침·저녁으로 만나 정사를 함께 보고 있으니 이것은 종사(宗社)와 생령(生靈)을 역적들에게 던져버리고 후회하지 않는 것입니다. 종사와 생령이 역적만 못하단 말입니까? 신은 피가 끊어 일일이 말씀드릴 수 없으니 차자(箚子)를 올립니다."라고 하면서 차자를 올렸다. 여기에서도 제1조에 "제적(諸賊)을 참수하여 왕법을 바로 세우라."는 조항을 두고 5적을 하루빨리 처단할 것을 촉구하였다.[73]

고종은 차자를 직접 읽고는 그 내용이 만세 경국(經國)의 좋은 계책이지만 고금시세의 차이가 있으니 시의(時宜)에 따라 적절히 시행하겠노라고 말하고, 칠순 노인이 겨울밤 법연(法筵)에 오래 있으면 건강에 해로우니 궁내부로 물러나 있으라고 권유하였다. 이에 법연에 참석한 신하들이 모두 퇴청하였다. 송병선은 "역적을 참하는 일은 폐하의 조칙 하나에 달려있습니다. 대단히 오래 걸리는 일도 아니고 대단히 어려운 일도 아닙니다. 청을 들어주지 않으면 물러갈 수 없습니다."라고 버텼으나, 고종은 조만간 시행하겠으니 물러가라고 명하고 내전으로 들어가 버렸다.

다음날 다시 외정원(外政院)에 들어와 고종의 면대를 요청한 송병선에게 고종은 몸이 안 좋아 만날 수 없다고 하면서 퇴거를 명하였다. 송병선은 12월 27일 다시 면대를 요청하였다. 고종이 몸이 안 좋아 만날 수 없다는 대답이 다시 전해오자 송병선은 건강이 회복할 때까지 기다리겠다고 대답하였다. 그리고 나서 송병선은 고종이 계신 뜰아래에서 엎드려 건강의 회복을 기다리겠다는 절박한 심정으로 직접 수옥헌(漱

---

73 『淵齋集』 卷4, 疏, 「中和殿奏箚」 乙巳 12월 25일.

玉軒)을 찾아 나섰다. 그러자 경무사(警務使) 윤철규(尹喆圭)가 와서 "임금이 계시는 수옥헌은 조금 멀어 노인 근력으로 걷기는 어려우니 교자를 타고 가시라"고 권하였다. 송병선이 이를 물리치자 윤철규는 다시 "이곳을 나가면 불측한 화를 당할 수 있다."라고 말하면서 강제로 송병선을 교자(轎子)에 태워 달려 나가더니 남대문 밖 어느 한곳에 멈춰 섰다. 이에 송병선이 윤철규에게 자신을 기만하였다고 꾸짖으니, 윤철규는 "이렇게 하는 것은 내가 마음대로 한 것이 아니라 대감을 집에 돌려보내라는 고종의 칙령에 따른 것"이라고 대답하였다. 잠시 후 일본 순사가 와서 칙령이라면서 송병선이 차고 있던 패도를 빼앗고, 옷 속에 지니고 있던 독극물도 압수해갔다.[74]

12월 28일 강제로 열차에 태워 고향으로 할 수 없이 돌아온 송병선은 29일 회덕 석촌(石邨)에서 「유소(遺疏)」를 지어 고종에게 5적의 참수와 늑약의 폐기를 유언으로 남기고, 「시전방인민(示全邦人民)」을 지어 국민이 일심 단결하여 경쟁세계를 헤쳐 나가기를 당부한 후 음독 자결하여, 30일 사시(巳時)에 세상을 떠났다. 송병선이 순국한 후 충청지역의 유생 수백 명이 경무사 윤철규의 처벌을 격렬히 요구하였으나[75], 고종은 오히려 윤철규를 충청북도 관찰사로 승진 발령하였다.[76]

송병선은 이상과 같이 죽을 결심을 하고 고종을 만나 을사늑약을 파기하고, 을사5적을 처단하라고 간언하였으나, 고종은 이를 외면하였다. 고종은 송병선을 만나기도 전에 송병선이 계속 자신의 주장을 고집

---

74 『淵齋集』卷52, 附錄, 年譜, 乙巳 12월 乙丑. "
75 『大韓每日申報』光武 10년(1906) 2월 2일. 雜報「湖儒激昂」
76 『高宗實錄』47권, 고종 43년 2월 24일 양력. "警務使尹喆圭 任忠淸北道觀察使"

하면 유배시키겠노라고 생각하고는 그 절차를 살펴보기 위해 숙종 대 송시열을 유배시킨 기사를 찾아오라고 명할 정도로 송병선과의 만남에 거부감을 가졌다. 그리고 송병선의 늑약 파기와 5적 처단 요구에 자신도 어찌할 수 없다는 소극적인 말로만 대꾸할 뿐이었고, 차차 시행하겠다는 말만 남기고 내전에 들어가 버렸다. 이후 송병선이 다시 만날 것을 요구하자 몸이 안 좋다고 핑계를 대면서 만나는 것을 거부하고, 경무사 윤철규에게 연재를 강제로 귀향시키라는 밀령을 내렸다. 이후 고종은 송병선을 속여 교자에 태우고 일본 순사에게 그를 넘긴 윤철규를 충북 관찰사로 승진 발령시키기까지 하였다. 임금이 충신을 이와 같이 대우하니 나라가 망하지 않을 수 없었다. 송병선은 이와 같은 국망도망(國亡道亡)의 상황에서 절망하였고, 순국으로 저항하였다.

송병선이 회덕 석촌에서 순국한 지 보름이 지난 후, 송병선의 주거지 옥천 원계(遠溪)에서 노비 공임(恭任)이 송병선을 따라 순사(殉死)하였다. 공임은 모(母) 완순(完順)과 부(父) 최금룡(崔今龍) 사이에서 태어난 가전(家傳) 노비로, 외모는 비록 예쁘지 않지만 매우 총명한 여인이었다고 한다. 차만쇠(車萬釗)와 결혼하여 도야지(道也知)라는 아들 하나를 두었다.[77] 을사년 그믐날 송병선이 석촌에서 순국하였다는 소식을 듣자 공임은 통곡하고는 어머니와 남편에게 다음과 같이 말하였다.

> 대감은 나라가 망하고 도덕이 무너지는 때를 당하여 춘추대의로써 살신성인하시며 만세의 강상(綱常)을 붙드셨다. 대저 신하가 임금에게 대하는 도리나 노비가 주인에게 대하는 도리는 분수가 비록

---

77 宋洛憲撰, 「恭任傳」(『靑巴日記』所收) "恭任 外雖醜鄙 內實聰慧 凡所使役不煩 敎督服 勤盡誠 完順甚愛之 爲車萬釗妻 生一子曰道也知"

다르나 뜻은 똑같은 것이다. 임금이 욕을 당하면 신하가 죽는 것이
당연한 도리이거늘 주인이 죽는데 노비가 아무렇지도 않게 살아있
는 것이 어찌 당연한 것이겠는가?

이후 병오년(1906) 정월 16일 공임은 어머니와 남편이 집에 없는 틈
을 타 식칼로 자결을 하였다. 이에 송병선의 제자들은 3월 21일 금산 성
곡에 송병선의 묘소를 조성할 때 그 밑에 공임의 묘를 같이 만들고 '의
비(義婢)'라고 명정(銘旌)하였다. 그리고 1920년 연재의 묘소를 임피 술
산으로 이장할 때 공임의 묘도 같이 이장되었고, 1929년 옥성재(玉成
齋) 박정구(朴珽九)가 '의비공임지묘(義婢恭任之墓)'라고 새로이 묘비를
써서 세웠는데, 지금 술산 연재의 묘소 아래에 남아있다. 대한매일신보
사장 영국인 배설(Bethel: 1872~1909))은 공임에 순사(殉死)에 대하여
"의롭다 이 비(婢)여! 훌륭하다 이 비(婢)여! 선생의 평상시 도덕(道德)·
절의(節義)가 모든 사람에게 깊은 감동을 주어 집에서 일하는 노비들도
이와 같이 절의의 중함을 알고 있다"라고 감탄하면서 송병선과 공임의
절의를 칭찬하고 있다.[78] 후에 이름을 밝히지 않은 제자 문인은 다음과
같이 공임의 애사를 쓰고 있다.

　　　哀恭任哀辭[79] 공임을 슬퍼하는 애사(哀辭)

---

78 위의 글 "大韓每日申報社長裵說 … 婢恭任 從容告訣曰 上典爲國爲生民殉義 其在感慕
　　之地 欲報其恩 當舍此殘縷 歸侍地下 仍以刀自刎而死 義乎哉 此婢也 卓乎哉 此婢也 先
　　生平日道德節義 入人者已深 雖家庭內廝役之流 亦知節義之爲重"
79 宋相燾, 『騎驢隨筆』, 宋秉璿條에 수록됨. 작자는 '韓愚山愈'라고 되어있는데 누구인지
　　모름.

大臣固當爲國死
대신은 진실로 마땅히 나라를 위해서 죽어야 하니

九重恩深滄海涵
국왕에게 받은 은혜가 푸른 바다와 같이 깊기 때문이다

丈夫固當爲國死
장부는 진실로 마땅히 나라를 위해서 죽어야 하니

一身責重乾坤參
한 몸이 지닌 책임의 막중함이 하늘, 땅과 나란히 하기 때문이다

雙丫赤脚彼何娘
두 갈래 머리 땋고 맨발로 다니는 저 여인은 어떤 사람인가

不過宋氏之一藏
한갓 송씨 집안의 종에 불과하다

井臼箕箒或不謹
우물에서 물 긷고 절구에 곡식 찧고 마당을 쓸다가 혹 부지런하지 않으면

鞭背蟲蛆乃所當
등에 채찍 맞아 그 상처에 구더기가 생기는 것도 늘 당하는 일이다

曉來汲水敲寒氷
겨울날 아침에 물을 긷기 위해 찬 얼음을 두드리고

暮去拾薪登高岡
저녁에는 땔나무를 줍기 위해 높은 언덕을 오른다

胸中惟有一點義
그런데도 가슴 속에는 한 점 의로움이 있어서

往往發露如錐鉈
가끔 송곳 끝처럼 그 모습을 나타내기도 하였다

…(중략)…

國家往年新約定
국가가 지난 해 새로이 약정을 맺었는데

好居盡壞一纖兒
아름다운 강산이 갑자기 모두 허물어졌다

家翁聞之赫然怒
주인어른이 이를 듣고 불같이 화를 내고

天門披腹跪陳辭
궁궐 문에 엎드리어 간절한 상소문을 올리었다.

袖裏閃閃藏劍鋒
소매 속에 번쩍번쩍 칼날을 숨기어

內可殺賊外殲夷
안에서는 역적을 죽이고 밖에서는 오랑캐를 섬멸하려 하였다.

仰首顧天天無言
머리를 들어 임금께 부르짖었지만 임금은 아무 말도 없었고

石南雪夜悲風傳
석남촌의 눈 오는 밤에 슬픈 소식이 전해졌다

阿婢被髮哭廡下
여종이 머리를 풀고 처마 밑에서 곡을 하니

有淚入地聲徹天
눈물은 땅속 깊이 들어가고 울음소리는 하늘에 닿았다

翁爲君王旣盡忠
주인어른은 임금을 위해 이미 충성을 다하였으니

妾身獨不爲家翁
여종인 나는 어찌 주인을 위해 충성하지 않겠는가?

滿腔赤血吐爲氣
온몸에 가득 찬 붉은 피는 토하여 기(氣)가 되고

光怪稜稜如長虹

그 빛은 괴이하게 번쩍번쩍하니 긴 무지개와 같았다

死去吾當爲厲鬼

죽어서 나는 마땅히 원한 품은 귀신이 되어

盡殺諸賊如刈蓬

역적들을 풀 베듯이 모두 죽여 버리겠다.

妾身雖死死猶榮

그러면 내 몸이 비록 죽어도 죽는 것이 영광이니

區區安用長偸生

구차하게 어찌 사는 것을 탐내겠는가.

斬薤斷蔥家有刀

풀 베고 파 자르는 칼이 집에 있으니

義重一死輕鴻毛

의(義)의 중함에 비해 한번 죽는 것은 깃털처럼 가볍다 (하략)

5. 맺음말

지금까지 연재 송병선의 생애와 위정척사운동, 순국 과정 등에 대하여 살펴보고, 또 노비 공임의 순사(殉死)에 대하여도 알아보았다. 송병선은 우암 송시열의 9대손이자 노론종가의 장남으로 태어나 선대(先代)의 명성에 부끄럽지 않은 삶을 살려고 노력하고, 또 송시열 현양 사업에 매진하였다. 그는 산수 유람과 강회를 통해 각처에 수많은 문인, 제자를 양성하며 유학을 진흥시키고자 하였다. 1880년에 성균관 좨주가 되어 최고 산림의 지위에 오르자, '신사봉사(辛巳封事)'를 올리는 등 정부의 개혁에 희망을 품었지만 정부에서 전혀 그의 의견을 받아들이지 않자 자정(自靖: 스스로 몸을 깨끗이 가지는 일)을 고수하고 침묵하였다. 그러나 1905년 을사늑약이 체결되자 그는 마지막 상소를 올리고, 고종을 대면하여 을사늑약의 폐지와 을사5적의 처단을 주장하다 고종이 거부하자 순국하였다.

을사늑약 체결에 항거하며 순국한 사람은 여럿 있었지만 유학자로서 순국한 사람은 연재 송병선 한 사람뿐으로, 군산 술산리에 그의 묘소가 있다. 이에 송병선을 기억하는 많은 군산 사람들은 그의 묘소에 각별한 관심을 가지고 관리에 정성을 기울였다고 한다. 그러나 점차 송병선을 기억하는 사람들이 적어지면서 묘소 관리는 부실하게 되었다. 또 군산시에서는 근래 '군산 근대문화도시 사업'이라는 이름하에 일제은행과 상사 건물, 여관 등을 복원하는 등 식민지 미화 사업에 열을 올리면서도 송병선의 묘소를 비롯한 민족운동 관련 유적과 유물에는 관심조차 두지 않았다. 묘소는 황폐화되고 넓은 묘역에는 밭들이 들어차게 되었다. 이에 송병선의 후손들이 묘지 관리의 어려움을 들어 송병선의 묘소를 국립 현충원으로 이장하겠다는 의사를 밝히기도 하였다.

그러나 송병선의 묘소가 군산 술산리에 자리 잡게 된 것은 그의 부인에 대한 사랑이 담겨있는 것으로 그 의미가 결코 적은 것이 아니다. 송병선은 젊은 날에 사랑했던 첫째 부인인 이씨가 죽자 일단 집 근처에서 장례를 치렀다가, 그 후 29년 동안 전국을 유람하던 중 자신이 최고의 명당 터라고 생각한 군산 술산리에 부인을 이장하고는, 자기가 죽으면 부인과 합장해달라고 후손과 제자들에게 유언을 남겼다. 그러나 송병선의 순국 이후 곧장 합장이 이루어지지는 못하고 15년이 지난 1920년에 송병선과 이씨 부인의 합장이 이루어졌다. 송병선은 평생 첫째 부인

이씨를 그리워하여 부인을 최고의 명당에 안치하고 자신이 죽으면 그와 합장하여 영원히 함께 있기를 원했던 것이다. 그런데 지금 송병선의 묘소를 관리가 어렵다고 해서 이장하는 것은 그의 뜻이 아니라고 생각한다. 그리고 군산시에서도 일제 식민지 건물을 미화·홍보하는 사업을 이제는 중단하고, 민족 독립 운동과 관련된 유물, 유적을 정비, 복원하는 데 관심을 기울여야 할 때라고 생각한다. 이것이 국가와 민족을 위해 희생한 분들에 대한 후손들의 최소한의 보답인 것이다.

『전북사학』57, 2019.11 수록

10장.

돈헌 임병찬의 생애와 복벽운동

1. 머리말

　'복벽(復辟)'이란 '벽(辟: 임금)'을 '복(復: 원상태로 돌아감)'한다는 뜻
으로, 국왕이 다시 왕위를 되찾거나 다른 방식으로 운영되던 정치체제
가 원래의 왕정 체제로 복귀하는 것을 가리키는 말이다. 일반적으로
'복벽운동'이라는 용어는 1910년대 국권상실 이후 대한제국의 왕정 체
제를 회복시키려는 움직임을 가리키는 용어로 쓰이지만, 1905년 을사
조약 이후 대한제국은 외교권을 상실하고, 국내 정치마저 통감부의 간
섭을 받아 정상적인 왕정 체제를 유지할 수 없었으므로, 을사조약 이후
고종 황제의 왕권을 회복하려는 운동도 복벽운동이라 할 수 있다. 본
논문은 1900년대 이후 전개된 임병찬의 구국 활동을 대한제국 본래의
왕정 체제를 회복하고자하는 복벽운동으로 보고, 그의 생애와 항일 활
동을 이로써 정리하려 한다.

　옥구 출신의 의병장 돈헌(遯軒) 임병찬(林炳瓚: 1851～1916)은 1906

년 면암 최익현과 함께 태인에서 의병을 일으킨 후 체포되어 대마도에 유배되었다가 이듬해 돌아온다. 이후 그는 1914년 고종의 밀지를 받아 독립의군부를 결성하고, 조선 총독과 일본 총리대신에게 국권회복에 관한 글을 보내 보안법 위반으로 거문도에 유배되어 그곳에서 순국하였다. 임병찬이 일으킨 1906년 태인의병[1]은 을사조약이 강제로 체결된 후 전라도에서 일어난 첫 번째 의병으로서 타 지역에 지대한 영향을 미친 의병전쟁으로 일찍부터 주목 받았고, 1914년 독립의군부 결성은 1910년대의 대표적인 복벽운동으로 거론되었다.[2] 이에 따라 지금까지 임병찬에 대하여 기려 송상도(1871~1946) 선생이 『기려수필』에서 일차 정리한 이래 많은 연구가 이루어졌다.[3] 그의 생애·활동과 관련하여 1987년 신규수 교수가 첫 논문을 발표한 이후 다수의 논문과 저서가 출간되었고,[4] 1906년 태인의병,[5] 1914년 대한독립의군부[6] 등에 대해서도

---

1 태인의병은 현재까지 다양한 이름으로 불리고 있다. 일제는 '최익현의 난'이라 불렀으며, 연구자들 사이에서는 '순창의병', '태인의진(泰仁義陣)', '최익현 의병대', '병오의병' 등 다양하게 불러왔다. 본고에서는 홍영기 교수의 설을 따라 처음 기병한 지역의 이름을 붙여 '태인의병'이라 하겠다. 홍영기, 『대한제국기 호남의병 연구』(일조각, 2004), 155쪽 참조.

2 박현모, 「일제시대 공화주의와 복벽주의의 대립」, 『정신문화연구』 30 1(2007), 66쪽.

3 宋相燾, 『騎驢隨筆』, 林炳瓚(國史編纂委員會, 1971), 104~112쪽.

4 임병찬의 생애를 다룬 논문은 다음과 같다.
   申圭秀, 「韓末 民族運動의 一研究 ― 遯軒 林炳瓚을 中心으로 ―」, 『圓佛敎思想』 10·11합(1987).
   申圭秀, 「한말위정척사운동 소고 ― 勉庵·遯軒을 중심으로 ―」, 『정신개벽』 7·8합(1989).
   楊萬鼎, 「임병찬 의병대」, 『全北義兵史 下』(1992).
   楊萬鼎, 「제2장 回文山지역 義兵활동, 1. 임병찬의 의병대와 그 활동」, 『全北地域獨立運動史』(1994初版·2004再版).
   姜吉遠, 「遯軒 林炳瓚의 生涯와 反日鬪爭」, 『全北史學』 28(전북사학회, 2005).
   申圭秀, 「遯軒 林炳瓚의 救國運動」, 『歷史와 社會』 34(2005).

많은 논문이 나왔다. 이에 따라 돈헌 임병찬의 생애와 구국 활동에 대해서는 비교적 상세하게 알 수 있게 되었다.

그런데 임병찬이 일제에 항거하다 순국한 의병장(1962년 건국훈장 독립장)이고, 또 그의 동생 임병대(1996년 건국포장), 아들 임응철(1990년 건국훈장 애족장), 손자 임수명(林鏡, 1992년 건국포장) 등이 모두 대동단에 가입·활동하는 등 3대가 독립운동에 헌신한 독립유공자 집안인 관계로 지금까지 임병찬의 생애와 가계에 대해서 명확하게 밝히지 않은 면이 있었다. 임병찬이 옥구 향리 출신임에도 불구하고 그를 명문거족 출신이라고 소개하거나,[7] 1894년 동학농민혁명 때 농민군 지도자 김개남을 유인·체포하여 관군에 넘겨준 일[8], 1899년 옥구·임피·

李治白, 「抗日救國의 義兵將 遯軒 林炳瓚 선생」, 『군산출신 항일의병장 돈헌 임병찬』 (군산문화원, 2007).

5 1906년 태인의병에 관한 논문은 다음과 같다.
홍순창, 「淳昌十二義士에 관한 소고」, 『영남사학』 10·11합(영남대 사학회, 1981).
이태룡, 「최익현의 순창의병과 유소 연구」, 『배달말』 17(1992).
홍영기, 「한말 泰仁義兵의 활동과 영향」, 『全南史學』 11(전남사학회, 1997)
강길원, 「勉庵 崔益鉉의 丙午倡義」, 『全北史學』 26(전북사학회, 2003)
신규수, 「1906년(丙午) 호남지역 의병투쟁 연구」, 『歷史와 社會』 33(2004)
金祥起, 「崔益鉉의 定山 移住와 泰仁義兵」, 『충청문화연구』 7(2011)

6 대한독립의군부에 관한 논문은 다음과 같다.
申載洪, 「1910年代 國內에서의 民族運動」, 『한국사』 21(국사편찬위원회, 1984).
申圭秀, 「大韓獨立義軍府에 대하여」, 『邊太燮博士華甲紀念史學論叢』(三英社, 1985).
李相燦, 「大韓獨立義軍府에 대하여」, 『李載龒博士還曆紀念 韓國史學論叢』(1990).
申圭秀, 「日帝下 獨立運動의 一事例 硏究 - 獨立義軍府 「管見」 내용분석을 중심으로 - 」, 『史學硏究』 58·59합(1999).
신규수, 「日帝下 獨立義軍府 運動에 관한 硏究」, 『역사와 사회』 22(1999).

7 申圭秀, 앞의 논문(1987) 920쪽.

8 申圭秀, 「개화기 湖南地域 儒林의 動向에 관한 연구 - 東學排斥運動을 중심으로 - 」, 『韓國思想史學』 4·5합(1993)과 강길원, 앞의 논문(2003)에서는 임병찬이 1894년 동학농민혁명 때 농민군 지도자 김개남을 유인·체포하여 관군에 넘겨준 일을 소개하고 있다.

그림 1 돈헌 임병찬 초상화

이 초상화에 의친왕이
"산악의 정기와 충의가 한 몸에 있으니
이름이 우주에 드리워 오래 되고도 새롭다"라고 쓰고 있다.
고종 어진 화가 채용신이 그렸다.

김제 등지에서 균전위원으로 활동할 때 세금을 가혹하게 징수하여 농민항쟁을 초래케 한 일 등을 제대로 평가하지 않은 것이다. 역사는 사실을 미화하지도, 숨기지도 말고 '있는 그대로' 밝혀야 한다. 그래야 역사가 생명력을 지니고 사람들에게 감동과 교훈을 줄 수 있는 것이다. 임병찬의 생애와 활동이 제대로 규명되지 않았기 때문에 사회 일각에서는 오히려 임병찬을 폄훼하는 경향까지 나타났다. 2012년 군산시에서 임병찬의 동상을 건립하려는 움직임이 있자, 일부 시의원들이 '임병찬은 동학농민혁명의 태인 대접주이자 의병장인 김개남 장군을 밀고해 결국 참수 당하게 한 인물'[9]이라며 강하게 반대한 것이다. 임병찬 생애의 일면만을 들추어내 그를 비판하는 것은 문제가 있다. 한 인물을 정당하게 평가하려면 삶의 한 부분만을 지적할 것이 아니라, 그의 인생 전체를 돌아보고 평가를 내려야 한다.

본 논문은 임병찬의 향리·관리 생활, 그리고 1906년 태인의병 봉기와 1914년 대한독립의군부 결성 등을 통해 그의 생애 전체에 걸치는 근왕주의, 복벽운동을 살펴보려 한다. 농민혁명 지도자 김개남을 유인·체포하여 관군에 넘겨준 일도, 균전위원으로 활동할 때 세금을 가혹하게 징수한 일도 그의 근왕주의, 복벽주의 사상에 기인한 것으로 판단된다. 조선왕조·대한제국의 왕정 체제를 다시 되돌리려는 임병찬의 간절한 염원은 오늘날 시각에서는 여러 가지 평가를 내릴 수 있겠지만, 임병찬은 자신이 옳다고 생각하는 삶을 치열하게 살았다. 그러한 임병찬의 삶은 우리에게 많은 교훈을 준다고 본다.

---

9 『군산미래신문』, 2012년 2월 3일자.

2. 향리·관리 생활 시기

돈헌 임병찬은 1851년(철종 2) 2월 5일(음력: 이하 날짜는 모두 음력임) 전라북도 옥구군 서면 상평리 남산 마을에서 아버지 남곡(南谷) 임용래(林榕來)와 어머니 송악 왕씨 사이에서 맏아들로 태어났다. 임병찬의 본관은 평택 임씨 옥구파인데, 그의 집안은 아버지 임용래가 '이역(吏役)에 종사하였다'[10]는 것으로 보아 향리 출신으로 보인다.

1923년에 편찬된 『옥구군지』, 토성향리 조에 옥구의 향리 성씨로 임(林)·송(宋)·박(朴) 씨가 수록된 것으로 보아,[11] 임씨 가문은 옥구의 대표적인 이족(吏族)이었던 것으로 보인다. 『기려수필』에서는 임병찬의 5대조 임치영(林致榮)이 무신난(이인좌의 난) 때 역적을 사로잡는 공을 세워 2등 훈에 책봉 받고 고종황제 때 내부협판으로 추증되었다고 하지만,[12] 『승정원일기』에는 임치영이 옥구의 하리(下吏)로 기록되어있다.[13] 임병찬의 가계는 5대조 임치영 이후, 증조 임경손(林慶孫) ― 조 임민규(林玟圭) ― 부 임용래로 이어지는데, 임경손, 임민규에 대해서는 기록에는 없지만 임민규의 동생인 임정필, 임정효가 모두 향리였던 것으로 보아 이들 역시 향리를 지냈을 것으로 보인다. 즉 임병찬은 적어도 5대조 이래 옥구에서 향리 직을 계속 수행한 향리 집안에서 태어났다.

임병찬이 태어난 19세기에 향리 직은 선망의 대상이었다. 조선전기

---

10 『遯軒遺稿』7, 年譜, 戊午 9년(公 8세). "南谷公 長吁良久 答曰 吾行吏役 實非素志"

11 『沃溝郡誌』1, 土姓鄕吏.

12 『騎驢隨筆』, 林炳瓚(5). "林炳瓚 字中玉 號遯軒 系出平澤 … 至我朝英廟時有諱致榮 戊申之亂 捉賊魁白弼永兄弟 第二等勳 太皇朝贈內部協辦 寔公五世祖也"

13 『承政院日記』, 영조 5년 4월 6일(庚辰). "沃溝下吏 林致榮"

까지 향리 직은 고역이었지만, 19세기에는 사람들이 향리 직을 얻기 위해 "다투어 관청 문에 들어와 머리가 깨질 지경으로 몰려들었다"[14]라고 표현할 만큼 각광을 받았다. 향리가 되면 각종 수단으로 치부할 수 있고, 권세를 부릴 수 있으며, 군역을 피할 수 있고, 신분 상승이 가능하였기 때문이다.[15] 19세기에 향리 직이 선호되면서 사족을 비롯하여 향리 가문이 아닌 사람들도 향리 직을 차지하기 위해 노력하였다. 한정된 향리 직에 향리 가문이건 아니건 모두 몰려들었기 때문에 향리 직을 둘러싼 경쟁은 매우 치열하였다. 향리 직을 쟁취하기 위해 간책과 모함도 서슴지 않았고, 서울의 고위층과 관찰사, 어사, 친인척 등을 동원하여 엽관운동을 전개하였으며, 뇌물과 매임(賣任)도 성행하였다.[16] 임병찬 생후 3일 후인 1851년 2월 8일, 임병찬의 아버지 임용래는 수개월 동안 감옥에 갇혀 있다가 충청도 영동현으로 귀양 가게 되는데, 이것은 할아버지의 형제인 임정필·임정효·임정량 등과 이방 직을 두고 다투다가 이들의 무고(誣告)로 죄를 입었기 때문이었다. 후에 임용래는 임병찬에게 "옥중에서 장독이 올라 거의 죽을 지경이었는데 네가 태어났다는 말을 듣고 향불이 끊이지 않게 되어 다행이라고 생각했다"[17]라고 전하고 있다. 그 후 임정필 집안과 다시 화해하게 되지만, 임병찬이 태어날

---

14 『牧民心書』 5, 吏典 六條, 제1장 束吏. "國初 法紀嚴肅 吏術剛廉 郡縣小吏 不足以贍其 八口 故視爲苦役 逃者相續 至以捕亡者爲功 立法如此 其民生之安樂 可知也 今也鄕吏入 仕者 爭門碎頭 如赴科宦 小縣之吏 或近百人 不可相容 於是私自設法 或父子不許同仕 或兄弟不許三人 利厚味濃 於此可見 而民生之憔悴 亦可知也"

15 조선후기에 吏職이 선호된 이유에 대해서는 李羲權, 「VI. 朝鮮後期 邑吏의 行政機能」, 『朝鮮後期 地方統治行政 硏究』(集文堂, 1999), 226쪽에 자세히 설명되어 있다.

16 李羲權, 앞의 논문, 227쪽.

17 『遯軒遺稿』 7, 「年譜」, 戊午 9년(公 8세) 9월 9일.

무렵에는 향리 직을 두고 이와 같이 형제, 친척 간에도 경쟁이 치열하였다.

임병찬은 4세 때 천자문·만물집(萬物集)·추구(推句) 등을 배우고, 5세 때 사자소학(四字小學), 오언당음(五言唐音) 등을 배웠으며, 6세 때 자치통감을 읽고, 8세 때 향시 백일장에서 1등을 하였다는 것으로 보아, 어릴 때부터 대단히 명석하였던 것으로 보인다. 임병찬은 본인의 명석함과 향리 가문을 배경으로 17세(1867)에 옥구 형방이 되었다. 『돈헌유고』, 연보(이하 「연보」로 표기함)에는 "집안이 매우 가난하고 먹을 것도 없어 자식 된 도리로 어쩔 수 없이 이역(吏役)에 발을 들여놓아 옥구 형방이 되었다"[18]라고 기록되어 있으나, 당시 향리 직을 둘러싼 치열한 경쟁 속에서 17세에 형방이 된 것은 가문의 힘이 크게 작용하였기 때문으로 생각된다.[19] 이후 임병찬은 18세 때 옥구 예방, 완영(完營) 공방을 지내고, 19세 때 완영 예방이 되었으며, 22세 때 옥구 호장(戶長)이 되었다. 호장은 민호(民戶)의 장(長)이요 읍사(邑司)의 장이라 불리는 자리였으니,[20] 임병찬이 22세에 호장이 되었다는 것은 향리로서는 매우 빠른 출세라 할 수 있다. 한편 임병찬은 향리 생활을 하면서 재산도 많이 모았던 것으로 보인다. 「연보」에는 31세(1881) 때 각처에 묘전(墓田)을 설치했다고 하면서, 그 위치와 면적을 다음과 제시하고 있다.

---

18 『遯軒遺稿』7, 年譜, 丁卯 4년(公 17세).

19 이 당시 광주에서는 이방이 되기 위해서는 500냥, 호장은 100냥, 도서원·대동색은 1000냥을 牧使에게 바쳐야 했다고 한다.(『日省錄』, 고종 11년 12월 29일; 李羲權, 앞의 논문, 220쪽. 주53) 재인용) 따라서 임병찬이 단순히 가문의 힘만으로 형방이 되었을지는 의문이다.

20 李羲權, 앞의 논문, 233쪽.

옥구군 미면 신촌 답 4두락, 동군 미면 축동 답 2두락, 동군 옥구
면 옥정리 답 3두락, 동군 미면 지곡리 답 2두락 전 3두락, 동군 미
면 나운리 답 3두락, 동군 북면 오룡동 답 4두락, 동군 미면 정성동
답 3두락, 동군 북면 사장리 답 2두락 가사 1동, 동군 옥구면 대암산
전 4두락[21]

이들을 모두 합하면 답 20두락(4000평), 전은 7두락(1400평), 가사
(家舍) 1동인데, 집안 형편이 어려워 17세에 향리가 된 임병찬이 31세
에 이만한 전답을 마련했다는 것은 매우 빠른 재산 형성이다. 물론 임
병찬의 재산은 이것만 있었던 것은 아니었다. 임병찬은 이듬해인 32세
(1882) 때 임씨 일가 8명, 처족 2명과 그 식솔들을 거느리고 옥구 상평
리에서 태인군 산내면 영동으로 이사하였다. 「연보」에는 '임오군란이
일어난 것을 보고 세상에서 떨어져 숨어 살려는 뜻'[22]에서 이사하였다
고 되어 있다. 그런데 임병찬은 옥구 상평리에서 살던 집은 제각으로
만들어 친척에게 관리시키고, 자신을 따라온 일가친척들을 위해 태인
에서 새로이 가옥과 논밭을 장만하였는데 기록에는 없지만 이것들을
마련하기 위한 비용도 상당하였을 것이다. 즉 임병찬은 옥구에서 향리
생활을 시작한 지 15년 만에 상당한 재산을 형성하여 태인 산내면으로
이사하였다.

19세기 중반에는 "삼정의 운영은 오로지 향리의 손에 달려있다"[23]
라고 하듯이 조세 행정은 향리들이 전담하고 있었다. 그 과정에서 향리

---

21 『遯軒遺稿』 7, 年譜, 辛巳 18년(公 31세).

22 위 책, 年譜, 壬午 19년.

23 『日省錄』, 고종 4년 4월 21일. 「公忠道暗行御史 洪澈周 進書啓別單」, "三政之舞弄 專
在吏手"

들은 부정과 편법으로 막대한 재산을 형성할 수 있었다. 특히 전라도에서는 홍선대원군 이하응이 "우리나라에 세 가지 큰 폐단이 있는데, 충청지방의 사대부와 평안지방의 기생과 전라지방의 향리이다"[24]라고 할 만큼 향리들의 작폐로 유명하였다. 이러한 전라도 향리들의 관행 속에서 임병찬은 특히 글과 계산[25]에 밝아 많은 재산을 모을 수 있었던 것으로 보인다. 그런데 임병찬은 이후 빈민 구호 사업과 항일 구국 운동에 전 재산을 내놓았다.

임병찬이 38세가 되던 해인 1888년(고종 25) 호남에는 큰 흉년이 들어 아사자가 속출하였다. 이때 전라감영의 호방이었던 임병찬은 돈 1,000냥을 전라도 진휼청에 기부하였다.[26] 그리고 다시 돈 3,000냥과 쌀 70석을 내어 가난한 사람들을 도왔다. 이 당시 군인들의 월급이 9냥쯤 한다고 하니,[27] 대략 10냥을 오늘날 100만원이라고 친다면, 1000냥은 1억 쯤 되는 돈이다. 즉 임병찬은 38세 때 일시에 오늘날 4억 정도되는 돈을 빈민 구제에 기부한 것이다. 또 흉년임에도 불구하고 각 읍에서 전세와 대동세 징수를 현물로 받아들이자 쌀값이 일시에 폭등하여 1석(石)이 70여 냥까지 뛰었다. 이에 임병찬은 전라감사 이헌직에게 세금을 현물로 받지 말고 돈으로 받되 매 석당 25냥으로 정하여 징수하

---

24 황현 씀, 김종익 옮김, 『번역 오하기문』(역사비평사, 1994), 64쪽.

25 『遯軒遺稿』7, 年譜, 戊辰 5년(公 18세). "氣宇軒昻 文算優越 言語執中 故道伯·縣監異之"

26 『遯軒遺稿』年譜에는 전라감영의 호방이 되었다는 기록은 없다. 단지 1886년(36세)에 本道 大同營吏가 되었다는 기록만 있다. 1888년에 전라감영의 호방이 되었다는 것은 『騎驢隨筆』의 '時 公方在完營戶房'이라는 기록을 참고하였다.

27 오영섭, 『고종황제와 한말의병』(선인, 2007), 51쪽. "경무청 입직병정의 삭료가 1인당 9냥이었다."

자고 건의하였다. 이렇게 되자 전 도민들이 안도하였다고 한다. 이러한 공으로 그는 이듬해(1889) 정월 거문도 설진별감(設鎭別監)이 되었고, 2월에는 '절충장군 첨지중추부사 겸 오위장'이라는 벼슬과 3대를 추증한다는 교지를 받았다. 이에 따라 작고한 임병찬의 아버지 임용래는 호조참판의 벼슬을 받았다. 그 후 7월에 '낙안군수 겸 순천진관 병마동첨절제사'를 제수 받고, 8월에 임기 1년의 낙안군수에 부임하였다.[28] 임병찬이 낙안군수를 역임하였기 때문에 임병찬을 흔히 '임낙안(林樂安)'이라고도 칭했다.[29] 임병찬은 전라 감영의 창고에 화재가 발생하여 도내 53군의 수세 문서가 모두 불에 탔을 때, 필생(筆生) 10명을 불러 모아 자신의 암송을 받아쓰게 하여 수세 문서를 완벽하게 복원할 만큼 전라도 재정 상황에 통달하였다. 이와 같이 전라도 재정 상황에 밝은 임병찬은 낙안군수로 재임하는 동안에 낙안의 재정 적자와 밀린 세금 문제도 완전히 해결하였다.[30]

임병찬은 낙안군수가 됨으로써 향리 신분에서 양반 신분으로 올라갈 수 있었다. 또 1892년에는 장남 임응철이 문과 전시에 급제하기도 하였다. 이에 임병찬은 1893년에 태인군 산내면 영동에서 회문산 북쪽 자락에 있는 종송리(種松里)로 이주하여 성리학 공부에 전념하였다.

---

28 임병찬이 낙안군수에 임명된 것을 『遜軒遺稿』에서는 年譜, 己丑 26년 5월에 "以補賑事 監司 啓 褒"라 하여, 진휼 시 임병찬의 기부 활동을 관찰사가 上啓하여 그 포상으로 주어진 것으로 설명하고 있다. 黃玹도 『梅泉野錄』에서 "炳瓚者 郡吏也 乙酉·丙戌納貨 爲樂安郡守"라고 하여 재물을 납부하여 낙안군수가 되었다고 설명하고 있다.

29 申龍鎭, 「崔勉庵與林樂安炳瓚 起義事實」, 『韓末忠義錄』 1.

30 『騎驢隨筆』, 林炳瓚. "樂邑 自甲申以來 邑逋有六萬七千餘兩 米五千八百有餘石 木四同有餘疋 庚寅 三月 公盡淸算', '初公莅樂安不一年 刷邑逋數十餘萬金 而民無濫徵 村不見 吏 樂邑大治"

1894년 동학농민혁명이 일어나자 임병찬은 자제들에게 '검소하게 지낼 것'을 요구하고, 전주에 있는 무남영(武南營) 우령관(右領官)에 제수되었으나 나아가지 않았다. 그리고 그해 6월 동학의 홍수 속에서 유학이 장차 사라질 것을 우려하여 아들 임응철 등으로 하여금 함열의 영소전(靈昭殿)에 있는 공자의 영정을 모사해오게 하여, 종송리에 새로이 영소전을 건립하고 이를 모셨다. 그리고 동학 농민군들이 몰려와 해를 끼치면 영소전 묘정에서 함께 죽자고 다짐하였다.[31]

동학농민혁명 기간 동안 농민군들이 오랫동안 향리 생활을 하고 군수까지 지낸 임병찬 집안에 해를 끼치지 않은 것으로 보아 임병찬에 대한 농민군들의 평판이 그리 나쁘지 않았던 것으로 보인다. 그런데 임병찬은 농민군 지도자 김개남을 유인하여 관군에 넘겨주는 일에 적극 나섰다. 김개남은 1894년 9월 제2차 농민전쟁을 주도하여, 11월 청주성을 공격했으나 일본군의 화력에 밀려 패하고 말았다. 이에 남쪽으로 후퇴하던 김개남은 관군과 일본군의 추격을 피해 고향인 태인 장금리에 있는 매부 서영기 집에 숨어들게 되었다. 이를 눈치 챈 임병찬은 김종섭을 시켜 김개남을 송두용 집으로 유인하도록 하였다. 종송리는 회문산 자락에 있어 장금리보다 험하고 높아 더욱 안전하니 이곳에 와 있으라고 유인했다 한다.[32] 이와 같이 임병찬은 김개남을 종송리로 유인해 놓고 김송현 등으로 하여금 전라도 위무사 이도재에게 고발하게 하였다. 12월 1일 위무사 이도재는 강화 군인들을 동원하여 김개남을 체포

31 『遯軒遺稿』7, 年譜, 甲午 31년(公 44세) 6월. "建靈昭殿 奉安孔夫子影幀 ○ … 見今 擧世滔滔 斯道將泯 願得同志幾人 模寫聖像 侍奉講學 若彼徒來害 則同死於廟庭 不亦 可乎"

32 정읍문화원, 『정읍의병사』(2006), 164~165쪽.

하고, 12월 3일 임의로 처형하였다.[33]

오늘날 임병찬은 정당하지 못한 방법으로 김개남을 유인하여 죽게 했다하여 많은 비난을 받고 있다. 동학농민혁명은 봉건사회질서를 타파하고 외세의 침략을 물리치기 위해 일어난 우리 역사상 최대 규모의 민중항쟁으로 평가받고 있다. 반외세 자주독립과 반봉건 민주화를 지향한 혁명 이념은 우리 역사가 나아가야 할 올바른 방향을 제시한 것이기도 하다. 이 혁명의 실패로 우리 민족은 더 이상 일제의 침략에 맞설 민중적 힘을 잃고 식민지로 전락해갔다. 따라서 동학농민혁명의 지도자 김개남을 속임수로 유인하여 체포·처형하게 한 것은 임병찬 생애의 큰 오점이라 할 수 있다. 그런데 임병찬은 향리로 재산을 모으고, 군수·양반이 된 사람으로서 고종이 다스리는 현 국가 질서를 수호하는 것이야말로 무엇보다 중요한 일로 여겼을 것으로 보인다. 그의 보수적 근왕 사상에서 볼 때 김개남·전봉준 등의 '동학'은

> 무리를 불러 모아 살인 방화하고, 참람하게 국가의 제도를 행하
> 고, 마을을 위협하고 성을 공격하여 관리를 죽이고, 거짓 명령을 내
> 려 세금을 거두고, 궁전에 불을 지르고 문묘(文廟)를 부수어 기강이
> 무너지고 풍교(風敎)를 업신여김이 이보다 심한 적이 없다.[34]

라고 하듯이 지탄의 대상일 뿐이었다. 동학혁명의 지향점을 보지 못

---

33 『遯軒遺稿』7, 年譜, 甲午 31년. "十二月一日 擒匪魁金開男 出付沁營哨官 朴勝奎 ○ 避東擾 而來從者多 公使金璁爕 誘引金開男 拘留於宋斗鏞家 命金松鉉·林炳昱·宋道鏞 往迎官軍 三人持公名銜 到恩津界 適全羅道慰撫使 李公道宰 奉命率沁營兵而來 通刺告由"

34 『遯軒遺稿』2, 弓峴洞約契序.

하고 말단의 행태만을 주목한 것이다. 이에 그는 수단과 방법을 가리지 않고 농민군을 소탕해야 한다고 생각한 듯하다. 김개남을 유인하여 체포하게 한 후 그는 '한 두목을 죽여 만 사람의 목숨을 살렸다.[殺一巨魁活萬生靈]'[35]라고 자평하였다. 그런데 김개남을 체포·처형하게 한 일은 최익현을 비롯한 유림들의 칭찬을 받게 되지만,[36] 임병찬 본인은 그렇게 떳떳하게 생각하지는 않았던 것으로 보인다. 1895년 1월 국가에서는 김개남을 체포한 공으로 그에게 임실군수를 제수하였지만 나아가지 않고, 또 쌀 20석을 보냈지만 받지 않았다. 그는 김개남을 고발한 것은 공명(功名) 때문이 아니라, '민국(民國)'을 위한 것이라며 관직과 쌀의 접수를 거부하였다.[37]

그런데 1897년(광무 1년) 2월 임병찬은 태인에 사는 승지 김창석의 고발로 전라감영의 감옥에 갇히게 된다. 『독립신문』에 실린 임병찬에 대한 혐의 내용은 다음과 같다.

전라북도 관찰스 윤창섭씨가 군부에 보고ᄒ기를 태인군 산안면 종송리 등디에 무뢰비가 계를 셜ᄒ고 당을 모하 활쏘기를 익히며 총 놋키를 시험ᄒ야 매양 상을 베플고 포슈를 불너 모히며 총과 창과 화약을 가만히 샤슈 집에다 감쵸아 졍형이 파쳑ᄒ다ᄂ 젼셜이 랑자ᄒ기에 별노히 젼 영교 최학민이를 식혀 졍탐 흔즉 그 괴슈ᄂ 곳 년젼에 락안 군슈 지낸 림시즁과 …(중략)… ᄀ쟝 그 즁에 병쟝

35 위와 같음.

36 崔濟學, 「勉庵先生 倡義顚末」, 『獨立運動史資料集』 2집(독립운동사편찬위원회, 1971), 729쪽. "高石鎭告曰 泰仁人林炳瓚 曾於甲午 有討匪功 忠義可仗 此人可與共議也 先生 則遣門人崔濟學 致書諭意"

37 『遯軒遺稿』 7, 年譜, 乙未 32년(公 45세). "日者 所行 非要功名 只爲民國而已"

긔를 쓰어 둔거시 더욱 극히 놀나운 지라[38]

「연보」에는 나와 있지 않지만, 위 『독립신문』의 기사 내용을 통하여
볼 때 임병찬(위 『독립신문』에는 림시즁이라 기록되어있음)은 당시 종
성리[39]에서 사병을 모집하여 조련하고, 무기를 장만하였던 것으로 보
인다. 그는 1895년 10월에 명성황후가 시해되었다는 소식을 듣자 동민
들을 불러 모아놓고 "모두 원수 갚을 방법을 생각하라"라는 지시를 내
렸다한다.[40] 의병 봉기를 염두에 둔 발언이다. 이후 그는 1896년 전남
장성과 나주에서 의병이 봉기하였다는 소식을 들었을 것이다. 나주 의
병은 일본의 구축, 개화정책의 반대, 제도의 복구 그리고 국왕의 환궁
등을 표방하였다.[41] 즉 이들은 반개화·반외세를 내세운 근왕 의병이었
다. 이러한 근왕 의병의 봉기를 목도하면서 임병찬도 거병 준비를 하다
가 김창석의 고발로 투옥된 것으로 보인다.

이후 임병찬은 1898년 군부대신 심상훈의 추천으로 균전위원에 임
명되어, 전주·옥구·임피·김제·부안·태인·금구 등 9읍의 균전(均田)을 관
리하였다.[42] 고종 황제의 이종사촌이자 최측근인 심상훈이 왕실과 관
련된 토지인 균전을 관리하는 임무를 맡아달라고 했기 때문에 임병찬
이 이를 거절하기는 어려웠을 것이다. 균전 문제는 전라북도 북쪽 연해

---

38 『독립신문』, 1897년 5월 20일자 「외방 통신」.

39 김개남 체포 이후 種松里는 朝廷으로부터 宗聖里(성인을 숭상하는 마을)라는 칭호를
받아 개명됨.

40 『遯軒遺稿』 7, 年譜, 乙未 32년(公 45세) 10월. "聞明成皇后凶音 率洞民 望哭於家後山
諭洞民曰 … 汝等皆思報讐之策"

41 홍영기, 「제1장 제1절 나주의병」, 『대한제국기 호남의병 연구』(일조각, 2004), 151쪽.

42 『遯軒遺稿』 7, 年譜, 戊戌 2년(公 48세).

지방에서 있었던 특수한 일이었다.[43] 균전은 1891년 말 왕실이 자연재해 등으로 농사를 짓지 않아 버려진 땅에 자금을 대어 개간한 뒤, 균전이라 명명하고 균전양안에 수록하여 왕실 소유지로 간주한 땅이다. 그런데 균전에는 원 소유자가 있는 땅이 많았고, 또 균전이 되면 토지세는 탕감되고, 소작료도 극히 적다고 선전하자 이 지역 농민들이 자진하여 자기 소유의 토지를 균전에 편입시키기도 하였다. 그런데 1898년 가을 임병찬이 균사관(균전위원)으로 와서 균전은 왕실 소유지이므로 규정대로 징세하겠다고 하고, 이를 관찰사 이완용이 더욱 독려하자 징세에 반발하는 농민항쟁이 대대적으로 전개되었다.[44] 농민조직인 영학당은 이들 균전 농민들과 연계하여 조직적인 무장 항쟁을 전개하고, 전라도 일원을 점령하고 서울로 진격할 계획을 세우기도 하였다.[45] 이 사건을 통해 임병찬은 농민보다 왕실의 이익을 우선시하였음을 알 수 있다. 물론 임병찬은 1903년에 자신이 소유한 노비문서를 모두 불사르고 노

---

43 균전 문제에 대해서는 金容燮, 「高宗朝 王室의 均田收賭問題」, 『增補版 韓國近代農業史研究[下]』(一潮閣, 1984) 참고.

44 『皇城新聞』, 1899년 03월 27일(양력), 雜報. "(전략) 戊戌秋에 前營吏 林丙瓚이가 均査官으로 下來하야 稱以軍部命意하고 傳布民間하야 曰 均田創設之初에 國家에서 十八萬兩을 劃下하야 陳畓을 起耕케 하고 每年에 四千結式 蕩減하얏다 하는 되 民等은 一分一束을 初無蒙恩이오 到今하야 此畓이 宮案에 屬하엿다 하고 收稅코져 하니 七郡民 萬餘名이 客臕에 民等 四五人으로 하야곰 內部에 來訴한즉 軍部로 往訴하라 하고 軍部에 訴한즉 宮內府에 往訴하라 하고 宮內府에 訴한즉 尙不指令쌴더러 此日 彼日하고 訴狀을 留置不給하는지라 今聞한즉 觀察使 李完用氏가 多發巡檢하야 均田稅를 星火督捧흠의 民不堪吏暴하야 屢千名式 數三處에 屯聚하얏더니 該府鎭衛隊로서 發兵欲屠흠의 民等이 呼天痛哭에 奔訴無處하와도 政府에서는 民生을 視若草芥하시니 民等이 不勝至冤하와 冒死伏告하오니 前後情實을 天陛에 奏達하심을 泣視이라 하얏더라"

45 김도형, 「농민항쟁과 의병전쟁」, 『한국사12 - 근대민족의 형성[2]』(한길사, 1995), 200쪽.

비들을 속량시킨 다음 이들에게 토지를 떼어줄 만큼 농민에게 인정이 있는 사람이었다.[46] 그런데 그는 농민과 왕실이 대립할 때는 언제든지 왕실 편에 서는 근왕주의 사상이 투철한 인물이었다.

3. 1906년 태인의병 봉기

1904년 1월 1일 새벽에 임병찬은 가묘에 나아가 차례를 지내고 날이 밝을 무렵 영소전에 분향한 다음, 자손을 불러모아놓고 의병 봉기의 뜻을 밝혔다. 지난해 섣달그믐에 임실군수로부터 일본군 5만 명이 영남 지방에서 올라오고 있다는 글을 받았고, 전주군수로부터 이들이 쌀 1만 석과 장작 6천 부(負) 등을 요구하고 있다는 글을 받았는데, 이것은 러·일간에 전쟁이 일어날 징조라고 하면서 전쟁이 일어나면 고종 황제의 안부가 걱정되니 고종 황제를 호위할 근왕 의병을 일으키겠다는 것이다. 이후 그는 사람들에게 열흘 치 식량을 준비하여 의병 봉기에 대비하라는 통문을 작성하여 각처에 보냈다.[47] 그런데 1월 11일 주사 은송열(殷松悅)로부터 '따르는 사람이 별로 없을 것[孤掌難鳴之嘆]'이라는 답장을 받았고, 군수 손병호에게는 국왕의 승낙 없이 함부로 군사를 일으키는 것은 곤란하다는 답장을 받았다.[48]

---

46 『遯軒遺稿』 7, 年譜, 癸卯 7년(公 53세). "大小家婢僕 燒券屬良 隨其眷口 分給土地 使之耕食"

47 『遯軒遺稿』 2, 文, 敬通各府各郡校中文 甲辰.

48 『遯軒遺稿』 6, 日記, 倡義日記, 甲辰 정월 11일. "知郡孫秉浩 答書曰 … 事繫重大 如無天聽 實難自裁"

사실 조선왕조 500년 동안 국왕의 승낙 없이 군사를 일으키는 것은 철저한 금기사항이었다. 태종 때 국가의 허락 없이 사사로이 군사를 소집하는 자는 모두 모역으로 간주한다는 법이 반포된 이후,[49] 어떠한 경우라도 국왕의 허락 없이 군사를 일으켜서는 안 된다는 관념이 조선 사회에 깊숙이 뿌리내렸다. 기축옥사 때 정여립이 처형된 것도 여러 가지 정치적 이유가 있었겠지만 국가의 허락 없이 대동계를 조직하여 사람들을 모집하고 군사훈련을 시킨 점이 빌미가 되었다.[50] 임진왜란 당시 곽재우가 의병을 일으키자 합천군수 전현룡이 그를 역적으로 보고하고 체포하려한 일이나,[51] 청양현감 임순이 호서의병장 조헌을 도우려 하자 순찰사 윤국형이 그를 체포한 일,[52] 심수경이 충청도 유생들의 의병장 추대를 거절하면서, "조정의 명령 없이 기병하는 것은 사리와 체통이 편치 못하다"[53]라고 한 것 모두 국왕의 허락 없이는 나라를 구하려는 의병도 일으킬 수 없다는 생각에서 나온 말들이다. 이에 임진왜란 당시 의병들은 국왕이나 세자 광해군의 승인과 독려 속에서 일어날 수 있었다. 따라서 박은식이 『한국독립운동지혈사』에서 의병은 "조정의 징발을 기다리지 않는다"라고 말한 것은 정확한 표현은 아니다.[54] 의병

---

49 『太宗實錄』22, 太宗 11년 11월 癸未. '無兵曹·義興府明文 私聚軍士者 皆以謀逆論'

50 대동계는 기축옥사 때 정여립의 역모를 입증하는 근거로 이용되었다.(신정일, 『지워진 이름 정여립 – '조선조의 광주사태', 기축옥사의 재조명』(가람기획, 2000), 104쪽.

51 『宣祖實錄』27, 宣祖 25년 6월 丙辰 ; 『鶴峯集』3, 申救郭再祐狀.

52 『宣祖修正實錄』26, 宣祖 25년 8월 戊子. "靑陽縣監任純以兵百餘人助憲, 國馨以爲, 違其節度, 囚繫治罪"

53 『瑣尾錄』2, 雜錄, 右建義大將沈相爲義兵都體察使. "無朝廷命令 而遽應儒士等之請 擧義起兵 事體未便"

54 朴殷植, 『韓國獨立運動之血史』. "義兵者 民軍也 國家有急 直以義起 不待朝令之徵發 而從軍敵愾者也"

은 일단 조정의 승인을 받아야 했다.

임병찬은 근왕 의병을 일으키고 싶어도 미리 고종의 승낙, 즉 밀지를 얻어야 했다.[55] 이에 그는 평소 알고 지내던 민씨척족 세력의 핵심인물인 민영소(閔泳韶)에게 국왕의 밀지를 요청하는 글을 보냈다. 지금 일본군이 대대적으로 쳐들어와 소와 식량, 땔감 등을 요구하고, 민가를 마음대로 점거하고, 전보와 통신도 모두 끊어놓으니 분통함을 이길 수 없어 의병을 일으키려하는데 고종의 허락을 받아야 하니 조칙(詔勅)을 얻어달라는 것이다.[56] 그러나 이에 대한 민영소의 대답은 싸늘하였다. 절대로 '망동(妄動)'하지 말라는 것이다.[57] 민영소는 1910년 국권 피탈 후 일제로부터 자작의 작위를 받은 친일적인 인물이었다. 그런 인물에게 의병 봉기를 위한 황제의 밀지를 부탁하였으니 부정적인 대답을 들은 것은 당연하였다. 즉 임병찬은 줄을 잘못 댄 것이다.

근왕 의병을 일으키려 했으나 밀지를 얻지 못한 임병찬은 일시 실의에 빠진 듯했다. 고종에 대한 충성심이 그 측근인물에게 처참하게 무시되었기 때문이다. 임병찬은 또 자신의 신분에 대한 한계를 절감하였을 것이다. 그가 명문양반가 출신이라면 이런 대우는 받지 않았을 것이기 때문이다. 이후 임병찬은 1905년(음력) 11월 1일 전주에 있는 최학엽(崔學燁)으로부터 을사조약이 강제로 체결되었다는 것과 을사5적에 관

---

55 오영섭, 『고종황제와 한말의병』(서인, 2007)에서는 한말 의병운동에서 고종 밀지의
    중요성을 강조하였다.

56 『遯軒遺稿』2, 書, 上閔輔國泳韶書. "憂憤所激 敢構通草 而此係上徹然後 可以分撥者
    …詔勅祗受之日 謹當秘不發口"

57 『遯軒遺稿』6, 日記, 倡義日記, 甲辰 2월 11일. "京城磚洞閔輔國泳韶 答書曰 … 切勿妄
    動何如"

한 소식, 그리고 민영환의 순절 소식을 들었다. 그러나 그는 당시 무력감을 느낀 것으로 보인다. 1897년에는 사병을 모집하여 훈련시키고 무기를 만들었다하여 감옥에 갔고, 1904년 1월에는 의병 봉기를 위해 고종의 밀지를 얻으려했으나 망동하지 말라는 대답만 들었다. 이에 그는 을사조약 체결 소식을 듣자 12월 21일 옥구 상평에 있던 어머니의 묘를 태인 종석산 기슭으로 이장하는 면례(緬禮)를 행하였다.[58] 후에 그가 "어머님 묘 아래에 움막을 짓고 살면서 산 아래의 흙을 밟지 않으려 하였다"[59]라고 말한 것으로 보아 이때는 세상과 인연을 끊으려고도 했던 것으로 보인다. 을사조약 당시 임병찬이 보인 이런 행동을 가지고 그를 현실 도피, 은둔의 자세를 가졌다고 비난하기도 하지만,[60] 그는 절대 현실 도피자가 아니었다. 을사조약 체결 당시의 일시적인 무력감을 이렇게 표현했을 뿐이었다.

1906년 1월 1일 아침, 임병찬은 고종 황제가 있는 대궐을 향하여 절을 한 다음 봉장소(封章疏)를 작성하였다. 여기서 그는 천하에 망하지 않은 나라가 없는데, 나라가 망할 때 천하에 대의를 펼치고자하는 자는 성패를 따지지 않는다고 하면서, 지금 폐하가 조칙을 내리고 싶어도 내릴 수 없을 처지이니 자신이 직접 왜경(倭京)에 가서 그들을 인의와 도리로서 깨우치고 여의치 않으면 그곳에서 목숨을 끊겠노라고 썼다.[61] 의병을 일으키지 못할 바에야 일왕의 뜰에 가서 죽음으로써 대의를 떨

---

58 『새전북신문』, 2013년 6월 3일자 기사에 의하면 최근 임병찬의 어머니(송악 왕씨) 묘소가 정읍시 산내면 종석산(능교리 산355번지)에서 발견되었다 한다.

59 『遯軒遺稿』3, 問答記, 京城日本司令部內問答(丙午).

60 李相燦, 앞의 논문(1990), 817쪽.

61 『遯軒遺稿』2, 書, 疏. "封章疏"

치겠다는 것이다. 그러던 차에 1월 19일 면암 최익현의 제자 최제학이 의병을 함께 일으킬 것을 권유하는 최익현의 편지를 가져왔다. 최익현은 을사조약 직후 별입시(別入侍) 민경식 등에게서 고종의 밀지를 받았다.[62] 최익현이 받은 1905년 11월 22일자 '조령밀지'는 그를 '도체찰사'로 삼아 7도 의병군의 통솔을 명한 것이었다.[63] 고종의 밀지를 받은 최익현은 의병을 일으킬 계획을 세우고 판서 이용원·김학진, 면우 곽종석, 간재 전우 등에게 함께 의병을 일으킬 것을 권유했으나 모두 응하지 않았다. 이에 최익현이 낙담하자 제자 고석진이 갑오년에 동학도를 토벌한 공이 있는 임병찬과 함께 의병을 일으키자고 권했다.[64] 이렇게 하여 최제학이 임병찬에게 최익현의 편지를 가지고 오게 되었다. 최제학이 최익현의 편지를 가지고 왔을 때 밀지의 사본도 함께 가져왔다.[65] 이후 임병찬은 밀지 사본을 항상 옷소매에 간직하고 다녔다. 그리고 2월 그믐 최익현은 종성리에 있는 임병찬의 집에 찾아왔다. 이때 74세의 최익현과 56세의 임병찬은 처음 만나 사제의 예를 행하고, 최익현은 임병찬에게 의병에 관한 모든 일을 부탁하였다.

최익현은 임병찬에게 의병을 일으켜 곧장 운봉을 진격하여 영·호남의 세력을 규합하면 효과적인 반일투쟁이 될 것이라는 의견을 피력하

---

62 오영섭, 「제3장 후기의병운동에 미친 고종세력의 역할」, 앞의 책, 193쪽.

63 吳駿善, 「沈南一實記」, 『獨立運動史資料集』 2, 588쪽·927쪽. "朝令密詔"

64 崔濟學, 「勉庵先生 倡義顚末」, 『獨立運動史資料集』 2, 56～57쪽·729쪽. "於是 遂決擧義之策 致書于李判書容元 金判書鶴鎭 李觀察道宰 李參判聖烈 李參判南珪 郭俛宇鍾錫 田艮齋愚 勗以同赴國難 而皆不相應 先生歎曰 無可與計事者"

65 『遯軒遺稿』 3, 問答記, 京城日本司令部內問答(丙午). "曰 密勅 何時奉來 而正本在於何處也 曰 此非吾之所奉來者也 曰 然則 胡爲袖藏也 曰 今年三月 過客來傳 故謄而袖之也 曰崔老箱笥 亦有此本 何故也 曰 吾之所謄呈者也" 여기에서 임병찬은 밀지를 과객에게서 받았다고 했으나 이것은 최익현을 보호하기 위한 거짓으로 짐작된다.

였다. 즉 그는 의병연합전선을 구축하여 일제의 군사력에 대응하려는 의도를 가지고 있었다. 이에 대해 임병찬은 전주를 장악하여 의병을 모은 후 지리산으로 들어가 장기항전[進攻退守之計]을 모색하자고 조언하였다.[66] 의병 연합전선을 구축할 수 있다면 최익현의 의견이 효과적이겠지만, 이것은 기대하기 힘든 일이었다. 평소 최익현의 명성에 기대어 그와 가까이하면서 큰소리치던 자들도 실제로 최익현이 의병을 일으키겠다고 하자 모두 도망가 버렸다.[67] 최익현이 곡성의 대지주이자 부호로서 평소 자신과 교유했던 정일택에게 찾아가 의병과 군자금 모집의 협조를 구하자 정일택은 자리를 피했다. 그리고 최익현의 제자이기도 했던 그의 아들 정규태는 "선생님(면암)도 참 … 지금 시대가 어느 때인데"라고 하며 협조하지 않았다고 한다.[68] 평소 최익현과 학문적으로 교류하고 사제 관계를 맺으며 명성을 누리던 인물들은 정작 대의를 위해 나서야 할 때는 모두 외면하는 상황에서 의병연합전선은 무망한 일이었다.

그런데 전남에서 의병 봉기를 계획 중인 송사 기우만이 2월 3일 임병찬의 집에 찾아와 의병 연합 문제에 관해 논의한 적이 있었다.[69] 윤4월 8일 전남 담양의 추월산에 소재한 용추사에서 최익현과 기우만 등이 만나 격문을 만들어 반포하기까지 하였다.[70] 그럼에도 불구하고 기우

---

66 『遯軒遺稿』 2, 書, 答勉庵先生書(丙午 2월 초9일); 6, 日記, 倡義日記; 7, 年譜, 丙午 10
  년(公 56세), 2월 9일.

67 崔濟學, 「勉庵先生 倡義顚末」, 앞의 책, 731쪽. "(四月) 二十二日 己未 … 平日好爲大言
  者 亦皆畏避"

68 洪性讚, 「韓末 - 日帝下의 社會變動과 鄕吏層」, 『韓國近代移行期中人硏究』(신서원, 1999),
  489쪽. 석곡면 연반리의 丁宗杓씨 증언.

69 『遯軒遺稿』 7, 年譜, 丙午 10년(公 56세), 2월 3일.

만과의 의병 연합은 끝내 이루어지지 않았다. 『매천야록』에서는 기우만이 최익현의 휘하로 들어가기를 원하지 않았기 때문이라고 쓰고 있다.[71] 보성 출신의 유생 의병장 이백래의 의병 활동을 기록한 『임전일록』에는 향리 출신의 임병찬과 다른 유생들과의 알력으로 의병의 연대가 이루어지지 못하였다고 기록되어 있다.[72] 기우만 문인들 가운데에는 기우만이 최익현 의병은 실제로는 임병찬이 주도하는 것이었기 때문에 참여하지 않았다는 말이 전해지고 있다.[73] 즉 노사 기정진의 손자로서 명문가 출신인 기우만은 향리 출신인 임병찬과 함께 의병을 일으킬 수 없다고 하여 빠진 것으로 보인다. 이후 기우만은 다시는 의병을 일으키지 못했다.

임병찬은 최익현에게 연합 의병이 어려운 상황에서 단독으로 의병을 일으키기에는 재정, 병기, 군사 등이 모두 부족한 형편이니 가을까지 거사를 미루자고 건의하였다. 이에 대해 최익현은 눈물을 흘리면서 '그대의 말이 틀린 것은 아니지만, 국사가 나날이 급하고, 또 내 나이도 아침저녁을 기약할 수 없으니 차라리 지난해 변(을사조약)을 당했을 때 자결하였으면 좋았을 것'이라며 한탄을 하자, 임병찬 역시 울면서 "성패를 논하지 않고 거사하여 천하에 대의를 떨치겠습니다."라고 다짐했

---

70 崔濟學, 「勉庵先生 倡義顚末」, 앞의 책, 732쪽.

71 『梅泉野錄』5, 丙午 光武 10년. "盆鉉之起也 ... 又與奇宇萬 會于潭陽山寺 要以共事 宇萬辭之 盖欲自建一幟 不願爲其麾下也"

72 洪淳權, 『韓末 湖南地域 義兵運動史 硏究』(서울대학교출판부, 1994), 90쪽.

73 『遯軒遺稿』권6, 日記, 還國日記, 丁未(1907) 2월 2일. "松沙奇丈 對郭漢一·安守恒而言 勉師南下後 非不欲陪從擧義 而林樂安左之右之 事多駭瞠之端 不可相從 故未得遂志" 『遯軒遺稿』6, 日記, 巨文島日記, 乙卯(1915) 5월 26일. "問 聞諸長興人松沙門人之言 有曰 ... 義擧之務 林樂安主之 勉庵從之 故知其非義 而不從也"

다 한다.[74] 그리고 윤4월 13일 태인의 무성서원에서 창의하기로 최종 결정하였다. 일단 의병 봉기 날짜가 잡히자 임병찬은 거사 준비에 혼신의 노력을 기울였다. 모든 재산을 내어 무기를 만들고 병사를 모집하였다. 한말 의병운동 때 병사들은 일정한 의식의 정향이 없이 자신의 전투능력에 대한 대가만 주면 그 보수에 따라 행동하는 용병적 성격을 드러냈다한다. 물론 유림 의병장의 애국정신에 감화되어 혹은 일제의 침략에 대한 의분심에 따라 의병에 가담하는 경우도 있었지만, 대부분의 병사들은 급료를 받기위한 목적으로 의병에 투신하였다.[75] 임병찬은 반동학군으로 활동한 임실의 김송현, 순창 삼방포수 채영찬, 태인의 포수를 지휘하던 김우섭 등을 통해 포수들을 모집하였다.[76] 그리고 포수들에게 하루에 40전씩(한 달에 12냥)을 급료로 지급하였다.[77] 서울 경무청 군인들의 월급이 9냥쯤 한다고 하니,[78] 그보다 후한 보수였다.

1906년 윤4월 13일(양 6. 4.) 임병찬은 최익현을 모시고, 포수들과 가동(家僮) 100여 인을 데리고 무성서원에 갔다. 이미 거의를 알리는 통문이 사방에 돌려졌으므로 수백 명의 유생들이 무성서원에 모여들었다. 강회를 개최한 자리에서 최익현의 창의 호소에 80여 명의 유생이 지원하였다. 이들을 중심으로 대오를 편성한 최익현은 곧바로 태인향교를 근거지 삼아 무기를 수집하였다. 이로써 호남지역에서 을사조약 이후 최초의 의병이 봉기하였다.[79] 이때 최익현은 일제가 저지른 16가지

---

74 『遯軒遺稿』 7, 年譜, 丙午 10년(公 56세), 4월 15일.

75 오영섭, 「한말 의병운동에 대한 새로운 이해」, 앞의 책, 51쪽.

76 『遯軒遺稿』 6, 日記, 倡義日記, 丙午 윤4월 초3일~초8일.

77 내부 경무국, 『고문경찰소지』, 1910(홍영기, 「제2장 중기의병」, 앞의 책, 177쪽 재인용)

78 오영섭, 「한말 의병운동에 대한 새로운 이해」, 앞의 책, 51쪽.

죄를 열거한 「기일본정부(寄日本政府)」라는 글을 일제 통감부에 보냈다. 그리고 전주를 거쳐 북상하여 서울에 포진한 일본세력과 담판을 벌여 그들을 몰아내는 것을 목표로 하였다. 의병봉기는 전라북도 민들의 적극적인 호응을 받았다.[80] 태인의병은 봉기 후 정읍·내장사·구암사·순창·곡성·옥과 등지를 순회하며 의병 세력의 확산에 힘을 기울였다. 태인의병이 각지를 전전하면서 군사를 모집한 결과 순창에 다시 집결하였을 무렵에는 군세가 900명에 달하였다. 하지만 이들 가운데 반수가 서생이었고, 총을 휴대한 자는 겨우 200여 명에 불과하였다.[81]

최익현을 선두로 태인의병이 호남지방에서 성세를 떨치자, 일제는 즉시 대응조치를 취하였다. 일제는 군부(軍部)를 통하여 광주와 전주, 안동의 진위대까지 동원해서 태인의병을 진압케 하였다. 그리하여 윤4월 20일(양 6. 11.) 광주관찰사 이도재는 의병의 해산을 요구하는 고종의 칙령을 이들에게 전달하였으며, 전주와 남원의 진위대가 급파되었다. 최익현은 처음에 이들을 일제 군경으로 오인하고 즉시 전투태세에 돌입하려 하였다. 그러나 곧 이들이 일제 군경이 아니라 진위대 군인들이라는 사실을 알게 되자 최익현은 "같은 동족끼리 서로 죽이는 것을 어찌 할 수 있겠는가?"라며 의병의 해산을 지시하였다.[82] 고종 황제의 밀지를 가지고 의병을 일으킨 최익현이 고종 황제가 파견한 군인들과 싸울 수는 없었던 것이다. 그러나 해산을 거부하고 남은 사람이 100여

---

79 홍영기, 「제2부 제2장 중기의병」, 앞의 책, 169쪽.

80 鄭喬,『大韓季年史』8, 光武 10년 6월 4일(舊曆 閏4月 13日) "傳檄各郡, 全羅北道士民 聞盆鉉之起義 莫不踴躍爭先 來附者甚衆"

81 『騎驢隨筆』, 林炳瓚. "强半是書生 持兵仗者 不過二百有餘人也"

82 『勉菴遺稿』6, 日記, 倡義日記, 丙午 윤4월 20일.

그림 2 태인의병 창의지
무성서원

명이나 되었다. 전주진위대가 이들을 강제로 해산하는 과정에서 중군장 정시해가 총에 맞아 순국하고, 최후로 12명이 최익현의 곁을 떠나지 않았다. 윤4월 23일 진위대는 최익현을 포함한 13명을 모두 체포하여 전주를 거쳐 서울로 압송하였다. 이때 최익현과 끝까지 자리를 같이한 제자들을 이른바 '12의사'라고 한다. 이들이 모두 체포됨으로써 마침내 태인의병은 해산되고 말았다.[83]

체포된 임병찬은 경성 일본군 헌병사령부에 끌려가 옷소매에 가지고 있던 밀지와 최익현이 상자에 넣어 가지고 다니던 밀지와 관련하여 집요한 추궁을 받았다. 임병찬은 이에 대해 강원도 철원에 사는 과객 김 씨에게 받은 것이고, 이것을 옮겨 써서 최익현에게 주었다고 둘러댔다.[84] 일제는 1906년 6월 25일 최익현에게 대마도 감금 3년, 임병찬에게 감금 2년을 선고하였다. 최익현과 임병찬은 7월 8일(양 8. 27.) 대마도 이즈하라(嚴原)에 있는 일본군 위수영(衛戍營)에 압송되었다.[85] 최익현과 임병찬은 여기에서 일본군의 횡포에 단식으로 저항하기도 하고, 또 먼저 와 있던 홍주의사(洪州義士)와 한시를 주고받기도 하였다.[86] 그러다가 최익현이 심한 옥고 속에서 병세가 중하게 되자, 임병찬은 위수영 소대장에게 최익현의 형기 3년을 자신의 형기에 더하고 선생님은 석방시켜달라고 탄원하였으나 거부되었다.[87] 임병찬의 극진한 간호에

---

83 태인의병의 경위에 대해서는 申圭秀, 앞의 논문(1987) ; 홍영기, 「제2부 제2장 중기의병」, 앞의 책 등이 자세하다.

84 『勉菴遺稿』3, 問答記, 京城日本司令部內問答(丙午).

85 최익현과 임병찬이 대마도에서 있었던 일은 임병찬의 「對馬島日記」에 자세하다.

86 이병찬·박우훈, 「대마도일기 수창시 연구 — 최익현·임병찬·홍주의사 구인의 수창시를 중심으로—」, 『語文研究』44(2004)

87 『勉菴遺稿』6, 日記, 對馬島日記, 丙午 9월 8일. "願以先生之三年監禁 代加於吾之二年

도 불구하고 최익현은 1906년 11월 17일(양 1907. 1. 1.) 대마도 감옥에서 순국하였다. 그 후 임병찬은 1907년 1월 14일 한국 황태자 가례 기념으로 형기가 감면되어 석방되었다.

4. 1914년 대한독립의군부 결성

1907년 대마도 감옥에서 석방되어 돌아온 임병찬은 항일운동의 방향을 종래의 의병항쟁에서 '이문제무(以文制武)'의 형태로 전환하게 된다. 일제의 막강한 군사력에 대항하여 우리가 똑같이 무력으로 대항하면 백전백패이니, 우리는 지혜로써 일제를 물리쳐야 한다고 생각한 것이다.[88] 부드러운 것이 단단한 것을 이기고(柔能制剛), 약한 것이 강한 것을 이긴다(弱能制强)는 신념하에 독립운동을 해야 한다고 생각하였다. 이에 따라 그는 국채보상운동에 참여하기도 하고, 의병항쟁에 나서겠다는 사람들을 만류하였으며, 대한독립의군부를 결성하여 적극적으로 '이문제무(以文制武)' 운동에 나서게 된다.

1907년 1월 19일 임병찬은 부산항으로 귀국하여, 가장 먼저 부산 상무회의소에 들렀다. 최익현의 관을 운구하는 과정에서 부산 상무회의소 회원들의 노고가 각별했기 때문이다. 최익현의 관이 부산에 도착했을 때, 상무회의소 사원 1천여 명이 상여를 갖추고 큰 글씨로 '춘추대의

監禁"

88 『遯軒遺稿』 4, 管見, 制勝. "今彼有百戰之卒과 至精之器하고 我有不練之卒而了無寸鐵하니 若戰決勝負則雖管葛이 復生이라도 百戰百敗니 … 以柔弱으로 能制强剛者난 惟智仁也라"

일월고충(春秋大義 日月孤忠)'이란 글자를 비단에 써서 간대에 걸고 나와 영접하였다. 또 부산에서 상여가 나갈 때 상여 멜 인부들을 모두 상무회의소에서 마련하였고 수천 폭의 만사(輓詞)를 군인들을 시켜 들게 하였다.[89] 이에 대해 임병찬은 감사의 뜻을 전했다. 그런데 이 자리에서 상무회의소 회원 김영규로부터 국채보상운동에 관한 설명을 들었다. 일본에 진 나라 빚이 1,360만원이나 되는데, 이를 갚지 못하면 나라를 빼앗길 터이니 단연(斷煙) 운동을 하여 그 돈으로 국채를 갚자는 것이다. 이에 대해 임병찬은 "말이 선(善)하면 천리 밖에서도 응한다"는 주역(周易)의 말을 인용하면서 찬동하였다. 특히 그는 "담배가 생각날 때마다 국가의 수치를 생각하면 어찌 좋지 않겠는가?"[90]하면서 동참을 약속하였다. 1월 29일 태인 집으로 돌아온 임병찬은 유관오, 탁정호 등 동지들과 단연동맹을 맺고 통문을 작성하여 각처에 발송하였다.[91] 그리고 2월 9일 전북단연기도회(全北斷煙期圖會)에서 찬성장(贊成長)이라는 간부 직책을 맡아달라고 했을 때, 임병찬은 면암의 유서를 고종에게 바치고 나서 회의에 참석하겠다는 답서를 보냈다.[92]

이와 같이 임병찬은 대마도에서 돌아온 후 국채보상운동과 같은 비폭력운동에 관심을 기울인 반면 의병운동에는 반대하였다. 1907년 12월에 이평해, 김태원, 김봉권, 양인영, 채영찬, 조공삼 등이 찾아와 의병창의를 권유했을 때, 그는

---

89 崔濟學,「返柩日記」,『獨立運動史資料集』2, 앞의 책, 223～227쪽.

90 『遯軒遺稿』6, 日記, 還國日記, 丁未 정월 19일. "吸煙之前 必不忘國恥矣"

91 위 책, 丁未 정월 29일. "本面 劉官五·卓正浩·李允文·趙完斗·秋光亘等 以斷煙同盟之意 發通代述";『遯軒遺稿』2, 文, 代斷煙同盟會通文.

92 『遯軒遺稿』1, 文, 答全北道斷煙期圖會公函(丁未 2월 일)

내가 어찌 삶을 탐하고 어려움을 피하려는 것이겠는가? 무기도
　　없고 돈도 없어 다시(의병을) 일으켜봐야 헛될 뿐이네. 설사 여러분
　　의 말과 같이 부자(饒民)들에게 돈을 받는다하여도 이것은 옳지 않
　　은 일이네. 여러분들이 진실로 의병을 일으킬 뜻이 있으면 군졸을
　　훈련시키고 저들(일제)과 나의 강약(强弱)·이둔(利鈍)을 비교해 본
　　연후에 의병을 일으켜야하네. 그렇지 않으면 헛되이 목숨만 잃고
　　마네.[93]

라고 하면서 거절하였다. 그는 일제와 전력 차가 현격히 나는 상황에서
의병운동은 무리라고 보았다. 1908년 7월 영광군수 부임을 거부하여
천안헌병대에 구속되었을 때,[94] 헌병대장이 '폭도괴수'(의병장)들에 대
하여 물어보면서 "어찌하여 저들과 함께 군사를 일으키지 않았는가?"
라고 묻자, 임병찬은 "뜻이 같지 않아서 함께 하지 않았다. 무기도 없고
군사들이 훈련되지 않아 움직이지 않았다"라고 대답하였다. 이에 헌병
대장이 "무기가 있고 군사들이 훈련되었으면(의병봉기를) 생각하겠는
가?"라고 묻자, 임병찬은 "어찌 생각만 하겠는가? 반드시 온 힘을 다해
싸울 것이다"라고 당당히 대답하였다.[95] 즉 임병찬은 1906년 태인의병
때에는 "성패를 논하지 않고 의병을 일으키겠다."라고 했지만, 1907년
대마도에서 돌아온 후에는 생각이 달라졌다. 일제와 현격하게 전력의
차이가 나는 상황에서 의병봉기는 무리라고 생각한 것이다. 한말 의병

93 『遯軒遺稿』 7, 年譜, 丁未 隆熙 원년(公 57세) 12월.

94 위 책, 戊申 2년(公 58세). "○四月 靈光郡守敍任 三辭不赴 ○七月八日 被俘于天安倭
　　憲兵隊'

95 『遯軒遺稿』 권3, 問答記, 天安日本憲兵隊內問答(戊申 5월) '不啻注意 必當竭力"

전쟁은 1907년부터 1910년까지 최고조로 달했다. 이 기간 동안 사망한 의병들은 조선총독부의 조사만으로도 무려 17,840명에 달하였다.[96] 망해가는 나라를 구하기 위해 민중들은 불타는 애국심에서 맨주먹 하나로 일제에 저항하였고, 일제의 '토벌'에 의해 수많은 사람이 살육되었다. 그러나 임병찬은 이 기간 동안 침묵하였다.

1910년 7월 21일(양력 8월 29일) 한일병합이 되었는데, 임병찬은 8월 4일에야 그 소식을 들었다. 임병찬은 이에 분하여 병이 나서 자리에서 일어나지 못하였다. 친척 임병기(林炳基)가 와서 "나라는 비록 망하였지만 태황제와 황제가 여전히 살아계신데 신하된 자로서 헛되이 죽을 수 있겠습니까?"라고 말하자 임병찬은 이를 옳게 여기고 자리에서 일어났다.[97] 그 후 11월 12일 순창군 일본헌병소장이 와서 일왕 명치(明治)의 은사금을 받으라고 하자, 임병찬은 "나는 일황에게 이런 것을 받을 이유도 없고 일황 또한 이런 것을 나에게 줄 이유도 없다"라고 하면서 냉정히 거절하였다. 일제는 한일병합 직후 지방 유생을 회유하기 위해 은사금을 배분하였는데, 친일 유생을 제외하고 대부분의 유생들은 임병찬과 같이 수령을 거부하였고 일부는 자결로 저항하기도 하였다.[98]

---

96 洪淳權, 『韓末 湖南地域 義兵運動史 研究』(서울대출판부, 1994), 167쪽. <표3 - 7> 참조.

97 『遜軒遺稿』7, 年譜, 庚戌 4년(公 60세) 8월 4일.

98 全知英, 「일제강점기 臨時恩賜金의 분배와 성격에 관한 연구」(강원대 대학원 석사학위논문, 2008)

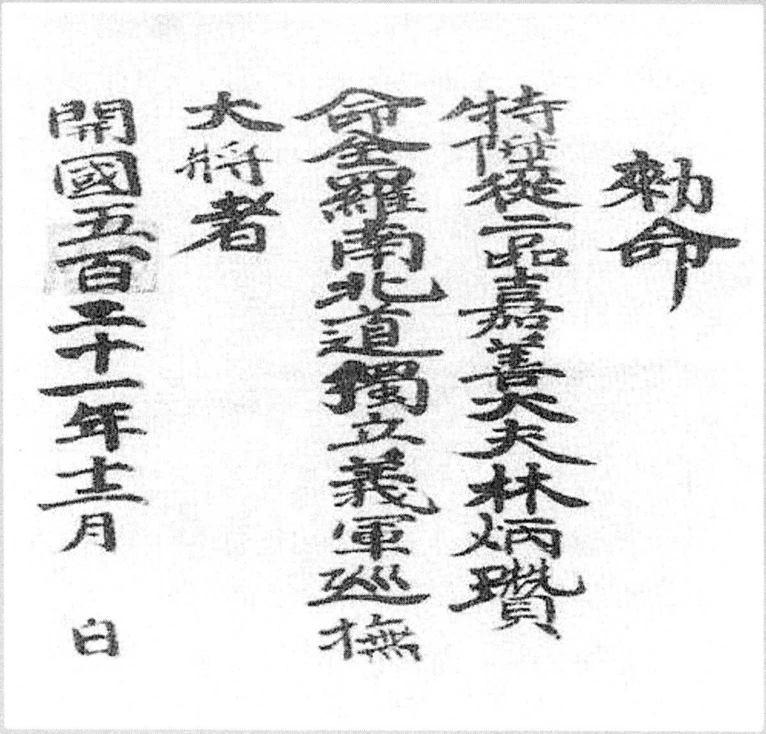

勅命

特陞正二品嘉善大夫林炳瓚

全羅南北道獨立義軍巡撫

大將者

開國五百二十一年十二月　日

그림 3 대한독립의군부
　　　　순무대장 칙명서

1912년 9월 28일 공주 유생 이칙(李侙)이 임병찬을 찾아와 고종의 칙령을 전하였다. 이때 전해진 고종의 칙령은 '종2품 가선대부 임병찬을 독립의군부 전라남도 순무대장'에 임명한다는 칙명과 고종의 처지를 설명하고 충신열사들의 구국활동을 촉구한다는 내용이 적힌 칙령이었다. 이에 대해 임병찬은 10월 3일 자신의 재질이 부족하여 임무를 감당할 수 없다는 상소를 이칙 편에 보냈다. 그러자 1913년 정월 다시 전참판 이인순(李寅順)이 임병찬의 면소(免疏)에 대한 비답(批答)의 밀조(密詔), 칙명 등을 가지고 태인으로 찾아왔다. 밀조와 칙명에는 임병찬을 '전라남북도 독립의군부 순무대장'에 임명하고, 신표로서 상방검(尙方劍) 1자루를 보낸다는 내용 등이 적혀있었다.99 이에 임병찬은 "비록 재주가 없지만 황명이 이와 같이 지중하니 어찌 따르지 않겠습니까?"라 하면서 북쪽으로 절하고 밀조와 칙명을 받았다. 이어서 그는 아들 임응철로 하여금 이참판을 따라 서울로 올라가서 참판 이명익, 김재순, 곽한일, 전용규 등과 대사를 논의하게 하였다. 그리고 그해 11월 임병찬은 독립의군부 거의(擧義) 방략을 담은 「관견(管見)」을 제작하였다.

1914년 3월 24일 임병찬은 직접 서울로 올라가서 '정2품 자헌대부 독립의군부 육군부장 전라남북도 순무대장'에 임명한다는 조명(詔命)을 받았다. 이때 임병찬은 이명익, 이인순 등과 협의하여 독립의군부의 편제를 조직하고 각도 대표를 선정하였다.100 총 대표 27명과 각도와 각 군 대표 302명, 합쳐서 329명에 이르렀다. 그리고 1914년 5월 3일 임병찬은 다시 함경남도 관찰사 겸 순무총장에도 임명되어 독립의군

---

99 『遯軒遺稿』 7, 年譜, 癸丑 4년(公 63세) 정월 10일.

100 대한독립의군부의 조직과 각도 대표에 대해서는 주6)에 기록된 논문 참조.

부의 조직을 북한지방까지 확대하려고 노력하였다. 그러나 같은 달 23일 동지 김창식이 일경(日警)에게 체포되었고 그가 고문을 이기지 못하고 독립의군부의 조직을 자백함으로써 독립의군부의 국권회복운동은 실패로 끝나고 말았다. 많은 간부와 동지들이 일경에게 체포되자 임병찬은 총독에게 단독면회를 신청하였다. 5월 29일 총독을 대리하여 온 경무총감과 면담한 임병찬은 그에게 한일병합의 부당성을 통박하고 국권반환 및 일본군의 철병을 요구하였으며 일본의 한국독립 보장만이 동양평화를 유지할 수 있는 유일한 방법임을 역설하였다. 그리고는 총독과 일본 내각총리대신에게 국권반환요구소를 보냈다. 이에 일경은 임병찬을 체포 구속하고 관계자들을 모두 투옥시켰다. 임병찬은 옥중에서 자살을 기도했으나 뜻을 이루지 못하고 6월 12일 1년 형을 받고 거문도에 유배되었다가, 1916년 5월 23일 66세의 나이로 거문도에서 순국하였다.[101]

임병찬이 1913년 11월에 작성한 「관견」에는 구체적인 독립의군부의 활동 방향과 방법 등을 제시하고 있다. 여기에서 임병찬은 '이문제무(以文制武)' 형식의 독립운동 방략으로서 '장서(長書) 투서'를 주장하고 있다. 즉 독립의군부의 지도부들이 모여 각 군(郡)에서 서울까지의 거리를 계산하여 장서 투서 일자를 선정한 후, 각 도관찰사·도약장, 각 부사·부약장, 각 군수·군약장에게 비밀히 통고하여 한날한시에 전국에서 일제히 국권 반환을 요구하는 투서를 한다는 것이다. 그리고 참모총약장, 참모부약장, 참모약장 등은 각 외국공사에게 장서를 보내어 일제

---

101 申載洪, 앞의 논문(1984), 115쪽.

가 한국의 주권을 유린하고 병합을 강행한데 대한 부당성을 알리고 총독에게는 국권반환요구서를 보내고, 또 도약장은 각 도경무부에, 부약장은 각 부군(府郡)의 군경주재소에 투서하고 국권반환요구 및 철병 요구를 전화로 요구한다는 것이다. 임병찬은 이 운동의 효과를 다음과 같이 예견하였다.

> 일시에 360여 처에서 총독부에 전화가 걸려오면 총독이 비록 머리가 셋이고 팔이 여섯이라도 반드시 놀라고 겁날 것이오, 그 아래 관리들은 자연히 황겁할 것이오, 각 군의 소장은 340군이 같은 날 움직인 것을 듣고 어찌 급해서 명해지지 않을 것이며, 일본에 있는 일본인은 관리, 상인, 농민을 막론하고 모두 놀랄 것이오, 외국 열강도 그를 들으면 놀라서 눈이 휘둥그레질 것이오, 일본 정부와 민당이 들으면 자연히 의론이 분분할 것이오, 우리나라 사람은 비록 나무꾼이라도 움직일 마음이 솟구칠 것이니, 이러한 연후에 따로 수단을 써서 온 나라가 힘을 합치면 부흥의 희망이 생길 것이다.[102]

이러한 독립의군부의 투쟁 방략은 종래 무력에 의존하던 의병 항쟁과는 전혀 다른 방식이었다. 이것은 일제의 무단통치에 맞선 비폭력 저항으로서 1919년 3·1운동의 선구적인 형태인 것이다.

그러나 지금까지 3·1 만세운동은 우리 민족에게 독립의 희망과 자신감을 갖게 하고 국내외에 민족 주체성을 확인시키는 계기가 되었다고 긍정적으로 평가되었으나, 임병찬의 장서투서에 대해서는 부정적인 평가가 많았다. 일찍이 단재 신채호는 「조선혁명선언」(1923)에서 '장

---

102 『遯軒遺稿』 4, 管見, 定算.

서투서'방식의 독립 운동에 대하여

> 공함(公函)이나 열국공관(列國公館)에 던지며 장서(長書)를 일본
> 정부에 보내어 국세(國勢)의 고약(孤弱)을 애소(哀訴)하여 국가존
> 망·민족사활의 대 문제를 외국인 심지어 적국인의 처분으로 결정하
> 기만 기다리었도다.[103]

라고 비판하였다. 또 최근에는 '장서투서'에 대하여 "이것이 대한독
립의군부의 광복투쟁의 방략이라면 이는 지극히 관념적이고 단순한
복권운동일 뿐이다"라고 폄하하였고,[104] 심지어 "장서투서는 양반유생
층의 특권의식, 계급의식, 신분의식의 산물로서 … 장서투쟁의 궁극적
인 목표는 왕조체제의 부활이었고 더 구체적으로는 고종의 복위 운동
이었다. 뿐만 아니라 장서투서는 한날한시에 이루어지면 꽤 시끌벅적
할 것 같아도 효과를 거두려면 신채호가 지적하고 있듯이 적측인 일제
의 배려가 절대적이었다. 따라서 장서투서는 민족해방의 주체세력인
민중과 연합할 수 없는 상태에서 제기된 지배층만의 반일운동이었
다"[105]라는 부정적인 평가가 제기되었다.

그러나 이후에 전개된 역사를 보면, 우리 민족이 해방된 것은 신채호
가 말한 민중직접 폭력혁명에 의한 것도 아니었고, 광복군의 항일독립
전쟁에 의한 것도 아니었다. 8·15 해방은 2차 세계대전에서 연합국이
승리함에 따라 주어진 것이었다. 일제 강점기에 전개된 우리 민족의 줄

---

103 申采浩, 「朝鮮革命宣言」, 『改訂版 丹齋申采浩全集』 下(형설출판사, 1995), 39쪽.
104 姜吉遠, 앞의 논문(2005), 59쪽.
105 李相燦, 앞의 논문(1990), 824쪽.

기찬 독립운동이 국내외에 널리 알려짐에 따라 국제적으로 우리 민족의 독립국가 수립은 당연한 것으로 여겨졌고, 연합국은 카이로 회담, 포츠담 선언 등에서 한국의 독립을 거듭 확인하였다. 따라서 임병찬이 우리 민족이 독립할 수 있는 방법으로 국제세력 사이의 이해관계를 이용해야 한다는 것이나,[106] '장서투서'를 통해 우리 민족의 독립 의지를 대내외에 널리 알려야한다는 것은 선견지명이 있는 독립운동 방안이었다. 이것이 우리나라 최초로 일제의 무단통치에 대해 비폭력 저항을 주창한 임병찬의 사상에 대한 재조명이 필요한 이유이다.

5. 맺음말

기려 송상도 선생은 임병찬을 용(龍)에 비유하였다. "용이라는 것은 그 덕이 정중(正中)하고, 그 변화가 무상하여, 나타나면 때맞춰 비가 와 만물을 윤택하게 하고, 숨으면 바람과 구름을 얻지 못해 땅강아지와 개미에게도 곤란을 겪으니 공(公)은 용이 아닌가? 공은 한번 변하여 향리가 되고, 두 번 변하여 군수가 되고, 세 번 변하여 학자가 되고, 네 번 변하여 의병이 되었으니 용이 아니고서 어찌 이런 일이 있을 수 있겠는가?"[107]라고 하면서 임병찬을 용에 비유하여 기리고 있다. 실제 임병찬은 향리 가문에서 태어나 어린 나이에 향리가 되었지만, 이에 그치지

---

106 『遯軒遺稿』 4, 管見, 論天下大勢.

107 『騎驢隨筆』, 林炳瓚(國史編纂委員會, 1971), 111쪽. "按龍者 其德正中 其變無常 見則時降膏澤 以潤萬物 潛則不得風雲 困於螻蟻 公其非歟 公自一變而爲鄕吏 二變而爲郡守 三變而爲學者 四變而爲義兵 非龍豈有爾也"

않고 끊임없이 노력하여 군수가 되었고, 또 의병장이 되었으며, 말년에는 '정2품 자헌대부 독립의군부 육군부장 전라남북도 순무총장'에까지 올라갔다. 물론 그는 지위에 연연하는 삶을 살지는 않았다. 조선왕조와 고종황제에 대한 충성에 한평생을 바쳤으며, 자신이 옳다고 생각하는 삶을 치열하게 살았다.

그런데 임병찬은 살아서도 죽어서도 신분에 대한 문제가 따라다녔다. 그가 향리 출신이라는 것이다. 그는 향리 출신이었기 때문에 의병을 일으키고 싶어도 고종의 밀지를 얻지 못했으며, 태인의병 봉기 시 송사 기우만은 최익현 의병은 실제로는 향리 출신인 임병찬이 주도하는 것이라며 참여하지 않았다 한다. 또 1914년 독립의군부의 국권회복운동이 실패로 끝나 임병찬이 총독에게 면회를 신청하자, 일본 경시청의 국우상겸(國友尙謙)이라는 자는 "영감은 일찍이 소리(小吏)였는데, 조선 국법에 소리(小吏)는 유복(儒服)을 입지 못하고, 국사에도 간여할 수 없는데, 어찌 감히 총독에게 국사를 논한단 말이오?"라고 힐난하였다.[108] 이에 대해 임병찬은 "나는 일찍이 군수를 지냈고, 관위는 2품에 이른다. 나는 대관(大官)으로서 국사를 논하는 것이지, 소리(小吏)로써 국사를 논하는 것이 아니다. 또 국가가 어려울 때는 벼슬 없는 선비도 국사를 논할 수 있는데, 이서(吏胥)라고 어찌 국사를 논할 수 없겠는가?"라고 담담히 대답하였다. 그야말로 용이 땅강아지와 개미에게 곤란을 겪는 격이다. 이와 같이 임병찬에게는 늘 신분 문제가 따라다녔다. 이것은 그의 사후에도 마찬가지이다. 후손들은 그의 출신을 분명히

---

108 『遯軒遺稿』3, 問答記, 警視廳一場面折.

드러내놓지 못하였고,[109] 학자들은 그를 명문거족 출신이라고 소개하였다. 임병찬이 향리 출신이라는 것이 무슨 숨길 일인가? 오히려 향리 출신인 임병찬이 인생을 치열하게 산 끝에 정2품 자헌대부에 오르고, 항일독립운동에 뚜렷한 족적을 남긴 것이 자랑스럽지 않은가?

또 임병찬에게 늘 따라다니는 문제가 있다. 동학농민군 지도자 김개남을 유인·밀고하여 죽게 만들었다는 것이다. 동학농민혁명의 본산인 태인에서 이런 일이 일어났기 때문에 임병찬은 더욱 폄하되었다. 김개남 장군에 대해서는 가묘가 조성되고 추모비가 곳곳에 만들어졌으며 추모행사가 진행되고 있지만, 임병찬은 그의 무덤과 비석이 분리되어 방치되어있고, 사당하나 없는 실정이다. 그가 살던 집은 잡초만 무성하고, 종성리 어디에도 그의 흔적을 찾을 수 없다. 물론 임병찬이 김개남을 유인·밀고하여 죽게 한 것은 그의 인생의 큰 오점이다. 그러나 임병찬의 인생 전체로 볼 때 그가 항일독립운동에 쏟은 공(功)은 그의 이러한 오점을 충분히 덮을 만하다고 본다. 그는 대마도와 거문도에 두 번이나 유배를 당하였고, 마침내 유배지에서 순국하였다. 그리고 3·1 운동이 일어나기 5년 전에 비폭력저항이라는 우리나라 독립운동의 새로운 방향을 제시하였다. 이러한 임병찬을 김개남 사건 때문에 폄하하거나 무시하는 것은 후손으로서 너무 속 좁은 일이 아닌가? 이제라도 지금까지 임병찬에게 씌운 김개남의 굴레를 벗기고, 그의 본모습 그대로를 봐야한다고 본다. 그럴 때 자신에게 주어진 한계를 극복하려 한 한 인간의 치열한 삶의 모습을 확인하게 될 것이고, 또 우리나라 독

---

109 姜吉遠, 앞의 논문, 29쪽.

립운동사와 독립운동사상사 연구에도 새로운 지평을 열어줄 것이라고
믿는다.

『전북사학』44호, 2014. 4 수록

11장.

호남지역의
3 · 1운동

1. 머리말

이 글은 2015년 광복 70주년을 맞이하여 육군 군사연구소에서 광복과 관련된 글을 써달라는 촉탁을 받고 작성된 논문이다. 광복 70주년을 맞이하여 광복과 관련된 가장 중요한 사건을 꼽으라면 무엇보다 대한민국 헌법 전문에 '유구한 역사와 전통에 빛나는 우리 대한 국민은 3·1운동으로 건립된 대한민국 임시정부의 법통 … 을 계승하고'라고 명시되어 있듯이 3·1운동을 들 수 있다. 3·1운동은 우리나라 전 민족이 참여한 대규모의 독립운동으로서, 그 때까지의 민족 독립 운동을 새로운 단계로 한 단계 고양시킨 중요한 분기점이 되는 운동이다. 또 이로 인하여 최초의 민주 공화제 정부인 대한민국 임시정부가 수립되어 독립 운동의 구심점이 되었다. 이에 본 논문은 광복 70주년을 맞이하여 광복에 기여한 가장 중요한 역사적 사건인 3·1운동을 재조명하되, 특히 호남지역의 3·1운동을 중점적으로 살펴보고자 한다. 호남지역의 3·1운동에 대하여 그동안 충분한 연구가 이루어지지 않았다고 생각하기 때문이다.

1919년 3월 1일, 서울에서 시작된 만세 시위운동은 학생, 종교인, 상인, 노동자가 참가하면서 점차 지방 도시로 확산되었고, 뒤이어 전국 각지의 농촌으로 파급되었다. 비폭력 운동으로 시작된 만세 시위는 차츰 면사무소, 헌병 주재소, 동양 척식 주식회사 등 식민 통치 기관, 친일 지주 등을 습격하는 무력적인 저항 운동으로 바뀌어 갔다. 또 3·1운동은 국외로도 확산되어 만주와 연해주, 미국, 일본 등지에서도 국외 동포에 의해 시위가 전개되었다. 이와 같이 3·1운동은 우리 민족 전체가 참여한 대규모의 독립 운동으로서, 우리 민족에게 독립의 희망과 자신감을 갖게 하고, 국내외에 민족의 주체성을 확인하는 계기가 되었을 뿐만 아니라, 세계 약소민족의 독립 운동에 큰 자극이 된 운동이다.[1]

3·1운동의 많은 부분은 지방의 만세시위로 이루어졌다. 그러나 지금까지 지방의 만세운동은 중앙운동의 부속물로 인식되는 경향이 있었다. 중앙에서 선언서가 전달되면 거의 자동적으로 이에 호응하여 일어난 운동 정도로 인식하는 경우가 많다. 그러나 지방사회의 3·1운동에도 지역 인사들의 심각한 결단과 의지가 있었고, 그 자체로서 위험을 무릅쓴 모험이었다. 그들은 지역의 자원과 네트워크를 총동원하여 운동을 조직화하였다. 그리하여 그 지역의 여건에 맞는 방식으로 동네나 장터에서의 시위운동, 야간 산상 봉화시위, 면사무소·주재소 압박 및 일제 관헌과의 충돌 등 다양한 형태로 전개하였다. 이러한 지방민의 적극적

---

1 3·1운동에 대해서는 朴殷植이 3·1운동이 일어난 이듬해인 1920년 『韓國獨立運動之血史』를 편찬하여 정리하기 시작한 이래 내·외국에서 많은 연구가 이루어졌다. 지금까지 나온 논저만 해도 1천여 편이상이 되며, 특히 매 10년마다 50주년(1969), 60주년(1979), 70주년(1989), 80주년(1999)의 기념주기를 전후하여 집중적인 관심과 조명을 받아왔다.

인 참여가 아니었다면 3·1운동은 몇몇 도시를 중심으로 단기간에 끝나고 말았고, 전 민족적 운동으로 발전하기는 어려웠을 것이다.[2]

그런데 지금까지 지방에서 전개된 3·1운동 중 호남지역의 3·1운동은 타 지역에 비해 상당히 소극적인 양상을 보였다고 말해지고 있다. 이에 대한 원인으로는 1차적으로는 1894년 동학농민운동 때 일제에 의해 호남에 있는 동학교도와 농민이 대량 학살을 당했다는 것이고, 2차적으로는 1909년 일제의 '남한대토벌작전'으로 인해 독립운동을 영도할 지도자와 기반이 상실되었다는 것이다.[3] 이후 전남·북 지역의 3·1운동을 다룬 여러 글에서도 이러한 견해를 그대로 따르는 경향이 일반적이다.[4] 「3·1운동의 지방시위에 관한 연구」라는 제목으로 서울대학교에서 박사학위를 받은 이정은 박사 역시 "전북의 시위운동이 타 지역과 달리 규모도 적었고, 크게 치열하지 않았던 것은 동학농민운동과 의병운동 때의 가혹한 탄압의 경험과 더불어, 일제가 이 지역 평야지대에 토지의 수탈, 일인 농장의 개설, 일인들의 대거 식민 등으로 대부분의 농민들이 감시받는 상태에 놓여 있었기 때문이 아닌가 생각된다."[5]라고 주장하면서, 호남지역 3·1운동이 소극적이었던 이유를 동학농민운동과 의

---

2 이정은, 『3·1독립운동의 지방시위에 관한 연구』, 국학자료원, 2009.
3 崔永禧, 「3·1運動에 이르는 民族獨立運動原流」, 『3·1운동 50주년 기념논집』, 동아일보사, 1969, p.35.
4 金南洙, 「全北地方의 3·1運動에 對한 硏究」, 고려대 교육대학원 석사학위논문, 1988.
  洪石影, 「3·1獨立宣言과 臨時政府」, 『全北地域獨立運動史』, 전북지역독립운동추념탑건립추진위원회, 1994.
  朴贊勝, 「전남지방의 3·1운동과 광주학생독립운동」, 『전남사학』9, 1995.
  박이준, 「전남지방 3·1운동의 성격」, 『국사관논총』 96집, 2001.
5 이정은, 「Ⅲ. 3·1운동」, 『한국사 47』, 국사편찬위원회, 2001, 352쪽.
  이정은, 『3·1독립운동의 지방시위에 관한 연구』, 국학자료원, 2009, 168쪽.

병운동의 탄압과 더불어 일제의 감시를 덧붙이고 있다.

호남지역의 3·1운동이 동학과 의병운동의 탄압 등으로 인적 기반이 상실되어 소극적이었다는 견해는 일부 그럴듯한 면은 없지 않으나, 납득되지 않는 점도 많다. 3·1운동은 동학농민운동으로부터 25년 후에 일어났고, 소위 '남한대토벌작전'으로부터는 10년 후에 일어났다. 10~25년은 두 차례에 걸친 대학살과 탄압으로 지도자적 인적 자원이 큰 손실을 입었다고 해도 그 이후 다음 세대가 어느 정도 성장할 수 있는 시기이다. 실제 1914년에 결성된 대표적인 복벽주의 독립운동 단체인 독립의군부의 경우, 각 지역 대표 302명중 전라도가 214명(전북 144명, 전남 70명)으로 호남지역 인사가 다른 곳에 비해 압도적으로 많다.[6] 이를 통해 동학과 의병운동 탄압으로 인적 기반이 상실되어 호남지역의 3·1운동이 소극적으로 전개되었다는 주장은 근거가 박약한 것임을 알 수 있다.

사실 일제로부터 직접 무자비한 학살과 탄압을 경험한 호남인에게는 타 지역보다 반일 감정이 더욱 클 수밖에 없었다. 또한 농업이 주산업인 호남은 일본인 농업자본가의 진출과 토지침탈로 인해 농민의 착취와 소작인화가 타 지역보다 훨씬 높아 항일 투쟁심이 심화되어 있었을 것임은 충분히 짐작할 수 있다. 그런데도 호남의 항일독립운동이 타지역보다 훨씬 미진하였다고 하는 것은 수긍하기 어렵다.[7] 이에 따라 본 논문에서는 타 지역에 비해 소극적이었다고 평가받고 있는 호남지

---

6 홍영기, 「1910년대 전남지역의 항일비밀결사」, 『전남사학』19, 2002.
  김종수. 「돈헌 임병찬의 생애와 복벽운동」, 『전북사학』44, 2014.
7 이에 대해서는 김기주, 「3·1독립운동에서 호남인의 참여도 검토」, 『역사학연구』37, 2009.에서 적절하게 지적한 바 있다.

역의 3·1운동의 실상을 규명하고자 한다. 그런데 본 논문은 원 사료나 현지조사를 수행하지 못하고 주로 기존 논문을 참조하여 작성한 한계가 있음을 밝혀둔다.

2. 호남지역의 3 · 1운동과 그 배경

호남지역의 3·1운동이 타 지역보다 소극적이었다는 인식은 일제가 작성한 조선총독부 통계 자료에 근거한 것이다. 조선총독부가 작성하여 발표한 「소요사건도별표(騷擾事件道別表)」와 「소요사건일별조표(騷擾事件日別調表)」에 의하면 3·1운동 가담자 수에 있어 호남지역은 경기(129,528명), 충북(32,730명), 충남(40,000명)에 비하여 전북(3,710명), 전남(2,868명)으로, 타 지역에 비하여 훨씬 적은 숫자를 보이고 있다. 또한 시위한 곳과 만세 시위 횟수도 3월 1일부터 4월 10일 사이에 경기(72곳) 288회, 충북(15곳) 56회, 충남 (32곳) 75회에 비하여 전북(5곳) 39회, 전남(10곳) 44회로 매우 적은 숫자를 보이고 있다.[8] 그런데 유념해야 할 점은 이러한 조선총독부의 3·1운동 통계가 실제보다 축소되었을 가능성이 매우 크다는 것이다. 그 예로 전북에서 실제로 만세 시위가 일어났던 사례는 김남수가 각종 자료에서 확인한 바에 의하면 184회에 달하였다.[9] 이것은 조선총독부가 발표한 전북지역 39회의 5배에 이르는 숫자이다. 또 전남지역도 한규무의 연구에 의하면 시위가 불

---

8 국사편찬위원회, 『한국독립운동사 2』, 1966, 203 ~ 209쪽.
9 金南洙, 「全北地方의 3·1運動에 對한 研究」, 고려대 교육대학원 석사학위논문, 1988.

발로 끝난 경우를 빼고도 각종 자료에서 확인되는 것으로 90여회가 넘고 있었다.[10] 조선총독부는 전남의 시위 횟수를 44회로 발표하였으니 그 절반에도 미치지 않게 축소한 것이다.

이와 같이 조선총독부가 호남지역 3·1운동의 시위 횟수와 가담자 수를 실제보다 축소하여 발표한 이유에 대해서는 아직까지 구체적인 근거를 찾을 수 없어 확실하게 말하기는 어렵다. 그러나 호남지역은 동학 농민 운동과 의병 전쟁이 가장 치열하게 일어난 지역으로서 조선총독부는 이 지역의 동향에 대하여 어느 곳보다 관심을 기울였을 것으로 생각된다. 호남지역의 안정적 지배가 일제의 안정적인 한반도 식민지 지배의 관건이었던 것이다. 따라서 일제는 호남지역의 안정적 지배를 과시하기 위하여 이 지역의 3·1운동의 시위 횟수와 가담자 수를 실제보다 축소하여 발표했을 것으로 추측된다. 아니면 호남지역을 담당한 일제 관리들이 시위 횟수와 가담자 수를 축소하여 보고했을 수도 있다. 아무튼 오늘날 호남지역의 3·1운동이 타 지역보다 소극적이었다는 일반적인 인식은 일제의 잘못된 통계에 근거한 것으로 시정되어야 마땅하다고 본다.

호남지역 3·1운동의 실체를 조선총독부의 통계가 아닌 우리 측 기록을 통해서 살펴보면 보다 정확한 정보를 얻을 수 있다고 생각한다. <표 1>은 박은식의 『한국독립운동지혈사(韓國獨立運動之血史)』에 나오는 「3·1운동 일람표」이다. 『한국독립운동지혈사』는 3·1운동이 일어난 다음 해인 1920년 12월 중국 상해에서 발행되었다. 여기에서 박

---

10 한규무, 「광주·전남 기독교인들의 3·1운동 참여와 동향」, 『한국기독교와 역사』 13, 2000.

은식 선생은 "일제의 삼엄한 통제 때문에 상세하고 확실한 조사 자료를 얻기 어려웠다. 해외에 있으면서 단지 신문·통신 및 개인의 구전으로 얻은 자료여서 지명·집회·사상자·투옥자를 비롯한 여타의 숫자 등이 많이 빠졌을 터이니 독자의 양해를 바란다."[11]라고 하면서, 자신의 통계가 정확하지 못하여 많은 수가 빠졌다고 말하고 있다. 그럼에도 불구하고 집회인수만 보아도 일제 측 기록의 2배에 달하고 있으며, 사망자수 역시 일제 측 기록과 현격한 차이를 보이고 있다.

앞으로 지방에서 전개된 3·1운동의 실체를 파악하기 위해서는 일제 조선총독부의 통계가 아닌 우리 측의 자료를 면밀하게 살펴보고, 또 현지조사와 같은 여러 가지 연구 방법론을 동원하여 새롭게 연구되어야 한다고 생각한다.

표 1 『한국독립운동지혈사』에 나오는 3·1운동 일람표

도별	집회횟수	집회인수	사망자수	부상자수	투옥자수	소실 교회	소실 학교	소실 민가
경기도	297(19.3)	665,900(32.9)	1,472(19.6)	3,124(19.6)	4,680(10.0)	15	—	—
황해도	115(7.5)	92,670(4.6)	238(3.2)	414(2.6)	4,218(9.0)	1	—	—
평안도	315(20.4)	514,670(25.4)	2,042(27.2)	3,665(23.0)	11,610(24.7)	26	2	684
함경도	101(6.6)	59,850(3.0)	135(1.8)	667(4.2)	6,215(13.2)	2	—	—
강원도	57(3.7)	99,510(4.9)	144(1.9)	645(4.0)	1,360(2.9)	—	—	15
충청도	156(10.1)	120,850(6.0)	590(7.9)	1,116(7.0)	5,233(11.2)	—	—	—
전라도	222(14.4)	294,800(14.6)	384(5.1)	767(4.8)	2,900(6.2)	—	—	—
경상도	228(14.8)	154,498(7.6)	2,470(32.9)	5,295(33.2)	10,085(21.5)	3	—	16
해외지역	51(3.3)	48,700(2.4)	34(0.5)	157(1.0)	5(0.0)	—	—	—
합계	1,542(100)	2,023,098(100)	7,509(100)	15,961(100)	46,948(100)	47	2	715

---

11 朴殷植, 『獨立運動之血史』,(『朴殷植全書 上』, 단국대 동양학연구소, 1975) 534쪽.

이 글에서는 호남지역의 3·1운동이 다른 지역 못지않게 치열하고 적극적으로 전개되었다고 생각하고, 그 배경과 전개 과정에 대하여 개괄적으로 살펴보고자 한다.

1) 일제의 무단통치와 식민지 수탈

3·1운동이 일어난 1910년대는 일제의 폭압적인 무단통치가 시작된 시기였다. 한국을 강점한 일제는 무력을 증파하여 한민족의 독립운동을 탄압하고, 각종 식민지 악법을 공포하여 식민지 지배체제를 강화하고 식민지 수탈에 혈안이 되어 있었다. 일제는 3·1운동 직전까지 군대와 헌병을 계속 파견하였고, 경찰도 증파하였다. 일제의 무력 증강 상황을 살펴보면, 함경북도 나남과 서울 용산에 주둔한 일본 정규군은 완전무장한 2개 사단(19·20사단)으로 약 2만 3,000여 명에 달하였다. 그리고 경상남도 진해와 함경남도 영흥에는 해군사령부도 설치하였고, 유사시 한국에 급파할 본토 병력이 수개 사단이나 되었다. 또 헌병의 경우에는 1910년 653개소의 관서에 2,019명이었던 것이, 1918년에는 1,048개소에 8,054명으로 대폭 증강되었다. 경찰도 1910년 481개 관서의 5,881명에서 1918년에는 738개소의 관서에 6,287명으로 관서와 병력이 증강되었다. 한국의 전 강토는 초대 경무총감이자 헌병사령관인 아카시(明石元二郎)의 표현처럼 '기포성산(碁布星散)', 즉 바둑판에 깔아놓은 바둑알과 하늘에 무수히 반짝이는 별들처럼 일제의 무력이 배치되지 않은 곳이 없을 정도였다.[12]

일제는 이 같은 강력한 군사력을 바탕으로 각종 억압기구를 설치하여 정치·경제·사회·문화 등 전 분야에 걸쳐 폭력적인 억압·수탈정책을 실시하였다. 일제는 행정기관·경찰기구·재판소 등의 식민지 억압기구, 조선은행·철도국·전매국·임시토지조사국 등의 경제기관, 각종 교육기관 들을 식민지 통치에 맞게 개편하였다. 각종 통치기구에는 일본인 관리를 등용하여 실권을 장악하도록 하였으며, 제한적으로 한국인 관리를 임용했다. 중앙에는 중추원이라는 조선총독부 직속의 자문기구를 만들어 여기에 매국노들을 참여시켜 이들을 친일세력으로 보호·육성하였다.[13]

또한 정치적 권리와 자유를 억압하고 모든 반일적인 활동을 탄압하기 위해 식민지 법령을 제정하였다. 통감부시대부터 시행 되어온 각종 악법들, 예컨대 신문지법, 출판법, 집회 취체에 관한 법률, 보안법, 학회령(學會令), 조선태형령(朝鮮笞刑令) 등을 더욱 강화하여 일체의 집회·결사·언론·출판의 자유를 빼앗고 가장 초보적인 정치적 자유마저 누리지 못하게 하였다. 조선태형령 같은 것은 중세적인 악법으로서 가벼운 죄상도 가혹한 신체상의 처벌을 가하여 기본적인 인권마저 유린하고 식민지 지배의 공포분위기를 조성하였다.

이와 함께 일제는 우리 민족을 식민지 피지배민으로 길들이기 위한 이데올로기적 통제에도 주력하였다. 특히 교육기관은 지배이데올로기를 생산할 뿐만 아니라 그것을 보급하는 가장 중요한 기구였으므로, 교육기관을 완전히 장악하는 것에 대해 일제는 초기부터 깊은 관심을 보

---

12 한국근현대사연구회 엮음, 『한국독립운동사강의』, 한울아카데미, 1998, 91쪽.
13 박경식, 『일본 제국주의의 조선지배』, 청아출판사, 1986.
　이지원, 「3·1운동」, 『한국사15 − 민족해방운동의 전개』, 한길사, 1994, 86쪽.

였다. 1911년 공포된 '조선교육령'은 "교육은 교육에 관한 칙어(勅語)에 따라 충량한 신민(臣民)을 육성하는 것을 본의로 한다."는 취지의 최초의 교육관계 법령이었다. 또 1911년에 제정되어 1915년에 개정된 '사립학교규칙', 1918년의 '서당에 관한 규칙' 등을 통하여 한말 이래 민족교육의 거점이었던 사립학교와 서당을 탄압하면서 강제적으로 교육내용을 바꾸어나갔다. 이러한 강력한 법적제재와 일제의 가혹한 탄압에도 불구하고 사립학교의 민족교육은 독립 운동의 역량증대에 기여한 바 적지 않아 사립학교 혹은 그 학생들이 3·1운동에서 중요한 역할을 담당하게 된다.[14]

일제는 폭압적 무단통치, 이데올로기적 압박과 함께 원료산지와 상품시장의 확보, 자본수출이라는 제국주의 본래의 요구를 관철하고 식민지 통치의 경제적 기반을 구축하기 위해 경제적 수탈을 강화하였다. 우선 일제는 본국의 자본주의가 성장함에 따라 거기에 필요한 원료농산물과 식량의 공급처를 식민지 조선에서 구하였다. 이를 위해 일제는 토지조사사업을 실시하여 전체 인구의 80%가 농민인 농촌의 모든 관계를 식민지 통치에 맞게 재편하고, 그 경제적 요구에 알맞게 농업생산구조를 개편했다. 토지조사사업은 구래의 봉건적 토지소유관계를 지주의 소유권 중심으로 재편하였는데, 그 결과 지주의 권리는 강화되고 소작권은 크게 약화되었다.[15] 또한 궁장토(宮庄土)·역둔토(驛屯土) 등을

---

14 趙東杰,「1910년대 獨立運動의 變遷과 特性」,『韓國民族主義의 成立과 獨立運動史硏究』, 지식산업사, 1989, 378쪽.

15 신용하,『朝鮮土地調査事業硏究』, 한국연구원, 1979.
　　김홍식 외,『조선토지조사사업의 연구』, 민음사, 1997.
　　최원규,「한말·일제초기의 토지조사사업연구와 문제점」,『역사와 현실』21, 1999.

국유지에 편입시켜 그 땅의 농민들을 내몰았다. 1912~18년 사이의 토지분쟁사건이 무려 93만 건에 달했는데 그 가운데 99.7%가 소유권분쟁이었던 것은 일제의 토지약탈이 얼마나 불법적이었던가를 보여준다. 또한 토지조사사업 시행의 결과 지세부과 면적이 크게 확대되어 일제는 안정적인 재정수입원을 확보하였으나, 농민층의 조세수탈은 강화되었다.

또한 일제는 '회사령'을 통하여 한국경제를 독점적으로 지배하고 일제의 국가자본과 국가권력의 강력한 원조에 의존하게 하여 민족 산업의 발전을 억제하였다. 강점 당시 일본 자본주의는 러일전쟁의 여파에 따른 재정위기와 항상적 자본부족이라는 구조적 취약성 때문에 식민지에 대한 자본 수출이 불가능한 실정이었다. 때문에 기존의 한국인 자본을 정치·경제적으로 철저하게 억압하고 일본인 자본을 원조하여 자본축적을 도왔으며, 국가자본 형태로 기간산업을 건설하여 본격적인 자본진출을 위한 기초를 마련하였다. 그것은 바로 식민지민중의 일방적인 희생과 약탈의 감내를 강요하는 것이었다. 이러한 경제적 약탈과 사회적·정치적 억압 속에서 일제와 그에 기생하는 소수 친일자본가·친일지주들의 착취는 날로 더해갔고, 대다수 민중들은 전반적으로 몰락의 길을 강요당하였다. 이러한 1910년대의 상황은 일제에 대한 한국 민중의 분노와 저항을 고조시키는 객관적인 조건을 형성하였고, 일제와 한국 민중 사이의 민족적·사회적 모순의 격화는 바로 3·1운동을 폭발시킨 기본 동인이 되었다.

2) 농민의 생존권 수호 투쟁

1910년 일제 강점 이후 3·1운동이 일어나던 1919년까지 우리나라 농민들은 10년간 조선총독부와 헌병경찰에 의한 무단통치로 극심한 고통을 겪었다. 일제는 앞에서 서술한 바와 같이 각종 식민지 악법과 규칙, 온갖 종류의 세금을 가지고 농민들을 괴롭혔다. 그리하여 "일상의 생활은 거세(巨細) 법규에 규율되고, 원계(願屆)를 필요로 하는 것들이 많아 번루(煩累)에 견딜 수 없다."[16]고 하는 상황이 되었다. 수많은 밀정을 풀어 민중들을 감시하고, 소위 '법과 규칙' 위반자에 대해서는 가차 없는 형벌을 내렸다. 3개월 이하의 징역 또는 100원 이하의 벌금, 과태료의 형에 대해서는 재판절차를 거치지 않고 경찰서장 또는 헌병대장이 즉결처분으로 태형을 가할 수 있게 규정한 '범죄즉결례(犯罪即決例)'는 한국 민중들에게 악명이 높았다. 이러한 즉결처분이 악용되어 1911년에 18,100여 건이던 즉결처분이 1918년에는 82,100여 건으로 급격히 증가한 데서도 그것을 알 수 있다.[17]

일제의 무단통치만 농민들에게 고통을 준 것이 아니었다. 토지조사사업에 이은 쌀값 폭등으로 민생은 도탄에 빠지고 있었다. 1917년 이후 제1차 세계대전의 영향으로 물가가 폭등하고, 쌀값 폭등세가 지속되자 농민의 생활은 일대 참상을 연출하였다. 호남지역 농민들의 생활상의 곤란은 1917년 쌀값 등귀가 시작되면서부터 신문지상에 나타나기 시작하였다. 이 당시 전남 무안군 비금면 도초도 주민 40여 명은 찰흙을

---

16 독립운동사편찬위원회, 『독립운동사자료집』 6, 「조선소요사건상황」, 1973, 784쪽.
17 박경식, 앞의 책, 52쪽.

떡가루같이 만들어 물에 넣었다가 가라앉은 것에 서속(黍粟:기장과 조)가루 같은 것을 섞어 쪄서 먹든지 물을 끓여 먹었다고 한다.[18] 전라북도 동부 산협 주민들은 보리쌀이 떨어지고 곡가가 치솟자 기아를 면치 못하다가 산에 총생하는 대밭에서 죽실을 따서 죽을 쑤어먹고 지냈다.[19] 또 전라남도 광주에서는 굶어 배회하던 중에 네 명이 굶어 죽어 사체를 면장에게 인도하는 일이 발생하였다.[20] 조금 이른 기록이지만 전라북도 용담군에서는

"양식이 떨어져 굶어 죽은 시체가 속출하고, 기타 생활에 여유가 있는 자라도 초근목피에 소량의 잡곡을 혼합하여 하루 한두 끼 먹는데 불과한 즉…"[21]

이라 하여 굶어 죽은 시체가 속출하고 조금 여유 있는 집에서도 초근목피로 생계를 이었다고 한다. 이외에 걸식에 지친 여인이 죽은 자기 아이를 땅에 파묻거나, 생활난으로 음독했다느니, 우물에 빠져죽었다느니, 아이를 길에 내버렸다는 등 비참한 이야기들이 줄을 이었다.

이와 같이 일제의 강점으로 인해 정치·사회적인 처지와 생활상태가 크게 악화된 호남지역의 농민들은 일제의 수탈에 저항하여 생존권 수호 투쟁을 벌였다. 1910년대 사회구성원의 80%를 차지하던 농민은 봉건적 착취와 일제 식민통치에 의해 이중삼중의 압박을 받는 계급이었

---

18 『每日申報』, 1917. 6. 15.
19 『每日申報』, 1917. 7. 19.
20 『每日申報』, 1917. 8. 2.
21 『每日申報』, 1913. 3. 25. 「龍潭飢民의 慘景」

다. 조선후기 이래의 봉건적인 소작제도가 일제의 '토지조사사업'으로 더욱 강화됨에 따라 소농민의 토지소유권이 침해되고 경작권이 불안정하게 되어 농민들의 토지상실과 토지로부터의 이탈이 급속도로 이루어졌다. 또한 삼림법·국유림 구분조사·임야조사사업 등으로 농민의 임야이용이 금지되어 농가경영에 심각한 타격을 주었다.[22]

생존권 수호를 위한 농민의 투쟁은 토지조사사업 반대투쟁, 삼림정책 반대투쟁, 각종 조세 반대투쟁으로 나타났다. 특히 1910년대부터 1918년까지 진행된 토지조사사업은 일제가 식민지 통치 재정의 확보를 위한 세원 조사, 미간지의 무상 점탈, 일본 상업자본과 이주 일본인들의 한국 토지점유 합법화 등 식민지 토지제도를 수립하기 위한 의도에서 실시한 대규모의 약탈사업이었다. 따라서 이는 일제의 식민지정책, 특히 토지점탈 및 조세수탈정책과 직접 관련된 것이었다. 이 사업의 결과 조선총독부는 전 국토의 50.4%를 무상 약탈함으로써 최대의 지주가 되었다. 또한 농지의 면적은 1910년대와 비교할 때 80.7%가 증가하였는데, 이는 1909년의 과세면적에 비하여 무려 161.7%가 증가한 것으로서 일제의 식민지 재정기반을 확고히 하였다. 반면 소작 농민들은 관습상의 경작권·도지권·개간권 등이 소멸 또는 부정되어 경제적 지위가 매우 불안정하게 되었다.

이러한 토지조사사업 반대투쟁은 호남 각지에서 전개되었다. 전라남도 나주군 궁삼면의 경우, 농민 1,500여 명은 1912년부터 동척(동양척식주식회사)에 대하여 소작료납부 거부투쟁, 관청에 대해서는 토지반환 청원운동, 법원에 대해서는 토지소유권확인 소송운동을 각각 전

---

22 강영심, 「일제의 한국삼림수탈과 한국인의 저항」, 이화여대 박사학위논문, 1998.

개하였다.[23] 일제는 이들을 무력으로 탄압하고 토지소유권이 동척에 있음을 확인해줌으로써 우리나라 농민의 꿈을 좌절시켰다. 그러나 투쟁의 과정에서 농민들은 민족모순에 대한 자각을 높여갔다. 그들이 외친 "동척 사원을 죽여라! 영산포 헌병분대를 파괴해버리자!"[24]라는 구호는 이러한 사정을 잘 반영한다고 할 수 있다. 이렇게 고양된 민족의식이 바로 3·1운동 때 농민들을 항일투쟁의 전면에 나서게 한 배경이 되었다고 할 수 있다.

3·1운동 직후 일제가 조사한 조선 농민의 불평과 희망사항을 보면, 대부분의 것들이 농민들에 대해 일제가 법적·행정적으로 수탈하는 것에 집중되어 있다. "무엇에나 세금을 부과하고"[25], 세금의 종류가 너무 많으며, 액수가 많은 것보다 오히려 횟수가 많은 것이 더 괴로운 일이었고, 납세의 방법이 번잡하기 짝이 없는 것이 괴로운 일이었다.[26] 토지 없는 자에게 뽕나무 묘목을 강제로 분배하고 대금을 받아내며, 가마니 제조를 강요하여 1호당 1개월에 몇 개씩 만들어 내라고 독촉하며, 육지면 재배 강요, 미작 개량 간섭, 비료 구매 강제, 시가보다 불리한 가격에 연초·면의 공동판매 강요 등과 같은 것들이 농민의 사정을 고려하지 않은 가운데 행정적·법적으로 농민들에게 강제되었다.

요컨대 1910년대는 구조적으로 한국은 일제를 위한 원료와 식량의 공급기지, 일본 상품의 시장으로 재편되어 일제에 완전히 종속되었다.

---

23 박이준, 「나주 궁산면 토지탈환운동 연구」, 전남대 박사학위논문, 2003.

24 全羅南道 警察部 高等警察課, 『宮三面土地問題の槪要』, 1925, 18쪽.

25 조선헌병대사령부, 「조선소요사건상황」, 『독립운동사자료집』 6, 1919, 765쪽.

26 위 책, 765쪽, 772쪽.

그리고 일제 관권에 의해 '식산홍업'의 구호와 미명 아래 일본의 이해 관계를 위한 정책에 일방적으로 내몰리면서 변화를 강요당하였으며, 이로 인한 충격과 괴로움을 당했던 시기였다. 이에 호남지역 농민들은 생존권 수호 투쟁을 벌이지 않으면 안 되었고, 이것이 3·1운동의 사회 경제적 배경이 되었다.

3. 호남지역 3 · 1운동의 전개

앞에서 살펴본 바와 같이 호남지역에서 3·1운동이 일어나게 된 배경은 토지조사사업으로 대표되는 일제의 식민지 수탈을 체험하며 농민들이 독립의 중요성을 인식하게 된 것이지만, 또 1919년 정월 고종의 붕어 직후 일본인의 독살설이 유포되어 한국 민중들의 반일감정을 자극한 점도 그 배경으로 작용하였다. 이 두 요인이 3·1운동이 거족적·거국적 민족운동을 확산되는 중대한 요인이 되었다는 것은 당시 3·1운동의 발발 원인을 분석한 각지 헌병대장의 보고서에서도 확인된다.[27]

1907년 헤이그특사사건을 구실로 일제에 의해 강제퇴위 당한 고종은 경술국치 이후 이태왕(李太王)으로 불리며 덕수궁에서 유폐나 다름없는 나날을 보내다가 1919년 1월 갑자기 붕어하였다. 이때 고종이 일본인에게 독살 당했다는 풍문이 유포되어 한민족의 의분을 자아내게 하였다. 당시 전국에서는 고종에 대한 망곡례가 거행되었고, 집집마다 상장(喪章)이 나붙었으며, 인산(因山)에 참배하기 위해 전국에서 상경

---

27 독립운동사편찬위원회, 「조선소요사건상황」, 『독립운동사자료집』6, 1973.

길에 오른 인사들이 줄을 이었다. 3·1운동을 계획하던 주체세력들은 지방에서 상경하는 참배객들이 다수 몰릴 3월 1일을 거사일로 결정하였다. 참배객들은 서울에서 전개된 독립선언식과 만세운동에 자극받아 귀향한 후 지방의 만세운동을 주도함으로써 3·1운동의 지방 확산에 큰 역할을 하였다.

그런데 초기의 3·1운동 계획은 종교계와 학생들에 의해 추진되었다. 호남지역 역시 종교계와 학생들이 3·1운동을 이끌었다. 이렇게 종교계와 학생들이 독립운동의 전면에 나서게 된 것은 일제에 의해 모든 사회단체가 해산 당하였고, 언론·출판·집회·결사의 자유가 극도로 억압되어 다른 조직이 없었으며, 독립 운동가들이 탄압을 피해 해외 망명하여 국내의 대중과 격리되어 있었기 때문에 국내에 유일하게 남은 조직적인 힘은 종교 단체와 학교뿐이었기 때문이다.

호남지역은 1894년 동학농민운동 이후에도 천도교의 중심지적 역할을 담당하였다. 전라북도 전주·정읍·익산·임실·남원 등지와 전라남도 여수·장흥 등지에 각각 종리원(宗理院)이 설치되었다. 전남 장흥군의 김재계·김재반, 전북 익산군의 오지영·정용근 등은 천도교의 중앙 간부로 활동하였다. 또한 한말 동학 접주였던 임실의 박준승은 이준·윤효정 등과 함께 헌정동지회를 조직하여 활동하였으며, 화순군의 양한묵은 천도교의 도사로 독립선언 33인 대표에 참여하였다. 이와 같은 호남지역의 천도교 조직과 활동은 3·1운동 당시 조직적 저항으로 이어졌다.[28]

한편 기독교는 미국 남장로파 선교사들에 의해 목포를 시작으로 포

---

28 김진호·박이준·박철규, 『국내 3·1운동Ⅱ – 남부』, 한국독립운동사편찬위원회, 2009, 136쪽.

교 활동이 시작되었다. 1910년을 전후해 유진 벨 목사에 의해 목포 영
흥학교·정명여학교, 광주의 숭일학교·수피아여학교, 순천의 매산학교
등이 각각 설립되었다. 그리고 전라북도는 전주 신흥학교·기전여학교,
군산의 영명학교 등 기독교계 학교가 설립되어 3·1운동의 한 축을 담당
하게 된다. 기독교계는 학교 설립과 함께 '제중의원' 등 의료시설도 함
께 보급하였다. 그리고 이러한 기독교계의 각 기관들은 독립운동에 우
호적이었을 뿐만 아니라 서울 기독교계와 긴밀한 연대로 3·1운동 확산
에 한몫을 담당하였다. 또한 불교계는 장수군의 백용성이 민족대표에
참여하는 등 만세운동에 일원으로 참여하였다.

호남지역의 학생들의 활동도 3·1운동을 확산하는 계기가 되었다. 고
창의 김성수, 담양의 송진우, 김제의 정노식, 익산의 임규 등은 그 대표
적인 인물이다. 이들은 3·1운동 계획 당시부터 서울에서 관계 요인들과
긴밀한 연락을 취하며 만세운동 소식을 전하는 한편 운동의 확산을 위
해 노력하였다. 뿐만 아니라 각 지방의 뜻있는 인사들과 학생들의 활동
은 호남지역 3·1운동 확산에 중심적 역할을 담당하였다. 그러면 전북지
역과 전남지역에서 각각 전개된 3·1운동의 개략적인 모습을 살펴보면
다음과 같다.[29]

---

29 호남지역 3·1운동의 전개과정에 대해서는 다음 논저 참조.
洪石影, 「3·1獨立宣言과 臨時政府」, 『全北地域獨立運動史』, 전북지역독립운동추념탑
건립추진위원회, 1994.
이정은, 「Ⅲ. 3·1운동」, 『한국사 47』, 국사편찬위원회, 2001.
이정은, 『3·1독립운동의 지방시위에 관한 연구』, 국학자료원, 2009.
김진호·박이준·박철규, 『국내 3·1운동Ⅱ - 남부』, 한국독립운동사편찬위원회, 2009.

그림 1　군산 3 · 1운동
100주년 기념관

1) 전북지역의 3·1운동

전북지역에서 3·1운동이 가장 먼저 일어난 곳은 옥구, 군산 지역이다. 이곳의 3·1운동은 옥구군 개정면 구암리에 위치한 기독교계 사립학교인 영명학교 교사들에 의해 주도되었다. 즉 2월 28일 영명학교 교사박연세, 이두열 등은 서울에서 내려온 세브란스의전 학생인 김병수로부터 독립선언서를 전수받아, 학교 등사판을 이용하여 독립선언서를등사하고 3월 6일 군산장날을 거사일로 정하여 만세시위를 계획하였다. 그러나 일본 경찰에 의해 이것이 사전 발각되자 거사 일을 하루 앞당겨 3월 5일 옥구군 개정면 구암리에 만세시위를 전개하였다. 이후 군산보통학교 학생들이 일인 교장과 친일 교사들에 반발하여 23일 학교에 방화를 하였고, 3월 30일, 4월 5일 군산에서는 다시 만세시위가 일어났다.

익산은 천도교의 조직을 활용하여 3·1운동을 전개하였다. 익산의 천도교 조직은 만세운동 거사의 날로 천도교 제1세 교주 수운 최제우가순도한 천도교 기념일인 3월 10일로 잡았다. 그러나 3월 10일 거사일이 닥치기도 전에 천도교의 핵심간부가 검거되었다. 그러나 천도교 교주의 추도식이 끝난 3월 10일 밤 9시에 군내 여러 곳 산상에서 일제히봉화가 올랐으며, 이에 호응하여 만세소리가 울려 퍼졌다.[30] 그리고 3월 18일과 28일 금마에서 장날을 이용하여 시위가 전개되었다. 4월 4일 이리시장에서 옥구 영명학교 교사 문용기 등이 만세운동을 주도하

---

30 洪石影, 「3·1獨立宣言과 臨時政府」, 『全北地域獨立運動史』, 전북지역독립운동추념탑건립추진위원회, 1994, 357쪽.

였는데, 문용기는 일제가 휘두른 칼에 팔을 잘리는 고통 속에서도 일제에 항거하다 순국하였다.

임실에서는 3월 10일 오수공립보통학교 학생들의 시위를 시작으로 15일부터 23일까지 거의 매일 시위운동이 전개되었는데, 청웅면에서는 100~200명이 12·15·16·17·21일 계속하여 시위운동을 전개하였고, 그밖에 지사면·오수면·읍내 등지에서 시위가 있었다. 그 중에서도 23일 오수면 시위는 1,200명이 모여 주재소와 면사무소, 일인 가옥을 습격 파괴하는 공세적 양상을 보였다.

전주에서는 3월 4일 선언서가 배포되고, 13일 천도교·기독교인 150여 명이 시위를 벌인데 이어 14일 기전여학교 학생들이 중심이 되어 600명이 시위를 벌여 90명이 체포되었다. 김제에서는 4월 4일 600명의 보통학교 학생을 중심으로 시위가 일어났는데, 만경보통학교 교사 임창무(林昌茂)가 이를 주도하였다. 금산에서는 3월 23일부터 31일에 이르기까지 수십 명에서 200명까지 만세시위가 읍내와 제원리·복수면·진산면 등지에서 있었다.

고창은 3월 15일 무장면에서 만세시위가 전개되었다. 읍내의 유지 김영완은 고종황제의 국장을 앞두고 서울에 올라갔다 3월 1일 서울 만세운동에 참여하였다. 고향에 돌아온 그는 무장의 유지들과 함께 만세운동을 계획하고, 3월 15일 무장읍 장날을 이용하여 만세시위를 전개하였다.

그림 2 문용기 선생의 피 묻은 옷
(독립기념관)

김제에서는 배세동(농업)이 3월 13일 전주에서 일어난 만세시위를 목격하고 시위를 계획하여 3월 20일 오후 6시경 김제 원평시장에서 만세시위를 전개하였다. 또 4월 4일 만경장날에는 만경공립보통학교의 훈도·생도들을 중심으로 만세시위가 전개되었다.

남원에서는 4월 3일 800명의 덕과면 농민들이 경찰관주재소에 쇄도하는 등 시위를 전개하였는데, 이 시위는 덕과면장 이석기가 독립운동을 선도하였다. 4일에는 읍내에서 1,000명의 농민들이 격렬한 시위를 전개하여 일제의 발포로 5명이 목숨을 잃고 수명이 부상당하였다.

무주에 3·1운동의 소식이 전달된 것은 타 지역보다 비교적 뒤늦은 3월 7일 경이었다. 타 지역에서 만세운동이 일어나고 있다는 소식을 들은 전일봉(농업)은 4월 1일 무주읍 장날을 이용하여 만세운동을 전개하였다. 그런데 이후 무주는 신흥종교단체인 흠치교(일명 증산교), 공도회 등을 중심으로 시위가 전개되기도 하였다. 전북지역의 3·1운동이 주로 천도교와 기독교 조직에 의해 추진되었음에 비해 무주에서는 이와 같은 신흥종교의 영향력이 컸다는 것이 특기할만한 일이다.

조선총독부는 3·1운동 이후 「소요사건도별표(騷擾事件道別表)」와 「소요사건일별조표(騷擾事件日別調表)」등 통계자료를 작성하여 전북지역의 3·1운동이 5곳에서 39회 일어났으며, 총 3,710명이 동원되어 전국에서 가장 소극적인 규모라고 주장하였지만, 다음 <표 2>에서 보는 바와 같이 전북 각지에서 50여 회에 걸쳐 곳에서 수만 명이 3·1운동에 참여하였다. 이를 통해 조선총독부의 통계가 허구임을 알 수 있다.

표 2 전북지역 3 · 1운동 일지[31]

번호	월일	장소	참가인원	사상	검속	참고
1	3. 5	군산부	1,000		90	만세시위, 석방 요구
2	3. 10	익산군 여사면	200			만세시위
3	3. 10	임실군 둔남면 오수리	다수			보통학교생도 만세시위
4	3. 12	임실군 읍내	3,000			만세시위
5	3. 13	전주군 읍내	2,000		300	만세시위
6	3. 14	전주군 읍내	600	10	16	만세시위
7	3. 15	임실군 청웅면 구고리	100			만세시위
8	3. 15	고창군 무장읍	수백		10	만세시위
9	3. 16	임실군 청웅면 남산리	150			만세시위
10	3. 16	임실군 청웅면 옥전리	100			만세시위
11	3. 16	임실군 청웅면 석두리	100			만세시위
12	3. 16	정읍군 태인면	3,000		80	만세시위
13	3. 17	전주군 초포면	20		1	만세시위
14	3. 18	익산군 금마면	수백		2	만세시위
15	3. 19	장수군 산서면 동화리	다수		10	만세시위
16	3. 20	순창군 읍내	200	사망(10)	10	만세시위
17	3. 20	임실군 지사면 방계리	수백			만세시위
18	3. 20	김제군 수유면 원평리	수백		10	만세시위
19	3. 21	고창군 읍내	100		100	만세시위
20	3. 22	장수군 반암면 노단리	다수			만세시위
21	3. 23	장수군 산서면 사계리	30			만세시위
22	3. 23	전주군 읍내	수천		20	만세시위
23	3. 23	임실군 둔남면 오수리	2,000		10	만세시위, 주재소, 면사무소 습격
24	3. 23	임실군 강진면 갈담리	수백			만세시위
25	3. 23	정읍군 읍내	100			만세시위
26	3. 24	전주군 삼례면 삼례리	수백			만세시위, 삼례역 습격

---

31 독립운동사편찬위원회, 『독립운동사』 3, 1971, 639~640쪽.

27	3. 25	진안군 읍내	수천			만세시위
28	3. 26	장수군 산서면 오성리	수백		10	만세시위
29	3. 28	익산군 금마면	수백			만세시위
30	3. 30	부안군 읍내	수백			만세시위
31	3. 30	군산부	1,000			만세시위
32	4. 1	무주군 읍내	수백			만세시위
33	4. 2	정읍군 읍내	1,000		4	만세시위
34	4. 3	남원군 덕과면	800		20	만세시위
35	4. 3	진안군 주전면 주양리	60		10	만세시위
36	4. 4	진안군 마령면 평지리	수백			만세시위
37	4. 4	남원군 읍내	3,000			만세시위, 석방요구
38	4. 4	익산군 이리	1,000			만세시위
39	4. 4	김제군 만경면	600			만세시위
40	4. 5	군산부	1,000			만세시위
41	4. 7	임실군 성수면 오봉리	다수			만세시위
42	4. 8	익산군 용안면 화백리	수십			만세시위
43	4. 12	진안군 성수면 도통리	수십	부상(8)		만세시위
44	4. 13	진안군 마령면 시장	수백	부상(6)		만세시위
45	4. 18	부안군 줄포면	수백			만세시위
46	4. 23	금산군 읍내	수천			만세시위
47	4. 25	금산군 제원면 제원리	200			만세시위
48	4. 28	금산군 읍내	수백			만세시위
49	4. 30	금산군 복수면 곡남리	200		9	만세시위
50	4. 30	금산군 진산읍	200		7	만세시위

2) 전남지역의 3 · 1운동

   전라남도의 시위운동은 전라북도와 같이 3·1운동 전 기간에 걸쳐 산
발적으로 진행되었다. 3월 3~4일에 걸쳐 목포·광양·구례·순천·여수·광

주 등지에 <독립선언서>가 배포되고, 10일부터 광주 읍내에서 최초의 시위가 시작되었다. 그 후 영광·해남·담양·무안·순천 등지에서 시위가 뒤따랐으나, 보통학교 학생들이 주도가 시위가 많았으며, 각 군의 읍내와 2~3개 처에서 평화적인 만세시위로 그쳤다. 3월 하순에 들어 목포·곡성·함평·광주·광양·보성·강진·해남·장성·완도·순천·영암 등지에서 1~2차례 시위가 일어난 후 이 지역의 3·1운동은 끝났다.

광주에서는 3월 3일에 <독립선언서>가 배포되고, 10일 숭일학교·수피아 여학교 등 각 급 학교 학생들과 기독교인이 중심이 되어 500명이 만세시위를 전개하여, 교사·학생 87명이 구금되었다. 이날 시위에 참가한 황상호는 독립사상을 널리 고취시키기 위해 13일에 「조선독립 광주신문」 제1호를 발간하고 그 후 계속하여 제4호까지 발간, 배포하였다. 광주에서의 시위운동은 10일에 이어 11일에도 300명의 시위, 13일에 기독교인이 중심이 되어 400명이 시위운동을 벌였고, 16일에는 송정리에서 보통학교 학생들의 시위가 있었다. 이후 4월 8일 50여 명의 보통학교 상급생들이 동맹휴교를 했다.

영광에서는 3월 14·15일 이틀에 걸쳐 읍내에서 보통학교 학생들이 중심이 되어 시위운동을 벌였다. 15일의 시위는 500여 명이 참여하는 큰 시위였다.

해남에서는 3월 14일 읍내에서 300여 명의 시위가 있었는데, 일제의 발포로 해산되었다. 그 후 4월 8일과 11일에 다시 시위운동이 있었다.

무안에서는 3월 8일 장산도에서 유지인사 30여 명이 만세시위를 벌였고, 20일 외읍면 구 무안 장터에서 친일파의 자숙을 촉구하며 독립경축행진을 하였다.

담양에서는 3월 17일 읍내 청년들이 <경고문>을 준비하고 시위를 계획하였으나 사전에 발각되었으며, 4월 4일 시위운동이 벌어졌다.

순천에서는 3월 3일 읍내에 <독립선언서>가 배포되고, 19일 최초의 시위운동이 일어났으며 4월 7일에도 산발적인 시위운동이 읍내에서 일어났다. 12일에는 인월리에서 소수의 시위가, 13일에는 낙안면에서 군내 가장 큰 규모인 150여 명의 시위운동이 있었는데 일경의 발포로 4명이 부상당하였다.

곡성에서는 3월 29일 읍내에서 교사와 보통학교 학생 200명의 시위가 있었다.

광양에서는 3월 3일 <독립선언서>가 배포되고, 3월 27일과 4월 1일 다수가 모인 가운데 시위운동이 있었다.

장성에서는 4월 3일과 4일 북이면에서 시위운동이 있었는데, 연인원 300명의 시위대가 만세시위운동을 벌였으며, 4일에는 헌병주재소에 쇄도하는 등 치열한 시위운동을 벌여 첫날 4명, 둘째 날 12명이 구금되었다.

강진에서는 4월 4일 읍내에서 보통학교 학생들이 중심이 되어 100명의 시위운동이 있었다.

완도에서는 7일 읍내에서 보통학교 학생들이 중심이 되어 시위운동을 벌여 50명이 구금되었다.

목포에서는 3월 3일 <독립선언서>가 읍내에 유포된 후 4월 8일 영흥학교와 정명여학교 학생들이 중심이 되어 150여 명이 만세시위를 벌였다.

함평에서는 4월 8일 서당 학생들이 중심이 되어 시위운동을 벌였으며, 보성에서는 4월 9일 벌교에서, 18일 보성면에서 소규모 시위가 있었다. 영암에서는 4월 10일 보통학교 학생이 중심이 된 400여 명의 시위군중이 만세시위를 벌였다. 영광에서는 3월 14일 읍내에서 보통학교 학생들이 중심이 되어 120명이, 3월 15일에는 시위규모가 더 커져 500명이 참여하는 시위운동이 있었다.

전남지역 역시 조선총독부는 「소요사건도별표(騷擾事件道別表)」와 「소요사건일별조표(騷擾事件日別調表)」등에서 3·1운동이 10곳에서 44회 일어났으며, 총 2,868명이 동원되었다고 주장하였지만, 다음 <표 3>에서 보는 바와 같이 전남 각지에서 53여 회에 걸쳐 수만 명이 3·1운동에 참여하였다.

표 3 전남지역 3 · 1운동 일지[32]

번호	월일	장소	참가인원	사상	검속	참고
1	1919. 3. 10	광주군 읍내	수천		100	만세시위
2	3. 10	장성군 삼서면 소룡리	70			만세시위
3	3. 10	영광군 읍내	다수	부상 수십	다수	만세시위
4	3. 11	광주군 읍내	300		23	만세시위
5	3. 13	광주군 읍내	1,000		20	만세시위
6	3. 14	영광군 읍내	120		2	만세시위
7	3. 15	나주군 읍내	수백		5	만세시위
8	3. 15	화순군 읍내	수십		20	만세시위
9	3. 15	장흥군 읍내	수백		수명	만세시위
10	3. 15	완도군 읍내	수백			만세시위
11	3. 16	순천군 읍내	수백		5	만세시위

---

32 독립운동사편찬위원회, 『독립운동사』3, 1971, 640~642쪽.

12	3. 16	광주군 송정리	수백		9	만세시위
13	3. 18	담양군 읍내	수백			만세시위
14	3. 18	무안군 장산면 도창리	30		4	만세시위
15	3. 20	화순군 동복읍	수백		57	만세시위
16	3. 20	무안군 구읍내	500			만세시위
17	3. 20	장흥군 대덕면	수백			만세시위
18	3. 21	장성군 읍내	300			만세시위
19	3. 21	제주도 조천리	500	부상 수십	13	만세시위
20	3. 22	제주도 조천리	다수			만세시위
21	3. 23	제주도 조천리	200		8	만세시위
22	3. 23	나주군 다시면	다수		2	만세시위
23	3. 24	구례군 읍내	다수		1	만세시위
24	3. 24	제주도 주천리	다수			만세시위
25	3. 25	곡성군 옥과읍	수십		2	만세시위
26	3. 25	진도군 읍내	다수			만세시위
27	3. 26	함평군 읍내	수백		20	만세시위
28	3. 27	광양군 읍내	다수		1	만세시위
29	3. 27	영광군 읍내	수백	부상(10)	5	만세시위
30	3. 29	곡성군 읍내	수십		수명	만세시위
31	4. 1	광양군 읍내	1,000		5	만세시위
32	4. 1	함평군 학교면	다수			만세시위
33	4. 2	함평군 나산면	다수			만세시위
34	4. 3	장성군 북이면	300		4	만세시위
35	4. 3	나주군 영산포	수백			만세시위
36	4. 4	나주군 영산포	200		8	만세시위
37	4. 4	강진군 읍내	1,000		14	만세시위
38	4. 5	곡성군 금지	100		수십	만세시위
39	4. 6	해남군 읍내	1,000		1	만세시위
40	4. 7	순천군 읍내	수백		5	만세시위
41	4. 8	함평군 문장	다수		80	만세시위
42	4. 8	목포부 부내	1,000		4	만세시위
43	4. 9	목포부 부내	다수		13	만세시위

44	4. 9	보성군 벌교	수백		30	만세시위
45	4. 10	영암군 읍내	1,000			만세시위
46	4. 10	영암군 구림	300		수십	만세시위
47	4. 11	해남군 읍내	1,000		6	만세시위
48	4. 13	순천군 낙안읍	150		4	만세시위
49	4. 14	보성군 벌교	수백		10	만세시위
50	4. 18	보성군 옥암리	수백		3	만세시위
51	1920. 1. 23	완도군 고금도	10		6	만세시위
52	2. 22	담양군 창평	수백		수십	만세시위
53	4. 23	해남군 우수영	500			만세시위

4. 맺음말

지금까지 지방에서 전개된 3·1운동 중에서 호남지역의 3·1운동은 타 지역에 비해 소극적인 모습을 보였다고 말해지고 있었다. 이것은 1894년 동학농민운동의 실패와 1909년 일제의 소위 남한대토벌 작전에 의해 독립운동을 지도할 인적 기반이 상실되었기 때문이라고 그 이유가 설명되고 있다. 그런데 호남지역의 3·1운동이 타 지역에 비해 소극적이었다는 인식은 조선총독부가 작성한 자료에 근거한 것으로서 실상과는 거리가 먼 것이다. 또 동학농민운동의 실패와 소위 남한대토벌 작전에 의해 호남에서 독립운동을 지도할 인적 기반이 모두 상실되었다는 것도 근거 없는 설명이다. 1914년에 결성된 독립의군부의 경우, 각 지역 대표 302명중 전라도가 214명(전북 144명, 전남 70명)으로 호남지역 인물이 다른 곳에 비해 압도적으로 많았다. 즉 호남에서 독립운동을 지도할 인적 기반이 없어 호남지역의 3·1운동이 소극적이었다는 주장은 허구인 것이다. 박은식의 『한국독립운동지혈사』에 나오는 「3·1운동 일람표」를 보면 호남지역의 3·1운동은 타 지역에 비해 결코 뒤지지 않고 활발하게 전개되었음을 알 수 있다.

　호남지역은 일제로부터 무자비한 학살과 탄압을 경험하여 타 지역보다 반일감정이 클 수밖에 없다. 또한 농업이 주산업인 호남은 일본인 농업자본자의 진출과 토지침탈로 인해 농민의 착취와 소작인화가 타 지역보다 훨씬 심해 항일 투쟁심이 매우 높았다. 이에 호남지역 농민들은 일제의 무단통치와 식민지 수탈에 반발하고, 생존권 수호 투쟁 차원에서 3·1운동에 적극 가담하였다. 조선총독부에서는 전북지역에서 3·1운동이 5곳에서 39회 일어났으며, 총 3,710명이 동원되었다고 주장하였지만, 실제 전북 각지에서 50여 회에 걸쳐 곳에서 수만 명이 3·1운동에 참여하고 있었다. 전남지역 역시 조선총독부는 3·1운동이 10곳에서 44회 일어났으며, 총 2,868명이 동원되었다고 주장하였지만, 전남 각지에서 53여 회에 걸쳐 수만 명이 3·1운동에 참여하였다. 즉 조선총독부가 만든 통계 자료는 실상과는 거리가 먼 것으로 이것을 가지고 호남지역의 3·1운동이 소극적이었다고 운위하는 것은 문제가 있다고 생각한다.

　호남지역의 3·1운동은 우리나라 다른 지역과 마찬가지로 지역민들의 열렬한 참여 속에서 전개되었고, 또 다른 지역과 마찬가지로 종교계와 학생들이 중심이 되어 추진되었다. 호남지역은 1894년 동학농민운동 이후에도 천도교의 중심지 역할을 담당하고 있었다. 또 호남지역에는 미국 남장로파 선교사들에 의해 선교 활동이 활발하게 전개되어 1910년을 전후하여 각 처에 기독교계 학교가 설립되었다. 이러한 천도교와 기독교 조직을 이용하여 호남지역에서는 조직적인 3·1운동이 전개되었다. 한편 호남지역의 뜻있는 인사들과 학생들의 활동 역시 호남지역 3·1운동의 확산에 많은 기여를 하였다. 앞으로 호남지역의 3·1운동이 타 지역에 비해 소극적이었다는 오해를 떨쳐버리고, 우리 측의 자료나 현지조사 등을 통해 적극적으로 호남지역의 3·1운동에 대하여 연구해야 한다고 생각한다.

『군사연구』139집, 2015. 6 수록

12장.

식민지 미화 투어리즘
– 군산 근대문화도시 사업

1. 머리말

요즘 정부에서는 이명박, 박근혜 정부 당시에 벌어진 여러 불법, 부정행위들을 적폐라고 규정하고 그 청산 작업에 나서고 있다. 그런데 이 시기의 적폐는 그 범위가 너무나 광범위하여 과연 현 정부가 적폐청산에 성공할지 의문을 제기하는 사람도 적지 않다. 즉 국정원댓글 공작, 국정교과서 강행, 문화계·학계 블랙리스트 작성, 자원 외교 비리, 위안부 협정, 4대강 사업, 개성공단 폐쇄 등 적폐는 우리 사회 전 분야에 광범위하게 퍼져있어 청산 작업이 쉽지 않은 것이다.

그런데 일반인들이 별 관심을 기울이지 않지만 심각한 적폐라고 생각되는 또 하나의 사례로 식민지 도시 미화 사업을 들 수 있다. 이명박, 박근혜 정부 당시 정부는 전국에 수천억의 예산을 내려 보내 식민지 도시 미화 사업을 대대적으로 전개하였다. 이 사업의 일환으로 군산시에서도 '군산 근대문화도시 사업'이라는 미명하에 멀쩡한 민가를 헐어버리고 일제 식민지 건물들을 새로 짓는 촌극을 연출하였다.

이렇게 하여 지금 군산시에서 '근대문화'라고 자랑하고 소개하는 여러 건물들과 시가지 모습이 나타날 수 있었다. 그런데 군산시에서 새로이 복원하고 관광객을 유치하고 있는 조선은행, 나가사키 18은행, 미즈상사 등은 사실상 일본인들만이 이용할 수 있었고, 한국 사람들에게는 많은 해악을 끼친 식민지 수탈 기관들이다. 이것들은 일제의 식민지 잔재들이지 결코 우리의 '근대문화'가 될 수 없는 것들이다. 그런데 지금 군산에서는 이런 건물들은 '군산근대문화'라고 소개하면서 대대적으로 선전하고 관광객을 유치하고 있는 것이다. 이러한 식민지 미화 투어리즘은 도시 외관을 일본 도시 비슷하게 흉내 내어 조성하면서 국민들에게 왜곡된 역사관과 잘못된 역사의식을 심어주고 있다는데 문제의 심각성이 있다. 이글에서는 이러한 '군산 근대문화도시' 사업의 문제점에 대하여 살펴보고자 한다.

2. '군산 근대문화도시' 사업의 문제점

군산시가 추진하는 근대문화도시 조성사업이 원도심 재생의 선진 롤모델(Role Model)로 부상하고 있다. … 군산시가 추진하는 『근대문화도시 조성사업』은 2009년부터 2014년까지 654억 원을 투자해 원도심이 간직한 근대문화유산을 활용, 근대역사벨트화권역과 근대역사경관을 조성하는 사업이다. 근대역사벨트화권역은 내항 일원에 진포해양테마공원, 근대역사박물관건립, 근대산업유산 예술창작벨트, 근대문화재 매입 정비 등을 추진하는 사업으로 특히,

근대산업유산 예술창작벨트는 문화체육관광부 공모사업에 1위로 선정돼 국·도비 50억 원을 지원받아 근대건축물을 정비 보수하여 미즈카페, 장미갤러리 등으로 조성했다. 또한 근대역사경관조성사업은 직도 관련 지원 사업으로 국·도비 110억 원으로 시대형숙박체험관 6동, 근린생활시설 10동, 교육관 등을 조성하는 사업으로 근대건축물을 활용한 근대문화도시사업으로 쇠퇴해가는 원도심에 새로운 랜드마크를 조성하고 특색 있는 경관을 만든 점에서 높은 평가를 받아 국토교통부에서 주최한 대한민국 경관대상에서 「대상」의 영예를 안았다.[1]

전북 군산시는 군산 근대문화도시가 유엔−해비타트·아시아경관디자인학회·후쿠오카 아시아도시연구소가 주관한 '2014 아시아 도시경관 대상'을 수상했다고 20일 밝혔다. 아시아 도시경관상은 아시아의 우수한 경관을 세계에 알리기 위해 2010년 창설한 경관 관련 국제상이다. 시상식은 다음 달 18일 일본 후쿠오카 하얏트호텔에서 열린다.[2]

위 신문기사는 군산시가 추진한 '근대문화도시' 사업을 홍보하는 신문 기사 내용들이다. 이처럼 군산시에서는 '군산 근대문화도시'라는 표어를 내걸고 일제 강점기에 지어진 건물들을 정비, 복원하는데 열을 올리고 있다. 그리고 이 때문에 일본 후쿠오카에서 대상을 받았다고 자랑하고 있다.

---

1 『뉴시스 전북』, 2014년 4월 1일자 기사
2 『연합뉴스』, 2014년 10월 20일자 기사.

그림1 고우당(古友堂)

일제 강점기에는 없었던 건물로 최근에 민가를 헐어버리고
수십억의 국민 혈세를 들여 만든 일본식 여관이다.
일제 강점기에 우리 국민을 이루 말할 수 없이 괴롭히고
아직 반성조차 하지 않는 일본을
고우(古友: 오랜 옛 친구)라고 칭하고 있다.

그림 3 구 조선은행 건물

내부에는 일제 근대건축물을 미니어처로 만들어
전시하고 있다.

군산시에서는 일제 강점기의 건물을 정비·복원하는데 그치지 않고 일제 강점기에 있지도 않았던 일본식 여관 건물을 막대한 국가 예산을 들여 새로 짓고는, '고우당(古友堂)'이라고 이름 짓고 민간에 위탁 경영시키고 있다. 고우당에서는 홈페이지에 '오래된 벗의 집처럼 편안한 근대역사문화공간'이라고 홍보하면서 일본식 여관을 운영하고 있다. 과거 식민지 지배에 대하여 반성하지도 않고, 위안부 할머니들에게 제대로 된 사과 하나 없는 일본이 어떻게 우리의 '오래된 벗[古友]'이 될 수 있는지에 대한 설명도 없이 다다미방에 일본식 가구를 들여놓고는 여관 경영을 하고 있는 것이다. 그런데 고우당은 수개월 전에 미리 예약하지 않고는 숙박할 수 없을 만큼 관광객들로 문전성시를 이루고 있다고 한다.

한편 군산시에서는 구 조선은행 건물을 새롭게 정비, 복원하고는 일제 근대건축 및 은행 관련 전시관으로 활용하고 있다. 내부에는 일제 강점기 군산에 있었던 근대 건축물들을 미니어처로 만들어 전시하고, 벽면에는 일제 강점기의 관공서, 경찰서, 금융기관 건축물들을 사진과 함께 자세히 설명해 놓고 있다. 그런데 이런 일제 건축물 전시가 우리에게 무슨 의미가 있는가? 단국대 대중문화연구소 연구원 김일수는 다음과 같이 군산의 일제 건축물의 의미를 말하고 있다.

많이 사라지긴 했지만 아직 남아있는 군산의 일식 건물들은 보존되어야 한다. 아름다워서가 아니고 서럽던 우리의 100년, 그 전반부를 고스란히 이야기하는 증거물이기 때문이다. 이들조차 다 지워내면 군산은 이 땅 어디에나 있는 지방도시와 전혀 다를 바 없을 것이다. 4월이면 취할 만큼 눈부시게 도열한 벚꽃 길 끝에 자리 잡

은 군산의 의미가 무엇인지 우리는 이야기해야 한다. 정주사네 맏
딸 초봉이('탁류'의 주인공)의 서럽고 가슴 저린 인생을 우리는 읽
어주어야 한다. 이 땅에 살다 스러진 이름 없는 들꽃들의 고단하던
모습을 증언하여야 한다.[3]

이렇듯 군산의 일제 건축물은 그 자체의 조형미 때문에 보존하고 전
시하는 것이 아니라 이 땅, 우리의 역사를 증언하기 위해 보존되고 전
시되어야 하는 것이다. 그런데 현재 구 조선은행의 군산 근대건축관은
일제 건축물의 우수성을 증언하듯이 전시되고 있다. 1920년 8월 19일
에 조선은행 군산지점 사택 터파기 공사를 하다가 한국인 인부 4명이 참
사를 당하였고, 이에 항의하는 노동자 40명이 일본인에 의해 폭동자로
검거되어 구속된 사건이 있었다.[4] 현재 복원, 정비된 조선은행 건물 내에
서는 이런 조선은행 건축 과정에서의 비극적 사건에 대하여는 전혀 언
급도 없고, 각종 일제 건축물 미니어처들이 뽐내듯이 전시되어 있다.

지금까지 군산에서 진행되고 있는 근대문화도시 사업의 한 단면을
고우당과 조선은행을 예로 들어 간략히 살펴보았다. 그런데 이보다 이
미 허물어져 사라져버린 일본 건물을 복원하고, 또 존재하지도 않았던
일본 건물을 계속 날조하고 있는 것이 더 문제라고 할 수 있다. 군산시
는 원도심에다 앞으로도 계속 일본식 건물을 지을 예정이라고 한다. 그
런데 이것은 표면적인 문제이고, 문제의 심각성은 더 깊은 곳에 있다.
군산 근대문화도시 조성사업의 배후에 식민지 근대화론자(뉴라이트)

---

3 김일수, 「군산, 근대사의 빛과 어둠이 교차하는 도시」, 『국토』 222, 국토연구원, 2000.
4 『동아일보』, 1920년 8월 19일자 기사. '建築工事中에 人夫四名慘死, 언덕이 문허저 인
  부네명은 참혹ㅎ게 파뭇치어 죽엇고 폭동사 사십명은 검거되야'

들이 있다고 추측되는 점이다. 이 사업이 2009년 문화체육관광부에 선
정될 때부터 식민지 근대화론자들의 전폭적인 지원이 있었다고 생각
된다. 이들은 우리나라의 자체적인 발전보다는 오히려 일제에 의해 우
리나라가 근대화할 수 있었다고 주장하는 자들로서, 현재 정치, 경제,
사회, 문화, 교육 각 분야에 그 영역을 넓혀가고 있다. 얼마 전에는 검인
정 한국사 교과서를 만들어 대대적으로 식민지 근대화론을 주창하여
문제가 된 바 있다. 이들은 군산이 일제에 의해 근대화된 대표적인 도
시라고 지목하고 군산 근대문화도시조성사업의 선정과 추진에 막강한
영향력을 행사하였다고 추측된다.[5]

사실 식민지 근대화론은 군산에서는 이미 익숙한 논리이다. 오늘날
많은 군산 사람들이 군산은 일제에 의해 만들어진 도시라고 생각하고
있다. 이것은 일본인들이 만들어놓은 식민지 근대화론적 인식을 해방
이후에도 그대로 답습하였기 때문이다. 일본인들은 자신들이 군산에
오기 전에 군산은 인구 500여 명에 불과한 갈대만 나부끼는 한적한 어
촌 마을에 불과하였다고 주장하였다.[6] 이러한 일본인들의 주장을 그대
로 받아들여『군산시사(群山市史)』에서도 "개항 당시의 군산은 5, 6의
구릉의 기슭에 약 150여 채의 한옥이 산재하고 저지(低地)에는 조수가

---

5 『뉴시스』, 2009년 5월 7일자 기사. "전북 군산시는 문화체육관광부 공동주최로 '군산
구도심 재생을 위한 근대건축유산 활용방안 심포지엄'을 7일 국립민속박물관 대강당
에서 개최했다고 밝혔다. 이날 심포지엄에는 유인촌 문체부 장관, 고흥길 문화방송위
원장, 김창수 한국건축가협회장, 문동신 군산시장, ,중앙정부 및 군산시 관련부서 공무
원, 관련학계 및 학회 전문가 등 250여명이 참석했다. ... 경원대학교 퍼블릭디자인혁
신센터(PIDC)가 주관한 이날 심포지엄은 안병직(시대정신)이사장의 초청발제로 진행
됐다."
6 1935년에 간행된『群山府史』序文에서는 '(開港) 當時의 群山은 滿目荒涼落寞한 一寒漁
村에 지나지 않고, 人口는 朝鮮人 500餘'라고 표현하고 있다.

드나들고 갈대가 무성한 습지였다."[7]라고 쓰고 있다. 이렇게 갈대만 무성했던 군산이 일제에 의해 근대문화도시로 변모하였다는 것이다. 오늘날 군산시에서 추진하고 있는 근대문화도시 조성사업은 이러한 식민지 근대화론을 충실히 추종하고 있는 것이다.

식민지 근대화론적인 군산 역사에 대한 인식은 역사적 진실을 외면하고, 또 왜곡하고 있다는데 문제의 심각성이 있다. 실제 군산은 일본인이 주장하는 것처럼 갈대만 무성한 한적한 어촌 마을이 아니었다. 군산은 조선후기에 우리나라 최대의 조운(漕運) 담당 관청이 있었던 곳이다.[8] 군산에서 제때에 세미(稅米)가 서울로 올라오지 않으면 한양 관리들에게 녹봉을 주지 못할 정도로 중요시되었던 곳이다.[9] 그리고 군산에는 조선전기에는 종2품 수군절도사가 관할하는 호남 수영(水營)이 있었고, 종3품 병마첨절제사가 관할하는 옥구진(沃溝鎭)이 있었으며, 옥구 북쪽 진포에는 종3품 첨절제사가 관할하는 군산진(群山鎭)까지 있었다. 한 지역에 이와 같이 수영과 진이 세 개씩이나 있었던 것은 유례가 없는 일이다. 그리고 아래 <표 1>에서 보는 바와 같이 18세기 말에 만들어진『호구총수(戶口總數)』에 의하면 군산에는 4,446호, 14,649명이 거주하고 있었다고 한다. 이것은 호적에 등재된 숫자이고, 타지에서 군산창(群山倉)에 와서 근무하는 군인과 노무자들까지 포함한다면 2만 명 이상이 군산에서 거주하였을 것이다. 1910년 일본인이 작성한 민적통계표(民籍統計表)에도 군산 인구는 21,830명으로 나와 있다.

---

7 群山市史編纂委員會,『群山市史(上)』, 군산시, 2000, 327~328쪽.

8 김종수,「군산도와 고군산진의 역사」,『전북사학』37호, 2010.

9 『光海君日記』164, 광해군 13년 4월 乙亥.

표 1 각 문헌에 나오는 옥구의 면리(面里)와 호구(戶口) 수

『輿地圖書』(1759)			『戶口總數』(1789)			『沃溝縣 邑5誌』(1895)			『民籍統計表』(1910)
面	戶數	口數	面	戶數	口數	面	戶數	口數	人口數
東縣內面	340	1162	東面	390	1155	東面	164	430	1354
朴只山面	489	1265	朴面	424	1547	朴山面	311	821	2655
風村面	591	1830	風面	565	1601	風村面	219	612	2086
長梯面	446	1365	長面	509	1413	長梯面	262	590	2135
西縣內面	272	973	西面	277	957	西面	145	371	1298
定只山面	819	2740	定面	848	3104	定山面	436	1015	3633
米堤面	668	2231	米面	693	2416	米堤面	325	817	3296
北面	741	2834	北面	740	2456	北面	1880년(고종17) 群山으로 移屬		5373
	4,373	14,400		4,446	14,649		1,862	4,656	21,830

　이 <표 1>에서 보듯이 1910년 당시 군산항 부근인 북면만 해도
5,373명에 달하고 있다. 이러한 군산이 일본인이 오기 전까지 150여 채
의 한옥이 산재한, 인구 500여 명이 거주하는 한적한 어촌 마을에 불과
하였다는 것은 완전히 거짓말이다. 『주한일본공사관기록』에 보면 일
본인들 자신이 구 군산진 관청을 허물고 그 자리에 영사관을 짓겠다는
기밀문서를 보내고 있었다.[10] 일본인들은 군산이 한적한 어촌 마을이
아니라 30만 평방미터에 달하는 군산진 관청이 있었던 곳인지 이미 알

---

10 『駐韓日本公使館記錄』,「群山領事館 開設을 위한 出張復命書 提出 件」, 문서번호 機密
　　第8號, 발송일 1898년 7월 16일, 발송자 在木浦 一等領事 久水三郎, 수신자 辨理公使
　　加藤增雄.
　　'...군산포에서는 別紙 乙號 도면과 같이 푸른 선으로 구획해 놓은 약 30만 평방미터
　　(우리 평수로 1만 평 미만인 舊 群山鎭 官廳 소재지 전부임)를 제국 영사관 부지로 선
　　정했다는 久水 영사로부터의 上申이 있었는데, 이는 아주 적절한 것이라 인정되니 그
　　와 같이 확정지으시도록 한국 정부에 조회하셔서 선처하여 주시기 바랍니다.'

고 있었던 것이다. 그런데 군산이 한적한 어촌 마을에 불과하였다는 일본인들의 거짓말을 군산 사람들이 그들의 식민사관적인 인식을 깨닫지 못하고 그대로 믿고 있는데 문제의 심각성이 있는 것이다.

군산은 오늘날 대부분의 군산 사람들이 믿고 있듯이 일제에 의해 개항된 도시가 아니라, 대한제국 시기에 고종황제의 칙령에 의해 자주적으로 개항된 도시이다.[11] 고종황제는 군산 개항을 통해 민족의 생존을 도모하였지만, 오히려 군산은 이후 일제 침략의 전초 기지로 변모하였다. 일제는 수덕산 부근에 있던 군산진의 주요 관청들을 헐어버리고 그 자리에 일본 영사관을 비롯하여 일본 제국과 일본인을 위한, 침략과 수탈의 건물들을 짓기 시작했다. 이것이 오늘날 군산시에서 복원·정비하고는 대대적으로 광고, 선전하고 있는 조선은행, 일본 제18은행, 미즈상사 등 일제 건물의 정체이다.

오늘날 우리는 본래부터 있었던 우리의 건물을 허물고 그 자리에 들어선 일제 침략자의 건물을 '근대문화유산'이라고 칭송하면서 수백억 원의 예산을 들여 다시 치장하고 선전하고 있는 것이다. 우리 집에 침입하여 평안했던 가정을 파괴하고 우리의 가족을 짓밟은 강도가 남기고 간 잔재들을 '근대문화유산'이라고 칭송하는 꼴이다. 군산 주민들의 민족적 자존심은 아랑곳하지 않고 관광객들만 모여들면 최고라고 하면서 영화 세트장만도 못한 일본식 건물을 계속 짓는 천박하고 야만적인 군산의 '식민지 미화 투어리즘' 속에서 올바른 군산 근대역사 교육이 시급히, 절실히 요구되고 있는 것이다.

---

11 김종수, 「군산 개항의 역사적 의의」, 『해륙의 도시, 군산의 과거와 미래』, 선인, 2009.

3. 군산 근대역사의 중심 주제

군산 근대역사는 일제 식민지 건물이 중심이 되어서는 안 된다. 군산시에서는 일본 건물들을 복원하고 치장하는 것을 군산 근대문화 조성 사업이라고 칭하고 있지만 이것들은 결코 우리 역사의 중심일 수는 없다. 군산의 근대역사는 우리 민족과 우리 민족의 삶이 중심이 되어야 한다. 근대시기 군산 사람들은 일제 침략에 항거하여 의병 전쟁에 나섰고, 또 죽음으로써 일제에 항거하였으며, 근대 학교를 설립하여 애국적인 청년들을 양성하고자 하였다. 그리고 3·1운동을 한강이남 지역에서는 최초로 전개하였다. 이러한 우리 민족의 삶과 항일 운동이 군산 근대역사의 중심 주제가 되어야하는 것이다.

즉, 옥구 상평출신의 임병찬은 을사늑약이후 최익현과 함께 의병 운동을 전개하다가 대마도로 유배되었고, 이후 대한독립의군부를 조직하여 국권 회복을 꾀하다가 다시 거문도에 유배된 이후 순국하였다. 연재 송병선은 임피 낙영당에서 학생들을 가르치다가 을사늑약 이후 자결하였고, 또 군산에 온 선교사와 군산 사람들은 영명학교, 진명학교, 금호학교 등을 비롯하여 수많은 야학교, 농민학교들을 세워 학생들에게 국권 회복을 위한 교육을 실시하였고, 일제 강점에 대항하였다. 그리고 1919년 군산지역에서 전개된 3·1운동은 한강이남 지역에서 최초로 일어난 것으로, 이때 수많은 군산 사람이 일제에 대항하다 목숨을 잃었다. 올바른 군산 근대역사 교육은 바로 이러한 군산사람들에게 초점이 맞춰져야 하고, 또 군산 사람들의 삶과 애환에 보다 많은 관심과 애정을 갖도록 해야 한다고 생각한다.

1933년에 군산에서 태어나 어린 시절을 보낸 고은(高銀) 시인은 『만인보』를 지어 많은 군산 사람들의 삶의 모습을 전하고 있다. 그중 「신흥동 껄렁패」라는 시에서는 다음과 같이 노래하고 있다.12

> 군산에는 흥남동 개복동 신흥동
> 오룡동 명산동에
> 그 언덕바지 다라
> 일본사람들한테 밀려난 가난뱅이들
> 올라가 이룬 산동네
> 식민지 달동네
> 초가집 빼곡이 덮인 언덕 동네 있다.

이 시에서 시인은 군산 사람들이 일본인들에게 밀려 산으로 올라가 고통의 삶을 살고 있는 모습을 전하고 있다. 그런데 지금 군산시에서는 산꼭대기에 있는 이러한 집들을 완전히 철거하고, 일본인이 살던 원도심에 다시 일본식 건물을 세우고 있다. 우리 민족의 삶은 지워지고, 원도심은 왜색 일색으로 변해가고 있다. 제2의 일제 강점기의 도래인 것이다. 인천은 지역개발이 진행되어 달동네가 사라질 위기에 처하자 달동네 박물관을 지어 그 흔적을 보관하고 있다. 우리도 이러한 것을 본받아 우리 민족의 삶과 애환에 보다 많은 관심을 가져야 한다고 생각한다.

---

12 高銀, 『만인보』 6, 신흥동 껄렁패, 창작과비평사, 1988.

그림 4 군산 달동네 철거 전

그림 5 군산 달동네 철거 후

군산시에서는 이 사진과 같이 일제 강점기 한국인들이 살던
달동네를 완전히 철거하고 원도심에 일본식 건물을 세우고 있다.

고은 시인은 일제 강점기에 선제리 일본인 농장에서 일하는 소작인과 그 아낙의 삶을 다음과 같이 증언하고 있다.[13]

> 선제리 일본농장 별채에 들어 사는
> 권달수 마누라
> 왜놈 주인이 부르면
> 좃또
> 소리나자마자
> 하이하이하이 하고 달려가는
> 아낙네
> 여름밤 참외 한 도막 베어먹는 맛이더냐
> 하이하이 하고 달려가는
> 아낙네
> …(중략)…
> 별채 비워주고 떠나야 했다
> 다른 농장 찾아 떠나야 했다
> 내 나라
> 내 집 없는 사람의 아낙네
> 하이하이 아낙네
> 치맛자락 하나 단정히 지켜낼 길 없음이여

지금 군산은 또다시 '하이하이하이 하고 달려가는 아낙네'처럼 정신없이 달려가고 있는 것은 아닌지 모르겠다. 혹시 돈 몇 푼 만질 수도 있다는, 혹시 기웃거리는 관광객이 몰려올 지도 모른다는 어렴풋한 기대로, 정신없이 일본 집을 지어대고 있는 것은 아닌지 돌아보아야 한다.

---

13 高銀, 『만인보』 6, 하이하이 아낙네, 창작과비평사, 1988.

아무런 문제의식도 역사의식도 없는 군산시는 앞으로도 계속 일본 집을 지어댈 모양이다. 중앙 정부에서 '식민지 미화 투어리즘'이라는 올바르지 않은 정책으로 식민지 미화 사업을 강행할 경우, 지방 정부에서 이것을 견제하고 걸러낼 수 있는 지혜와 의지가 아쉽다.

『내일을 여는 역사』 2018년 여름 · 가을, 통권 71 · 72

군산의 역사와 인물

초판 1쇄 인쇄일	2021년 6월 23일
초판 1쇄 발행일	2021년 6월 30일

지은이	김종수
펴낸이	정진이
편집/디자인	우정민 우민지
마케팅	정찬용 정구형
영업관리	한선희 김보선
책임편집	우정민
인쇄처	으뜸사
펴낸곳	국학자료원 새미(주)
	등록일 2005 03 15 제25100-2005-000008호
	경기도 고양시 일산동구 중앙로 1261번길 79 하이베라스 405호
	Tel 442-4623 Fax 6499-3082
	www.kookhak.co.kr
	kookhak2001@hanmail.net

ISBN	979-11-91440-99-7 *93910
가격	28,000원